科研事业单位
内部控制讲解及案例分析

张烈侠　郝　珍　邵传鹏　著

吉林科学技术出版社

图书在版编目（CIP）数据

科研事业单位内部控制讲解及案例分析 / 张烈侠，
郝珍， 邵传鹏著． -- 长春 ：吉林科学技术出版社，
2021.10（2023.4重印）

ISBN 978-7-5578-8919-7

Ⅰ．①科… Ⅱ．①张… ②郝… ③邵… Ⅲ．①科学研
究组织机构－内部审计－中国 Ⅳ．① F239.66

中国版本图书馆 CIP 数据核字（2021）第 216124 号

科研事业单位内部控制讲解及案例分析
KEYAN SHIYE DANWEI NEIBU KONGZHI JIANGJIE JI ANLI FENXI

著　张烈侠　郝　珍　邵传鹏

出 版 人　宛　霞

责任编辑　赵维春

助理编辑　赵　沫

封面设计　李　宝

制　　版　宝莲洪图

幅面尺寸　185mm×260mm　　1/16

字　　数　410 千字

印　　张　18.375

版　　次　2021 年 10 月第 1 版

印　　次　2023 年 4 月第 2 次印刷

出　　版　吉林科学技术出版社

地　　址　长春市净月区福祉大路 5788 号

邮　　编　130118

编辑部电话　0431—81629507

印　　刷　北京宝莲鸿图科技有限公司

书　　号　ISBN 978-7-5578-8919-7

定　　价　75.00 元

目　录

第一章 《行政事业单位内部控制规范》制定的背景及意义

一、背景

为了进一步提高行政事业单位内部管理水平，规范内部控制，加强廉政风险防控机制建设，根据《中华人民共和国会计法》《中华人民共和国预算法》等法律法规和相关规定，财政部制定了《行政事业单位内部控制规范（试行）》。《行政事业单位内部控制规范（试行）》制定背景如下：

1. 为适应建立公共财政体制框架体系要求

公共财政是与市场经济相适应的一种财政类型和模式，是在市场经济条件下，主要为满足社会公共需要而进行的政府收支活动模式或财政运行机制模式，是国家以社会和经济管理者的身份参与社会分配，并将收入用于政府的公共活动支出，为社会提供公共产品和公共服务，以充分保证国家机器正常运转，保障国家安全，维护社会秩序，实现经济社会的协调发展。"公共财政框架"主要是指公共财政制度的组织构架。20多年财政改革的轨迹，伴随着市场取向的改革进程，在我国财政的总体运行格局上，财政收支运作的立足点由主要着眼于满足国有经济单位的需要扩展至着眼于满足整个社会的公共需要，财政收支效益的覆盖面由基本限于城镇企业和居民延伸至城镇和农村的所有企业和居民。不难发现，我国的财政收入正在由"取自家之财"走向"取众人之财"；财政支出正在由"办自家之事"走向"办众人之事"；政策取向正在由"区别对待"走向"国民待遇"。所有这些变化，归结起来实质是财政运行格局趋向于公共化的具体体现，表明我国财政改革与发展的方向在于公共化，经济的市场化必然带来财政的公共化。

公共财政体制在运行过程中，存在着如下不可避免的弊端：①政府存在追求内在效应的可能性，即政府部门谋求内部私利而出现导致有失公正的行为。②政府可能会产生寻租行为，即大权在握的政府官员极有可能"受非法提供的金钱或其他报酬引诱，做出有利于提供报酬的人从而损害公众和公众利益的行为"。③政府决策出现失误的可能。即由于政府官员不具备决策素质和能力导致的"政府失灵"行为。因而在政府部门建立高效、有序的内控体系是保证公共财政体制有效运行的重要手段和要求。

2. 逐步实施了政府采购、部门预算、财政直接支付工资、会计集中核算试点、国库集中收付等一系列财政支出改革

随着政府和各项行政事业改革的不断深入，逐步实施了政府采购、部门预算、财政直接支付工资、会计集中核算试点、国库集中收付等一系列财政支出改革，尤其是财政国库集中支付制度改革是财政性资金支出方式的根本性变革，是财政预算执行机制和财政支出管理的制度性创新，但是在实际操作过程中，由于内部控制的缺失和管理上的漏洞，致使财政腐败现象频繁发生，资产流失严重，这对行政事业单位管理提出了新的要求，制定与之配套的内部控制制度，确保财政资金安全，防范国有资产流失是十分必要的。

3. 内部控制机制能提高政府部门内部管理水平、内部管理资金使用效率

长期以来，我国的事业单位普遍存在机构臃肿、效率低下等弊端，严重制约了经济发展和社会的进步，尤其在财务管理中，单位家底不清、账账不符、账实不符；资产配置不公平；资产使用效率低下；资产流失现象严重等问题普遍存在。为有效解决事业单位存在的各种问题，2012年4月16日中共中央、国务院发布关于分类推进事业单位改革的指导意见，要求改革事业单位管理体制。根据指导意见，新规则为准确反映事业单位收支情况，规范财务行为、强化预算约束、严格成本控制提供了政策依据。2012年11月29日，财政部发布《行政事业单位内部控制规范（试行）》（以下简称《规范》）。《规范》分别从风险评估和控制方法、单位层面内部控制、业务层面内部控制、评价与监督等方面规范了事业单位内部控制，从而进一步提高行政事业单位内部管理水平，提高内部管理资金使用效率。

4. 行政事业单位的内部控制规范成为拒腐防变和抵御风险能力的重要举措

内控机制是党风廉政建设中制度建设的重要载体，预警在先、防范在前，是优化权力运行的有效路径。内控机制通过明确权责分配、规范权力运行程序、强化风险管理、加强信息化建设、健全规章制度，使部门权力运行实现分权制衡、流程制约、风险管理、信息化运行，从而在行政管理各项权力运行中，形成内生的有制约力的管理机制。完善制度体系为支撑，以廉政风险点排查为基础，以强化对权力进行实时监控为核心的权力内控机制建设体系。推进内控机制建设，是惩防体系建设的重要内容，是提高反腐倡廉工作能力的重要途径，是从源头上防治腐败抵御风险的重要举措。

（一）行政事业单位的特点

1. 机构庞杂，从业人数众多。

2. 经费保障方式多元化；全额拨款；差额拨款；自收自支。

3. 经济活动不是行政事业单位的中心工作，绩效难以量化评价（主要是服务于社会、服务于公众、追求政治稳定、人民幸福、生态可持续发展等社会效益），资金来源的无偿性和资金使用的强制性。

4.事业单位是指依法设立,从事教育、科技、文化、卫生等涉及人民群众公共利益的服务活动,不以营利为目的的组织机构。我国事业单位机构庞杂,现在有111万个事业单位,从业人数众多,编制内总人数将近4000万人。

5.服务性。这是事业单位最基本、最鲜明的特征。这是事业单位最基本、最鲜明的特征。事业单位主要分布在教、科、文、卫等领域,是保障国家政治、经济、文化生活正常进行的社会服务支持系统。

公益性是由事业单位的社会功能和市场经济体制的要求决定的。在社会主义市场经济条件下,市场对资源配置起基础性作用,但在一些领域,某些产品或服务,如教育、卫生、基础研究、市政管理等,不能或无法由市场来提供,但为了保证社会生活的正常进行,就要由政府组织、管理或者委托社会公共服务机构从事社会公共产品的生产,以满足社会发展和公众的需求。事业单位所追求的首先是社会效益,同时,有些事业单位在保证社会效益的前提下,为实现事业单位的健康发展和社会服务系统的良性循环,根据国家规定向接受服务的单位或个人收取一定的服务费用。因而事业单位经费保障方式多元化,存在经费财政全额拨款、差额拨款以及自收自支等方式。

事业单位为国民经济和社会各方面提供服务,包括改善社会生产条件,增进社会福利,服务于社会、服务于公众,追求政治稳定、人民幸福、生态可持续发展等社会效益,满足广大人民群众的物质文化生活需要。由于经济活动不是行政事业单位的中心工作,事业单位普遍存在财政资金使用的绩效难以量化,从而导致财政资金在使用过程中出现效率低下,国有资产流失等问题,这就亟须对事业单位的内部控制提出新的目标和要求。

(二)行政事业单位主要风险

1.公信力丧失的风险

部分行政事业单位人员在长期的工作过程中,不把"一切为了人民"作为自己的首要责任,而是胡作非为,并且事业单位对内部信息的公开程度较低,这就导致公众对行政事业单位的信任度不足,是部分行政事业单位丧失了公信力,成为当前最大的风险。比如,在"表哥"事件中,公众曾经要求将杨达才的工资情况向公众公开,但是却被相关部门以"保密"作为理由而拒绝,这就导致公众对行政事业单位的信任感大大降低。再比如暴力执法,2016年4月30日,网上热传海南海口秀英区琼华村拆除违建过程中出现了"暴力抗法"视频,一些身着制服的执法人员戴着头盔、手执棍棒,对一群妇女和儿童进行殴打。暴力执法固然简单直接,但看起来"见效快",背后却是极高的公信力成本,如此暴力执法必然带来行政事业单位形象的抹黑,带来国家机构公信力的丧失。

2.权力失控的风险

2017年,一封举报信,将江苏省金湖县市政工程管理所所长周军拉进检察官的视线。经过金湖县检察院严密侦查发现,以周军为首的市政领域4件4人贪腐窝案浮出水面,而周军前任的前任唐明刚，便是在这个位置上"倒下"的。十八大以来，一件又一件的腐败案例的曝光，让群众看到了公权力的作用之大，失去控制的公权力变成一些干部的"提款机"。

众所周知，领导干部的职权，是为了更好地为人民服务。可实际上，利用职务之便进行官商勾结之事大有人在，市政工程管理所所长周军就是一例，还有周军的前任林旭，以及他前任的前任唐明刚都是由此而落马，可见，问题的根源在于国家对于"一把手"的权力缺乏监督，部门职责不够分离，使得决策、执行和监督集于一身，未能形成相应的监督制度，只有不断扎紧制度的笼子，形成更加有效的监督体系，给权力套上紧箍，才能让领导干部有所畏惧，严于律己，严谨用权，从而让权力不再失控，也让官员在自己的仕途上顺利前行。

3. 决策不科学的风险

行政事业单位依法依规履行其基本职能、职责，对社会乃至个人都产生重要的影响。但实际工作中，很多政策决策往往依靠领导领导的主观意志和特殊取向来决定，缺乏充分的民主、相关咨询和有效监督，使决策存在潜在的风险和不稳定性，执行决策过程中，发现偏差甚至出现 重大问题，也不及时跟踪反馈并采取措施予以补救、修正和完善，导致隐患重重甚至带来更大的风险和损失，损害了人民的利益，浪费了财政资金。如何有效规避领导决策不科学的现象呢？在不断提高领导者和决策层文化水平、决策能力和知识素养的基础上，还应该建立健全决策 流程和机制，将决策的民主机制、咨询机制、管理机制、监督机制和批评机制贯穿于决策的全过程，涵盖决策制定、执行、跟踪、反馈和完善等各阶段，从而以健全的机制保证保证决策的科学性，这是顺利推进行政事业单位发展的强大支撑。

4. 贪污腐败的风险

☞ **案例分析：**

意识形态和价值观方面：主要领导观念、为民服务的公心、理想追求的误入歧途；
制度建设方面：缺乏有效的控制机制、有效的决策决议机制、有效的经费审批权责机制、有效的领导政治业绩和业务业绩的考核机制。

2017 年 1 月 23 日，据安徽省纪委消息：经中共安徽省委批准，安徽省纪委对阜阳市原副市长梁栋严重违纪问题进行了立案审查。经查，梁栋严重违反政治纪律，对抗组织审查；违反中央八项规定精神，多次接受可能影响公正执行公务的宴请；违反组织纪律，不按规定报告个人有关事项，在干部选拔使用中违反规定为他人谋取利益并收受财物，用人失察；违反廉洁纪律，收受礼品礼金，利用职权为亲友和身边工作人员经营活动谋取利益；违反工作纪律，滥用职权干预司法机关和纪检监察机关办案；违反生活纪律；违反国家法律法规，利用职务上的便利为他人谋取利益并收受财物，涉嫌犯罪。

梁栋身为党员领导干部，理想信念丧失，严重违反党的纪律，且十八大之后不收敛、不收手，情节严重、性质恶劣。依据《中国共产党纪律处分条例》等有关规定，经中共安徽省纪委常委会议审议并报安徽省委批准，决定给予梁栋开除党籍的处分；由省监察厅报省政府批准给予其开除公职处分；收缴其违纪所得；将其涉嫌犯罪问题、线索及所涉款物移送司法机关依法处理。

※ 甘肃国土厅原副厅长张国华贪污腐败被判无期徒刑

2017年2月20日，甘肃省国土厅原副厅长张国华被控收受贿赂428万余元，另有973万余元巨额财产来源不明上诉一案，已于春节前夕由省高院做出驳回上诉、维持原判的终审裁定。

法院审理查明，2001年4月至2011年3月，张国华在任天水市副市长、甘肃省国土资源厅副厅长期间，利用职务便利，为相关单位及个人在承包工程、申请银行贷款、办理土地使用手续等方面谋取利益，多次单独或与其妻刘某共同非法收受款物共计428万余元。此外，张国华一案涉案资产数额巨大，省检察院在侦查阶段依法扣押、冻结张国华夫妇的现金、银行存款、房产及其他贵重物品等折合人民币2146万余元、美金2万元。扣除其合法收入后，仍有973万余元财产不能说明合法来源。

2011年6月15日，政协甘肃省第十届委员会常务委员会第十五次会议通过决定，撤销张国华的政协委员资格。

2011年6月21日，张国华涉嫌受贿罪经省检察院决定被逮捕。2012年6月13日，张国华涉嫌收受巨额贿赂及巨额财产来源不明两罪，被兰州中院数罪并罚，判处无期徒刑，剥夺政治权利终身。宣判后，张国华认为一审判决认定事实不清、证据不充分、量刑过重，自书5000余字申辩理由，委托律师提出上诉请求。2012年8月10日，省纪委、省监察厅向羁押于看守所候审的张国华宣布了"双开"决定。2012年底，先于张国华受审的其妻刘某，因参与其中两起收受65万元贿赂款，被省高院终审认定为受贿罪从犯，判处有期徒刑3年缓期5年。

※ 河北省委原书记周本顺受贿案宣判 被判刑15年

2017年2月15日上午9时，福建省厦门市中级人民法院公开宣判河北省委原书记周本顺受贿案，对被告人周本顺以受贿罪判处有期徒刑15年，并处没收个人财产人民币200万元；对周本顺受贿所得财物及其孳息予以追缴，上缴国库。

2000年7月至2013年6月，被告人周本顺利用其担任中共湖南省邵阳市委书记，中共湖南省委常委、省委政法委书记，中央政法委副秘书长、秘书长，中央综治委副主任、委员，中共河北省委书记等职务上的便利及职权形成的便利条件，为湖南同力置业有限公司、湖南铁银房地产开发有限公司等单位和个人在房地产开发、银行贷款、职务晋升等事项上提供帮助。

2003 年至 2015 年初，周本顺直接或者通过其妻段雁秋、其子周靖非法收受上述 8 家单位和个人给予的财物，共计折合人民币 4002 万余元，依法应以受贿罪追究周本顺的刑事责任。

被告人周本顺对起诉指控的受贿事实无异议，并当庭认罪悔罪。

贪污腐败的现象普遍存在于行政事业单位的各个行业，存在贪污腐败问题的都是手握重权的领导干部，他们都是有智力、有能力、有经历、有资历的，但是在领导岗位上，由于存在侥幸心理、从众心理、补偿心理等因素，逐渐失去了为官为民服务、追求理想的初心，误入歧途。另一方面，由于制度上存在缺陷，对权力的使用缺乏有效的控制和监督机制，缺乏有效的决策决议机制、有效的经费审批权限机制、对领导政治业绩和业务业绩缺乏有效考核机制，使得在行使权力的过程中全凭自觉。官员的贪污腐败行为，对所在单位、对党和政府的形象都造成了重大的影响，因而制定《单位内控规范》是迫在眉睫、必须着力做好的事情。

（三）行政事业单位内部控制的必要性（意义）

1. 加强内部控制建设是预防贪污腐败的有效手段

当一个行政人员贪污公款或非法收受财物时，我们肯定想到这个人政治修养党性问题，不过同时我们更要反思，是不是我们的制度出了问题，完整的制度体制可以使坏人无法得逞，不好的制度可以使好人无法充分做好事，甚至走向反面。完善的内部控制体系，可以大大减少行政体制上的漏洞，降低贪污受贿的概率。

2. 加强内部控制建设是保护干部的有效工具

受固有理念和思维模式影响，许多领导干部认为内控的实施会限制领导层的权力，影响单位领导者个人魅力的发挥和自由裁量的权度，因而许多领导干部对于内部控制没有足够的认识和高度的重视，使得内部控制难以有效实施，其实从大量的贪污腐败的案例中可以看出，正是单位领导干部对内部控制不重视，未营造出以身作则的单位内部控制文化，最终造成个人犯罪，单位、行业乃至国家政府受损的事实，因而领导干部要改变观念，加强单位内部控制建设并保证其有效实行，这也是保护干部的有效工具。

3. 加强内部控制建设是行政事业单位健康发展的必然要求

行政事业单位虽然不是盈利单位，但其建设有效的内部控制具有重要的意义，不仅可以规范单位的管理，促进各项工作的顺利开展，保护各类资产的安全性和完整性，也可以有效地堵住漏洞，防止各种舞弊和腐败的发生。加强行政事业单位内部控制，建立健全内部控制体系，是行政事业单位不断发展和保持职能正常高效运行的需求，加强内部审计工作的监督力量，使之规范化和制度化，才能有效促进事业单位控制目标的实现，从而实现行政事业单位的健康发展。

3.1 预算编制以设计预算代替执行预算

项目预算编制质量的高低直接影响着整个项目后期经费执行、外出工作、经费总结、绩效评价、成果验收、资料汇交等各项工作，处于相当重要的位置。项目承担单位在收到项目任务书后，根据项目实施要求，在要求的期限内完成项目预算编制等相关工作，并非按照会计年度进行预算编制。它是预算编制者按照项目的技术设计方案及立项证明材料提出的重要工作部署状况与实物工作，完成技术经济的评估与分析，确定适宜的参数，以既定的编制方法和预算标准为依据编制费用预算的技术经济衡量流程，根据不同阶段能够划分成申报预算、设计预算、执行预算三种。

目前由于预算编制基础薄弱等原因，核工业局项目资金预算编制并未完全按照规定的申报预算、设计预算、执行预算的程序进行，在项目执行阶段时，大多数项目承担单位并未以工作手段预算表为基础，按明细费用科目编制执行预算，而是直接以设计预算代替执行预算。

3.2 预算执行重点关注执行结果

预算编制的目的在于执行。不管预算编制得多完美，如果执行不好，预算编制的目的也无法发挥出来，因此需要对预算执行进行严格的管控。一般情况下，项目执行过程中想要终结野外工作的时候，必须由主管部门验收，倘若同意终结工作，便由承担项目的单位完成项目成果总结报告的编写工作，并同时报送项目成果总结报告和专项资金运用财报，实施项目的单位按照项目单位报送的专项资金运用财报，开展专家委员会完成评审任务，针对通过审核的项目编制总决算并上报给国土资源部，再由国土资源部上报给财政部门进行备案。2011 年至 2015 年（即"十二五"期间），经湖南省省级财政审核下达的预算资金涉及近 500 个项目，除了极少数项目在得到批准的情况下调整了预算以外，别的项目都已按照要求顺利完成，并及时提交了相关财报，在整个湖南省，其预算执行比率约为70%。由于当前项目的预算执行比率拥有严格要求，常规项目的资金必须达到列支要求，也就是根据要求预算执行比率应该基本达到 100%，核工业局项目均达到了资金使用要求，其资金审查报告都已上交，且预算执行比率都达标。

3.3 预算调整次数几乎为零

区域具备未知、构造复杂的特征，导致项目在实施的过程中经常会出现工作区域真实地质状况改变既定周期安排与技术方案的问题。倘若一个方面发生变化，那么整个项目的规划同样有变化的可能，必须落实专家探讨决策、项目调整评审、最终落实等一连串工作。该特征导致地质勘查项目拥有变动明显的特征。地质勘查项目主要的不确定性影响因素有地质条件的复杂性、气候、所处地区等。这些影响因素存在差异时，项目的预算标准和施工方法等都有明显差异。由于项目一般实施周期都很长，各种条件、环境变化很大，不可预见的因素很多。因此项目预算编制的准确性也受到很大影响。一旦条件改变，很有可能要进行设计变更，为了提高预算执行力度，一般要求进行预算调整。

一旦地质勘查项目的资金预算通过审批，没有特殊情况的时候便应该不再调整，倘若实在有调整的必要，便应由实施项目的单位组织专家审核调整后所得技术方案，再由经济学专家按照变更方案调整预算，并给予有效的调整意见，上报给国土资源部审批，然后要求国土资源部上报给财政主管部门进行审核，通过审核以后由承担项目的单位负责实施。2011年至2015年，湖南省总共有468个地质勘查项目获得了专项资金，其中132个项目的资金来源于中央财政，由于不可测情况通过规定程序做出预算调整的项目有12个，占比是9%；另外336个项目的资金来源于省级财政，由于不可测情况通过规定程序做出预算调整的项目有28个，占比是8%；

与其他项目相比，地质勘查项目的资金预算明显不同，这种项目的投资面临较大风险，因为勘查对象难以确定，调整技术设计的现象经常出现，必须随之调整资金预算。调整资金预算的规定程序如下：根据当前部门预算机制下预算批复要求，省级财政部门必须把各个事业单位的资金预算汇总在一起并上报给人民代表大会，人大审核通过以后开始执行项目，单个项目调整其预算时非常复杂，执行的难度比较大。现在，核工业局实施项目的单位属于技术主导型，调整技术设计时往往没有进行预算变更，预算调整次数几乎为零。

3.4 预算评价侧重对投入和产出的评价

最近几年以来，我国有关部门学习并运用了欧洲科学的方法与理论，针对国内预算支出绩效评价大力开展试点工作，而且产生的效果比较明显，让财政部门的预算支出绩效评价过程拥有了一定基础。国家财政部在确定2011年中央财政资金预算的公告当中指出要进一步增加预算支出绩效评价工作试点，并使各个有关部门的职责更加清晰，使绩效评价流程具备更强规范性，另外还使各个管理步骤更加明确，例如事前及事后的自我评价、结果应用和绩效评价等。进一步优化评价指标和程序，让整个评价过程更加规范、更易操作。国家财政部在2011年4月颁布了第285号文件，这对国内地质勘查项目预算支出绩效评价任务的顺利完成有着明显的促进作用，意味着国内预算支出绩效评价相关工作逐步满足制度化与规范化的要求。为了制定高效、规范以及科学的项目专项资金预算分配机制与决策制度，对项目资金进行实时监测、提升资金的使用效率，进而强化地质勘查项目资金预算管理工作，相关部门在2012年4月制定了总体方案，保障能源资源的勘查评价工作顺利完成，推动综合利用与节约集约，对矿产开发的制度改革工作起到促进作用。

目前，核工业局项目预算支出绩效评价的主要内容如下：首先是在时刻把绩效评价的主要目标设置成资金支出行为，重点考察预算拨款情况是否与当前规章制度、国家法律法规以及财务政策相符；其次是把绩效评价关键内容设置成支出项目本身。对于考核指标的选择，核工业局主要关注产出和投入，重点考察资金与技术的运用是否符合规定，对任务完成状况、效益、阶段性成果的申报以及质量水平等内容的考察没有重点关注。绩效评价结果的运用方面：核工业局基本上只将其作为项目实施档案，或仅在新上项目时起参考作用。在项目预算支出绩效评价实践中，更多的是为了通过上级部门的检查。

二、内部控制的产生和发展历程

（一）国际内部控制发展历程

内部控制理念产生历史悠久，最初不叫内部控制，而叫牵制。

牵制理念已经历了 5 各阶段：

①内部牵制阶段；②内部控制制度阶段；③内部控制结构阶段；④内部控制整体框架阶段；⑤全面风险管理阶段。

四类内部牵制：实物牵制、机械牵制、体制牵制和簿记牵制

内部控制分为五要素：控制环境、风险评估、控制活动、信息与沟通、监控

服务于三个目标：财务报告的可靠性、营运的效率性和效果性、法律法规的遵循性。

内控涉及单位全体：董事会、管理层、全体员工。

内部控制的发展经历了一个漫长的时期，"内部控制"一词最早见诸文字是作为审计术语出现在审计文献中的 1936 年，美国会计师协会（美国注册会计师协会的前身）在其发布的《注册会计师对财务报表的审查》文告中，首次正式使用了"内部控制"这一专门术语，其中指出："注册会计师在制定审计程序时，应考虑的一个重要因素是审查企业的内部牵制和控制，企业的会计制度和内部应考虑的一个重要因素是审查企业的内部牵制和控制，企业的会计制度和内部。"

内部控制漫长的发展过程，基本上可以分为内部牵制、内部控制制度、内部控制结构、内部控制整体框架、企业风险管理整体框架五阶段。

1. 萌芽期——"内部牵制"阶段（20 世纪 40 年代以前）

单要素内部控制。所谓内部牵制是指一个人不能完全支配账户，另一个人也不能独立地加以控制的制度。也就是一名员工与另一名员工必须是相互控制、相互稽核的。在这一阶段，内部牵制主要以账目间的相互核对为主要内容并实施岗位分离，即通过授权审批、职责分工、双重记录、核对记录等手段，坚持钱、物、账分管，来防止弊端的发生，以保证会计记录的正确和财产的安全。它是现代内部控制理论中有关组织控制、职务分离控制的雏形，是在当时生产规模较小和管理理论比较原始的条件下，通过总结以往经验并结合实践的基础上逐渐形成的。

内部牵制阶段是内部控制的最初形态。概指 20 世纪 40 年代以前的内控活动。据史料：公元前 3600 年前的美索不达米亚文化时期，出现了用各种标记和符号对钱、财、物的使用情况进行核对和记录的简单内部控制实践，这是内部控制的萌芽期。古埃及银库记录官和银库监督官对银库实施双重监督，古罗马设置了"双人记账制"和财务支出检查与复核制度。我国西周时期，实施了分权控制方法、九府出纳方法和交互考核制度。13 世纪，"借贷"复式记账法的出现，极大促进了内部控制的发展。以账目间互相核对为主要内容并实

施一定程度的岗位分离，在当时被认为是确保钱财和物品正确无误的理想方法。漫长的几千年内部控制一直以最原始的"内部牵制"的形式出现。在这一历史阶段，企业这种组织形式从无到有，数量较少，规模较小，主要是个人业主制企业或合伙制企业，企业内部管理的重点在于保护业主资产的安全。内部牵制以业务授权、权责分工、双重记录、定期核对等为基本内容，以加强内部分工控制为手段，来保护组织或个人的财产安全。这满足了在管理上依靠个人的经验和判断，处于小生产经营管理方式的组织内部管理的需要。在现代企业内部控制中，仍然闪耀着古代内部牵制的思想和方法的光芒。比如，现代会计记录依然沿用的是意大利复式记账方法；西周时期要求财赋管理做到"一豪财赋之出入，数人耳目之通焉"，演绎至现代即是"四眼原则"。内部牵制主要包括四项功能：实物牵制，由两个或两个以上的人员共同掌握必要的实物工具，共同操作才能完成一定程序的牵制；物理牵制，利用既定的标准或业务处理程序对各个部门、岗位或人员进行控制；分权牵制，通过组织规划与结构设计把各项业务活动按其作业环节划分后交由不同部门或人员；簿记牵制，在账簿组织方面，利用复式记账和账簿之间的钩稽关系，做到相互制约。

内部牵制思想是从一个环节或一个部门出发进行控制管理的，它缺乏全局观念，不强调业务流程和系统控制，即只强调点，不注重点与点之间的关系。

2. 发展期——"内部控制"阶段（20世纪40年代到70年代末）

两要素内部控制。包括内部会计控制和内部管理控制。

随着经济的发展，市场竞争日益加剧，企业想要在竞争中赢得主动，就必须加强管理，采取更加完善、更为有效的控制方法。因此，以账户核对和职务分工为主要内容的内部牵制，从20世纪40年代开始逐步演变为有组织结构、岗位职责、人员条件、业务处理程序、检查标准和内部审计等要素构成的较为严密的内部控制系统。

1949年，美国会计师协会的审计委员会（CAPAIA）对内部控制首次做了权威性定义："内部控制是所制定的旨在保护资产、保证会计资料可靠性和完整性、提高经营效率、推动管理部门所制定的各项政策得以贯彻执行的组织计划和相互配套的各种方法及措施。"可见，内部控制已经突破了与财会部门直接有关的控制的局限。

这一时期，内部控制开始有了内部会计控制和内部管理控制的划分，如CAPAIA委员会在1958年的第29号审计程序公报《独立审计人员评价内部控制的范围》将内部控制分为内部会计控制和内部管理控制，前者涉及与财产安全和会计记录的准确性、可靠性有直接联系的方法和程序，后者主要是与贯彻管理方针和提高经营效率有关的方法和程序。总的来说，内部控制的范围更大了，方法更趋于科学与完善。

3. 成熟期——"内部控制结构"阶段（20世纪70年代到90年代末）

三要素内部控制。包括控制环境、会计制度和控制程序。

在这一时期，企业开始需要以经营业务为导向，针对主要经营业务进行风险控制评价。所以，管理环境被纳入内部控制的视线，并引起内部控制各要素的重新划分与结构整合。

"内部控制结构"阶段的标志是 1988 年，美国注册会计师协会发布的《审计准则公告第 55 号》（SAS NO.55），以"财务报表审计对内部控制结构的考虑"为题，首次采用"内部控制结构"一词，并将其界定为：为合理保证企业特定目标的实现而建立的各种政策和程序，并且明确了内部控制的内容包括三个部分：控制环境、会计制度、控制程序。

在"内部控制结构"中，不再划分内部会计控制与内部管理控制，而统一以要素表述内部控制，且正式将控制环境纳入内部控制范畴，它是充分有效的内部控制体系得以建立和运行的基础及保证。

4. 完善期——"内部控制整体框架"阶段（20 世纪 90 年代以后）

五要素内部控制。包括控制环境、风险评估、控制活动、信息沟通和监控。

20 世纪 80 年代，美国的一系列财务报告舞弊和企业"突发"破产事件，引起人们对内部控制的重新思考。此时，很多人认识到可以把加强上市公司内部控制作为从根源上解决虚假财务信息的手段之一。COSO 委员会先后发布、完善了《内部控制——整体框架》指出：内部控制是一个过程，受企业董事会、管理当局和其他员工影响，旨在保证财务报告可靠性、经营效果和效率，以及对现行法规的遵循，它认为内部控制整体框架主要由控制环境、风险评估、控制活动、信息与沟通、监督五项要素构成。

在美国有史以来最大的能源交易商——安然公司的破产和施乐、世通等大公司财务舞弊问题的暴露后，人们充分认识到了对风险管理的必要性，因此在 2004 年底，COSO 委员会发布了《企业风险管理——总体框架》，其中内部控制包括八个相互关联的组成要素，（1）内部环境；（2）目标设定；（3）事项识别；（4）风险评估；（5）风险应对；（6）控制活动；（7）信息与沟通；（8）监控，将企业风险作为控制的核心。

内部控制，是从最初的内部会计控制，到提出内部管理控制，再到将两者结合讨论，发展出整合框架，最后演变为企业的风险管理。从内部控制的发展可以看出，内部控制的建立，是企业不断成长壮大的结果，是现代化管理不断发展变化的客观要求，审计技术的进步和管理理论的创新都是推动内部控制不断发展的动力。

5. 整合期——风险管理框架阶段（2001 年后）

八要素内部控制。包括控制环境、目标确定、事件识别、风险评价、风险反应、控制活动、信息沟通和监控。

2001 年，COSO 委托普华永道开发一个对于管理当局评价和改进他们所在组织的企业风险管理的简便易行的框架，2004 年 9 月《企业风险管理——整合框架》正式文本发布。企业风险管理整合框架认为"企业风险管理是一个过程，它由一个主体的董事会、管理当局和其他人员实施，应用于战略制订并贯穿于企业之中，旨在识别可能会影响主体的潜在事项，管理风险以使其在该主体的风险容量之内，并为主体目标的实现提供合理保证。"该框架拓展了内部控制，更有力、更广泛地关注于企业风险管理这一更加宽泛的领域。尽管风险框架不打算，也的确没有取代内部控制框架，但风险管理框架文本中指出风险管理框架将内部控制框架涵盖在其中。

风险管理框架包括了八大要素：内部环境、目标设定、事项识别、风险评估、风险应对、控制活动、信息与沟通、监控。企业风险管理并不是一个严格的顺次过程，一个构成要素并不是仅仅影响接下来的那个构成要素。它是一个多方向的、反复的过程，在这个过程中几乎每一个构成要素都能够也的确会影响其他构成要素。

《企业风险管理——整合框架》进一步优化了内部控制理论，标志着内部控制走向成熟。

（二）我国内部控制发展历程

2010年4月26日，财政部第五部门发布了《企业内部控制配套指引》《企业内部控制应用指引》《企业内部控制评价指引》《企业内部控制审计指引》。

2012年正式发布了《行政事业单位内部控制规范（试行）》。

1. 古代的内部控制

在我国，古代内部控制制度始于西周，完善于唐朝，衰落于宋朝。西周时期是奴隶社会鼎盛的阶段，唐朝是封建社会的盛世时期，宋朝封建社会转衰的过程，这与我国古代的社会经济发展轨迹是相符合的。

在西周时期，就闪烁着内部控制制度的火花，例如"听出入以要会"，也是以会计文书为依据，批准财务收支事项。当时的统治者，为防止掌管和使用财赋的官吏弄虚作假甚至贪污盗窃所采用的分工牵制和交互考核等办法，达到了"一毫财赋之出，数人之耳目通焉"的程度，这段时期内部控制制度已有萌芽。

秦朝时期，就已形成严密的上计制度和御史监察制度。在宋朝，已经形成知府与通判联署的做法，所以说内部控制制度在我国早已有之。中央集权的封建制度在我的长期影响，社会经济发展及其监控主要由官府来负责，主要方式是职务牵制，民间企业发展及其监控相对薄弱。这一阶段的内部控制的着眼点在于职务的分工和业务流程及其记录上的交叉控制。内部控制主要通过人员配备和职责划分、业务流程、簿记系统等来完成。其目的主要是防止组织内部的错误和舞弊，通过保护组织财产来保障组织运转的有效运行。

2. 现代的内部控制

新中国成立之后，由于借鉴了苏联社会主义国家模式实行计划经济体制，对社会经济发展采取高度集中的方式，企业经营与规划完全由国家来控制，监控也由国家直接进行，以企业为主体的内部控制几乎缺失，一直到十几届三中全会确立改革开放的总方针后，市场经济的提出与全国建设才还企业以自主发展的广阔空间，发展蕴含着加强内部控制健全运营机制。这一阶段内部控制开始有了内部会计控制和内部管理控制的区分，主要是通过形成和推行一套内部控制制度来实施控制。内部控制的目标除了保护组织财产的安全之外，还包括增进会计信息的可靠性，提高经营效率和遵循既定的管理等方针。

1）初次出现

1986 年财政部颁布《会计基础工作规范》，其中对内部控制作了明确的规定，这一阶段开始把控制环境作为一项重要内容与会计制度、控制程序一起纳入内部控制结构之中，并且不再区分内部会计控制和管理控制。控制环境反映组织的各个利益关系主体对内部控制的态度、看法和行为；会计制度规定各项经济业务的确认、分析、归类、记录和报告方法，旨在明确各项资产、负债的经营管理责任；控制程序是管理当局所确定的方针和程序，以保证达到一定的目标。

1996 年 12 月，财政部发布《独立审计准则第 9 号—内部控制和审计风险》，对内部控制做出了权威性的解释，即"是被审计单位为了保证业务活动的有效进行，保证，资产的安全完整，防止、发现、纠正错误与舞弊，保证会计资料的真实、合法、完整而制定和实施去的政策与程序"，并提出来内部控制"三要素"，帮助注册会计师判断是否信赖内部控制，以确定审计的性质、时间与范围。这是我国现代第一个关于内部控制的行政规定，它的发布标志着我国现代内部控制建设拉开了序幕。

有了《会计法》之后，我国系统的内部控制制度建设起来了，1999 年修订的《会计法》第一次以法律的形式对建立健全内部控制提出原则性要求，财政部随即连续制定发布了《内部会计控制规范—基本规范》等七项内部会计控制规范。1999 年修订的《会计法》颁布不久，财政部根据《会计法》的有关精神，与 2000 年初组成了内部会计控制研究小组，就内部会计控制的总体思路等问题进行研究，2001 年 6 月财政部发布的《基本规范》和《内部会计控制规范—货币资金（试行）》，明确了单位建立和完善内部会计控制体系的基本框架和要求，以及货币资金内部控制的要求。

上述两个《内部会计控制规范》的发布，为我国加强单位内部会计监督与控制的理论与制度建设，树立了一个具有时代意义的里程碑，同时也标志着我国会计法规建设进入一个更新、更高的境界。

2）重视伊始

2006 年，国资委发布《中央企业全面风险管理指引》，对内控、全面风险管理工作的总体原则、基本流程、组织体系、风险评估、风险管理策略、风险管理解决方案、监督与改进、风险管理文化、风险管理信息系统等进行了详细阐述。这是我国第一个全面风险管理的指导性文件，意味着中国走上了风险管理的中心舞台。

2008 年，财政部、证监会、审计署、银监会、保监会五部门联合发布了《企业内部控制基本规范》（以下简称《规范》），《规范》自 2009 年 7 月 1 日起先在上市公司范围内施行，鼓励非上市的其他大中型企业执行。《规范》的发布，标志着我国企业内部控制规范体系建设取得重大突破。

3）全面应用

2010 年，财政部、证监会、审计署、银监会、保监会五部门联合并发布了《企业内部控制配套指引》。该配套指引包括 18 项《企业内部控制应用指引》《企业内部控制评价指引》和《企业内部控制审计指引》，连同此前发布的《企业内部控制基本规范》，标志着适应我国企业现在的实际情况、融合国际先进经验的中国企业内部控制规范体系基本建立起来了。为确保企业内部控制规范体系平稳顺利地实施，财政部等五部门制定了实施时间表：自 2011 年 1 月 1 日起首先在境内外同时上市的公司施行，自 2012 年 1 月 1 日起扩大到在上海证券交易所、深圳证券交易所主板上市的公式施行；在此基础上，择机在中小板和创业板上市公司施行；同时，鼓励非上市大中型企业提前执行。

2012 年，财政部发布了《行政事业单位内部控制规范（试行）》，标志着我国行政事业单位内部控制建设达到了一个新的起点。

（三）行政事业单位内部控制包括 5 个目标

①单位经济活动合法合规；②资产安全和使用有效；③财务信息真实完整；④有效防范舞弊和预防腐败；⑤提高公共服务的效率和效果最高目标。

其特点是"以预算为主线，以资金管控为核心"的内部控制体系。包括预算、采购、收支、工程、资产与合同六大业务活动。

行政事业单位内部控制制度涵盖了行政事业单位内部涉及财务管理工作的各项经济业务和相关岗位。《行政事业单位内部控制规范（试行）》第四条明确规定了单位内部控制的五个目标：合理保证单位经济活动合法合规、资产安全和使用有效、财务信息真实完整，有效防范舞弊和预防腐败，提高公共服务的效率和效果。

（1）合规性目标——合理保证单位经济活动合法合规

内部控制要求行政事业单位的财政资金活动和事业单位部分经营活动遵循国家法律、法规、规定和单位内部规章制度的相关规定。行政事业单位经济活动必须在法律法规允许的范围内进行，严禁违法违规行为的发生，要依法行政。也就是说，内控的首要目标就是保证行政事业单位不违法、不违规。这是行政事业单位内部控制最基本的目标，是其他四个目标存在的前提和基础。因为行政事业单位一旦违反法律法规，轻则遭警告罚款，重则被撤销解散，丧失存续的基础。

单位通过制定制度、实施措施和执法程序，合理保证行政事业单位的经济活动在法律法规允许的范围内进行，符合有关预算管理、财政国库管理、资产管理、建设项目管理、会计管理等方面的法律法规和相关规定，避免违法违规行为的发生。

（2）安全性目标——合理保证资产安全和使用有效

行政事业单位资产管理一直是管理中的重点和难点问题。国家对行政事业单位资产的管理，坚持所有权和使用权相分离的原则，实行国家统一所有，政府分级监管、单位占有、使用的管理体制。资产是行政事业单位正常运转的物质基础和财力保障，资产不安全、使用效率低下都将对行政事业单位各项工作的正常开展产生不利影响。因此，合理保证单位资产安全和使用有效是内部控制的重要目标。

行政单位测资产存在资产实物与财务不相符的风险以及存在被挪用、贪污、盗窃、违规处置的风险，有的单位还存在大量账外资产、天价采购、资产配置不合理、资产损失浪费、使用效率低下等问题。因此必须落实资产管理责任，加强资产的日常管理和定期清查盘点，必须从资产采购预算、资产配置及购置标准、资产采购计划、资产采购实施、资产验收入账、资产使用和盘点到最后的资产处置各个环节入手，加强资产控制的过程管理，确保资产的安全完整。并将资产管理与预算管理、政府采购管理等相结合，加强行政事业单位以预算为中心的资产管理，优化资源配置，充分发挥资产效能，提高财政资金使用效益。

（3）报告目标——规范单位会计行为，合理保证财务报告及相关财务信息真实完整

行政事业单位的财务信息是一个广义的概念，包括财务报告、预算草案、决算草案和预算执行情况报告，以及其他形式报告的与单位经济活动相关的、能以货币计量的信息。行政事业单位的财务信息作为社会公共产品，完整地反映了行政事业单位完成公共服务职能和履行社会责任的情况。《会计法》第二十一条规定："单位负责人应当保证财务会计报告真实、完整。"行政事业单位的决算报表的编报口径与单位预算衔接一致，反映单位的全部收支情况。《预算法》第六十条规定："编制决算草案，必须符合法律、行政法规，做到收支数额准确、内容完整、报送及时。"因此，按照国家规定编制和提供真实完整的财务信息是行政事业单位的法定义务，是提升内部管理水平的有效手段，合理保证单位财务信息真实完整也是内部控制的重要目标。

（4）防范舞弊和预防腐败目标

防范舞弊和预防腐败目标是《行政事业单位内部规范》特有的目标，是针对我国行政事业单位现状而提出来的。舞弊是指行政事业单位内部人员及有关人员为谋取自身利益，或为使本组织获得不正当经济利益而其自身也可能获得相关经济利益采取违法手段，使组织经济利益受损的不正当行为。行政事业单位掌握了大量的社会公开资源，在进行资源和资金的分配中，单位应该按照公平、公开、公正的态度，廉洁奉公，采取一系列程序化的流程，达到资源的优化配置。但是，由于行政事业单位决策权、执行权、监督权的三权分立机制尚在完善中，从而引发贪污腐败行为，造成社会资源的极大浪费和分配不均，严重损害了社会公共利益，降低了政府的公信力和执行力，影响到我党执政地位的稳固性。腐败和舞弊的根源就在于对权力缺乏有效的制约和监督。建立反腐败、反舞弊的长效机制，必须将事前预防与事后惩治相结合。一个好的内部控制制度，不仅可以不让你犯错误，甚至连想犯错误都没有机会。另外，腐败的高位领域，大多出现在采购、工程等领域。内部控制恰恰可以防止在采购和工程招标过程中出现腐败问题。因此，内部控制制度是防腐制度的重要组成部分。

（5）绩效目标——提高公共服务的效率和效果

我国行政事业单位都担负着一定的管理公共事务、提供公共服务、维护和实现社会公共利益等方面的公共管理职能。提高公共服务的效率和效果是行政事业单位业务活动的总体目标，也是行政事业单位内部控制的最高目标。这也反映出行政事业单位与企业的根本区别就是设立和运营的目标不同。

为了保障单位公共服务职能的发挥，单位要对各公共服务所需资金和单位内部正常工作开展所需经费进行预算管理，只有将本单位的预算按照自身职能投向，公平公正地批复给内部各个单位，才能有效地试验财政和事权的匹配，发挥预算的引导和监督作用，2018年中共中央、国务院发布《关于全面实施预算绩效管理的意见》，本意见的总体要求为创新预算管理方式，更加注重结果导向、强调成本效益、硬化责任约束，建成全方位、全过程、全覆盖的预算绩效管理体系，实现预算与绩效管理一体化，着力提高财政资源配置效率和使用效率，改变预算资金分配的固化格局，提高预算管理水平和政策实施效果，为经济社会发展提供有力保障。绩效目标的实现是以前四项目标为基础的。

综上所述，前三个目标跟企业内部控制类似：合规性、资产的安全性、财务信息真实完整。又具有自身的特点：针对行政事业单位的特殊属性赋予了一定的新内容。后两个目标与行政事业单位建立内控必要性和行政事业单位自身的特点有关，是一种预防腐败防范舞弊的措施，通过建立内控还能够起到提高公共服务的效率和效果。行政事业单位要实现上述内部控制目标，应建立"以预算为主线，以资金管控为核心"的内部控制体系，确定行政事业单位内每一管理层和包括预算、采购、收支、工程、资产与合同的六大业务活动所应达到的具体目标，并将目标分解，将具体目标与控制计划传达给相关人员，使其了解本行政事业单位的内部控制工作，还应在各机构部门之间有效地分配资源，使各机构部门及人员协调合作，达到预定目标。

内部控制的本质：第二个核心内容是内部控制的本质是制度、措施、程序。

内部控制的依据：第三个核心内容是控制内容的制定，首先要对经济活动的风险进行评估，以实现通过内部控制达到防范和管控风险的目的。

内部控制是一种过程。它是全面、全员、全过程控制，是达成组织目标的方法，是单位整合所有次级个体的一系列活动。内部控制的本质是制度、措施、程序。组织中各单位或各职能部门所实施的经营过程，都是通过计划、执行和监控等基本的管理过程来加以管理的。内部控制是这些过程的一部分，并与它们整合在一起，内部控制能让这些管理过程发挥作用，并对其实施和持续的关联性进行监控。

其特点是"以预算为主线、以资金管控为核心"的内容控制体系，包括："预算、采购、收支、工程、资产与合同"六大业务活动。通过对资金管控延伸到其他业务部门。

行政事业单位的内部控制规范并非对行政事业单位全面活动的风险进行防范和管控，只限于经济活动，即资金活动。比如行政审批权的控制就不在其中。其特点是"以预算为主线、以资金管控为核心"的内部控制体系。包括"预算、采购、收支、工程、资产与合同"六大业务活动。不同于企业内部控制五要素，事业单位内部规范内控分成单位和业务两个层面。单位层面：单位组织架构、三权分立、关键岗位控制、人员资质和能力、财务体系建设、现代科技手段的应用。业务层面：包括"预算、采购、收支、工程、资产与合同"六大业务活动。并通过资金管控将内部控制应用于其他各业务部门。

（三）内部控制的特点

内部控制的主要内容分为 5 个要素：即：控制环境、风险评估、控制活动、信息与沟通、监督。

内部控制制度是现代管理的一个重要组成部分，是单位内部各种形式控制的总称。2000 年，美国政府颁布的《萨班斯—奥克斯利》法案对企业加强内部控制产生了广泛而深刻的影响。国内关于内部控制管理的法规也在不断完善和进步，国内新的《会计法》《内部会计控制规范》对公司内部会计监督提出了明确的要求，建立健全有效的内部控制体系，是建立现代企业制度的内在要求，是提升管理效率的必然要求。内部控制基本要素贯穿于企业管理过程，与管理过程紧密相连，内部控制要素包含五个方面：

1. 内部环境

内部环境规定企业的纪律与架构，影响经营管理目标的制定，塑造企业文化氛围并影响员工的控制意识，是企业建立与实施内部控制的基础。内部环境包括：①治理结构，良好和完善的公司治理结构，有利于企业稳定和健康发展，可以为企业内部控制的建立和有效实施提供保障；②机构设置及权责分配，科学合理的职责权限配置，有助于在企业经营中形成各负其责、各司其职的工作机制，发挥企业内部各级管理人员和员工在经营活动中的主动性和积极性，保证各项控制措施得以落实，为内部控制优先实施创造良好的条件；③内部审计机制，内部审计作为内部控制工作的重要环节，一方面对企业经营活动进行审计及时发现存在的问题并报告有关方面采取措施予以纠正，另一方面对内部控制的建立和实施进行持续性的监控；④人力资源政策，人力资源政策表明一个企业聘用、使用员工的基本态度，同时也在某种程度上反映企业员工的基本情况；⑤企业文化，对于一个企业来说，要着力建设和形成有利于企业长远发展的文化，从内部控制来说，要形成合力的经营管理理念、内部控制意识等。

2. 风险评估

风险评估是企业及时识别、科学分析经营活动中与实现控制目标相关的风险，合理确定风险应对策略，实施内部控制的重要环节。风险评估主要包括：①目标设定，企业应当根据自身的实际情况，按照本身的发展规划，合理确定战略目标；②风险识别，企业应当准确识别实现与控制目标相关的内部风险和外部风险，确定相应的风险承受度；③风险分析，企业应采取定性和定量相结合的方法，按照风险发生的可能性及其影响程度等，对识别的风险进行分析和排序，确定关注重点和优先控制的风险；④风险应对，企业应当根据风险分析的结果，结合风险承受度，权衡风险和收益，确定风险应对策略。

3. 控制活动

控制活动是指企业根据风险应对策略，采用相应的控制措施，将风险控制在可承受度之内，是实施内部控制的具体方式。常见的控制措施有：不相容职务分离控制、授权审批控制、会计系统控制、财产保护控制、预算控制、运营分析控制和绩效考评控制等。企业应当根据内部控制目标，结合风险应对策略，综合运用控制措施，对各种业务和事项实施有效控制。

4. 信息与沟通

信息与沟通是企业及时准确地收集、传递与内部控制相关的信息，确保信息在企业内部、企业与外部之间进行有效沟通，是实施内部控制的重要条件。信息与沟通的要件主要包括：①信息质量，企业日常生产经营需要收集各种内部信息和外部信息，并对这些信息进行合理筛选、核对、整合，提高信息的有用性；②沟通制度，信息的价值必须通过传递和使用才能体现，企业应当建立信息沟通制度，将内部控制相关信息在企业内部各管理级次、责任单位、业务环节之间，以及企业与外部投资者、债权人、客户、供应商、中介机构和监管部门等有关方面之间进行沟通和反馈；③信息系统，为提高控制效率，企业可以运用信息技术加强内部控制，建立与经营管理相适应的信息系统，促进内部控制流程与信息系统的有机结合，实现对业务和事项的自动控制，减少或消除人为操纵因素；④反舞弊机制，企业应当建立反舞弊机制，坚持惩防并举、重在预防的原则，明确反舞弊工作的重点领域、关键环节和有关机构在反舞弊工作中的职责权限，规范舞弊案件的举报、调查、处理、报告和补救程序。

5. 内部监督

内部监督是企业对内部控制建立与实施情况进行监督检查，评价内部控制的有效性，对于发现的内部控制缺陷，及时加以改进，是实施内部控制的重要保证。内部监督包括日常监督常监督是指企业对建立与实施内部控制的情况进行常规、持续的监督检查。专项监督是指在企业发展战略、组织结构、经营活动、业务流程、关键岗位员工等发生较大调整或变化的情况下，对内部控制的某一或某些方面进行有针对性的监督检查。专项监督的范围和频率根据风险评估结果以及日常监督的有效性等予以确定。

以上五项要素既相互独立又相互联系，形成一个有机统一体，对不断变化的环境自动做出反应。内部控制的五要素是从建立和实施内部控制角度提出的，是对内部控制制度进行的高度提炼。建立一项内部控制制度，不能仅从某一要素考虑，而必须统筹内部控制的五个要素，通过对企业各项经济业务及其业务流程进行梳理，根据设定的内部控制目标，分别从内部环境、风险评估、控制活动、信息与沟通以及内部监督五个方面，设计和实施内部控制。任何一项控制措施都必须从上述五项要素进行考虑，首先基于企业现有的内部环境，对企业经营活动风险，包括公司层面的风险和业务流程方面的风险进行评估，确定相应的风险应对策略，并针对风险评估确定的风险点确定相应的控制措施，实施内部控制活动；与此同时建立相应的信息收集和沟通机制，对企业经营活动相关的内部信息和外部信息进行收集、加工、整理，及时反馈至企业内部控制相关的各方，并同时实施日常监督和专项监督，以提高控制措施实施的有效性，从而实现内部控制目标。

行政事业单位内部控制，从单位管理层级出发，将内部控制的主要内容归纳为：行政事业单位组织层级和业务层级。

《行政事业规范》将行政事业单位内部控制分成了两个层面：单位层面和业务层面。单位层面内部控制的主要内容包括建立内部控制的组织架构，建立内部控制的工作机制，对内部控制关键岗位工作人员的要求、编报财务信息的要求和运用现代科技手段加强内部控制。行政事业单位业务层面内部控制主要包括预算业务控制、收支业务控制、政府采购业务控制、资产控制、建设项目控制和合同控制。

企业风险分为5大类：战略类风险、市场类风险、财务类风险、运营类风险和法律风险。

以对企业目标实现产生的影响为标准，一般情况下对企业风险进行风险发生原因分析及风险管理策略制定时，将风险分为战略风险、财务风险、市场风险、运营风险和法律风险。

战略风险：影响整个企业的发展方向、企业文化、信息和生存能力或企业效益的不确定因素。

财务风险：公司财财务结构不合理、融资不当使公司可能丧失偿债能力而导致投资者预期收收益下降的风险。

市场风险：未来市场价格（利率、汇率、股票价格和商品价格）的不确定性对企业实现其既定目标的影响。

运营风险：企业在运营过程中，由于外部环境的复杂性和变动性以及主体对环境的认知能力和适应能力的有限性，而导致的运营失败或使运营活动达不到预期的目标的可能性及其损失。

法律风险：在法律实施过程中，由于企业外部的法律环境发生变化，或由于包括企业自身在内的各种主题未按照法律规定或合同约定行使权利、履行义务，而对企业造成负面法律后果的可能性。

行政事业类风险包括：政治风险、防腐败保护干部、滥用职权风险、资金使用效率低下的风险、道德寻租风险。

行政行为不当、行政效率低下的风险

行政行为是行政单位和具有行政职能的事业单位依法依规履行行政职能、对行政相对人乃至整个行政客体施加影响的行动。行政事业单位普遍存在"不作为，不依据规定程序的随意作为，只考虑眼前缺乏长远规划、不科学的瞎作为，日常行政程序繁杂、拖沓并且各行政部口分工重叠不明晰、遇事推脱责任的乱作为"等现象，这都是行政行为不当的体现，都隐藏着行政事业单位权责不清、行政效率低下的风险。

行政权力失控、奢侈浪费和贪污舞弊的风险

相对于"不作为、随意作为、瞎作为、乱作为"的低效率而言，滥用行政权力来谋利的"过度作为"对社会、国家的危害性更大。行政事业单位天然享有法律赋予的特殊行政权力且其资金补偿主要来自财政拨款，一旦行政事业单位各部门相关职责没有得到有效分离、缺乏独立权威的监督机制，就会恣意放纵，行政人员权力就会不断膨胀，当行政人员的公共服务意识和自我约束意识在权力、利益的迷惑下变得薄弱时，财政公权、预算资金奢侈浪费及贪污舞弊问题就会严重阻碍行政事业单位的正常发展。

公信力丧失的风险

行政事业单位坚持合作、信任与沟通的理念，以上任何风险如果没有及时识别并有效控制都可能进一步恶化，"千里之堤，以蝼蚁之穴溃；百尺之室，以突隙之烟焚"，一旦行政事业单位的行为后果不再能有效维护公共利益，将会导致其在人民心目中的公信力土崩瓦解，这将是行政事业单位存续面临的最大风险。

企业内部控制的5大目标：合理保证企业经济管理合法合规、资产安全、财务报告及相关信息真实完整。

（一）合规性目标——合理保证单位经济活动合法合规

内部控制要求行政事业单位的财政资金活动和事业单位部分经营活动遵循国家法律、法规、规定和单位内部规章制度的相关规定。行政事业单位经济活动必须在法律法规允许的范围内进行，严禁违法违规行为的发生，要依法行政。也就是说，内控的首要目标就是保证行政事业单位不违法、不违规。这是行政事业单位内部控制最基本的目标，是其他四个目标存在的前提和基础。因为行政事业单位一旦违反法律法规，轻则遭警告罚款，重则被撤销解散，丧失存续的基础。

单位通过制定制度、实施措施和执法程序，合理保证行政事业单位的经济活动在法律法规允许的范围内进行，符合有关预算管理、财政国库管理、资产管理、建设项目管理、会计管理等方面的法律法规和相关规定，避免违法违规行为的发生。

（二）安全性目标——合理保证资产安全和使用有效

行政事业单位资产管理一直是管理中的重点和难点问题。国家对行政事业单位资产的管理，坚持所有权和使用权相分离的原则，实行国家统一所有，政府分级监管、单位占有、使用的管理体制。资产是行政事业单位正常运转的物质基础和财力保障，资产不安全、使用效率低下都将对行政事业单位各项工作的正常开展产生不利影响。因此，合理保证单位资产安全和使用有效是内部控制的重要目标。

行政单位测资产存在资产实物与财务不相符的风险以及存在被挪用、贪污、盗窃、违规处置的风险，有的单位还存在大量账外资产、天价采购、资产配置不合理、资产损失浪费、使用效率低下等问题。因此必须落实资产管理责任，加强资产的日常管理和定期清查盘点，必须从资产采购预算、资产配置及购置标准、资产采购计划、资产采购实施、资产验收入账、资产使用和盘点到最后的资产处置各个环节入手，加强资产控制的过程管理，确保资产的安全完整。并将资产管理与预算管理、政府采购管理等相结合，加强行政事业单位以预算为中心的资产管理，优化资源配置，充分发挥资产效能，提高财政资金使用效益。

（三）报告目标——规范单位会计行为，合理保证财务报告及相关财务信息真实完整

行政事业单位的财务信息是一个广义的概念，包括财务报告、预算草案、决算草案和预算执行情况报告，以及其他形式报告的与单位经济活动相关的、能以货币计量的信息。行政事业单位的财务信息作为社会公共产品，完整地反映了行政事业单位完成公共服务职能和履行社会责任的情况。《会计法》第二十一条规定："单位负责人应当保证财务会计报告真实、完整。"行政事业单位的决算报表的编报口径与单位预算衔接一致，反应单位的全部收支情况。《预算法》第六十条规定："编制决算草案，必须符合法律、行政法规，做到收支数额准确、内容完整、报送及时。"因此，按照国家规定编制和提供真实完整的财务信息是行政事业单位的法定义务，是提升内部管理水平的有效手段，合理保证单位财务信息真实完整也是内部控制的重要目标。

（四）防范舞弊和预防腐败目标

防范舞弊和预防腐败目标是《行政事业单位内部规范》特有的目标，是针对现阶段我国行政事业单位现状而提出来的。舞弊是指行政事业单位内部人员及有关人员为谋取自身利益，或为使本组织获得不正当经济利益而其自身也可能获得相关经济利益采取违法手段，使组织经济利益受损的不正当行为。行政事业单位掌握了大量的社会公开资源，在进行资源和资金的分配中，单位应该按照公平、公开、公正的态度，廉洁奉公，采取一系列程序化的流程，达到资源的优化配置。但是，由于行政事业单位决策权、执行权、监督权的三权分立机制尚在完善中，从而引发贪污腐败行为，造成社会资源的极大浪费和分配不均，严重损害了社会公共利益，降低了政府的公信力和执行力，影响到我党执政地位的稳固性。腐败和舞弊的根源就在于对权力缺乏有效的制约和监督。建立反腐败、反舞弊的长效机制，必须将事后惩治与事前预防相结合。一个好的内部控制制度，不仅可以不让你犯错误，甚至连想犯错误都没有机会。另外，腐败的高位领域，大多出现在采购、工程等领域。内部控制恰恰可以防止在采购和工程招标过程中出现腐败问题。因此，内部控制制度是防腐制度的重要组成部分。

（五）绩效目标—提高公共服务的效率和效果

我国行政事业单位都担负着一定的管理公共事务、提供公共服务、维护和实现社会公共利益等方面的公共管理职能。提高公共服务的效率和效果是行政事业单位业务活动的总体目标，也是行政事业单位内部控制的最高目标。这也反映出行政事业单位与企业的根本区别就是设立和运营的目标不同。

为了保障单位公共服务职能的发挥，单位要对各公共服务所需资金和单位内部正常工作开展所需经费进行预算管理，只有将本单位的预算按照自身职能投向，公平公正地批复给内部各个单位，才能有效地试验财政和事权的匹配，发挥预算的引导和监督作用，2018

年中共中央、国务院发布《关于全面实施预算绩效管理的意见》，本意见的总体要求为创新预算管理方式，更加注重结果导向、强调成本效益、硬化责任约束，建成全方位、全过程、全覆盖的预算绩效管理体系，实现预算与绩效管理一体化，着力提高财政资源配置效率和使用效率，改变预算资金分配的固化格局，提高预算管理水平和政策实施效果，为经济社会发展提供有力保障。绩效目标的实现是以前四项目标为基础的。

三、行政事业单位内部控制的定义和特点

1. 内部控制

是指单位为实现控制目标，通过制度制定、实施措施和执行程序，对经济活动的风险进行的防范和管控。从静态而言，内部控制是行政事业单位为了防范和管控经济活动风险而建立的内部管理系统，该系统由内部控制环境、风险评估、控制活动、信息与沟通和内部监督等要素组成，具体体现为各项内部管理制度以及落实制度所需的控制措施和程序。从动态而言，内部控制是通过制定制度、实施措施和执行程序，为实现控制目标的自我约束和规范的过程，是行政事业单位提高管理水平和防范风险的一种有效机制。

2. 行政事业单位内部控制的基本特征

内部控制是一个过程，具有全面性、经常性、潜在性、关联性的基本特征。

行政事业单位内部控制与企业内部控制有很大不同，受政体的影响很大。行政事业单位内部控制一般具有以下特征：

内部控制是一个过程。内部控制是到达结果的手段而不是结果本身。它强调了实现控制目标的过程。内部控制应该贯穿于行政事业单位业务活动的决策、执行和监督的始终，涵盖行政事业单位各种业务和事项。行政事业单位的每一项业务活动，从工作的效率性及风险的控制性来讲，都应强调过程。

全面性。内部控制对行政事业单位组织一切经济活动的全面控制，而不是局部性控制。它不仅要控制考核财务、会计、资产、人事等政策计划执行情况，还要进行各种工作分析和作业研究，并及时提出改善措施。

经常性。即内部控制行为不是阶段性和突击性工作。它涉及各种业务的日常作业与各种管理职能的经常性检查考察。

潜在性。即内部控制行为与日常业务与管理活动并不是明显割裂开来，而是隐藏与融汇在其中。不论采取何种管理方式，执行何种业务，均有潜在的控制意识与控制行为。

关联性。即行政事业单位的任何内部控制，彼此之间都是相互关联的，一种控制行为成功与否均会影响到另一种控制行为。一种控制行为的建立，均可能会导致另一种控制的加强、减弱或取消。

3. 行政事业单位内部控制的目标

合规性目标——合理保证单位业务活动合法合规；

安全性目标——合理保证资产的安全和使用效率；

报告目标——规范单位会计行为，合理保证财务报告及相关财务信息真实完整；

防范舞弊和预防腐败的目标；

绩效目标——提高公共服务的效率和效果；

前三个目标跟企业的内部控制类似：合规性、资产的安全性、财务信息的真实完整。

行政事业单位内部控制制度涵盖了行政事业单位内部涉及财务管理工作的各项经济业务和相关岗位。《行政事业单位内部控制规范（试行）》第四条明确规定了单位内部控制的五个目标：合理保证单位经济活动合法合规、资产安全和使用有效、财务信息真实完整，有效防范舞弊和预防腐败，提高公共服务的效率和效果。

（一）合规性目标——合理保证单位经济活动合法合规

内部控制要求行政事业单位的财政资金活动和事业单位部分经营活动遵循国家法律、法规、规定和单位内部规章制度的相关规定。行政事业单位经济活动必须在法律法规允许的范围内进行，严禁违法违规行为的发生，要依法行政。也就是说，内控的首要目标就是保证行政事业单位不违法、不违规。这是行政事业单位内部控制最基本的目标，是其他四个目标存在的前提和基础。因为行政事业单位一旦违反法律法规，轻则遭警告罚款，重则被撤销解散，丧失存续的基础。

单位通过制定制度、实施措施和执法程序，合理保证行政事业单位的经济活动在法律法规允许的范围内进行，符合有关预算管理、财政国库管理、资产管理、建设项目管理、会计管理等方面的法律法规和相关规定，避免违法违规行为的发生。

（二）安全性目标——合理保证资产安全和使用有效

行政事业单位资产管理一直是管理中的重点和难点问题。国家对行政事业单位资产的管理，坚持所有权和使用权相分离的原则，实行国家统一所有，政府分级监管、单位占有、使用的管理体制。资产是行政事业单位正常运转的物质基础和财力保障，资产不安全、使用效率低下都将对行政事业单位各项工作的正常开展产生不利影响。因此，合理保证单位资产安全和使用有效是内部控制的重要目标。

行政单位测资产存在资产实物与财务不相符的风险以及存在被挪用、贪污、盗窃、违规处置的风险，有的单位还存在大量账外资产、天价采购、资产配置不合理、资产损失浪费、使用效率低下等问题。因此必须落实资产管理责任，加强资产的日常管理和定期清查盘点，必须从资产采购预算、资产配置及购置标准、资产采购计划、资产采购实施、资产验收入账、资产使用和盘点到最后的资产处置各个环节入手，加强资产控制的过程管理，确保资产的安全完整。并将资产管理与预算管理、政府采购管理等相结合，加强行政事业单位以预算为中心的资产管理，优化资源配置，充分发挥资产效能，提高财政资金使用效益。

（三）报告目标——规范单位会计行为，合理保证财务报告及相关财务信息真实完整

行政事业单位的财务信息是一个广义的概念，包括财务报告、预算草案、决算草案和预算执行情况报告，以及其他形式报告的与单位经济活动相关的、能以货币计量的信息。行政事业单位的财务信息作为社会公共产品，完整地反映了行政事业单位完成公共服务职能和履行社会责任的情况。《会计法》第二十一条规定："单位负责人应当保证财务会计报告真实、完整。"行政事业单位的决算报表的编报口径与单位预算衔接一致，反映单位的全部收支情况。《预算法》第六十条规定："编制决算草案，必须符合法律、行政法规，做到收支数额准确、内容完整、报送及时。"因此，按照国家规定编制和提供真实完整的财务信息是行政事业单位的法定义务，是提升内部管理水平的有效手段，合理保证单位财务信息真实完整也是内部控制的重要目标。

（四）防范舞弊和预防腐败目标

防范舞弊和预防腐败目标是《行政事业单位内部规范》特有的目标，是针对我国行政事业单位现状而提出来的。舞弊是指行政事业单位内部人员及有关人员为谋取自身利益，或为使本组织获得不正当经济利益而其自身也可能获得相关经济利益采取违法手段，使组织经济利益受损的不正当行为。行政事业单位掌握了大量的社会公开资源，在进行资源和资金的分配中，单位应该按照公平、公开、公正的态度，廉洁奉公，采取一系列程序化的流程，达到资源的优化配置。但是，由于行政事业单位决策权、执行权、监督权的三权分立机制尚在完善中，从而引发贪污腐败行为，造成社会资源的极大浪费和分配不均，严重损害了社会公共利益，降低了政府的公信力和执行力，影响到我党执政地位的稳固性。腐败和舞弊的根源就在于对权力缺乏有效的制约和监督。建立反腐败、反舞弊的长效机制，必须将事前预防与事后惩治相结合。一个好的内部控制制度，不仅可以不让你犯错误，甚至连想犯错误都没有机会。另外，腐败的高位领域，大多出现在采购、工程等领域。内部控制恰恰可以防止在采购和工程招标过程中出现腐败问题。因此，内部控制制度是防腐制度的重要组成部分。

（五）绩效目标——提高公共服务的效率和效果

我国行政事业单位都担负着一定的管理公共事务、提供公共服务、维护和实现社会公共利益等方面的公共管理职能。提高公共服务的效率和效果是行政事业单位业务活动的总体目标，也是行政事业单位内部控制的最高目标。这也反映出行政事业单位与企业的根本区别就是设立和运营的目标不同。

为了保障单位公共服务职能的发挥，单位要对各公共服务所需资金和单位内部正常工作开展所需经费进行预算管理，只有将本单位的预算按照自身职能投向，公平公正地批复给内部各个单位，才能有效地试验财政和事权的匹配，发挥预算的引导和监督作用，2018年中共中央、国务院发布《关于全面实施预算绩效管理的意见》，本意见的总体要求为创新预算管理方式，更加注重结果导向、强调成本效益、硬化责任约束，建成全方位、全过程、全覆盖的预算绩效管理体系，实现预算与绩效管理一体化，着力提高财政资源配置效

率和使用效率，改变预算资金分配的固化格局，提高预算管理水平和政策实施效果，为经济社会发展提供有力保障。绩效目标的实现是以前四项目标为基础的。

综上所述，前三个目标跟企业内部控制类似：合规性、资产的安全性、财务信息真实完整。又具有自身的特点：针对行政事业单位的特殊属性赋予了一定的新内容。后两个目标与行政事业单位建立内控必要性和行政事业单位自身的特点有关，是一种预防腐败防范舞弊的措施，通过建立内控还能够起到提高公共服务的效率和效果。行政事业单位要实现上述内部控制目标，应建立"以预算为主线，以资金管控为核心"的内部控制体系，确定行政事业单位内每一管理层和包括预算、采购、收支、工程、资产与合同的六大业务活动所应达到的具体目标，并将目标分解，将具体目标与控制计划传达给相关人员，使其了解本行政事业单位的内部控制工作，还应在各机构部门之间有效地分配资源，使各机构部门及人员协调合作，达到预定目标。

4.行政事业单位内部控制的基本原则

（1）全面性原则

全面性原则及内部控制应当贯穿单位经济活动的决策、执行和监督全过程，实现对经济活动的全面控制。

全面性原则有三层意思，一是全过程控制。即对行政事业单位整个业务活动过程进行全面的控制，它包括行政单位管理部门用来授权与指导、进行采购、工程项目等业务活动各种方式方法，也包括核算、审核、分析各种信息及进行报告的程序与步骤等。二是全方位控制。内部控制应当覆盖单位的各种业务和事项，行政事业单位应针对人、财、物、信息等要素及各个业务活动领域制定全面的控制制度。三是全员控制。即对行政事业单位全体员工进行控制，保证每一位单位成员包括领导层面即执行层面都受到相应的控制。行政事业单位每一成员既是施控主体，又是受控客体，保证每一位员工，包括高层管理人员及基层执行操作人员都受到相应的控制。

（2）重要性原则

重要性原则，即在全面控制的基础上，内部控制应当关注单位重要业务事项和高风险领域。重视重要的事项和风险领域对业务处理过程中的关键控制点以及关键岗位并加以特别的防范。

所谓的关键控制点是指业务处理过程中容易出现漏洞且一旦存在差错会给行政事业单位带来巨大损失的高风险领域；所谓关键岗位是指有关人员容易实施舞弊的职务。对于关键控制点和关键岗位行政事业单位应花费更大的成本，采取更严格的控制措施，使行政事业单位的内部控制风险降到最低。

（3）制衡性原则

制衡性原则即内部控制应当在单位内部的部门管理、职责分工、业务流程等方面形成相互制约和相互监督。从横向关系来讲，完成某项工作需有来自相对独立的两个或两个以上平行部门或人员共同协作才能完成，形成相互牵制、相互监督的机制。从纵向来讲，完成某项工作需经过互不隶属的两个或两个以上的岗位和环节，从而使下级接受上级的监督，上级受到下级的牵制。

相互制衡是建立和实施内部控制的核心理念，内部控制应当在单位的治理结构、机构设置及权责分配、业务流程等方面形成相互制约、相互监督，同时兼顾运营效率。

（4）适应性原则

适应性原则，即内部控制应当符合国家有关规定和单位的实际情况，并随着内部环境的变化、单位经济活动的调整和管理要求的提高，不断修订和完善。

建立和实施内部控制是一项个性化的工作，适应性原则要求各行政事业单位应结合本单位业务特点和实际情况，根据国家的有关规定，比如预算业务管理、收支业务管理等方面的法律法规和有关规定，建立和实施符合自身组织架构特点的内部控制体系。内部控制应当与单位规模、业务范围、竞争状况和风险水平等相等适应，并随着情况的变化及时加以调整。内部控制的建立和修订应该具有前瞻性，同时必须随着国家法律法规、政策、制度等外部环境的改变，以及行政事业单位业务职能的调整，管理要求的提高，行政事业单位战略和方针等内部环境的变化，不断地及时进行修订和完善，这样才能促进行政事业单位管理水平的不断提高，使内部控制真正发挥其积极作用。

5. 建立单位内部控制体系的具体工作步骤

（1）梳理单位各经济活动的业务流程；

（2）明确业务环节；

（3）系统分析经济活动风险；

（4）确定风险点；

（5）选择风险应对策略；

（6）根据国家有关规定建立健全各项内部管理制度；

（7）督促相关工作人员认真执行。

《行政事业单位内部控制规范》第七条规定"单位应当根据本规范建立适合本单位实际情况的内部控制体系，并组织实施。具体工作包括梳理单位各类经济活动的业务流程、明确业务环节，系统分析经济活动风险，确定风险点，选择风险应对策略，在此基础上根据国家有关规定建立健全单位各项内部管理制度并督促相关工作人员认真执行"。

梳理单位各项经济活动的业务流程

这是行政事业单位建立健全内部控制的首要任务。主要内容是通过组织包括邀请外部专家在内的相关人员对单位的预算业务、收支业务、政府采购业务、资产管理、建设项目管理、合同管理等构成经济活动的各项业务进行调研和访谈，包括业务层面的组织机构设置和业务层面本身的各项业务流程，对各项项目特点进行总结和归纳，明确各项业务的目标、范围和内容。

明确业务环节

由于行政事业耽误各类经济活动的复杂性，其业务流程往往需要划分为若干个业务环节，将业务控制的总体目标进行分解，并在不同的组织机构之间对业务环节的职责和分工进行明确，以有利于单位业务的有序开展并做到权责清晰。其主要内容是：按照业务实现的时间顺序和逻辑顺序，将各个业务中的决策机制、执行机制和监督机制融入业务流程中的每个业务环节，细化业务流程中各个环节的部门和岗位设置，明确其职责范围和分工。比如预算业务按照预算的时间顺序和逻辑关系可以分为预算编审、预算批复、预算执行、决算与绩效考评等主要业务环节，并在各个业务环节中确定预算业务管理决策机构、预算业务管理工作机构和预算业务管理执行机构的工作机制。

系统分析经济活动风险

内部控制基本思想就是在业务梳理的基础上，对单位的风险进行识别、评估、应对和控制。这是单位强化各项管理的关键步骤。在具体界定单位的各个业务范围和业务的各个环节后，单位要继续对单位经济活动中面临的各种风险进行分析。风险分析要从各个业务所面临的内外部环境入手，讨论环境对单位内部控制的负面作用，运用多种手段进行风险的定性和定量评估。

确定风险点

风险具有整体性，风险点实际上就是对于业务环节来说更为细化的风险分析。行政事业单位需要按照风险复杂程度的不同，将业务整体风险按照各个不同业务单元划分为具体风险点。确定风险点要依据业务流程梳理，对机构设置和岗位设置进行具体分成，从业务环节角度评估特定风险，找出可能造成单位经济利益流出的风险点。比如预算编报与审批风险中预算单位虚报预算、预算编制不够细化、量化程度不高、可行性研究论证不科学、不充分以及预算审批过程中的权利寻租等风险。再比如招标采购过程的寻租现象。政府采购招标过程，供应商入围不择手段，单位人员与供应商勾结泄露标底、设计参数等徇私舞弊，使得预算资金造成损失等风险。因此，将风险进行细分，确定风险点有利于有针对性地制订风险应对策略和控制方案。

选择风险应对策略

风险应对策略就是对已经识别的风险进行定性分析、定量分析和进行风险排序，制订相应的应对措施和整体策略。风险应对策略主要包括风险规避、风险转移、风险减轻和风险接受四种。规避策略是指改变项目计划以消灭风险或保护项目目标免受影响。虽然不可能消灭所有的风险，但对具体风险来说是可以避免的，某些风险可以通过需求再确认、获取更详细信息、增强沟通、增派专家等方法得以避免。转移策略是指把风险的影响和责任转嫁给第三方。并不消灭风险，通常要为第三方付费用作为承担风险的报酬，减轻策略是指谋求减低不利风险发生的可能性和或影响程度比如采用不那么复杂的流程、选择更可靠的供应商、进行更系统化的更彻底的测试等。接受策略是指面对风险选择不对项目计划作任何改变或干脆无计可施，积极地接受：制定应急计划并在风险发生时执行，风险征兆应被监视。应急计划可以大大减少处理麻烦的费用。行政事业单位作为公共部门提供公共服务，其风险主要是业务中的低效、浪费和舞弊，要将这些风险控制在可承诺范围内。因此，具体情况具体分析，制定具体而适用的风险应对策略。

根据国家有关规定建立健全单位各项每部管理制度

《行政事业内部控制规范》只是对内部控制建设提出了原则性的要求，行政事业单位应按照风险识别、风险评估、风险应对的逻辑顺序，根据各个单位自身的实际情况，建立健全单位各项内部控制制度，对《行政事业内部控制规范》要求的具体内容进行落实，并针对单位的特定业务制定有针对性的管理制度。

督促相关工作人员认真执行

任何科学设计的制度如果要发挥相应的作用和功效，都需要组织中人员的贯彻和执行。督促相关工作人员认真执行内部控制的相关规定，对于行政事业单位内部控制能否高效运行具有举足轻重的影响。单位负责人负责内部控制的建立健全和有效实施，内部监督部门对建立和实施内部控制进行监督，各部门负责人负责组织领导单位内部控制的日常运行，全体员工广泛参与内部控制的具体实施。在内部控制管理制度的执行过程中，单位要明确各个部门、各个岗位和相关工作人员的分工和责任，设立相应部门和岗位对相关工作人员对内部控制管理制度的执行结果进行监督和奖惩，形成完善的内部控制执行机制。

第二章　风险评估和控制方法

一、风险概述

1. 风险的概念

通俗地讲，风险就是发生不幸事件的概率。换句话说，风险是指一个事件产生我们所不希望的后果的可能性，或某一特定危险情况发生的可能性和后果的组合。从广义上讲，只要某一事件的发生存在着两种或两种以上的可能性，那么就认为该事件存在着风险。

"风险"一词的由来，最为普遍的一种说法是，在远古时期，以打鱼捕捞为生的渔民们，每次出海前都要祈祷，祈求神灵保佑自己平安归来，其中主要的祈祷内容就是让神灵保佑自己在出海时能够风平浪静、满载而归；他们在长期的捕捞实践中，深深地体会到"风"给他们带来的无法预测无法确定的危险，他们认识到，在出海捕捞打鱼的生活中，"风"即意味着"险"，因此有了"风险"一词的由来。而另一种据说经过多位学者论证的"风险"一词的"源出说"称，风险（RISK）一词是舶来品，有人认为来自阿拉伯语，有人认为来源于西班牙语或拉丁语，但比较权威的说法是来源于意大利语的"RISQUE"一词。在早期的运用中，也是被理解为客观的危险，体现为自然现象或者航海遇到礁石、风暴等事件。大约到了 19 世纪，在英文的使用中，风险一词常常用法文拼写，主要是用于与保险有关的事情上。现代意义上的风险一词，已经大大超越了"遇到危险"的狭义含义，而是"遇到破坏或损失的机会或危险"，可以说，经过两百多年的演义，风险一词越来越被概念化，并随着人类活动的复杂性和深刻性而逐步深化，并被赋予了从哲学、经济学、社会学、统计学甚至文化艺术领域的更广泛更深层次的含义，且与人类的决策和行为后果联系越来越紧密，风险一词也成为人们生活中出现频率很高的词。

无论如何定义风险一词的由来，但其基本的核心含义是"未来结果的不确定性或损失"，也有人进一步定义为"个人和群体在未来遇到伤害的可能性以及对这种可能性的判断与认知"。如果采取适当的措施使破坏或损失的概率不会出现，或者说智慧的认知，理性的判断，继而采取及时而有效的防范措施，那么风险可能带来机会，由此进一步延伸的意义，不仅仅是规避了风险，可能还会带来比例不等的收益，有时风险越大，回报越高、机会越大。

综上所述，风险是在一定条件和特定时期下，一些已经存在的变化和未来将可能出现的结果。对于一个单位而言，经济业务活动或事项往往具有不确定性，这种不确定性造成的不可预知的后果很难准确地估计和评价，由此导致内控目标的偏离就是风险。

2.风险控制及基本方法

风险控制是指风险管理者采取各种措施和方法，消灭或减少风险事件发生的各种可能性，或风险控制者减少风险事件发生时造成的损失。

风险控制的四种基本方法是：风险回避、损失控制、风险转移和风险保留。

风险回避：是指考虑到风险存在和发生的可能性，主动放弃或拒绝实施可能导致风险损失的方案。风险回避具有简单易行、全面彻底的优点，能将风险的概率降低到零，使回避风险的同时也放弃了获得收益的机会。

损失控制不是放弃风险，而是制定计划和采取措施降低损失的可能性或者是减少实际损失。控制的阶段包括事前、事中和事后三个阶段。事前控制的目的主要是降低损失的概率，事中和事后的控制主要是为了减少实际发生的损失。

风险转移：是指通过契约，将让渡人的风险转移给受让人承担的行为。通过风险转移过程有时可大大降低经济主体的风险程度。风险转移的主要形式是合同和保险。

风险保留，即风险承担。也就是说，如果损失发生，经济主体将以当时可利用的任何资金进行支付。

综上所述，对于风险的研究和控制目标可归纳为设法压缩风险出现的概率值、阻止风险的潜在性转变为现实和阻止可能的危机转化为现实的损失。

二、风险的特点

风险一般具有客观性、普遍性、不确定性、可变性、损益性和可衡量性。

（1）风险的客观性

风险是一种不以人的意志为转移，独立于人的意识之外的客观存在。因为无论是自然界的物质运动，还是社会发展的规律都是由事物的内部因素所决定，是由超过人们主观意识所存在的客观规律所决定。人们只能在一定的时间和空间内改变风险存在和发生的条件，降低风险发生的频率和损失程度，但是，从总体上说，风险是不可能彻底消除的。正是由于风险的不确定性，风险往往是伴随着经济业务活动而存在的，具有客观存在性。

（2）风险的普遍性

人类历史就是与各种风险相伴的历史。自从人类出现后，就面临着各种各样的风险，如自然灾害、疾病、伤残、死亡、战争等。随着科学技术的发展、生产力的提高、社会的进步、人类的进化，又产生了新的风险，且风险事故造成的损失也越来越大。在当今社会，个人面临着生、老、病、残、死、意外伤害等风险；企业面临着自然风险、市场风险、技术风险、政治风险等；甚至国家和政府机关也面临着各种风险。风险无处不在，无时不有。正是由于 这些普遍存在的对人类社会生产和人们的生活构成威胁的风险，才有了保险存在的必要和发展可能。

（3）风险的不确定性

总体来说，风险是客观性存在的，但风险又具有不确定性。风险的不确定性表现在影响风险的因素非常复杂，各种因素相互交织，事前难以完全把握。即：风险是否发生是不确定的；风险发生的时间是不确定的；风险发生的地点是不确定的；风险所致的损失或收益的大小是不确定的；风险所致损失或收益的承担主体是不确定的。

（4）风险的可变性

风险的可变性是指在一定条件下风险具有可转化的特性。世界上任何事物都是互相联系、互相依存、互相制约的，而任何事物都处于变动和变化之中，这些变化必然会引起风险的变化。例如科学发明和文明进步，都可能使风险因素发生变动。

（5）风险的损益性

风险的损益性主要表现在对风险结果的损益。风险结果可能是获得收益或造成损失，但大家关注的焦点往往是其造成的损失，忽略了风险结果带来的收益。

（6）风险的可衡量性

风险的可衡量性一定程度上反映了风险的客观存在性。单位管理者通过不断的工作实践和经验总结，逐步注意到风险的存在及其特征，通过运用有效的技术手段对风险进行识别、分析、计量，达到规避风险的目的。

三、风险评估

（一）风险评估的概念

风险评估（Risk Assessment）是指，在风险事件发生之前或之后（但还没有结束），该事件给人们的生活、生命、财产等各个方面造成的影响和损失的可能性进行量化评估的工作。即，风险评估就是量化测评某一事件或事物带来的影响或损失的可能程度。从信息安全的角度来讲，风险评估是对信息资产（即某事件或事物所具有的信息集）所面临的威胁、存在的弱点、造成的影响，以及三者综合作用所带来风险的可能性的评估。

作为风险管理的基础，风险评估是组织确定信息安全需求的一个重要途径，属于组织信息安全管理体系策划的过程。风险评估注意事项在风险评估过程中，有几个关键的问题需要考虑。第一，要确定保护的对象（或者资产）是什么？它的直接和间接价值如何？第二，资产面临哪些潜在威胁？导致威胁的问题所在？威胁发生的可能性有多大？第三，资产中存在哪些弱点可能会被威胁所利用？利用的容易程度又如何？第四，一旦威胁事件发生，组织会遭受怎样的损失或者面临怎样的负面影响？最后，组织应该采取怎样的安全措施才能将风险带来的损失降到最低程度？解决以上问题的过程，就是风险评估的过程。在进行风险评估时，有几个对应关系必须考虑：每项资产可能面临多种威胁，威胁源（威胁代理）可能不止一个，每种威胁可能利用一个或多个弱点。

科研事业单位风险评估就是单位按照既定的控制目标，全面系统地搜集整理有关信息，在结合单位实际情况的基础上，通过一定技术手段找出那些影响战略目标实现的有利和不利的因素，对搜集的信息进行识别、分析和判断，并对其存在的风险隐患进行定量和定性分析，量化测评风险发生的可能程度及其造成的成果，从而有针对性地制定相应的风险应对策略。按照《规范》中有关要求，行政事业单位应当逐步建立经济活动风险评估机制，全面、系统和客观地评估经济活动中存在的风险。单位可以每半年或每年进行一次经济活动风险评估；外部环境、经济业务活动或管理制度不同程度的受风险的影响，当这些因素发生重大变化时，应及时对风险进行重新评估，发现潜在的风险。单位进行经济活动风险评估首先应当成立风险评估工作小组，单位负责人担任组长。风险评估结果及风险评估报告应当以书面形式提交单位管理层，作为完善内控机制的重要手段。

（二）风险评估的主要内容

风险评估主要包括的目标设定、风险识别、风险分析和风险应对四个环节。

1. 目标设定

目标设定是指单位在识别和分析风险并采取行动来管理风险之前采取适当的程序去设定目标，确保所设定的目标符合所在单位职责使命，并且与其风险承受能力一致。风险会使行政事业单位的经济活动偏离其既定的目标，建立内部控制就是为了纠正脱离目标的偏差，确保目标的实现。

行政事业单位要开展风险评估，应当确定各项经济活动的控制目标。行政事业单位的目标是由行政事业单位的理念和其所追求的价值所决定的。目标是有层级的。行政事业单位各项经济活动的控制目标总体上与内部控制的整体目标相一致，都包括单位经济活动合法合规、资产安全和使用有效、财务信息真实完整，有效防范舞弊和预防腐败，提高公共服务的效率和效果等。但各项经济活动的控制目标也有所侧重。例如，支出业务的控制目标重点是支出事项是真实的、支出金额符合开支范围和标准并经过了适当的授权审批。实物资产的控制目标重点是保证实物资产的完全完整和账实相符。所以，风险评估工作小组应当根据各项经济活动的自身特点和相互联系，采取恰当的程序去设定控制目标，确保所选定的目标支持和切合单位的实际情况。

2. 风险识别

风险识别是对行政事业单位面临的各种不确定因素进行梳理、汇总，形成风险点清单。需要对单位的经济活动的管理现状进行全面摸底，而且是一个动态、连续的过程。风险识别的过程包括两个阶段：首先是风险的辨识，要找出各种风险及其存在之处，然后对其进行分析，主要分析引起风险的各种原因和可能的结果。

以行政事业单位为例，行政事业单位风险评估，应当准确识别和实现控制目标相关的内部风险和外部风险、单位层面风险和业务层面风险，确定相应的风险承受度。

行政事业单位风险，按照风险来源分类：外部风险和内部风险，外部风险包括：法律政策风险、经济风险、社会风险、自然灾害风险等。内部风险包括单位层面的风险和业务层面的风险。按照风险的单位管理层级分类：单位层面的风险和业务层面的风险。单位层面的风险：主要是指单位层级滥用权力的风险、资金使用效率低下的风险、资源配置不合理的风险和道德寻租风险等。业务层面的风险：是指业务活动和业务流程方面的风险。包括预算业务、政府采购业务、收支业务、资产管理、合同管理等。

单位识别内部风险，应当关注下列因素：

（1）单位高层管理人员的职业操守、员工专业胜任能力等人力资源因素；

（2）组织机构、业务活动方式、资产管理、业务流程等管理因素；

（3）研究开发、技术投入、信息技术运用等自主创新因素；

（4）财务状况、业务成果、现金流量等财务因素；

（5）运营安全、员工健康、环境保护等安全环保因素等。

单位识别外部因素，应当关注下列因素：

（1）经济形势、财政管理体制、融资环境、市场竞争、资源供给等经济因素；

（2）法律法规、监管要求等法律因素；

（3）安全稳定、文化传统、社会信用、教育水平、消费者行为等社会因素；

（4）技术进步、工艺改进等科学技术因素；

（5）自然灾害、环境状况等自然环境因素。

单位层面风险识别主要从组织、机制、制度、岗位和信息系统入手，主要内容包括：内部控制工作的组织情况、内部控制机制的建设情况、内部管理制度的完善情况、内部控制关键岗位工作人员的管理情况、财务信息的编报情况等。例如，如果单位没有建立起集体研究、专家论证和技术咨询相结合的议事决策机制，那么对于建设项目和大宗资产采购等复杂的经济事项，就可能存在事前论证不充分，导致后续损失或浪费的风险。

业务层面风险识别从梳理业务流程、明确业务环节入手，主要内容包括：各项经济活动的业务流程是否清晰合理，流程中的相关岗位的职责职权是否明确，不相容岗位是否相互分离；每个环节的授权审批是否科学完整，相关信息是够得到全面记录；各项管理要求是否在内部管理制度中予以明确，各项制度的执行是否有效，关键控制措施是否得到落实等。例如，支出业务中，如果支付审批和支付执行是同一个人完成，不相容岗位就没有实现相互分离，则存在资金被贪污挪用的风险。

3. 风险分析

风险分析是在风险识别的基础上，采取定量和定性的方法对风险发生的可能性及其影响程度等进行分析判断，以确定风险重要性水平的过程。风险分析包括风险发生的可能性和风险产生的影响程度。行政事业单位应当采用定性与定量相结合的方法，按照风险发生的可能性及其影响程度等，对识别的风险进行分析和排序，确定关注重点和优先控制的风险。行政事业单位应当根据风险分析的结果，结合风险承受程度，确定风险应对策略。行政事业单位进行风险分析，应当充分吸收专业人员，组成风险分析团队，按照严格规范的程序开展工作，确保风险分析结果的准确性。

4. 风险应对

风险应对是指在风险分析的基础之上，针对单位所存在的风险，提出各种解决方案，经过分析论证与评价从中选择最优方案并予以实施的过程。风险应对的策略一般包括有四种：风险规避、风险降低、风险分担和风险承受。选定应对策略以后，还应当有针对性地选择控制方法，可以单独或综合使用。

（1）风险规避

风险规避是单位对超出可承受范围的风险，通过放弃或者停止与该风险相关的业务活动以避免和减轻损失的策略。例如，某单位对外部环境进行分析后，发现对外投资业务的风险很高，该单位又没有足够的人力资源和专业水平对投资业务加以管理，经过对风险的综合分析后，单位放弃很可能导致亏损的项目。风险规避不意味着完全消除风险，我们要规避的是风险可能给我们造成的损失。

（2）风险降低

风险降低是行政事业单位在权衡成本权益后，准备采取适当的控制措施降低风险或者减轻损失，将风险控制在风险承受度之内的策略。降低风险的内涵主要由两个方面，一是控制可能导致风险的因素，减少风险的发生；二是设置应急机制，一旦发生风险，降低风险损害程度。

例如，建设项目的工程变更随意无序，缺乏监管，则容易发生超概算的情形，甚至发生利用虚假事项套取建设项目的资金，导致公共资金流失的风险。针对这一问题，首先要加强设计控制和投资控制，确保超概算的风险，工程需要变更时，要求建设项目管理人员严格审核或聘请外部专家对变更事项进行审核，重大变更导致超概算的情况应当按照国家有关规定报经批准，会计人员还应当加强工程变更所涉及价款的支付审核，确保手续完整、凭证真实。

（3）风险分担

风险分担也可称为风险转移，是行政事业单位借助外部力量，采取业务外包，购买保险等方式，将风险控制在可承受范围之内的策略。例如，对于贵重资产，单位可以通过购买保险的方式，降低因保管不当或不可抗力而造成的资产被盗或毁损的风险。又如，对于专业性很强的建设项目，单位可以通过将工程设计、监理等业务外包的方式，借助专业机构力量避免设计不合理、工程监管不到位的风险。

（4）风险承受

风险承受是行政事业单位对可承受范围之内的风险，在权衡成本效益之后，不准备采取控制措施降低风险或者减轻损失的策略。如果行政事业单位经过分析后，认为自身有足够的能力承受风险造成的损失时，可以采取风险承受策略，自行消化风险损失。

（三）风险目标管理

1. 风险目标切入点分析

全额拨款事业单位的风险识别流程概括地说，首先要了解单位的业务特点以及影响单位风险的各种因素。相对于企业来说，由于全额拨款事业单位涉及领域广，工作活动的内容更加丰富，面临的风险更加多样化。全额拨款事业单位的风险识别应当重点关注下列因素：单位管理人员是否具有职业素养和专业胜任能力；单位组织机构管理制度、运营绩效、资产资金管理、业务流程控制等管理因素；单位收支情况、财务状况等财务因素。

具体而言，风险分类按照风险来源分为外部风险和内部风险。外部风险主要分为法律政策风险、经济风险、社会风险、自然因素产生的风险。内部风险主要分为管理风险、道德风险、财务风险、其他风险。

按照风险来源		按照管理层级	
外部风险	内部风险	单位层面风险	业务层面风险
法律政策风险	管理风险	滥用职权风险	预算业务
	道德风险		收支业务
经济风险		资金使用效率低下风险	政府采购业务
			资产管理
			建设项目管理
自然风险	其他风险	道德寻租风险	合同管理

2. 风险目标设定原则

事业单位内控风险评估的目标与原则要和本单位财务管理的目标与原则、业务流程特点、内控管理制度相统一。其中，降低风险的发生和即便发生风险把风险降到最小是普遍适用的目标，其他目标应根据具体经济业务情况而确定。风险评估体系是否有效的关键在于结构是否完整清晰，是否可以作为单位内控制度发展的重要组成部分。内控风险评估体系是一套可识别、可计算、可估计和可判断的完善的管理操作流程。

对于事业单位而言，内控风险评估的目标可以归为以下几点：

（1）增强法制观念，把内部控制管理工作作为党风廉政建设的一项重要内容；

（2）防范经济活动过程中内外潜在的风险，强化内部控制制度建设，加强内部控制活动和内控风险评估的实施的有效性；

（3）注重单位负责人和职工内控风险防范意识的培养，引导全体职工共同参与本单位的内控制度建设，强化内部控制运行机制；

（4）确保财务报告的真实性、完整性、合法性；

（5）提高单位全面风险管理能力，注重风险的事前防控。

（四）风险识别方法

风险分析是指在风险识别基础上，运用定性分析法，分析风险发生的可能性和对单位目标实现的影响程度，根据影响程度的大小对风险进行排序，对重要风险和一般风险逐条列示，特别关注重要风险，避免重要风险给单位带来经济损失。

风险识别的辅助方法有：风险清单法、财务报表分析法、流程图分析法、财务报表分析法、因果图分析法和事故图分析法等。

1. 风险清单法

风险清单法是一种基本的风险识别方法，是指由一些专业人员设计好风险标准的表格或者问卷，上面全面地罗列了事业单位可能面临的风险，受问者对照清单上的每一项作答。通过回答这些问题就能构建出本单位风险框架，也就是识别出本单位的主要风险。风险清单的局限性在于对清单设计的要求较高，不然很容易出现缺漏，比较常见的风险清单有潜在损失一览表、保单检视表等。

2. 财务报表分析法

财务报表是按照价值手段来反映全额拨款事业单位管理和服务活动。通过对财务报表的结构分析和趋势分析，可以发现可能存在的风险。

3. 流程图法

流程图法就是按照"泳道图"的方式把全额拨款事业单位的管理和服务流程绘制出来，指出具体责任部门职责和分工。通过分析流程图，找出内部控制的薄弱点。

4. 小组讨论和访谈

小组讨论或访谈单位领导、中层和普通员工，通过交流识别单位存在的风险。小组讨论或访谈由风险评估小组召集并讨论可能影响单位目标实现的事件。

5. 实地检查法

要更完整地辨识风险，实地调查必不可少。实地调查要注意被调查单位在调查期间和平时工作是否执行不同的管理标准，应付检查在很多全额拨款事业单位都是存在的。为此，可以结合采用事先不通知的突击检查。通过现场调查可以获得第一手资料，可以与基层人员建立和维持良好的关系。

6. 文件审查法

对文件（包括单位"三定"方案的文件、单位的内部管理制度、领导班子办公会议记录、工作目标和计划、财务报表等）进行全面、系统的审查，能够识别风险。比如：单位领导班子会议记录记载的重要事项，其决策程序是否科学合理，是否充分发扬民主，会议记录是否明晰等，可以揭示单位议事决策机制的风险。

科研事业单位应当综合考虑自身的内外部环境，结合自身的经济活动特点，设计和选择适当的风险识别方法，以便全面地识别所面临的风险。

（五）风险分析方法

风险分析是指在风险识别基础上，运用定性分析法，分析风险发生的可能性和对单位目标实现的影响程度，根据影响程度的大小对风险进行排序，对重要风险和一般风险逐条列示，特别关注重要风险，避免重要风险给单位带来经济损失。

风险分析具体方法：

1. 概率分析

风险的某些方面可以用概率等数学方法加以计算。对周期性发生的事项可以从其历史信息和走势中得出其概率。从传统意义上看，不利事件的风险都可以通过概率进行分析，常用的方法有概率、期望、方差等。

2. 敏感性分析

敏感性分析不仅适用于风险识别，还适用于风险分析。敏感性分析在合理范围内，通过改变输入参数的数值来观察并分析相应输出结果。由于计算相对比较容易，敏感性度量方法有时可以用来补充概率方法。通过敏感度量分析，可以帮助单位明确自身对相关风险的承受能力。

3. 行业标杆比较法

行业标杆比较法是通过本单位与相似单位在某些领域的具体做法、指标结果等做定量的比较，发现差距并优化本单位管理制度。

可能性的定性测评表		
级别	描述符	详细描述
1 级	几乎确定	在多数情况下预期会发生
2 级	很可能	在多数情况下很可能发生
3 级	可能	在某些时候能够发生
4 级	不太可能	在某些时候不太能够发生
5 级	很少	在例外情况下可能发生

影响程度的定性分析		
级别	描述符	详细描述
1 级	不重要	不受影响，较低的损失
2 级	次要	轻度影响（情况立刻受到控制），轻微的损失
3 级	中等	重度影响（情况需要外部支持才能得到控制），中等的损失
4 级	主要	严重影响（情况失控，但无致命影响），重大的损失
5 级	灾难性	重大影响（情况失控，给单位致命影响），极大的损失

根据风险程度分析对应结果，可以设定风险等级为 1 级，表示"无需较多关注"；风险等级为 2 级，表示"需要一般关注"；风险等级为 3 级，表示"需要密切关注"；风险等级为 4 级，表示"必须立即行动"。

（六）风险应对措施

风险应对就是基于风险识别和风险分析对风险进行排序，制定应对措施和具体策略。主要包括风险规避、风险降低、风险转移和风险承受四种风险应对策略。

1. 风险规避是以放弃或拒绝承担风险作为手段，来规避损失发生的可能性。

但对于事业单位来说，尤其是全额拨款的事业单位，完全规避风险是不现实的，因为其担负着社会管理和服务职能，完全规避风险意味着无所作为，只能在实施某项事项前多举行听证，避免丧失公信力。

2. 风险降低是指事业单位通过降低其损失发生的概率，缩小其损失程度时所采取的控制技术和方法。

依据风险管理的目的，风险降低措施又可以分为损失预防和损失抑制。损失预防是指在损失发生前采取一定措施消除或减少可能导致损失的各种因素，主要目的是降低风险发生的概率。损失抑制是指在事故发生时或事故发生后所采取措施减少损失发生范围和损失程度。

3. 风险转移是指事业单位通过合同或非合同方式把风险转嫁给外部单位或个人风险应对方式。

4. 风险承受是指事业单位自行承担风险事故所造成的损失，并且是主动或被动承担的风险在可控和承受范围之内。

根据评估情况撰写风险评估报告，根据风险点和影响程度的大小提出应对策略和风险控制措施。如风险为"可接受"，则不需要采取调整措施；如风险为"次级问题"，应在条件允许的情况下将风险降低；如风险为"问题"，则必须采取有效措施进一步防范风险发生；如剩余风险为"不可接受"，则需要立即采取措施改变目前风险状况，避免严重的后果出现。

（七）风险评估后内部控制方法

风险评估结束后，单位应当根据可承受范围来采取相应的控制方法控制风险。内部控制方法一般包括：不相容岗位分离控制、内部授权审批控制、归口管理、财产保护控制、会计控制、单据控制、信息内部公开等。

1. 不相容岗位分离控制

不相容岗位分离控制是指合理设置内部控制关键岗位、明确划分职责权限，实施相应的分离控制措施，形成相互制约、相互监督的工作机制。

不相容岗位分离控制，首先要明确划分全额拨款事业单位有哪些岗位，每一个岗位的职能有哪些。责任的分配与授权应根据单位规模大小和管理复杂程度而定，明确规定有关个人和部门的权利和责任，并随着单位的发展及时进行维护和更新。通过规范和完善岗位职责，明确各岗位的权利；单位授权人有权对受托人履行授权的行为进行监督、检查，发现受托人有不当行为时，应及时给予批评并纠正；情况严重的，应撤销对其的授权。在明确岗位职责和分工的基础上，全面系统分析、梳理具体业务中所涉及的不相容职务，合理设置内部控制关键岗位，明确划分职责权限，实施相应的分离措施，从而形成相互监督、相互制约的工作机制。

不相容岗位分离控制主要包括：决策、执行、监督相互分离；业务办理、资产保管和会计记录相互分离。不相容岗位定期轮岗是杜绝舞弊现象发生的必要手段。

2. 内部授权审批控制

内部授权审批控制是指明确各岗位办理业务和事项的权限范围、审批程序和相关责任，建立重大事项集体决策和会签制度。相关工作人员在授权范围内行使职权、办理业务。权利尽量不过于集中，体现分权和授权，向下级授权同时也是要求下级承担责任，如果不授权给下级，则下级有可能在发生问题时把责任推给领导。每个人的精力都是有限的，即使再有能力的领导也不可能对单位的所有业务都了如指掌，特别是单位达到一定程度后，应尽可能给予有关部门与人员一定的自主权。

行政事业单位应当实行集中决策审批制度，对于人事任免及大额资金支付业务等重大事项和决策不得单独进行决策或者擅自改变集体决策意见。当然，集体决策如果变成推卸责任的工具就不属于有效管理控制了。授权审批控制对事不对人，要授权适度，不能越权授权，被授权人不能危及授权人的权益，授权人还要对被授权人实施监督。授权批准的层次应当根据单位业务活动的重要性和金额大小确定，从而保证各相关部门职责明确，避免越级审批。

3. 归口管理

归口可以理解为"归属"，就是归属于哪个单位或部门管理。全额拨款事业单位之间的归口管理是按照行业、系统划分和管理，防止出现重复管理、多头管理等现象，各部门各司其职，按特定的管理渠道实施管理。归口管理是指根据本单位实际情况，按照权责对等的原则，采取成立联合工作小组并确定牵头部门或牵头人员等方式，对有关经济活动实行统一管理。归口管理要求该管好要管好，不缺位；不该管不插手，不能错位；超出职责权限范围的，不审批、不越位。

4. 财产保护控制

全额拨款事业单位内部控制的首要目标是保证资产安全完整，因此必须加强财产保护控制，建立资产日常管理制度和定期清查机制，采取资产记录、实物保管、定期盘点、账实核对等措施，确保资产安全完整，从资产价值与资产实物两方面加强管理。

财产保护控制的主要措施有：一是接触控制，无关人员不允许直接接近相关财产，只有经过授权批准的人员才有权限；二是定期盘点，定期对实物资产进行盘点核查；三是财产增减变动的记录及建档，对各种财产采购和处置等进行会计处理和备查登记，按照档案管理办法妥善保管，对计算机系统记录的财产相关信息要及时备份，异地存放；四是财产保险，实物受损后获得补偿机会；五是明确资产管理流程，做到财产领用、维修保养、出售以及报废流程都有章可循。

5. 会计控制

全额拨款事业单位会计控制要求建立完善的财会岗位制度，加强财务管理部门的建设，提高会计人员职业素养和业务水平，提升会计人员的岗位责任意识，规范财务管理会计基础工作，加强会计档案管理和保管，确保会计凭证、会计账簿和财务报告真实有效。

会计凭证控制。

财务部门取得原始凭证时，要进行严格的审查，对不符合要求的原始凭证明令禁止并坚决予以退回。全额拨款事业单位应遵守法律法规，根据本单位实际情况制定相应的凭证格式，做到日期、内容、附件齐全，能够完整反映管理或经济业务事项的全貌。会计凭证要实行编号管理并保持编号连续。业务部门之间按照规定程序在规定时限内传递凭证，最后按期装订凭证并入档保管。

会计账簿控制。

全额拨款事业单位应当按照统一规定设置会计账簿，并在启用时填写"启用表"，登记账簿时必须是连续编号。登记账簿的依据必须以审核合格的会计凭证为基础。严格按照《会计基础工作规范》及实施细则的规定登记账务并按照程序和方法进行错误更正及结账。

会计复核控制。

会计复核首要程序是进行凭证之间的复核，确保凭证真实有效，原始凭证和记账凭证对应一致，附件完整齐全。会计凭证与账簿和报表登记一致。此外，有条件的单位可以实施建立稽核制度，由经验丰富的财务人员对会计资料进行整理、审核和装订。

财务报告控制。

按照规定时间和程序编制及报送财务报告。会计报表必须由单位负责人、财务部门负责人以及会计主管签名盖章，并装订成册，加盖单位公章等。

单据控制

全额拨款事业单位应根据国家有关规定和单位的经济业务活动流程，在内部管理制度中明确界定各项经济活动所涉及的表单和票据，要求相关工作人员按照规定填制、审核、归档、保管单据。

（1）报销单据控制。

对于外来报销类单据，需要将外来单据作为报销单的附件，费用报销单填写外来单据内容、附件张数、日期、金额等，所有的报销单必须经报销人、部门负责人、会计、财务部门负责人签字方为有效。

（2）外来其他单据控制。

外来单位单据应具备对方单位印章、收款人签字、日期、经济活动内容或摘要、金额；购销发票还应填列商品名称、规格、型号、单位、单价、金额。所有外来单据金额栏必须有大小写两种格式。

财产盘点控制

财产盘点表由资产保管人、部门负责人、盘点人、监盘人签字确认；年终盘点表应由资产保管人、部门负责人、盘点人、监盘人等核实并签字。所有记账凭证按会计规定装订成册。

重要空白凭证与预留银行印鉴控制。

空白支票、预留银行印鉴、支票密码生成器等要由专人负责管理，必须按照不相容岗位分离的原则实施控制，避免管理空白支票工作人员同时掌管单位的公章、财务专用章、负责人名章或财务负责人名章、支票密码生成器。

6. 信息内部公开

事业单位应按照国家有关政策规定和单位实际情况，建立和完善经济业务流程相关信息内部公开制度，明确信息内部公开的范围、内容、方式、程序。

内部报告是内部信息公开最为重要的一种形式。通过内部报告这种正式信息沟通方式向管理层传递信息，帮助管理层决策。需要注意的是内部报告的渠道要非常畅通，单位可以规定发生什么类型的风险必须在多长时间内向上级汇报。

（八）风险评价

1. 事业单位内控自我评价的主体

开展内控风险评价的首要目标是明确内控风险评价工作的具体实施主体。内控风险评价主体的三个必要条件：

（1）操作者具备专业能力和道德素养并与内控风险评价系统相适应；

（2）相关职能部门在内控风险评价系统方面保持协调一致，在工作中相互监督、相互配合、相互制约；

（3）单位领导和各层级工作人员高度重视内控制度，从而保证顺利开展内控自我评价工作。

根据这些条件，单位内部内控建设领导小组负责开展内控风险评价工作，根据批准的内控风险评价方案确定实施主体，具体实施内控风险评价工作。

2. 事业单位内控风险评价的内容

事业单位内控风险评价的内容主要包括内控风险体系设计和执行的有效性。

内控风险设计的有效性是指必要内控风险程序设计恰当，能够保证实现控制风险目标。就保证单位经济活动合法合规的目标而言，内控风险设计的有效性表现为所设计的内控风险体系能够合理保证单位遵循国家法律法规和单位的规章制度；对于资产安全和使用的有效目标而言，内控风险设计的有效性表现为所设计的体系能够合理保证国家财产的安全与完整，防止国有资产流失；对于财务信息真实完整来讲，内控风险设计的有效性表现为所设计的相关内控能够规范会计行为，保证会计信息的真实、完整，防止、发现并纠正财务报告的重大纰漏；对于有效防范舞弊和预防腐败而言，内控风险设计的有效性表现为所设计的内控风险体系能够使得各类舞弊和腐败现象受到约束而降低发生可能性，一旦发生也很快能披露出来；对于提高公共服务的效率和效果目标而言，内控风险设计的有效性表现为所设计的内控能够合理保证单位经济活动的效率和效果。

评价内控风险设计是否有效，重点关注：①内控风险体系设计过程是否以相关法律法规为依据，内控风险设计是否合理和合法性；②内控风险体系设计的全面性，即内控设计是否涵盖重要业务、重大事项和重大风险点，是否对单位内部各部门和人员都具有约束力；③内控风险设计是否具有适应性，即内控风险体系的设计是否与单位内部环境、管理制度以及风险承受度、风险控制要求相吻合，当外部环境和自身条件变化时是否能及时调整关键风险点和控制措施。

内控风险执行的有效性是指在单位内控设计有效的基础上，内控能否有效执行，从而保证实现控制目标。评价内控风险执行是否有效时，重点关注：①评价期内的相关控制风险点如何运行；②相关控制风险点的运行是否统一；③实施控制风险点的人员是有相应的权限和能力。同时根据单位外部环境和自身业务的变化而作相应的调整，设计再完美的内控风险体系评估系统如果不能很好地贯彻执行也是无效的。

3.事业单位内控风险评价流程

事业单位执行内控风险评价的总流程为：制定"内控风险检查评价指引"和内控风险评价工作方案，现场检查和评价，检查评价结果复核与确认，下达整改通知，督促整改，对现场检查评价结果统一复核和确认，结合日常监督等情况，形成单位内控风险评价报告。具体来说，流程主要包括：

（1）组织现场评价，分配成员任务。

评价组长负责与被评价单位主要领导成员谈话，参加见面及讲评会，副组长负责检查内控环境、内控风险自查情况，并撰写现场检查评价报告，一般检查评价人按内控流程分组展开工作。

（2）召开见面会。

通过听取被评价单位的介绍，掌握基本情况（管理或服务业务范围、组织机构、管理层及分工、财务管理核算体制、信息系统建设和实施情况等），了解工作计划和预算完成情况和内控实施情况，了解最近一次财务稽核查出问题整改情况等，与被评价单位签订保密协议。

（3）搜集、分析材。

主要包括内控自查整改材料、内控流程责任分工、组织架构图、会计报表、经济活动分析材料等。

（4）确定重点范围和重要风险点

根据成本效益原则，风险防范于选择要抓主要风险，选择重点内控流程和风险控制点。

（5）实施现场评价。

主要评价单位层面责任分配与授权、组织结构、人事任免制度、信息与沟通等方面。

（6）出具内控风险评估报告。

四、科研事业单位风险概述

（一）科研事业单位面临的风险

科研事业单位面临风险的两个层级：宏观层面和微观层面。宏观层面指的是科研事业单位组织层面或者单位层面的风险；微观层面指的是科研事业单位业务活动和业务流程方面的风险。因此，科研事业单位的风险评估也分为单位层面的风险评估和业务层面的风险评估两个层面。

（二）科研事业单位风险评估

1. 单位层面的风险评估

单位层面的风险评估是针对科研事业单位有普遍影响的风险，应当重点关注。它是站在单位整体层面的角度来对单位进行风险评估，以发现单位层面内部控制的关键点，主要包括：对单位内部控制组织机构设置和运行、内部控制机制的建设、内部管理制度岗位设置、财务信息的编报等。

（1）内部控制工作的组织情况。包括是否确定内部控制职能部门或牵头部门；是否建立单位各部门在内部控制中的沟通协调和联动机制。

（2）内部控制机制的建设情况。包括经济活动的决策、执行、监督是否实现有效分离；权责是否对等；是否建立健全议事决策机制、岗位责任制、内部监督等机制。

（3）内部管理制度的完善情况。包括内部管理制度是否健全；执行是否有效。

（4）内部控制关键岗位工作人员的管理情况。包括是否建立工作人员的培训、评价、轮岗等机制；工作人员是否具备相应的资格和能力。

（5）财务信息的编报情况。包括是否按照国家统一的会计制度对经济业务事项进行账务处理；是否按照国家统一的会计制度编制财务会计报告。

（6）其他情况。除上述五个方面外，如果在单位层面还存在与经济活动风险有关的其他制度安排和机制设计，科研事业单位也应当予以重点关注。

2. 业务层面的风险评估

单位进行经济活动业务层面的风险评估时，应当重点关注以下方面：

（1）预算管理情况。包括在预算编制过程中单位内部各部门间沟通协调是否充分，预算编制与资产配置是否相结合、与具体工作是否相对应；是否按照批复的额度和开支范围执行预算，进度是否合理，是否存在无预算、超预算支出等问题；决算编报是否真实、完整、准确、及时。

（1）收支管理情况。包括收入是否实现归口管理，是否按照规定及时向财会部门提供收入的有关凭据，是否按照规定保管和使用印章和票据等；发生支出事项时是否按照规定审核各类凭据的真实性、合法性，是否存在使用虚假票据套取资金的情形。

（2）政府采购管理情况。包括是否按照预算和计划组织政府采购业务；是否按照规定组织政府采购活动和执行验收程序；是否按照规定保存政府采购业务相关档案。

（3）资产管理情况。包括是否实现资产归口管理并明确使用责任；是否定期对资产进行清查盘点，对账实不符的情况及时进行处理；是否按照规定处置资产。

（4）建设项目管理情况。包括是否按照概算投资；是否严格履行审核审批程序；是否建立有效的招投标控制机制；是否存在截留、挤占、挪用、套取建设项目资金的情形；是否按照规定保存建设项目相关档案并及时办理移交手续。

（5）合同管理情况。包括是否实现合同归口管理；是否明确应签订合同的经济活动范围和条件；是否有效监控合同履行情况，是否建立合同纠纷协调机制。

（6）科研管理情况。包括科研项目管理制度是否完整科学；科研经费管理是否规范；科研项目管理流程风险是否可控等。

（7）其他情况。除上述六个方面外，如果在业务层面还存在与经济活动风险有关的其他制度安排和机制设计，科研事业单位也应当予以重点关注。

（三）风险评估的影响

内部控制工作的组织情况。包括是否确定内部控制职能部门或牵头部门；是否建立单位各部门在内部控制中的沟通协调和联动机制。

内部控制机制的建设情况。包括经济活动的决策、执行、监督是否实现有效分离；权责是否对等；是否建立健全议事决策机制、岗位责任机制、内部监督等机制。

内部管理制度的完善情况。包括内部管理制度是否健全；执行是否有效。

内部控制关键岗位工作人员的管理情况。包括是否建立工作人员的培训、评价、轮岗等机制；工作人员是否具备相应的资格和能力。

财务信息的编报情况。包括是否按照国家统一的会计制度对经济业务事项进行账务处理；是否按照国家统一的会计制度编制财务会计报告。

其他情况。

（三）确定组织承受风险的能力

1. 单位层面的风险评估

单位层面的风险评估是针对行政事业单位有普遍影响的风险，是站在单位整体层面的角度来对单位进行风险评估，以便发现单位层面内部空时的关键点。主要包括对单位内部控制组织机构设置和运行、内部控制机制的建设、内部管理制度、关键岗位设置和财务信息的编报等。

1）内部控制工作的组织情况

防范与管控经济活动风险，需要有组织和人员的保障，也需要各部门协同合作，所以，对单位层面风险评估时，应重点关注行政事业单位是否确定内部控制职能部门或牵头部门；是否建立单位各部门在内部控制中的沟通协调和联动机制。

2）内部控制机制的建设情况。

内部控制机制在风险防范和管控中发挥着非常重要的作用，单位层面风险评估应重点关注内部控制机制在经济活动的决策、执行、监督是否实现有效分离；权责是否对等；是否建立健全议事决策机制、岗位责任机制、内部监督等机制。

3）内部管理制度的完善情况。

内部管理制度设计合理并有效执行，有利于防范和管控经济活动的风险，单位层面风险评估应重点关注内部管理制度是否健全；执行是否有效。

4）内部控制关键岗位工作人员的管理情况。

人是行政事业单位内部管理的设计者和实施者，单位层面风险评估应重点关注内部控制关键岗位工作人员的专业胜任能力和职业道德水平，对关键岗位工作人员的管理情况，重点关注建立工作人员的培训、评价、轮岗等机制；工作人员是否具备相应的资格和能力。

5）财务信息的编报情况。

财务信息是对单位所有经济活动的全面、客观、总括反映。单位层面风险评估应重点关注财务信息的编报是否按照国家统一的会计制度对经济业务事项进行账务处理；是否按照国家统一的会计制度编制财务会计报告。

6）其他情况

行政事业单位如果在上述五方面外单位层面还存在与经济活动风险有关的其他制度安排和机制设计，也应重点关注。

2. 单位业务层面

单位经济活动业务层面的风险评估是针对行政事业单位具体业务循环的内部控制展开。梳理各项经济活动的业务流程，明确业务环节并对其进行目标设计、风险识别、风险分析和风险应对。单位进行经济活动业务层面的风险评估时，应当重点关注以下七个方面：

1）预算管理情况

预算是根据单位内部各项工作任务对经济行为进行合理计划，实现财务对业务的支撑和管理。行政事业单位的预算业务主要包括预算编制、预算内部批复、预算执行、决算和绩效评价等环节。预算业务面临的风险主要包括：预算编制只靠财务部门，业务部门很少参与其中，导致预算编制不科学、不合理，业务活动预算与其财力支持相脱节；预算批复没有按照法定程序，单位内部预算追加调整程序不规范；预算执行中未按规定的额度和标准执行，资金收支和预算追加调整随意无序，产生无预算支出、超预算支出等情形；决算的编制和绩效评价不及时、不准确，决算结果没有得到有效运用，没有起到事后控制的效果。因此，预算业务风险评估应重点关注：在预算编制过程中单位内部各部门间沟通协调是否充分，预算编制与资产配置是否结合、与具体工作是否相对应；是否按照批复的额度和开支范围执行预算，进度是否合理，是否存在无预算、超预算支出等问题；决算编报是否真实、完整、准确、及时等。

2）收支管理情况

行政事业单位的收入业务主要包括收费许可的审批或收入合同的签订、收款、会计核算等环节。收入业务主要风险包括：未按收费许可规定的项目和标准收取，存在违规收取的风险；收入收款业务分散在各个业务部门，缺乏统一管理和监督，导致收入金额不实，私设"小金库"的情形时有发生；票据、印章管理松散，存在收入资金流失的风险。因此，对收入业务进行风险评估时，应当重点关注：收入是否实现归口管理；是否按照规定及时向财务部门提供收入的有关凭据；是否按照规定保管和使用印章和票据等。

行政事业单位的支出业务主要包括支出事项申请、借款或报销、资金支付、会计核算等环节。支出业务主要的风险是支出事项事前审批不严格，报销时单据审核不严格，存在使用虚假票据套取资金的风险。因此，对支出业务进行风险评估时，应重点关注：是否按照规定审核各类凭据的真实性、合法性；是否存在使用虚假票据套取资金的情形等。

3）政府采购管理情况

行政事业单位政府采购业务的流程是先预算、后计划、再采购，主要环节包括政府预算和计划编制、政府采购需求的提出和审核、组织政府采购、合同签订、组织验收、质疑投诉答复、档案记录等环节。政府采购业务主要的风险包括：政府采购、资产管理和预算编制部门之间缺乏沟通协调，政府采购预算和计划编制不合理，导致政府采购活动与业务活动相脱节，出现资金浪费或资产闲置等问题；政府，采购需求审核不严格，需求参数不公允，验收不严格，导致政府采购的货物或服务质次价高等问题；政府采购活动不规范，不按规定选择政府采购方式、发布政府采购信息，甚至以化整为零或其他方式规避公开招标，导致单位被提起诉讼或收到处罚，影响正常业务活动；政府采购业务档案管理不善、信息缺失，影响财务信息的真实完整等，因此，对政府采购业务进行风险评估时，应当重点关注：是否按照预算和计划组织政府采购业务；是否按照规定组织政府采购活动和执行验收程序；是否按照规定保存政府采购业务相关档案等。

4）资产管理情况

行政事业单位的资产主要包括货币资金、实物资产、无形资产以及对外投资。资产控制的环节主要包括日常管理、清查盘点、处置等。资产管理的风险主要包括：缺少有效的资产管理制度和信息系统，对资产保管不善引发资产流失，资产使用效率低下、资源闲置浪费严重；缺少清查盘点的机制，账外资产、账实不符的现象严重；对资产处置等没有执行严格的审核审批程序，处置程序不合规，处置收入流失等。因此，对资产管理情况进行风险评估时，应当重点关注：是否实现资产归口管理并明确使用责任；是否定期对资产进行清查盘点，对账实不符的情况及时进行处理，是否按照规定处置资产等。

5）建设项目管理情况

行政事业单位的建设项目通常是指固定资产的新建、改建、扩建工程，或者技术改造、设备更新和大型修缮工程。建设项目主要包括立项、设计与概算编制、项目建设、竣工验收等环节。建设项目最主要的风险包括：前期研究论证不充分，审核管理流于形式，可能导致决策失误或影响项目进度，造成资产损失或资源浪费；施工设计和项目投资缺乏有效管控，工程变更频繁随意，超概算现象严重；工程招投标存在"暗箱操作"或商业贿赂等舞弊行为，导致国有资产流失；虚列建设成本，套取建设资金；竣工验收不规范，档案资产移交不及时，影响财务信息的真实完整等。所以，对建设项目管理进行风险评估时，应当重点关注：是否按照概算投资，是否严格履行审核审批程序；是否建立有效的招投标控制机制；是否存在截留、挤占、挪用、套取建设项目资金的情形；是否按照规定保存建设项目相关档案并及时办理移交手续等。

6）合同管理情况

行政事业单位合同管理与其他经济活动密切相关，合同管理主要包括合同订立、合同履行、合同登记、纠纷处理等环节，合同管理的主要风险包括：未明确合同签署权限和妥善保管合同专用章，对合同缺乏统一管理和监控，导致擅自以单位名义签订合同或违规签订合同的情况时有发生，造成合同收入流失或产生法律纠纷；未能恰当地履行合同约定的义务，或者发生合同纠纷时处理不善，造成经济损失并影响单位的声誉。所以，对合同管理进行风险评估时，应当重点关注：是否实现合同归口管理；是否明确应签订合同的经济活动范围和条件；是否有效监控合同履行情况，是否建立合同纠纷协调机制等。

7）其他情况

行政事业单位在业务层面还存在与经济活动风险有关的其他制度安排和机制设计，行政事业单位也应当重点关注。

（四）确定风险消减和控制的优先等级

经常使用的风险评估途径包括基线评估、详细评估和组合评估三种。

1.基线评估

如果组织的商业运作不是很复杂，并且组织对信息处理和网络的依赖程度不是很高，或者组织信息系统多采用普遍且标准化的模式，基线风险评估（Baseline Risk Assessment）就可以直接而简单地实现基本的安全水平，并且满足组织及其商业环境的所有要求。

2. 详细评估

详细风险评估要求对资产进行详细识别和评价，对可能引起风险的威胁和弱点水平进行评估，根据风险评估的结果来识别和选择安全措施。这种评估途径集中体现了风险管理的思想，即识别资产的风险并将风险降低到可接受的水平，以此证明管理者所采用的安全控制措施是恰当的。

3. 组合评估

基线风险评估耗费资源少、周期短、操作简单，但不够准确，适合一般环境的评估；详细风险评估准确而细致，但耗费资源较多，适合严格限定边界的较小范围内的评估。基于次实践当中，组织多是采用二者结合的组合评估方式。

风险评估的方法

1. 风险因素分析法

风险因素分析法是指对可能导致风险发生的因素进行评价分析，从而确定风险发生概率大小的风险评估方法。其一般思路是：调查风险源→识别风险转化条件→确定转化条件是否具备→估计风险发生的后果→风险评价。

2. 模糊综合评价法

3. 内部控制评价法

内部控制评价法是指通过对被审计单位内部控制结构的评价而确定审计风险的一种方法。由于内部控制结构与控制风险直接相关，因而这种方法主要在控制风险的评估中使用。注册会计师对于企业内部控制所做出的研究和评价可分为三个步骤：

4. 分析性复核法

分析性复核法是注册会计师对被审计单位主要比率或趋势进行分析，包括调查异常变动以及这些重要比率或趋势与预期数额和相关信息的差异，以推测会计报表是否存在重要错报或漏报可能性。常用的方法有比较分析法、比率分析法、趋势分析法三种。

5. 定性风险评价法

定性风险评价法是指那些通过观察、调查与分析，并借助注册会计师的经验、专业标准和判断等能对审计风险进行定性评估的方法。它具有便捷、有效的优点，适合评估各种审计风险。主要方法有：观察法、调查了解法、逻辑分析法、类似估计法。

6. 风险率风险评价法

风险率风险评价法是定量风险评价法中的一种。它的基本思路是：先计算出风险率，然后把风险率与风险安全指标相比较，若风险率大于风险安全指标，则系统处于风险状态，两数据相差越大，风险越大。风险率等于风险发生的频率乘以风险发生的平均损失，风险损失包括无形损失，无形损失可以按一定标准折换或按金额进行计算。风险安全指标则是在大量经验积累及统计运算的基础上，考虑到当时的科学技术水平、社会经济情况、法律因素以及人们的心理因素等确定的普遍能够接受的最低风险率。风险率风险评价法可在会计师事务所以及注册会计师行业风险管理中使用。

推荐风险的消减对策，适时调整应对策略

①在风险管理的前期准备阶段，组织已经根据安全目标确定了自己的安全战略，其中就包括对风险评估战略的考虑。所谓风险评估战略，其实就是进行风险评估的途径，也就是规定风险评估应该延续的操作过程和方式。

②风险评估的操作范围可以是整个组织，也可以是组织中的某一部门，或者独立的信息系统、特定系统组件和服务。

③影响风险评估进展的某些因素，包括评估时间、力度、展开幅度和深度，都应与组织的环境和安全要求相符合。

预算风险

预算是行政事业单位工作的起点和依据，是建立和实施内部控制的核心环节；归口控制是一种职能型的集中管理方式，集中体现了集中性、规范性和专业性。

预算业务控制主要是指通过建立健全的预算内部管理制度进行科学的预算编制，对预算目标层层分解和执行，以及有效的预算监督、预算绩效管理手段等，以此来提高事业单位内部控制水平，使得事业单位的目标以及决策能够得以贯彻执行的一种手段。预算业务控制可以将事业单位的各项活动进行统一的确定和规划，并通过量化的方式表现出来，从而将事业单位的各项活动控制在预先设定的目标范围内，加强对于事业单位的内部控制。另外，通过严格的预算业务控制，可以促使事业单位加强自身的管理和改革，提高单位的管理水平。

五、行政事业单位内部控制的方法

1. 内部控制概念

当前各领域专家学者、组织、机构在理论、实践中深入探索内部控制，不断丰富完善化内部控制内涵。但是，截至今日，国内外关于内部控制还没有一个统计的概念定义。在定义内部控制方面，主要形成如下较具代表性的观点：首先是 ASB（1972）结合《证券交易法》的研究路线出台了《审计准则公告》。该公告中是这样定义内部控制的：基于一定环境下，单位采取各种调节措施、程序、制约组织，以实现合理运用资源，实现既定管理目标，提高管理效率。我国五部委（2008）联合发布了《企业内部控制基本规范》。该规范中也定义了内部控制：由公司内部全体员工（主要由高级管理层领导）共同实施控制目标的整个过程。所以说，所谓内部控制是一种特殊形式的管理制度，是单位本着保证会计信息资料可靠性、正确性；资产完整性、完整性以及实现经营目标的需要，为了有效落实运营方针，同时确保运营活动的效果，在单位内部实施调整、评估、监控以及筹划的所有方法、措施的统称。

控制方法：结合具体业务和事项。运用相应的控制政策和程序，或者控制手段去实现控制。控制方法就是确保管理者指令得以实现的各种政策和程序。

控制方法是为将经济活动风险控制在可承受的范围之内，根据内部环境和风险评估结果、结合风险应对策略所采取的确保行政事业单位内部控制目标得以实现的方法和手段，行政事业单位内部控制的方法是指为实现内部控制目标，针对内部控制的各个方面制定的控制措施和程序。健全的内部控制体系离不开有效的控制活动，设计和落实有效的控制活动是完善行政事业单位内部控制的重点，只有采取了恰当的内部控制方法，才能有效保证内部控制活动顺利有效开展。

行政事业单位内部控制的控制方法结合具体业务和事项的特点和要求，一般包括八种方法：不相容岗位相互分离、内部授权审批控制、归口控制、预算控制、财产保护控制、会计控制、单据控制和信息内部公开控制。

2. 行政事业单位概念

（1）行政事业单位概念

有关行政事业单位的界定，因受多方面因素的影响一直比较模糊。总体来说，行政事业单位主要包含两类单位：其一是行政单位；其二是事业单位。从职能方面分析，行政事业单位具有执法监督、行政管理以及部分社会管理职能。结合行政单位所承担的社会功能，一般可将行政单位细分为如下三种类型：第一类是行政职能类；第二类是公益服务类；第三类是生产经营类。

（2）科研行政事业单位概念

依据《事业单位登记管理暂行条例》，事业单位是指"国家为了社会公益目的，由国家机关举办或者其他组织利用国有资产举办的，从事教育、科技、文化、卫生等活动的社会服务组织"。将事业单位与企业单位的进行划分管理是我国专有的模式。事业单位的所有权归属于国家，是具有非营利性的公益性社会组织；服务是它存续的目的；事业单位的经营效率和效果并不能仅仅以包括货币在内的物质指标来进行衡量。在学术界，对于"事业单位"的定义存在着不同的理解：徐颂陶在他的文章中指出，事业单位是指与党政群体机关和企业都不相同的一种组织机构，这种组织机构是由国家进行管理，主要从事服务型的生产劳动，具有独立的法人资格，为社会提供精神和物质上的产品，不仅追求社会的效益，也可以寻求合法的经济效益，依靠财政拨款或者自收自支的实体单位。成思危指出事业单位是从事非营利性的社会服务如卫生、体育、科技、教育等方面的组织机构，它可由企业法人、公民个人、政府、社会法人等出资或合资依法举办的，依法自主运作，提供社会公共利益服务，能够独自承担民事责任。黄恒学关于事业单位的定义特别强调了它是无生产收入、不核算经济业务的社会组织，这与《事业单位登记管理暂行条例》中的概念存在着很大的差别，他指出事业单位是包含演艺团体、学校、医院、研究机构等的文化、教育、卫生、科学、体育等的部门和单位。在其他国家虽然没有事业单位这一概念，但都存在类似组织机构，这个组织机构的创办以及运行可能不会给投资者带来直接的经济上的利益，也很难确定这种机构的价值，即具有非营利性。但能从这种机构受益的人群广阔，结构复杂，受益人可能不需要为所提供的服务支付报酬或只需要支付部分报酬，即具有公益性，如图书馆、学校等，这类事务一般由政府、中介组织等进行投资，目标是为了国家和民族的长远发展。

由于国家性质和历史原因致使政府成为最大的资源配置者，成为这类组织机构的筹办或投资者，因此就形成了具有公益性、非营利性和资金来源特殊性的社会组织事业单位。

在我国，科研事业单位指的是具有上述特征性质的各级科研院所。

从政府的补助方式进行区分，事业单位具有三种类型：自主事业单位、差额补助事业单位和全额拨付事业单位。

a.自主事业单位，即可通过行政事业性收费进行自收自支的事业单位，它不需要国家进行补助，能够满足自身需要，因此也称为自收自支事业单位。

b.差额拨款事业单位，是指有一定的稳定的收入，但其收入不能满足自身的支出需求，对于空缺的部分通过国家进行补给的单位，如医疗卫生机构等。

c.全额拨款的事业单位，是指没有收入或收入不稳的事业单位，其所有的经费需要均由国家进行拨付的事业单位，如学校、工商管理等事业单位。随着我国经济体制改革的不断进行，2011年《中共中央国务院关于分类推进事业单位改革的指导意见》提出将事业单位按照社会功能进行分类的改革建议。在建议中，把现有事业单位分成三个类别：承担行政职能的事业单位、从事生产经营活动的事业单位和从事公益服务的事业单位。对于承担行政职能的事业单位，逐渐转为行政机构或者是将其行政职能划归行政机构；对于从事生产经营活动的事业单位，逐步向企业转化；对于从事公益服务的事业单位，则继续保留其事业单位序列、对其公益属性进行强化。承担行政职能的事业单位以及从事生产经营活动的事业单位以后将不再批准设立。

目前，经过事业单位分类改革实施方案，科研事业单位对应的类型分为三种，一是企业化的事业单位，它可以完全进行企业化的管理，可直接应用企业的法规政策；二是半转型期间的科研事业单位，具有半企业的性质，概念界定起来比较困难；还有一种是由国家进行全额财政拨款的科研事业单位，彻底依靠国家的扶持，完全符合事业单位定义，它与企业的区别较大，缺乏国家内部控制的规范，非常具有研究价值。论文所研究的A单位是第三种类型的事业单位。

3.行政事业单位内部控制特点

《行政事业单位内部控制规范（试行）》定义单位通过制定实施、执行防控措施程序，管控的所有活动，统称为内部控制。与《企业内部控制基本规范》中关于内部控制的定义想对比，可以发现，两者都认为内部控制是一个通过不断提高完善自我规范和约束来实现控制目标的过程，是提高管理效率的方法，同时是管理体系不可或缺的组成部分。但是在内控侧重点上两者不同，其中行政事业单位更加强调防范、控制经济活动风险；而企业则更加强调实现运营目标、战略目标。不可以货币或者直接可估量的物质衡量行政事业单位的价值、工作成果，这是因为其并非以营利为直接目的。从内部控制方面分析，对比企业、国内事业单位有以下特点，如表2-1所示：

表2-1 行政事业单位与企业内控特点对比表

内控特点	企业	行政事业单位	对比
涉及范围	资产管理、购买商品、收入支出等。	除了同企业一样进行日常经济活动外，还包括其他业务活动，如执法、检查等。	行政事业单位涉及范围更广
会计核算体系	营利组织会计规范	1.营利组织会计规范；2.非营利组织会计规范	行政事业单位的会计核算体系更复杂
内控目的	利润最大化	1.为获取利润而服务；2.更好服务社会，获取社会效益	目的完全不同
内控侧重点	1.内部环境 2.控制活动 3.内部监督 4信息沟通	1.单位层面 2.业务层面	内控方面不一样

4. 行政事业单位内部控制的必要性和可行性

（1）行政事业单位内部控制的必要性

a.避免权力失控等风险

从某种层面说无须制定严苛的外部监督机制督促以盈利为目的的企业落实内部控制。其更加强调由企业负责人基于自身利益的需要而完善落实内部控制制度。而行政事业单位由于自身的特殊性，公务员在没有奖惩机制且不以营利为目的情况下，极易失去创新精神、竞争意识，这对行政事业单位来说是短板，更是建立健全内部控制制度的障碍。行政事业与普通企业存在差异性，其对内部控制的要求也不同。因此行政事业单位自身的影响比外部环境更加重要，其内控重点是关键岗位、单位负责人。

b.内部控制能有效惩戒贪污腐败行为

习近平高度重视腐败问题。他强调如果国家不遏制腐败现象，必将走向灭亡。开展内部控制工作是希望预防贪污、腐败，使干部不能腐。2002年建设"廉政风险防控机制"在全国范围内如火如荼地展开。该活动旨在基于内部控制原理推进反腐倡廉工作。

c.内部控制有助于保护公务人员

邓小平同志说过好的制度能够抑制坏人任意横行；不好的制度会阻碍好人做事，甚至变成坏人。这充分体现了建设制度的重要性，所以我们必须高度重视内部控制制度的建设。另一方面，从目前发展状况来看，党内贪污腐败案件复杂，仅提高个人修养是无法从根本上遏制不正之风的。全世界各国都必须完善法律制度，落实社会管理工作，打造廉政国家。人天性具有趋利避害的特点。具体体现在当人们发现一个项目的成本非常低，但是可以获得很大的收益，那么必然会被该项目所吸引；相反的如果人们意识到违法事件的成本高，一旦触犯，就会受到严厉处罚，就会有意识地避开。基于此，应构建完善化的内部控制制度并落实事前、事中、事后各环节，提高职务犯罪的违法成本，达到一定威慑作用，降低不法行为的发生率。

d. 行政事业单位构建完善化的内部控制制度是实现稳定、健康发展的关键

私建"小金库"、违规发放津贴补贴、挪用公款等成为近年来行政单位违法最多的环节。而出现这些问题的主要原因是行政事业单位内控管理制度不健全，风险防范意识缺失，监督管理力度不够，不能针对性开展有效防范措施。内部控制强调以预防为主，通过构建程序、制度的方式预防违规违法、个人失误，提高管理成效。

（2）行政事业单位内部控制的可行性

分析行政事业单位的现状可知，其与企业在机构设置、环境、组织机构、管理、角色分配等方面存在很多相似之处：

一是在设置机构方面，同企业一样行政单位也设置了诸多部门。比如招标部、信息技术、人事部等等。同时很多行政事业单位结合社会发展脉络，积极引入先进的管理理念，像信息化办公平台，提高了整体办公效率与办公质量。

二是在环境方面，行政事业单位和企业单位都运行在相同的社会环境中。在外部环境上，行政事业单位和企业都受到政治、经济、人口、自然资源、法律等宏观因素的影响。在内部环境上，行政事业单位和企业都受到自身因素与微观管理因素的影响。

三是在组织结构方面，行政事业单位和企业具有同样的组织架构设置。我国国家机构包括人大代表、国务院、最高人民检察院、最高人民法院等。从组织架构方面分析，企业单位主要设置了董事会、总经理、监事会等部门。这说明在组织架构方面行两者具有很强的相似性。此外，企业针对采购的需要设置了采购部；根据销售的需要设置了销售部等部门，而行政事业单位除了设定的基本部门外，还设定了财政部、农业农村部、税务总局等职能部门。

四是在管理上，随着社会经济的不断发展和机构改革的推进，行政事业单位的管理理念与管理方法不断向企业趋同。随着电子化、信息化办公管理方式的推行，很多行政事业单位如企业一样高度关注实际工作效率、工作流程等。

五是在角色分配方面，随着机构改革的深化，部分企业开始参与公共用品出售等公共领域事务发展之中。其本质上承担了原本应该由行政事业单位承担的部分社会职能。发达国家普遍实施公共行政管理政策，行政事业单位就开展公共服务的需要以合同承包的方式委托 企业完成相关工作。

行政事业单位与企业多方面的相似性表明其可以通过开展十分相似的监控活动，满足建设内部控制体系的实际要求。纵览全球各国不难发现很多国家，尤其是发达国家已经形

成并应用较为完善的内部控制体系。总之，行政事业单位应积极引入可操作性、可行性的内部控制体系，重视内部控制。政府在实际开展内部控制中，建议参考或借鉴企业所采取的内部控制体系及相关策略，在充分参考企业所累积的发展经验基础上，逐渐优化，纠正不足，完善内部控制。

（3）行政事业单位内部控制的目标和原则

a. 行政事业单位内部控制的目标

行政事业单位结合整体发展现状分析基于发展需要落实内部控制工作，其内部控制目标能够与政府部门的总体目标保持一致。从发展经验上，相关研究人员通常会在不违反法律规定的基础上对内控目标进行有效分解，为工作的运行奠定良好的基础条件。据《规范》相关规定可知，为了有效利用资产，保证资产的安全性，经济活动的合理、合法、合规性以及财务信息的完整性、真实性，从源头上预防腐败、舞弊现象，应落实内部控制。事实上落实内部控制有助于提高行政事业单位的公共服务效率、质量，提高社会服务水平。

a. 经济活动的合法合规

行政事业单位作为规章制度的制定方兼执行方，必须在符合相关法律法规的要求下开展经济活动，经济活动合法合规是最低要求，更是行政事业单位内部控制在建立过程中需要达到的最基本的目标。

b. 资产安全

行政事业单位只有保证资产安全，才能实现正常运转。换言之，资产安全是单位正常运转的基本条件之一。从古至今，实施内部控制主要是防止资产资金的丢失、贪污、挪用等，因此，资产安全是内部控的擅长之处。在资产使用上，使用率不高、部分资产被限制等问题在各单位都时有发生，这不仅仅是资源的浪费，更反映出了单位资产管理上的缺失。所以，通过完善内控机制来保障资产的安全性，并提高资产的有效性。

c. 保障财务信息的完整性与真实性

行政事业单位保证资金（产）安全性，并有效使用，在此基础上还需要保障财务信息的完整性与真实性，即将相关财务信息真实、准确地反映在财务报告里。财务报告里包含了行政事业单位的所有财务信息，能够客观体现单位的经济活动情况。所以，通过有效的内控制度来保障财务信息的真实完整是内部控制的核心发展目标。

d. 有效防范舞弊和预防腐败

国家政策的具体落实者是行政事业单位，如果政策不能有效落实到位，则极易滋生各种问题，比如不公平的分配资源、腐败贪污、滥用 权力等。因此行政事业单位必选建立运行有效的内控程序，从源头上有效预防舞弊、腐败等各类不良现象。

e. 改善公共服务质量

行政事业单位的内控的总体目标是管理水平有所提高，有助于改善公共服务质量，为社会提供更好的服务。基于此，行政事业单位应加强对流程管理的重视程度，使公共事务的工作效率有所提高。行政事业单位内部控制的目标尤其独有之处，具体如表2-2所示：

表 2-2 行政事业单位与企业内控目标对比表

	行政事业单位	企业
内控目标	1. 经济活动合法合规	1. 资产安全、经营管理活动合法
	2. 资产安全	2. 保证财务信息、财务报告的真实性、完整性
	3. 保障财务信息的完整性与真实性	3. 改善经营效果，提高盈利水平
	4. 有效防范舞弊和预防腐败	4. 企业战略发展的需要
	5. 改善公共服务质量	

b. 行政事业单位内部控制原则

根据《试行》相关规定，单位应遵循下列原则构建或实施内部控制：原则一：全面性。所谓全面性具体指全面控制经济活动，包括决策、执行、监督等各环节。换言之，整个单位经济活动都必须落实内部控制。原则二：重要性。除了遵守全面性原则外，内部控制还应重点强调重点经济活动极其隐藏的重大风险。原则三：制衡性。所谓制约性强调应使单位内部各层员工、各环节形成相互监督、制约的内部控制环境。原则四：适应性。该原则强调事业单位应必须以自身发展为切入点，结合国家现行的相关规定以及单位经济活动、外部环境不断修订和完善内部控制。

5. 有关行政事业单位内部控制的具体要求

（1）风险评估

根据《行政事业单位内部控制规范（试行）》的相关规定，单位应成立风险评估工作小组，建立风险评估机制落实定期评估工作，每年都需要评估经济活动风险，其风险评估分单位层面和业务层面，具体包含内容如表 2-3 所示：

表 2-3 风险评估重点关注内容

	单位层面	业务层面
关注内容	1. 内控工作组织情况	1. 预算管理情况
	2. 内控机制建设情况	2. 收支管理情况
	3. 内控制度完善情况	3. 政府采购管理情况
	4. 重要内控岗位工作者的管理情况	4. 资产管理情况
	5. 财务信息的编制汇报情况	5. 建设项目管理情况
	6. 其他情况	6. 合同管理情况
		7. 其他情况

（2）单位层面内部控制

行政事业单位与有关部门应当承担内控的组织协调工作，单位内部控制的控制方法一般包括：

a.不相容岗位相互分离。通常来说，在单位中一般有 6 大类不相容职务，具体如表2-4所示：

表2-4　不相容岗位分离

	不相容职务	
规则1	业务授权	业务执行
规则2	业务执行	业务审核
规则3	业务执行	业务记录
规则4	业务执行	业务监督
规则5	财产物资保管	财产物资记录
规则6	财产物资保管	财产物资使用

b.内部授权审批控制。对业务办理的审批程序、相关责任及权限范围进行明确，"三重一大"等重大事项必须通过集体研究决策。任何人不得单独决策或推翻集体决策，防范"一言堂"或"一支笔"。

c.归口管理。根据本单位实际情况，按照权责对等的原则，建立健全内部控制关键岗位责任制，明确岗位职责及分工。其主要方式包括部门或人员牵头，成立联合工作小组等统一管理有关经济活动。

d.会计控制。根据《中华人民共和国会计法》的相关要求，单位应建立会计机构，并配备专业的会计人员，强化会计人员培训，不断提高其业务水平。同时，建立完善单位的财务会计管理制度，强化人员岗位责任制，增强现有人员责任意识；规范化会计基础工作，账务处理要及时，会计档案管理要规范，确保单位的财务信息完整、真实。

（3）业务层面内部控制

业务层面管理结构如表2-5所示，通过分析可知主要包含如下几大部分：其一是政府采购业务控制；其二是收支业务控制；其三是预算业务控制；其四是资产控制；其五是建设项目控制；其六是合同控制等等。

表2-5　业务层面内控管理结构

业务活动	岗位设置	管理部门	不相容岗位
预算业务	岗位设置包括执行监督。编制预算、申批、评价绩效等。同时应明确各个岗位的职责。	1.决策机构，其主要成员包括部门负责人、单位领导班子。该机构的主要职责是履行预算管理。 2.管理工作机构，主要负责日常预算管理，机构属于财务部的下属单位。 3.执行机构，主要执行经申批的预算。	如下岗位不能由同一人担任： 1）预算编制岗与预中批岗； 2）预算申批与执行工作； 3）预算执行与分析评价工作。

业务活动	岗位设置	管理部门	不相容岗位
收支业务	关键岗位包括收费。支出申批、稽核、核算与归档、支付、印章管理、票据等。上述岗位均需要明确各岗位的职责权限。	财会部门或指定的归口管理部门	如下岗位不能由同一人担任： 1）收款与会计核算； 2）支出申请和内部申批； 3）付款审批和村款执行； 4）业务经办和会计核算等。
政府采购业务	主要需要设置的岗位包括： 1）采购预算编制； 2）执行股票活动； 3）活动监督等。 在完成上述岗位设置的基础上，还应该明确各个岗位所应履行的职责及其权限。	1. 决策机构，成立政府采购领导小组。其人员构成包招业务部、财务部、政府采购口等各部门的负责人。 2. 执行机构，涉及财务部、采购归口部门以及有关业务部。当中采购归口部门可指定办公室或者政府采购部。 3. 监督机构，内部审计部门。	如下岗位不能由同一人担任： 1）编制采购预算与中定预算人员； 2）制定采购需求和负责中批的岗位； 3）编制招标文件和复核文件的岗位； 4）签署合的和验收的岗位； 5）验收和保管； 6）款项支付中批和执行的岗位； 7）实施采购的人员不可以非任监查者。
资产业务	主要设置资金管理岗位，如稽核、出胡、会计人员等。同时还应明确具体负责印章管理、票据的人员。其中出纳不得兼任如下工作：1）保管会计档案；2）稽核；3）登记债务账目、债权、费用。支出等工作。另外由于出纳岗位的重要性，其必须落实专人负责，不可由临时人员承担这一重工作。	货币资金：指定的财务部门、归口管理部	如下岗位不能由同一人担任： 1）申批资金支付人员和实施人员； 2）资金保管人员和会计核算人员； 3）资金保管人员和清查盘点人员； 4）资金记录人员和资金审计监督人员。
	主要设置的岗位包括统计分析岗位、资产记录岗、资产预算编制岗等。各个岗位分别负责不同的工作，其职能权限有所差别。	实物资产：设立专门的资管都或是指定归口管理部门	
	主要设置的岗位包括审核、对外投资经办。管理等各个岗位。必须具体说明各岗位人员所应承担的权限及其岗位职责。	对外投资：财会部门或指定的归口管理部门	如下岗位不能由同一人担任： 1）投资的可行性研究人员和评估人员； 2）审批投资与实际执行人员； 3）投资决策与执行。

业务活动	岗位设置	管理部门	不相容岗位
建设项目业务	设置项目前期工作管理、技术管理、基本建设施工管理、监督管理、财务管理和建设档案管理等岗位，明确各岗位职责权限。	可指定归口管理部门，也可成立专门的管理部门。	如下岗位不能由同一人担任： 1）编制概预算与审核工作者； 2）实施项目及支付价款者； 3）从事竣工决算与相关审计工作者。
合同业务	主要设置如下岗位：拟定合同审核；执行监督；核算、归档等。应日体说明各个岗位的权限及其工作职责。	指定归口管理部门，通常内设法制办公室、法制部门。	如下岗位不能由同一人担任： 1）报定合同与合同申核者； 2）合同审核与合同审批者； 3）合同订立与合同审指者； 4）具体执行合同岗者与从事监督岗者。

6. 事业单位内部控制要素

事业单位内部控制也要遵循五大要素：控制环境，风险评估、控制活动、信息沟通、内部监督。控制环境是整个内部控制的基础，风险评估是内部控制的依据，控制活动是内部控制的手段，信息沟通是载体，内部监督是保证，这五大要素相互依存，相辅相成。

a. 控制环境

控制环境是指事业单位的全体员工都要建立和维持一个良好健康的环境。事业单位存在于市场经济这个大环境中，既要在战略制定中分析环境，又要在管理风险中剖析环境，可见控制环境在单位内部控制中发挥着重大作用。作为事业单位的管理层，应制定一套适用的规章制度，为建立健全单位内部控制制度营造一个大环境。事业单位可以按照已有规范结合具体单位、具体业务的实际情进行合理安排。事业单位应当设立相应的内部牵制制度和职务分离制度，以达到经济活动的内部制衡的效果。在事业单位内部控制制度运行过程当中，应当主动调动各部门的有利资源，财务、人事部门、内部审计、监督检查等部门既要权责分明，又要在工作中相互协调配合。

b. 风险评估

风险是指在某一特定环境下，对主体的经营目标产生的不确定性后果。风险评估首先要进行风险识别，在此基础上，针对存在的风险进行风险分析，并及时制定有效的措施，具体流程如图2-1所示：

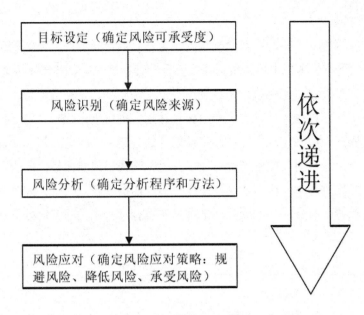

图 2-1　风险评估流程图

c.控制活动

（1）采购控制

事业单位应当建立科学合理的采购控制制度，保障整个采购循环的信息沟通顺畅，建立采购相关部门的有效沟通机制；采购完成后，成立专门的验收小组，按照规范的要求对所购物品的品种、数量、规格与采购标准进行对比验收，不合格的应予退回，验收合格的物品应当及时入库，同时开具验收证明；对"三重一大"的采购需求，应当成立集结各方面专家的小组，由事业单位管理层进行集体决策进行专门的采购工作，同时应当加强监督进行定期或者不定期检查。

表 2-6　采购控制

控制点	控制点
管理制度	制定政府采购预算、采购、验收管理等内部管理制度
工作岗位	不相容岗位相分离：采购需求、审批相分离；招标文件准备与复核相分离；合同签订与验收相分离、验收与保管相分离
采购预算	根据单位实际需求情况和相关标准制定采购预算
采购活动	政府采购活动实施归口管理，在采购参与部门之间建立沟通机制，并形成相互制约监督机制
采购验收	由采购部门对采购物品按照合同规定进行验收，并出具验收证明
采购记录	由采购部门对采购流程做相关记录，并妥善保管相关资料
保密	在采购中的涉密项目应在合同中设定保密条款或签订独立的保密协议

（2）资产控制

事业单位应当建立严格的内部牵制制度，对于一些重要资产，例如货币资金应当严格管控，任何情况下不能出现由单人负责货币资金全程的情况，应当严格落实授权审批制度，按照流程经过审批后方可接触或领用物资；对于大宗商品、贵重危险物品以及需要特殊保护的物资，严格限制接触条件，制定专门保管计划，进行重点保护；对于特殊性质或者需要保密的固定资产，应当制定专门的保管计划，划分给专人保管，切实做好固定资产的保管措施。事业单位应当对各项资产进行详尽分类，筛选出风险比较大的资产单独归类，专门防护，实际操作过程中，应当定期检查或者不定期抽查盘点报告，同时进行实地盘点，查看账实是否相符，检查一些原始凭证记录，查看有没有未按照规定处置资产的情形。见表2-7：

表2-7　资产控制

控制点	控制点
管理制度	对资产进行分类管理，并根据不同类型资产做出内部管理制度
工作岗位	坚持不相容职务分离的原则，资产的购入、记录、使用、处置等岗位相互分离
归口管理	明确不同类型的资产的管理部门，强化对配置、使用和处置等关键环节的管控
信息记录	对资产进行动态管理，建立资产信息管理系统
对外投资	根据国家有关规定加强对外投资的管理

（3）业务流程控制

事业单位应根据自身经营业务的具体内容，成立专门的专家小组，制定详尽合理的业务流程以及业务流程控制程序。在原有业务流程的基础上进行改进，删除冗余的部门或者岗位，将以往笼统的业务流程进行详细的划分，严格按照业务循环的要求，结合职务不相容制度和内部牵制制度，设立严格计划、审批、执行、监督等制度；在业务流程构建中，应当首先进行全面的风险管理，进行风险识别，对风险关键点进行特殊管控，依据风险的不同给予不同的重视，管控过程中一旦发现问题当即处理，处理不了的及时向上级主管部门报告。

（4）建设项目控制

事业单位应当建立健全建设项目控制制度，明确建设项目实施过程中各方的责任、权利和义务，倡导廉政责任制度。在建设项目立项、概预算编制和招标过程中应严格按照相关法律制度和行业规范来执行，经过严格的审核审批，按照"三重一大"的要求进行管控，性质特殊或者专业性比较强的事项必要时可以借助专家的工作；事业单位应当进行定期和不定期检查，了解资金的审批和使用情况、评价建设项目管理的业务流程的各个环节，对于风险关键点进行重点管理。例如是否存在建设项目账实不符的情况；是否存在建设单位以不法手段侵吞国家财产的行为。见表2-8：

表 2-8　项目控制

控制点	控制点
管理制度	建立包括项目立项、审批、资金使用、监督评价等方面的项目内部管理制度
工作岗位	不相容岗位相分离，包括项目可行性研究与决策、概预算编制与审核、项目实施与价款支付、竣工决算与竣工审计等
项目决策	建立与建设项目相关的审核机制
项目审核	建立与建设项目相关的审核机制
项目招标	招标工作应符合国家相关规定，并接受有关部门监督
竣工结算	及时办理竣工结算、组织竣工审计，并按照相关规定对项目进行会计核算，确保资产真实完整
归档	建立项目档案，对项目的相关资料进行妥善保存

（5）经济合同控制

事业单位应采取归口管理，制定符合本单位实际情况的经济合同控制制度，并且严格按照经济合同控制制度进行管理。对于涉及金额较大、性质比较特殊、专业型较强的合同，事业单位应当成立专门的专家小组，专家小组成员必须包括来自法律、财会、技术等方面的专家，必要时聘请外部专家。事业单位应当对政府采购合同建立严格监督审查制度，严格按政府采购法及其他相关制度规定进行监督检查，建立严格的奖惩机制。对于性质比较特殊涉及国家机密或者商业机密的经济合同，事业单位有义务严格按照国家的要求做好保密工作，并且指派专人负责，承担责任。

表 2-9　合同控制

控制点	控制点
管理制度	建立合同内部管理制度，包括合同管理、编制、签订、履行、风险控制等制度
工作岗位	明确合同审批和签署权限，设置合理合同管理部门或岗位
归口管理	明确合同具体管理部门，建立财务部门与合同归口管理部门的沟通协调机制，实现合同管理与预算管理、收支管理相结合
监控	对合同履行情况实施有效监控，建立合同履行监督审查制度
会计核算	财务部门根据合同履行情况办理价款结算和进行账务处理
记录统计	定期对合同进行定期统计、分类和归档，详细登记合同的订立、履行和变更
保密	制定保密制度，加强对合同信息的安全管理
纠纷	建立合同纠纷处理机制和应急预案

（6）信息与沟通

事业单位在其运营过程中需要获取确切的信息，并进行积极的沟通，使全体员工都能履行其责任。上级部门下发的通知信息，下级部门要有效、准确地接受并及时地反馈信息。这样信息的上传下达才能有效地运转。会计信息作为信息系统中重要的组成部分，对经济业务起到确认、记录、计量、报告的作用。

（7）内部监督

内部控制评价监督是内部控制的最后一道防线，执行和监督应该分开，不能既计划又评价，也不能既执行又评价，保证独立性才能起到应有的效果。除了内部事后监督检查以外，各级财政部门也应当进行外部监督检查，事业单位的内部控制质量直接影响其管理水平，对于监督检查过程中发现的内部控制缺陷应当及时处理，情节严重的追究其责任。内部审计部门和纪检监察部门是内部监督的两大职能部门。

6. 行政事业单位具体的八种控制方法

行政事业单位具体八种控制方法为：不相容岗位的分离控制；内部授权审批控制；归口控制；预算控制；财产保护控制；会计控制（会计凭证控制、会计账簿控制、会计复核控制、财务报告控制）；单据控制；信息内部公开控制，如下为详细分析。

（1）不相容岗位相互分离

岗位是组织要求个体完成的一项或多项责任以及为此赋予个体的权力的总和。不相容岗位是指从相互牵制的角度出发，不能有一人兼任的岗位。一般来说，行政事业单位不相容岗位相互分离包括：提出事项申请与审核审批该事项申请的岗位分离、业务审核审批岗位与业务执行岗位相分离、业务执行岗位与信息记录岗位相分离、业务执行和审批岗位与内部监控岗位相分离等。

不相容岗位相互分离控制是内部控制体系中最基本的控制手段，集中体现了相互制衡的基本原则。不相容岗位相互分离的原理是相互牵制，其设计原理在于两个或两个以上的人员无意识地犯同样错误的可能性很小，有意识地合伙舞弊的可能性也低于一人舞弊的可能性。

不相容岗位相互分离控制要求行政事业单位全面系统地分析、梳理单位组织层级和业务活动中所涉及的不相容职务，科学划分机构职能与分工，合理设置内部控制关键岗位，明确不同部门和岗位的职责权限，实施相应的分离制度，从而形成相互监督、相互制约的工作机制。

（2）内部授权审批控制

内部授权审批控制是指行政事业单位根据常规授权和特别授权的规定，明确单位内部各部门、下属单位、各岗位日常管理和业务办理的所授予权限范围、审批程序和相应责任。内部授权审批控制关系到单位内部的资源配置和资产使用效益，是行政事业单位内部控制的重要方法。完善的内部授权审批制度将有助于明确岗位权力和责任，层层落实责任，层层把关，有助于单位最大限度地规避风险。

内部授权审批控制要求明确各岗位办理业务和事项的权限范围、审批程序和相关责任。

建立重大事项集体决策和会签制度，相关工作人员应当在授权范围内行使职权、办理业务。

行政事业单位的任何授权都应以法律、行政法规和单位的规章制度为依据，并予以书面化，通知到经济活动业务流程中的相关工作人员。授权一经确定，相关工作人员应当在授权范围内行使职权、办理业务，对于审批人超越授权范围的审批业务，经办人有权拒绝办理，并向上级授权部门报告。对于单位经济活动相关的重大问题决策、重要干部任免、重要项目安排及大额资金使用，即"三重一大"业务，还应当通过集体决策和会签制度，合理保证决策科学性，确保任何人不得单独进行决策或擅自改变集体决策意见。

（3）归口管理

归口管理是指行政事业单位按照管控事项的性质与管理要求，结合单位实际情况，在不相容岗位相互分离和内部授权审批控制的前提下，明确单位内部各个业务的归口挂历责任单位的控制方法。行政事业单位的有些经济活动分散在各个业务部门具体开展，如果没有统一的管理和监控，就容易导致经济资源流失的风险和财务信息失真的风险。还有一些经济活动涉及的内部部门较多，需要各部门协调完成，如果不进行统一管理，明确权力和相应的责任，一旦发生问题，各部门就可能相互推诿，影响经济活动的顺利开展。单位可以根据经济活动的业务性质，将同类的业务或事项有一个部门或者岗位进行统一管理，如收入归口管理、资产归口管理、合同归口管理等。

（4）预算控制

预算是指单位根据工作目标和计划编制的年度财务收支计划，由收入预算和支出预算组成，反映了预算年度内单位的资金收支规模和资金使用方向，是单位财务工作的基本依据，为单位开展各项业务活动、实现工作目标提供财力支持。

预算控制要求单位强化对经济活动的预算约束，使预算贯穿于经济活动的全过程。需要注意的是，预算控制不同于预算业务控制，预算业务控制是对预算业务的控制，包括预算编制、预算审批、预算执行等环节实施的有效控制，在该业务控制中可以选择不相容岗位相互分离等各种控制方法，而预算控制本身是一种方法，在行政事业单位的经济活动中发挥着事前计划、事中控制、事后反馈的作用。所以对收支业务、政府采购、建设项目等各项经济活动，都需要强化预算约束，以规范和制约行政事业单位的经济行为。

（5）财产保护控制

财产保护控制是指行政事业单位在资产购置、配置、使用和处置过程中对资产予以保护，以确保资产安全和使用有效。

单位应当根据相关法律法规和本单位实际情况对资产进行分类管理，建立健全资产日常管理制度、定期清查机制、资产控制制度和岗位责任制，强化检查和绩效考评，采取资产购置、资产登记、实物保管、定期盘点、账实核对、处置报批等措施，确保单位资产安全和使用有效。

（6）会计控制

会计控制是指利用记账、对账、岗位职责落实和职责分离、档案管理等会计控制方法，确保单位会计信息真实、准确、完整。该控制方法是实现合理保证信息真实完整这一内控目标的重要方法，为行政事业单位预算管理和财务管理工作提供基础保障。

行政事业单位加强会计控制主要包括：建立健全本单位财务管理制度；加强会计机构建设，配备具有相应资格和能力的会计人员；合理设置会计岗位，确保各岗位权责明确，不相容岗位相互分离，强化会计人员岗位责任制；着力提高单位会计人员职业道德、业务水平、确保会计人员正确行使责权；规范会计基础工作，加强会计档案的管理，明确会计凭证、会计账簿和财务会计报告处理程序，确保会计基础管理、会计核算和财务会计报告编报有章可循，有据可依等。

（7）单据控制

单据控制是指对单位经济活动中外部来源的报销凭证和单位内部形成的表单予以控制的方法，该方法是根据我国行政事业单位的实际情况提出的创新性的控制方法。

单据控制从种类上或来源上可分为表单控制和票据控制。其中，表单通常是指行政事业单位开展经济活动所形成的内部凭证，票据通常是指行政事业单位开展经济活动中在报销环节使用的外部凭证，用以证实业务活动的真实性及具体发生金额。

行政事业单位加强单据控制主要包括单据制度化和使用、单据管理规范化两个方面。单据制度化是指行政事业单位应当根据国家有关规定和单位的经济活动业务流程，在内部管理制度中明确各项经济活动所涉及的表单和票据；使用和管理单位规范化是指相关工作人员必须按照规定使用和管理表单和票据，具体包括填制、审核、归档、保管单据的全环节和全过程，避免单据使用不当、管理不善等情形的发生。

（8）信息内部公开

信息内部公开是指对某些与经济活动相关的信息，在单位内部的一定范围内，按照规定的方法和程序进行公开，从而达到加强内部监督，促进部门间沟通协调以及督促相关部门自觉提升工作效率的有效方法。"阳光是最好的防腐剂"，公开透明是监督的最好方式，因此，信息公开也是一种内部控制的方法。

行政事业单位应当建立健全经济活动信息内部公开制度，根据国家有关规定和单位的实际情况，明细信息内部公开的内容、范围、方式和程序，行政事业单位还可以在搭建信息公开平台、建立健全工作机制、规范信息公开流程、深化信息公开内容、完善信息公开基础等方面进行努力，建立信息公开责任机制，完善信息公开制度，规范和细化信息公开内容，拓宽信息公开渠道，创新信息公开方式，扩大信息公开覆盖面。以信息化为平台，及时收集各方的反馈意见，构筑行政事业单位与其工作人员的互动机制。此外，行政事业单位要进一步提高信息公开的主动性、自觉性和规范性，使信息公开工作做到主体明确、程序规范、方式灵活、反馈顺畅、回应及时。

第三章　单位层面内部控制

单位层面内部控制和业务层面内部控制构成了单位整个内部控制体系。单位层面内部控制是制定业务层面内部控制的基础。从各行业各单位内部控制实践来看，内部控制实施良好的单位，一般都具有以下特点：单位领导非常重视；组织机构和人员队伍比较健全；制度建设比较完备，议事决策机制和岗位责任制等比较完善；善于总结经验，开拓创新等。因此，单位层面内部控制的主要内容包括建立内部控制组织架构、建立内部控制的工作机制、对内部控制关键岗位工作人员的要求、编制财务信息的要求和运用现代科技手段加强内部控制等。

一、组织架构的界定

行政事业单位内部控制分成两个层面：单位层面和业务层面。

单位层面内部控制的主要内容包括建立内部控制的组织架构、建立内部控制的工作机制、对内部控制关键岗位工作人员的要求、编报财务信息的要求和运用现代科技手段加强内部控制。

单位层面内部控制和业务层面内部控制构成了单位整个内部控制体系。单位层面内部控制是制定业务层面内部控制的基础。从各行业各单位内部控制实践来看，内部控制实施良好的单位都离不开。

1.行政事业单位层面的组织架构

是行政事业单位明确内部各层级机构设置、职责权限、人员编制、工作程序和相关的制度安排。

组织架构的主要内容是单位机构设置及权责分配，即机构设置应包括决策机构、执行机构和监督机构以及这三者之间的权责分配。

单位组织架构的设计还包括在决策、执行、监督三大机构基础上的决策机制、执行机制和监督机制的建立。

组织架构是单位在开展风险评估、实施控制活动、促进信息沟通、强化内部监督的基础上运行的决策机制、执行机制和监督机制的建立。

组织架构是单位层面内部控制设计的重中之重，是内部控制的顶层设计因素。行政事业单位的组织架构是行政事业单位明确内部各层级机构设置、职责权限、人员编制、工作程序和相关的制度安排。

一般来说,决策机构是单位的权力中心,设计是否合理直接决定内部控制的运行效果;执行机构是决策的具体承办部门,设计是否合理直接影响内部控制的执行情况;监督机构是约束决策就够和执行机构的关键,是单位内部控制得以有效实施的重要保障。在单位内部,三种机构设置缺一不可,三者之间的权责分配要合理,并且保证监督机构的相对独立性。

就单位机构设置控制而言,单位的内部机构设置要充分体现决策、执行、监督三权分离的原则,实现组织架构的科学分工和有效制衡,单位应当单独设置内部控制的牵头部门和具体职能机构,负责组织协调单位内部控制建设。

就单位权责配置控制而言,单位应该合理配置各机构的具体职责,明确其管理权限。特别是明确财会、审计、纪检监察、政府采购、基建、资产管理等机构的内部控制职责权限,建立起财会、政府采购、基建、资产管理、合同管理等部门的沟通协调机制,充分发挥各部门的作用。

组织架构在内部控制体系中处于基础地位,是促使单位内部控制有效运行,保证内部控制功能发挥的前提和基础。一个科学高效、分工制衡的组织构架,可以使单位自上而下对风险进行识别和分析,进而采取控制措施予以应对,可以促进信息在单位内部各层级之间、单位与外部环境之间及时、准确、顺畅地传递,可以提升日常监督和专项监督的力度和效能。建立和完善组织架构可以有效防范和化解各种舞弊风险。

保证各经济、业务活动合法合规、资产的安全和合理使用、确保财务信息真实完整,防范舞弊、预防腐败,进而提高公共服务的效率和效果是 A 科研事业单位内部控制的目标。内部控制依据《规范》进行,根据《财政部关于全面推进行政事业单位内部控制建设的指导意见》(财会〔2015〕24 号)、《中国农业关于全面推进内部控制建设工作的通知》(A单位财〔2016〕78 号)等相关工作要求,结合 A 单位业务性质、业务范围、管理架构等具体情况建立健全的单位内部控制。A 单位内部控制遵守全面性、重要性、制衡性、适应性和有效性的四个原则进行。

表 3-1 A 单位内部控制原则

全面性	内部控制应当覆盖单位经济和业务活动的全范围,贯穿内部权力运行的决策、执行和监督全过程,规范单位内部各层级的全体人员。
重要性	内部控制应当关注单位重要经济和业务活动,以及经济和业务活动的重大风险。
制衡性	内部控制应当在单位内部的部门管理、职责分工、业务流程等方面形成相互制约和相互监督。
适应性	内部控制应当符合国家有关规定和单位的实际情况,并随着外部环境的变化、单位经济和业务活动的调整及管理要求的提高,不断改进和完善。
有效性	内部控制应当保障单位内部权力规范有序、科学高效运行,实现单位内部控制目标。

A 单位对内部控制越来越重视,对制度较为全面地进行了建设,目前已基本完善了廉政风险防控机制,编制了《A 单位廉政风险防控手册》,并进一步明确了单位各部门、岗

位的职责权限，对各部门权力的廉政风险进行梳理，编制了风险分布图。单位其他方面的制度也逐渐完善，如计划与财务处制定了关于预算、差旅费、会议费、政府采购以及资产管理等的相关制度规定，对财务、审计管理制度进行了多次修订和补充，为内部控制的完善铺垫了制度的基石，具体情况如下：

（1）制度建设情况

对于提请所党委会、所长办公会、所务会决策的"三重一大"事项议题，依照《A科学研究所工作规则》《A科学研究所会议议事规则》等有关规定和程序提出；《A科学研究所职工代表大会章程》为A单位职工代表大会的办事依据；重大科技项目应根据《A科学研究所学术委员会章程》有关规定进行决策，提交所学术委员会进行论证或审议；人事管理依据《劳动合同管理办法》，确定招聘人员后，编内人员需按照《劳动合同管理办法》及研究所相关人事管理办法签订三方协议后，入职人员持报到证签订聘用合同；编外人员需按照《劳动合同管理办法》及研究所相关人事管理办法签订劳务、劳动合同；《费用报销管理办法》《部门决算管理制度》分别为报销和决算的依据；日常印鉴使用遵循《印鉴管理办法》；供应商甄选遵循《试剂耗材供应商遴选流程》规定；建设项目管理流程管理依据《A科学研究所建设项目管理办法（试行）》《A科学研究所中央级科学事业单位修缮购置专项管理办法》《A科学研究所中央级科学事业单位修缮购置专项资金管理办法》等规定，这些规定对建设项目实施及验收考核程序做出了明确说明，以规范建设项目的管理。

（2）内部控制领导小组和牵头部门

A单位在主要负责人的直接领导下进行建立、实施内部控制。成立了内部控制建设工作领导小组，单位主要负责人担任组长，并确定牵头部门，负责组织协调内部控制工作，充分发挥财务、基本建设、政府采购、资产管理等部门或岗位在内部控制中的作用。

（3）议事决策机制和内部监督机制

A单位内部管理层级为二级。第一层为所领导班子及其议事机构（包括所务委员会、党委委员会、学术委员会、所长办公会、党政联席会）和职工代表大会，因此议事决策规则有六个，他们的任务如表3-2，该层级的权限由《A研究所工作规则》及《A研究所会议制度》确定；第二层为管理机构、研究机构、服务机构（以下简称"职能部门"），该层级的权限由各职能部门的职责及内部岗位职责确定。

其中所务委员会是本单位最高决策机构，由所领导班子成员、所属各部门负责人、工会主席和学术委员会主任组成；所党委会会议是所党委实行民主集中制和集体领导的重要组织形式，由党委委员组成，非中共党员的所领导列席会议，根据需要可安排相关人员列席，列席会议人员由党委书记决定；学术委员会会议由学术委员会委员组成，学术委员会主任委员决定聘请的参会人员。会议由主任委员召集主持；职工代表大会全体会议的召开由工会委员会与所长、党委共同商议决定，由工会委员会组织；所长办公会是所长（或副所长）处理日常工作中具体业务或行政问题时需要由领导班子集体决定的事项的会议，会议由所长或副所长召集主持，所领导、所属职能部门负责人组成，所长指定的有关人员参加。有关职能部门以及关键业务岗位由 A 单位授权。在授予的权限内进行业务活动是各职能部门、分支机构及关键业务岗位的基础要求。对决策、执行和监督，需明确分工、分别行权、相互分离，防止职责混淆、权限交叉，严格遵守"分事行权"要求。

表 3-2　职责表

所务委员会	1. 传达上级重大部署、通报重大事项； 2. 讨论决定本所发展战略、发展规划、重大工作计划、重大改革发展举措等事项； 3. 审定本所的年度经费预算、决算，基本建设计划，大型仪器设备的购买计划； 4. 批准本单位的规章制度和重大奖惩； 5. 审议本所年度工作总结和其他重要报告； 6. 其他需要所务会讨论的重大事项。
党委委员会	1. 研究贯彻党中央、国务院和农业部党组、A 单位党组重要工作部署的意见 2. 研究、决定向上级党组请示、报告的重要问题； 3. 研究讨论全所思想政治工作、精神文明建设和党的建设等重大问题； 4. 研究全所重要工作部署：研究决定组织人事制度、人才工作制度、干部任免与奖惩等； 5. 审议 A 所党的工作重大制度，党委年度工作计划与总结； 6. 其他需所党委研究决定的重大事项。
学术委员会	1. 审议所长提出的本所科技发展中长远规划和近期计划； 2. 讨论本所重点科技项目、学科建设、科研机构设置与调整等； 3. 评审并向上级推荐本所科技成果； 4. 审议本所学术带头人、人才培养和科技管理问题；审议研究生培养和指导教师遴选问题； 5. 审议国内外学术交流问题； 6. 审议有关科研业务的重大问题。
所长办公会	1. 研究处理日常工作中的重要事项和专门事项； 2. 听取工作进展情况汇报，研究、协调处理所务会、竞政联席会决议事项执行中存在的问题； 3. 研究讨论分管所领导、所属职能部门提请研究与协调的问题； 4. 审议全所适用的一般性规章制度； 5. 通报和讨论其他重要事项。
职工代表大会	职工代表大会会议或主席团会议结束后由工会委员会及时做出会议总结或会议纪要，并及时向所长和党委会报告。

（4）责任制度和轮岗办法

A 单位制定了各业务处室的责任的制度，并按照"定期轮岗"要求，确定了轮岗范围，明确"定期适时、内外结合、量才使用、培养监督结合"的轮岗原则，轮岗具体要求，明确顶岗和交接工作细则、轮岗的时间周期、工作交接、轮换形式、审批手续程序、指导监控政策、进行轮岗检查评估。

（5）信息系统建设

A 单位引入了相关的信息化软件，在财务、预算、人事等业务领域可以以信息化代替人工操作，避免人为失误。但是目前信息化不成系统，没有一个覆盖单位的所有业务将内部控制流程嵌入这样一个信息系统中去。

2.行政事业单位业务层面的组织架构

A 单位的控制内容包括人事管理、财务管理、采购管理、知识产权保护、建设项目管理、合同管理、科研管理、国有资产管理、行政管理，其中，预算、采购业务、国有资产管理、科研经费的管理在 A 单位内部控制系统中属于重点与难点，由于科研事业单位的内部控制体系庞大、复杂，若对整个体系进行详尽和具体的分析存在较高的难度，因此本文在对 A 事业单位的内部控制体系分析过程中，选取了对于 A 单位而言相对容易引发舞弊风险的预算控制、固定资产管理及科研管理、合同管理、政府采购的内部控制进行分析与优化。

（1）预算管理现状

A 单位预决算业务设置三个岗位：预算经办、审核、审核汇总岗。预算经办岗设在创新小组（科研课题）或职能部门（财政专项），负责预算的编制、执行、决算，接受监督检查等相关工作；预算审核岗设置在项目归口职能管理部门，按照科研项目、基建修购项目、运转类项目等分别为科研处、办公室、财务处，负责预算的编制、执行、决算，接受监督检查等相应审核把关等管理职能；预算审核汇总岗设在财务处，负责预算编制、上报工作中的上情下达，将上级部门预算布置的有关精神及时下达各部门，将各部门编制、审核的预算汇总后上报上级单位。

预算编制有两个过程：年度预算编制申报和年度预算调整。年度预算编制申报有"一上、一下""二上、二下"两个流程，一般在执行过程中不进行预算调整，特殊情况下，A 事业单位规定了调整的要求和条件、年最多调整次数。预算调整方案的审批流程按年度"一上一下"流程进行。业务流程如下：

（1）"一上一下"业务流程

财务处的预决算审核汇总岗按照《关于 ×× 年（一上）预算编制的通知》要求，及时将预算编制要求向所领导汇报，并传达至项目负责人，同时抄送相关职能部门；各职能部门的预算经办岗对涉及的部门预算事项与部门负责人进行充分沟通，根据预算编制说明进行编报；预算编报部门负责人在规定时间内对本部门预算初审，各项目负责人对（一上）预算项目文本进行编报，对项目预算编制的准确性、合理性、科学性负责。相关职能部门预算审核岗进行审核后报财务处；财务处预算审核汇总岗汇总各部门预算，并检查是否按照预算编制说明编制，是否存在重复或漏项，无误后形成《A 所 20×× 年（一上）预算初稿》；财务处负责人负责审核《A 所 20×× 年（一上）预算初稿》的整体合理性，并负责与各部门必要时进行充分沟通；所务会对上级部门会审通过的部门年度预算进行审议，形成所务会会议纪要和所（一上）预算上报稿；财务处预决算审核岗按规定程序和格式上报研究所（一上）预算；上级部门按照规定程序批复一上预算（一下）。

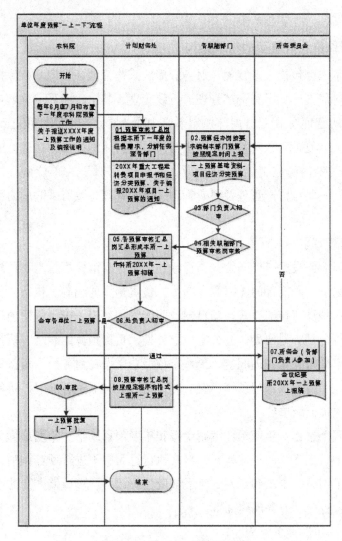

图 3-1　"一上一下"流程图

（2）"二上二下"流程

财务处的预决算审核汇总岗按照《上级部门关于 ×× 年（二上）预算编制的通知》及时将预算编制要求及上级部门"一下"控制数向所领导汇报，并传达至各相关职能部门和项目负责人；各职能部门的预算经办岗对涉及的部门预算事项与部门负责人进行充分沟通，根据预算编制说明进行编报；各项目负责人在规定时间内对（二上）预算项目文本、政府采购预算进行编报，对本项目预算编制的科学性、合理性和准确性负责；科研处预算审核岗负责对课题组编报的课题预算的合理性以及是否有重复和遗漏进行审核，对科研经费使用的整体合规、合理性负责；财务处预算审核汇总岗汇总各课题组预算并检查是否按照预算编制说明编制，是否存在重复或漏项，无误后形成《A 所 20×× 年（二上）预算初稿》；财务处部门负责人负责审核《A 所 20×× 年（二上）预算初稿》的整体合理性，必要时应与科研处及课题负责人进行充分沟通；所务会对上级部门会审通过的所年度（二上）预算进行审议，形成所务会会议纪要和所（二上）预算上报稿。财务处项目管理岗负责按照上级部门批复的科研预算（二下），将预算金额录入预算报销系统，以按照预算批复控制科研经费支出；项目管理岗应对录入系统的数据进行自检，保证录入系统数据与批复的一致性和准确性。流程图如图 3-2：

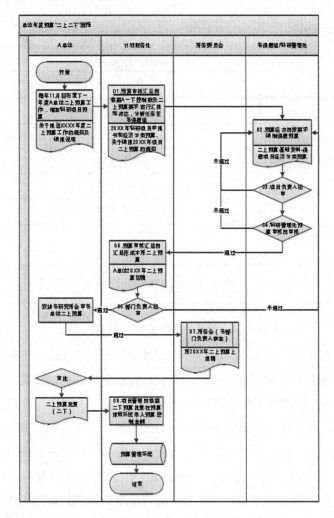

图 3-2 "二上二下"流程

二、组织架构的设计

以《单位内控规范》作为指导思路，梳理 DZ 研究所内部控制体系构建框架。该框架以组织目标为内部控制的最高导向；以单位层面内部控制与业务层面内部控制作为内部控制的抓手，并且二者互为协同和保障；同时，以监督和评价作为监控和辅助手段，如图 3-3 所示。

组 织 目 标				
合法合规	资产安全	财务信息	反腐防弊	公共服务

单位层面	组织架构
	决策议事机构
	人力资源与激励
	制度建设与执行
	信息系统建设

业务层面	预算业务
	收支业务
	政府采购
	资产管理
	合同管理

审计与监督层面

内部控制评价层面

图 3-3　DZ 研究所内部控制体系构建框架

具体来说，DZ 研究所总体的组织目标可以划分为若干子目标，研究所的内控体系正是为了实现这些组织目标而构建并存在的，组织目标也是内部控制体系构建的最高纲领。在此基础上，DZ 研究所的内部控制可以划分为单位、业务、审计与监督、内控评价等共计 4 个层面。其中，单位层面内部控制可以划分为组织架构、决策议事机构、人力资源与激励、制度建设与执行、信息系统建设 5 个方面；业务层面内部控制则可以划分为预算业务、收支业务、政府采购、资产管理、合同管理 5 个方面。DZ 研究所可以通过各个层面内控的组织框架设计和管控模式设计，将自身的内控事项固化到具体的业务流程和工作岗位上。最后，审计与监督层面、内控评价层面通过内部审计、外部审计、内部监督、内部控制评价等手段和方法运行，并共同作为组织目标实现的监控和辅助手段。

1. 组织架构设计的基本要求

（1）制衡性原则

制衡性原则是单位组织架构设计的核心原则。这一原则要求单位确保决策机构、执行机构、监督机构相分离，并进行合理的权责分配。在单位内部的部门管理、职责分工、业务流程等方面形成相互制约、相互监督的机制。具体说就是，负责经济活动决策的机构不应参与具体执行过程，负责执行活动的部门无权自行决策，而负责监督的机构则需要独立决策和执行，以确保其监督效果。

（2）适应性原则

适应性原则包括两方面：一方面是指单位的组织架构设计应当根据自身要求，结合单位现有编制情况，设置不同的部门机构和岗位，在现有编制内灵活设计工作机制，选择合适的方式组织协调内部控制的建立、实施及日常工作；另一方面，适应性原则要求单位组织架构在保持相对稳定性的同时具备一定的灵活性，随着外部环境的变化、单位经济活动的调整和管理要求的提高，组织架构也应不断修订和完善。

（3）协同性原则

单位组织架构的设计要立足整体，全面考虑单位经济活动的决策、执行和监督权过程。在此基础上，单位应当关注重要经济活动和经济活动的重大风险，并在组织架构设计时对此做出适当的安排，这种点面结合的组织架构设计有利于提高控制协同性，降低控制成本。

2. 组织架构的设置

行政事业单位应当根据职能目标，结合单位各项具体工作的内容、性质及其之间的关系，在横向上设置机构部门，在纵向上划分管理层次，确定各部门间的分工协作关系，从而构建一套完整合理的组织架构。机构设置除了在行政编制的基础上进行构建外，还可以根据单位决策、执行和监督工作的需要设置内部管理机构或专设岗位，一般来说包括单位领导班子会议、预算委员会、采购领导小组和监督小组等。其中，预算委员会通常由单位主要领导、财务负责人和各职能部门的负责人构成，负责对预算和资金使用方面重要事项的决策；采购领导小组由单位分管领导、采购管理部门领导和财务负责人构成，负责采购重要事项的决策等，各个会议或工作小组在单位内部管理中发挥的作用不同，其成员构成也不一样，这一方面突出了专业分工的差异性，另一方面也提高了决策的科学性和透明性。

行政事业单位内部控制贯穿单位经济活动的决策、执行和监督全过程，实现对经济活动的全面管控。而行政事业单位的各项经济活动各有特点，相互联系、相互影响、相互制约，因此，单位应当单独设置内部控制的职能部门或确定内部控制牵头单位，站在单位全局的角度，负责组织协调内部控制工作。同时，充分发挥财会、内部审计、纪检监察、政府采购、基建、资产管理等部门或岗位在内部控制中的作用。

（1）单独设置内部控制职能部门或者确定牵头部门

单位内部控制覆盖单位的各个业务领域，涉及单位的各个部门，是一项与单位运行息息相关的工作。没有内部控制的专门机构，仅凭借内部控制的一纸发文进行建设，实效性会比较差。设立内部控制的职能部门或明确牵头部门，使得这一部门全面负责内部控制工作，带动其他部门内部控制工作的开展，确保内部控制在单位内部得以落实。

内部控制职能部门或牵头部门主要做好以下工作：

负责组织协调单位内部控制日常工作；研究提出单位内部控制体系建设方案或规划；研究提出单位内部跨部门的重大决策、重大风险、重大事件和重要业务流程的内部控制工作；组织协调单位内部跨部门的重大风险评估工作；研究提出风险管理策略和跨部门的重大风险管理解决方案，并负责方案的组织实施和对风险的日常监控。组织协调相关部门或岗位落实内部控制的整改计划和措施；组织协调单位内部控制的其他相关工作。

（2）积极发挥经济活动相关部门或岗位的职能作用

行政事业单位的经济活动主要包括预算业务、收支业务、政府采购业务、资产管理、建设项目管理和合同管理。内部控制的建立与实施，应当建立起财会、政府采购、基建、资产管理、合同管理等部门或岗位之间沟通协调机制，充分发挥各相关部门或岗位的作用。

配合内部控制职能部门或牵头部门对本部门相关的经济活动进行流程梳理和风险评估。对本部门的内部控制建设提出意见和建议，积极参与单位经济活动内部管理制度体系的建设。认真执行单位内部控制管理制度，落实内部控制的相关要求。加强对本部门实施内部控制的日常监控做好内部控制执行的其他相关工作。

（3）充分发挥单位内部审计、纪检监察部门的职能作用

单位内部控制制度是否得到有效执行，还需要接受监督评价，要充分发挥内部审计、纪检监察部门的作用，定期对单位进行各项经济活动的审计、监督，对内部控制的有效性做出评价，及时发现问题并提出改进建议。其主要工作如下：

研究制定监督内部管理制度。组织实施对内部控制的建立和执行情况及有效性的监督检查和自我评价，并提出改进意见和建议。督促相关部门落实内部控制的整改计划和措施做好内部控制监督检查和自我评价的其他相关工作。

三、内部控制机制的工作机制

内部控制的核心在于制衡，因此制衡机制的设置是建立内部控制体系的核心内容。从单位整体层面看，行政事业单位应当设置议事决策机制、岗位责任制、关键岗位轮岗机制等制衡机制，并确保经济活动的决策、执行和监督相互分离。

与上市公司的治理结构相比，我国行政事业单位的治理结构有所不同。上市公司有股东大会（权力机构）、董事会（决策机构）、经理层（执行机构）和监事会（监督机构）监事会由股东大会领导，与董事会并立，负责监督企业董事、经理和其他高管人员的履职情况。

行政事业单位经济活动的决策、执行和监督相互分离，是建设现代政府的客观要求，也是有效防范舞弊和预防腐败的制衡机制。在行政事业单位中，将决策权、执行权、监督权三权分离是实现科学决策、有序执行和有效监督的基本保障。

所谓机制，是指以所设机构为载体，建立科学的执行程序和完善的制度规范，并通过监督和评价来激励程序和规范的有效执行，以此实现规则制衡。制衡是内部控制的核心，制衡机制的设置是建立内部控制体系的核心内容。行政事业单位应当设置符合单位实际情况的工作机制，实现单位的权力制衡。从单位整体层面看，行政事业单位应当设置议事决策机制、岗位责任制、关键岗位轮岗机制等制衡机制，并确保经济活动的决策、执行和监

督相互分离。

三权分离的工作机制即单位的决策权、监督权、执行权相互分离，决策、监督、执行的过程和岗位分离。与上市公司的治理结构相比，我国行政事业单位的治理结构有所不同。

上市公司有股东大会（权力机构）、董事会（决策机构）、经理层（执行机构）和监事会（监督机构），监事会由股东大会领导，与董事会并立，负责监督企业董事、经理和其他高管人员的履职情况。行政事业单位经济活动的决策、执行和监督相互分离，是建设现代政府的客观要求，也是有效防范舞弊和预防腐败的制衡机制。在行政事业单位中，将决策权、执行权、监督权三权分离是实现科学决策、有序执行和有效监督的基本保障。

单位决策者客观地评估经济活动的风险，根据资源配置最优化要求做出科学决策，从起点上控制和约束执行者的作用；单位执行者根据已有的决策，进一步细化执行过程中的职责和权限，协调有序地执行决策，同时及时将执行情况反馈给决策者，实现决策的优化调整；单位监督者独立于决策者和执行者，对决策者是否做出科学合理的资源配置决策，决策执行者是否严格执行已有决策进行监督。只有决策、执行、监督三权相互分离，才能起到有效制衡的效果。任何两种或者三种权利的合并都可能导致权力滥用，成为滋生腐败的温床。

当前状况下，企业内部控制规范体系并不完全适用于事业单位，我国现存的内部控制制度中只有很少一部分是专门针对各级事业单位的，加之专门针对科研事业单位内部控制的某些规章本身就存在很多问题，一部科学合理的、全国性的、统一的、带有强制性的事业单位的内部控制规范亟待制定。通过阅读相关文献和相关理论规范，认为其不足支出有下面几种表现：一是内部控制并没有全面到各种组织活动，缺乏风险评估和应对。当前事业单位内部控制制度的重点依然是比较基础的管控，货币资金、固定资产等资产管理占有很大比重，其内部控制的范围并没有波及事业单位全部业务，风险管理制度还存在较大欠缺，许多业务风险没有考虑在内控管制之内，这给内部控制的完善造成了一定难度。二是在事业单位内部控制过程中，监督和惩罚并不深入，很多监督检查只是浅尝辄止，并没有起到应有的效应。事业单位内部控制制度往往更加重视内控活动的执行，把内控措施的执行作为重中之重，监督惩罚措施往往不到位。三是事业单位的内部控制制度中一些制度是比较不切实际的，运用在实际操作中并不能起到应有的效果，不能全面推广使用。相对于一般企业来说，我国的事业单位具有其自身的特殊性，一般企业的经济业务并不能与事业单位的业务完全吻合，企业的内部控制制度并不能完全满足事业单位业务的需要，同时由于科研事业单位的特殊性，目前所颁布的事业单位内部控制相关规范也并不能完全满足科研事业单位业务的需要，如果科研事业单位不加思考直接将企业或者事业单位内部控制制度生搬硬套，不仅不会给企业带来好处，使用不当甚至能给单位带来损失。

内部审计是保障内部控制的一道防线，通过内部审计得出的结果可以客观公正地评价事业单位现行的内部控制制度，能够及时发现问题并解决问题，这就要求我们保证内部审计起到应有效果。内部审计如果不想流于形式真正地发挥作用必须保障其独立性，其独立性受限内部审计就形同躯壳毫无作用，只有保证内部审计的独立性，内部审计才有价值，否则内部审计将形同虚设，丝毫不能促进单位内部控制的发展。内部审计部门只有存在可靠且不受其他单位管制资金来源才能确保内部审计的可靠性，否则容易形成盲区。但是，从目前情况来看，内部审计的独立性只有几家较大规模的事业单位能够保证，其余大部分的事业单位由于一些原因并不能使内部审计发挥其应有的效用。产生现象的原因：一是资金来源不稳定；二是内部审计的权限受限，一些部门内部审计没有权限进行审计，或者审计部门虽有权限进行审计，但由于权限问题内部审计仅仅是一个形式，这将影响内部审计的效用；三是一些单位甚至没有设计内部审计部门等。上述几种原因的存在大大降低了内部审计的独立性，在较大程度上降低了内部控制的效用，这无疑说明了在事业单位内部控制制度建设的道路上还有许多困难要克服。

四、建设决策、执行和监督相互分离机制的基本要求

（1）注意决策、执行和监督相互分离机制的侧重点不同

在行政事业单位内部控制中，决策、执行和监督相互分离侧重于两个方面。

一是过程的分离。即决策过程、执行过程和监督过程相互分离、相互独立、相互影响和相互制约。在行政事业单位的经济活动中，决策过程实为授权审批过程，在办理经济活动的业务和事项之前，应当经过适当的授权审批，对于重大事项如大型采购、基本建设以及大额资金支付业务，还需要经过集体决策和会签制度，任何个人不得单独进行决策或者擅自改变集体决策的意见。执行过程是按照审批的结果和适当的权限办理业务的过程。办理业务不仅包括预算编制业务、资金收支业务、政府采购业务和基本建设业务，也包括依职责保管资产、进行信息统计和会计处理，办理业务必须得到恰当的授权和经过既定的审批，业务执行情况应当及时反馈给决策者。监督过程主要通过对决策过程、执行过程的合规性以及执行的效果进行检查评价，来确保经济活动的各业务和事项都经过了适当的授权审批，确保经办人员按照授权的要求和审批的结果办理业务。所以，决策是执行的前置程序，执行使对决策的具体落实，监督影响和制约着决策和执行，三个过程既相互分离又相互制约。

二是岗位的分离。即不相容岗位相互分离。决策审批和执行，执行与监督检查，决策与监督检查等岗位应当相互分离，负责经济活动决策的岗位独立于具体执行业务的岗位，负责执行业务的岗位无权自行决策，而负责监督的岗位独立于决策和执行岗位，以确保其监督的成效。岗位分离的效果是避免了既当"运动员"又当"裁判员"的情况，降低了舞弊和腐败的风险。

（2）决策、执行和监督相互分离的机制建设应当适应单位的实际情况

行政事业单位在根据决策、执行和监督相互分离的原理进行组织架构和岗位设置时，应当符合单位的实际情况。既要在现有编制内按照内部控制的要求设计工作机制，又要从

经济活动的特点出发，建立联合工作机制。例如，成立由单位领导、财会部门等内部相关部门的负责人组成的预算管理委员会，负责对预算和资金使用方面的重要事项进行决策。成立由单位领导、政府采购归口管理部门、财会部门和相关业务部门的负责人组成政府采购领导小组，负责对单位的政府采购事项进行决策。成立由单位负责人、内部审计部门、纪检监察部门等相关部门的负责人组成的内部监督领导小组，负责统一领导对内部控制的监督检查和自我评价。

（1）决策机制

行政事业单位的决策一般由单位领导班子决定、单位领导成员由行政、党委和纪检的主要领导组成。

a.建立健全议事决策制度；

b.采取集体研究、专家论证和技术咨询相结合的决策方式。集体研究——专家论证和技术咨询；

c.建立审核审批制度；（直接关系着财政资金的使用效率和效果，对控制目标的实现产生直接影响。行政事业单位应当根据权责对等原则建立分级授权审核审批制度。应建立"三重一大"事项决策审批机制和会签制度。）

d.做好决策纪要的记录、流转和保存工作；

e.加强对决策执行的追踪同效，建立可操作性的决策问责制度。

行政事业单位的决策一般由单位领导班子决定、单位领导成员由行政、党委和纪检的主要领导组成。议事决策的方式方法、决策权的集中度以及是否具有可操作性的决策是影响单位内部控制效果的关键环节，《单位内部规范》要求的议事决策机制包括以下几个方面：

a.建立健全议事决策制度

议事决策制度具体体现为议事决策规则，包括确定议事成员构成、决策事项范围、投票表决规则、决策既要的撰写、流转和保存以及对决策事项的贯彻落实和监督程序等。如果单位主要领导的个人权威很高。领导班子的小范围决策容易造成个人说了算、一支笔现象。《单位内部规范》第十四条第二款规定："单位应当建立健全集体研究、专家论证和技术咨询相结合的议事决策机制。重大经济事项的内部决策，应当由单位领导班子集体研究决定。重大经济事项的认定标准应当根据有关规定和本单位实际情况确定，一经确定，不得随意变更。"单位应当建立健全集体研究、专家论证和技术咨询相结合的议事决策机制，重大经济事项的内部决策，应当由单位领导班子集体研究决定。

b.采取集体研究、专家论证和技术咨询相结合的决策方式。

行政事业单位要采用集体研究、专家论证和技术咨询相结合的决策方式对其经济活动进行决策。

集体研究。重大经济事项的内部决策，应当由单位领导班子集体研究决定。"三重一大"集体决策制度是指单位的重大决策、重大事项、重大人事任免及大额资金支付业务等，应当按照规定的权限和程序实行集体决策审批或者联签制度。"三重一大"集体决策制度必须做到制度化、程序化、科学化和民主化，努力完善决策失误责任追究体制，才能有效提高集体决策质量。要求内容要具体，做到规范化，即重大事项必须具体明确，规范固定下来，力求细化、量化，而不能抽象、笼统；程序要合理，做到制度化，即集体决策程序要体系各环节之间的有效制衡，落实决策人员的相关责任；方式要正确，做到民主化即集体讨论"三重一大"问题，应根据不同内容、不同情况选择党委会议、党政领导会议、行政办公会议、职工代表大会等。

行政事业单位应当建立专家论证制度，对业务或项目的可行性进行分析论证。并将论证结果罗伟决策的依据之一。对于业务复杂、专业性强的经济活动，特别是基本建设项目和政府采购业务，技术要求和业务流程都比较复杂，而且存在国家强制性的标准和程序，如果没有专家的参与和必要的技术咨询，很难保障决策的合法合规和科学合理。提供专家论证和技术咨询的，可以是本单位的专业人员，也可以从外表聘请专业机构和专家提供服务。专家在参与论证和提供技术咨询的过程中，应当保持独立、客观、公正，而且对论证结果和咨询服务质量负责。

c. 建立审核审批制度

审核审批是从决策到执行的重要环节，直接关系着财政资金的使用效率和效果。行政事业单位应当根据权责对等原则建立分级授权审核审批制度。应建立"三重一大"事项决策审批机制和会签制度，任何人不得单独进行决策或者擅自改变集体决策意见。完善的审核审批制度有助于明确权利和义务，层层落实责任，层层把关，帮助单位最大限度地规避风险。

d. 建立决策的问责机制

为体现决策过程的严肃性和科学性，要详尽记录整个议事过程的参与人员与相关意见。为保证记录的客观性和真实性，如实反映每位成员的决策过程和意见，在认真做好记录的基础上，向每位成员核实记录并签字，并及时归档。

单位应当在决策前实现信息公开，不涉及保密事项的决策要做到决策结果的公开性，将决策结果置于社会的监督之下，保证决策结果的公正和公平。

为保证决策效果，在决策后也要实行对效率和效果的跟踪，要建立相关的问责追究机制，让决策效果与相关人的升迁降免和经济奖惩相挂钩，促进经济严格落实与执行。

e. 相关部门沟通协调机制

内部控制的建立与实施，单位应当建立各部门与岗位之间的沟通协调机制。强化单位负责人在内部控制体系建设中的"第一责任人"意识。只有高层领导充分认识到内部控制的重要性，才能有效调动全员参与建立完善的内部控制体系；各部门积极配合内部控制职能部门对单位业务活动进行的风险评估和流程梳理，主动开展本部门的内部控制制度、对发现的问题积极进行整改并主动上报；各部门间做到信息流程、沟通顺利，部门相关人员积极履行职责，及时向上级汇报本部门建设情况并及时传达单位内部控制建设信息到本部门，促进内部控制建设工作开展的效率和效果。

（2）执行机制

行政事业单位决策的执行具体由承办部门完成。通常涉及财会部门、预算管理部门、采购部门、资产管理部门等。

第一，不相容岗位的分离机问责机制的落实；

第二，网络化立体控制。（执行过程中不仅要有基于平行流程的横向牵制，某业务的执行往往需要多部门合作完成。）

第三，以制度保障执行，单位制度具有刚性遵守的特征，他们详细规定了应当遵守的程序和未能遵守的行为相关的惩罚措施。

行政事业单位决策的执行具体由承办部门完成。通常涉及财会部门、预算管理部门、采购部门、资产管理部门等。

行政事业单位的执行机制包括三个方面：

第一，不相容岗位的分离及问责机制的落实。单位应当切实区分哪些岗位是不相容的，对各个岗位的职责权限应当明确化、具体化。并以岗位说明书、权限指引等呈现，使每个在岗人员清楚地意识到自身在内部控制体系中的位置和职责。

第二，网络化立体控制。执行过程中不仅要有基于平行流程的横向牵制，某业务的执行往往需要多部门合作完成，如采购业务，采购需求部门提出采购申请，由单位采购小组负责招标投标事宜，由财会部门负责资金支付，各部门协调执行才能保证采购业务顺利完成。

第三，以制度保障执行，单位制度具有刚性遵守的特征，它们详细规定了应当遵守的程序和未能遵守的行为相关的惩罚措施。以制度规范执行是内部控制的重要原则之一，通过完善的制度，使单位人员行为合规化，一方面提高了执行效率，另一方面克服了个人的固有缺陷，提高组织的理性化程度。

（3）监督机制

内部监督是单位对内部控制建立与实施情况的监督与检查，评价内部控制的有效性，对于发现内部控制缺陷，及时加以改进。它是实施内部控制的重要保证，对内部控制的控制。

行政事业单位的监督机制包括：

a.单位内部审计的监督；b.单位纪检监察部门的监督；c.上级主管部门的监督。

内部监督是单位对内部控制建立与实施情况的监督与检查，评价内部控制的有效性，对于发现内部控制缺陷，及时加以改进。它是实施内部控制的重要保证，对内部控制的控制。内部监督是针对内部控制其他要素，自上而下的单向检查，是对单位内部控制质量进行评价的过程。内部监督以内部环境为基础，信息和沟通为支持，与风险管理、控制活动共同形成三位一体的闭环控制系统。

行政事业单位的监督机制包括以下三个方面：

a.单位内部审计的监督。单位应当设置内部审计部门，并确保机构设置、人员配备和工作独立性，负责对行政事业单位的预算执行情况、会计报告的编制和披露情况进行监督检查，是对内部管理控制、内部会计控制和财务控制的再监督。

b. 单位纪检监察部门的监督。党委纪委负责对党员进行监督，严格执行党的纪律，抓好党风廉政建设，坚决同腐败现象做斗争。监察机构负责对国家行政机关和国家公务人员的监督检查，保证政令畅通，促进监察对象正确履行职责，依法办事，廉洁奉公，恪尽职守，勤政高效地为人民服务。

c. 上级主管部门的监督。上级主管部门对本单位各项业务的内部控制情况进行总体监督。

（4）内部控制关键岗位的责任制

单位应当建立健全内部控制关键岗位责任制，明确岗位职责及分工，确保不相容岗位相互分离、相互制约和相互监督。单位应当实行内部控制关键岗位工作人员的轮岗制度，明确轮岗周期。不具备轮岗条件的单位应当采取专项审计等控制措施。

内部控制关键岗位主要包括预算业务管理、收支业务管理、政府采购业务管理、资产管理、建设项目管理、合同管理以及内部监督等经济活动的关键岗位。

关键岗位是指在行政事业单位经济业务活动中起重要作用，与单位目标的实现密切相关，承担起重要工作责任，掌握单位发展所需的关键技能的一系列重要岗位的总和。单位应当建立健全内部控制关键岗位责任制，明确岗位职责及分工，确保不相容岗位相互分离、相互制约和相互监督。单位应当实行内部控制关键岗位工作人员的轮岗制度，明确轮岗周期。不具备轮岗条件的单位应当采取专项审计等控制措施。内部控制关键岗位主要包括预算业务管理、收支业务管理、政府采购业务管理、资产管理、建设项目管理、合同管理以及内部监督等经济活动的关键岗位。

行政事业单位关键岗位既是单位经济活动有效开展的重要保障，也是单位经济活动中最容易发生舞弊和腐败的关键职位，单位应当加强关键岗位控制，防范出现职位舞弊和腐败现象，提高单位公共服务的效率和效果。

（5）关键岗位控制目标

第一，根据单位的业务特点和实际情况，确定本单位的关键岗位，并建立岗位责任制，明确关键岗位的职责权限。

第二，按照权责对等的原则科学设置关键岗位，制定相关制度和文件，明确关键岗位职责，并且根据岗位职责配备恰当的工作人员，保证才能与岗位相适应。此外，还要对关键岗位进行不相容岗位分离，保证岗位之间相互制约、相互监督。

第三，将绩效考核与岗位责任制相结合，形成关键岗位考核结果与奖惩挂钩的考核机制，确保奖惩措施落到实处，使关键岗位责任制起到鼓励先进、激励后进、提高工作效率的作用。

第四，建立健全关键岗位轮岗制度，尽早发现内部管理中存在的问题和隐患，克服人员管理中"疲劳效应"，保持关键岗位人员的工作干劲。

（6）关键岗位控制主要风险点

第一，单位没有明确划分关键岗位，或者即使明确了本单位的关键岗位，但是关键岗位职责权限划分不清，未严格分离不相容岗位，出现混岗现象，导致岗位之间缺乏制约和监督。同时，对关键岗位的职责认识不足，关键岗位人员配置缺乏相应资质，综合素质不过关。

第二，对关键岗位缺乏有效考核，单位各个部门不明确各自的工作任务，绩效考核松散，绩效考核人员缺乏专业性，管理松散，考核过程对不同人采用双重标准，使考核缺乏客观公正，进而导致关键岗位奖惩不合理，无法起到监督、激励和约束作用。

第三，关键岗位未建立轮岗制度，个别岗位长期由一人担任，导致单位无法及时发现内部管理中存在的隐患，同时关键岗位人员出现职业倦怠，缺乏干劲，影响其工作效果和效率。

（7）内部控制关键岗位的责任制

a. 明确内部控制关键岗位的构成；

权责结构是一种特殊的人际关系，是形成组织纵向层级和横向部门体系的基础，是组织分工、组织法规与组织纪律的实际体现。

b. 设置内部控制关键岗位，落实岗位责任制；

c. 管理内部控制关键岗位

建立考核与奖惩制度；实行轮岗制度。（对规模小、人员小的行政事业单位，不具备轮岗条件的事业单位，应当采取专项审计等控制措施替代轮岗机制。）

行政事业单位应当结合本单位性质、预算类型、收支管理特点，对内部控制目标实现有重要影响的一些关键性岗位，明确内部控制关键岗位的职责权限、人员分配，按照规定的工作标准进行考核及奖惩，建立单位关键岗位责任制，关键岗位责任制的建设。

a. 明确内部控制关键岗位的构成；

权责结构是一种特殊的人际关系，是形成组织纵向层级和横向部门体系的基础，是组织分工、组织法规与组织纪律的实际体现。权责分配是在机构设置的基础上，设立授权方式，明确各机构部门和人员的权利和所承担的责任，将权利与责任落实到各责任单位，权责分配就是要根据责、权、利相结合的原则，明确规定各职能部门的权限与责任，并根据各职能机构的业务任务与特点，划分岗位职责，根据岗位的需要选择合适的人才。

一般而言，行政事业单位经济活动中的关键岗位主要包括预算业务管理、收支业务管理、政府采购业务管理、资产管理、建设项目管理、合同管理、内部监督等经济活动的关键岗位。但是，行政事业单位的业务各不相同，内部控制的侧重点可能也各不相同，单位要合理确定内部控制的关键岗位。

具体来说，行政事业单位可以根据单位目标贡献度、岗位责任的重要性、岗位工作复杂性、任职条件独特性等四个方面来衡量各个岗位的关键程度。其中，目标贡献度是指岗位工作对单位目标实现具有的重大贡献；岗位责任的重要性是指该岗位所承担的工作责任对组织生存和发展具有的重大影响；岗位工作复杂性是指岗位工作具有较大的不确定性；任职条件独特性是指岗位工作所需要的关键技能、实践经验和综合文化素质等方面要求很高。

b. 设置内部控制关键岗位，落实岗位责任制；

第一，职责与权限统一。单位要按照权责对等的原则，根据本单位的实际情况和经济特点，科学设置内部控制关键岗位，通过制定组织机构图，岗位责任书和权限指引等内部管理制度或相关文件，使相关工作人员了解和掌握业务流程、岗位责任和权责分配情况，指导相关工作人员正确履行职责。

此外，行政事业单位在设置内部控制关键岗位时还应确保不相容岗位相互分离、制约和监督。一般而言，行政事业单位不相容岗位分离的控制事项包括单位经济业务的决策审批与执行分离，执行、记录与监督分离，物资财产的保管、使用与记录分离。不相容岗位有：授权批准岗位、业务经办岗位、财产保管岗位、会计记录岗位和稽核检查岗位，单位不能将不相容岗位混岗，应进行严格分离。

第二，才能与岗位统一。行政事业单位应当综合考虑经济活动的规模、复杂程度和管理模式等因素，确保人员具有与其工作岗位相适应的资质和能力。一方面应当按照岗位任职条件把好人员入口关，为内部控制关键岗位配备能力和资质合格的人员；另一方面，应切实加强工作人员业务培训和职业道德教育，不断提升工作人员的知识技能和综合素质。

c. 管理内部控制关键岗位

对内部控制关键岗位工作人员的要求

内部控制关键岗位工作人员应当具备与其工作岗位相适应的资格和能力。

对内部控制关键岗位的工作人员管理的具体内容

要把好进人关；

加强业务培训；

强化职业道德教育。

编报财务信息的要求

财务体系是指财会机构、会计人员和会计工作的有机结合。财务体系在行政事业单位内部控制中居于核心地位，源于两个原因。

一是从内部控制建设工作机制来看，多数单位会指定财务部门来牵头内部控制建设并负责日常管理；

二是由于内部控制的客体范围界定为经济活动。"以预算为主线，以资金为核心"财务体系在内部控制建设中必然起到的核心作用。

财务信息是指由行政事业单位财会部门编制的反映单位某一特定日期财务状况和某一会计期间业务活动情况和预算执行结果的经济信息。财务报告包括财务报表和财务情况说明书、会计报表至少应当包括资产负债表、收入支出表等报表。

五、行政事业单位财务体系中存在的问题

1. 财务部门地位不高

在我国行政事业单位，财务部门和会计人员地位不高、会计工作不受重视是普遍现象。中央单位的机关财务部门不少是设置在办公厅里，有些是在机关事务管理局，财务部门不是一级组成机构，虽然不少地方单位的财务部门是一级组成机构，但常被列为后勤部门而不受重视。内部控制建设和实施是一项关系全局的综合性工作，以财务部门目前的地位，很难胜任这个角色。

2. 财务部门人手不足

行政事业单位普遍反映财务部门人手不足，不少单位只有一个会计、一个出纳，个别单位甚至由不具备会计从业资格的人员出任会计、出纳，或者聘用外单位、临时工担任会计、出纳。之所以出现这样的现象，往往和会计工作不受重视、财务部门地位不高相关。这样的人员配备导致财务部门自身很难建立内部控制，部分不相容岗位无法分离，更无法进行轮岗。会计人员普遍反映日常工作繁忙，无法额外再承担内部控制建设和日常管理的任务，使得单位的内控建设无人可用、没人负责。

3. 会计人员的整体业务素质不高

与企业的会计人员相比，行政事业单位会计人员在学历、职称、专业等方面处于明显劣势。会计人员整体学历偏低，不少是初中、高中学历，全日制本科相当少；拥有中级职称的会计人员比例偏低；科班出身的很少，不少会计人员是半路出家，没有经过专业化的教育培训，年龄偏大，对新知识、新技术的学习掌握能力较差。这些问题都导致财务部门难以胜任推动内部控制建设的使命。

4. 会计基础工作薄弱

行政事业单位会计基础工作薄弱主要表现在：内部财务管理制度不健全，填制会计凭证未按规定取得有效的原始凭证，登记会计账簿随意性大，编制财务报告不合法，不真实等，会计工作交接不规范，会计工作信息化程度低。会计控制本身是内部控制的一个重要方法，单位会计基础工作薄弱，这个方法就会失效。

六、编报财务信息的具体要求

《单位内控规范》第十七条规定：单位应当根据《会计法》的规定建立会计机构，配备具有相应资格和能力的会计人员。

行政事业单位会计控制不仅要满足行政事业单位会计制度的要求，还要满足预算管理的要求。

在财会管理上通常要符合以下几方面要求：

严格按照法律规定进行会计机构建立和人员配备；

完善财务管理制度；

落实岗位责任，确保不相容岗位相互分离；

加强会计基础工作管理，按照法定要求编制和提供财务信息；

建立财会部门与其他业务部门的沟通协调机制。

第四章　业务层面的内部控制

一、预算业务内部控制

（一）预算与预算业务控制的概念

预算是根据工作目标和计划编制年度财务收支计划，是对年度单位收支的规模和结构进行的预计和测算。行政事业单位的预算由收入预算和支出预算组成。在行政事业单位，预算具有法定的效力，而且贯穿于单位各项业务活动事前、事中、和事后全过程。在单位的内部管理中发挥着计划、协调、控制、评价等综合管理功能。

（二）行政事业单位预算业务控制存在的问题

没有一套完整、有效的组织体系支持预算的实施；

预算编制存在多方面缺陷，使得预算发挥不了应有的作用；

预算编制过程简单；

预算编制方法不科学；

预算编制内容不全面。

在预算执行方面，缺乏应有的约束力和严肃性；

主要表现在：支出控制不严，超支浪费严重；行政事业单位在项目资金管理使用中，基本支出和项目支出界定不清；在行政事业单位专项资金使用过程中，没有树立讲求经济效益的理财理念，重拨款轻管理，重预算审核而轻实效管理。对项目资金实际使用绩效缺乏有效的监督和考核。

只注重预算的编制、不注重预算的控制、预算的考评；

预算管理缺乏行之有效的监督机制。

（三）行政事业单位预算业务控制面临的风险

（1）预算编制环节的主要风险点

明确预算编制环节的主要风险点是行政单位设计、实施相应风险防控措施的基础。《行政事业单位内部控制规范（试行）》第十一条指明："单位进行经济活动业务层面的风险评估时，应当重点关注在预算编制过程中单位内部各部门间沟通协调是否充分，预算编制与资产配置是否相结合、与具体工作是否相对应。"

预算编制环节的风险点主要有以下几个：

第一，行政单位为了保证足额甚至超额获取财政资金而存在虚增预算的可能。

第二，行政单位是否能够依据以前年度的实际收支情况以及预算年度的预计情况，使预算能够真实反映本单位预算年度的全部收支计划。

第三，编制预算时没有充分考虑资源配置，可能导致在安排项目资金时重点不突出，缺乏合理性。

第四，预算编制不够具体，可能导致预算缺乏可操作性。

第五，预算编制工作由财务部门大包大揽，预算执行机构的参与度低，可能导致业务活动与相应的资金支持脱节。

第六，预算业务管理工作机构编制预算时，如果不细致和准确，有可能造成个别预算执行机构报送的某些计划未编进预算，造成实际支出时无预算可依，可能造成无法安排资金的现象。

第七，各预算执行机构报送项目支出预算时可能存在考虑不全面的情况，有的项目可能没有编制计划，导致实际支出时无预算可依，可能造成无法安排资金的现象。

第八，某些项目专业性较强、支出金额巨大，如基建项目、信息化项目等，这些项目在申请预算时可能没有进行立项评审和可行性分析。

（2）预算审批环节的主要风险点

预算审批环节涉及单位内部的审批权限问题，容易埋下隐患，因此明确预算审批环节的主要风险点就显得至关重要。预算审批环节的风险点主要有以下几个：

第一，对费用支出项目及金额的审批权限划分不清，可能导致越权审批的现象。

第二，审批过程可能流于形式，缺乏实质性的研究和审核。

第三，某些项目的专业性较强，单位内部相关审批人员可能缺乏相关知识。

第四，对预算控制数的分解不够细化，导致预算口径较粗，使预算批复无法实现细化管理的目的。而且当某项支出金额较大时，还可能会挪用其他预算指标。

（3）预算执行环节的主要风险点

预算执行与收支业务、政府采购业务、资产管理、建设项目管理、合同管理等有着密切的关系，识别预算执行环节中的主要风险点具有重要意义。《行政事业单位内部控制规范（试行）》第十一条指明："单位进行经济活动业务层面的风险评估时，应当重点关注是否按照批复的额度和开支范围执行预算，进度是否合理，是否存在无预算、超预算支出等问题。"具体来说，预算执行环节的风险点主要有以下几个：

第一，执行预算时是否严格按照批复的额度和开支范围，进度是否合理，有无年底"突击花钱"的现象。

第二，是否存在预算追加调整随意无序，存在无预算、超预算支出等情况。

第三，对预算执行的审批仅仅按照统一的限额规定，可能导致在预算执行过程中无法对风险集中的领域进行重点审批。

第四，某些单位的领导要求在预算执行的各个环节都要亲自审批，不对下级进行授权，导致权力过于集中，可能会影响决策结果、降低工作效率。

（四）行政事业单位预算业务控制的目标

科研事业单位内部控制须依据《行政事业单位内部控制规范（试行）》（以下简写为《规范》）进行，《规范》于2012年印发，自2014年1月1日起实行，《规范》包括六个部分：总则、附则6章65条、风险评估和控制方法、单位层面内部控制、业务层面内部控制、评价与监督。其组织架构如图4-1，《规范》是对行政事业单位内部控制建设的原则性要求，为单位内部控制提供标准，对内部控制的内容进行框架性指导，各个单位需结合实际情况建立健全的各项内部控制管理制度，严格落实《规范》要求的具体内容，并针对自身的业务有针对性地制定管理制度。

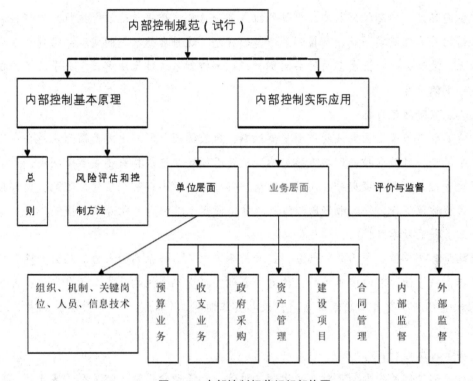

图4-1　内部控制规范组织架构图

涉及财务工作的各岗位、业务均涵盖在行政事业单位内部控制中，它的控制目标主要包含以下几个方面：（1）营造良好的内部控制环境，保证行政事业单位资产安全；（2）规范会计行为，保证会计资料的正确性、可靠性；（3）及时纠正错误，消除隐患，确保国家资产的安全；（4）确保国家相关规章制度得到有效贯彻和落实；（5）不断提高管理服务活动的效率和效果。

☞ **案例分析：**

SL科学院是比较典型的科研事业单位，从经营业务方面来看，SL科学院涉及的业务比较广泛，既有需要按照一般会计准则核算的业务，也有需要按照事业单位会计准则核算的业务。从资金来源方面，SL的收入既有来自国家的拨款补助和补贴，还有自身的技术创收，涵盖的方面比较广；SL单位规模适中，有健全的机构设置具有研究可行性，选择SL科研单位进行研究极具价值。

SL科学院的内部控制目标可以分为总体目标和具体目标。总体目标是单位层面提出的内部控制系统构建目标，保障国有各项资产安全，各项业务活动合规有序展开，实现其为社会服务的宗旨。具体目标涉及单位运营的各个方面，范围很广，具体目标设计为：

（一）公平性目标

单位内部建立内部控制制度，单位各组成部分自觉保质保量地按规执行，内部控制制度不必借助外力保障实施是内部控制最理想的状态。这种理想状态的实现必须建立在公平的基础上，没有公平就没有全员的共同拥护，内部控制系统就无法完善，公平性是内控建设所要追求的目标。

（二）风险防范目标

风险管理是当今企业发展的一项重要议题，风险管理之所以重要是因为凡是企业运营都将产生风险，风险管控的好坏直接影响风险是否给企业造成损失造成多大损失，风险防范是风险管控的重要组成部分，而风险防范一部分要通过内部控制实现，因此，内部控制要设立风险防范目标，切实做好风险防范工作，使各个单位避免或者减少损失。

（三）提高效率目标

效率是各个单位竞争力的一部分，提升效率可以节省一系列的人力、物力。设置提高效率目标，一方面，可以使单位的机构更加合理，减少冗余机构，减少冗余岗位；另一方面提高效率可以提高员工的专业素质，改善员工对待工作的态度，提升单位的整体运行效率。

（四）人本控制目标

单位内部控制最根本的是对人的控制，单位一切活动归根结底都是人为展开的，对活动的控制的背后都是对人的控制。事业单位作为非营利组织机构，更应该践行科学发展观，以人为本。SL科学院业务众多，人员众多，如果能够管控好各部门的人员，各项业务活动也就得到了保证。关注人的发展与人对单位发展的决定作用，维护各层级职工的权益，保障科研事业单位的健康运行。

（五）行政事业单位预算业务控制的主要措施

1. 建立健全预算业务内部管理制度

预算管理组织体系；

明确预算业务各环节的工作流程、时间要求、审批权限和责任划分等；

建立授权批准制度；

合理设置预算业务管理机构和岗位

预算业务机构（预算业务管理决策机构、预算业务管理工作机构、预算业务管理执行机构。）

2.预算业务管理岗位

岗位分工与授权批准的原则性要求是权责分配和职责分工应当明确，机构设置和人员配备应当科学合理。

预算管理工作各环节的不相容岗位一般包括：

预算编制与预算审批；（编制岗和审批岗相分离）

预算审批与预算执行；（审批岗和执行岗相分离）

预算执行与预算评价。（预算执行与分析评价职务相分离）

对于行政事业单位预算的编制而言，一般按照"上下结合，分级编制，逐级汇总"的程序进行，进行自上而下、自下而上的编制程序。

下达目标；（2）编制上报；（3）审查平衡；（4）审议批准；（5）下达执行。

我国政府预算编制程序具体实行"两上两下"程序。人民代表大会审议批准政府预算草案后，即形成具有法律效力的政府预算。

"一上"是指基层预算单位编制本单位在预算年度的收支建议数，报上级部门。

3.预算编制的原则

科学事业单位财务制度第十条规定："编制收支预算坚持以收定支、收支平衡、统筹兼顾、保证重点的原则。"这为我们编制单位预算确定了一个总的原则。如何理解和遵循这一原则，是否有必要考虑其他的原则要求，在此提出几点看法。

1）以收定支、收支平衡的原则。

在编制预算时，坚持量入为出，以收定支，收支平衡，略有节余的原则是必要的，但科学事业单位的部分收入带有一定的不确定性，是否把这部分收入纳入单位收支预算，直接影响收支平衡原则的贯彻。如果将这部分不确定收入纳入收入预算，一旦收入不能实现时，将形成支大于收、收支不平衡的状况；而如果将这部分不确定收入排除在收入预算之外，则当其得到实现时，又会造成当年支出安排不足，影响当年事业发展。为了解决这个矛盾，科学事业单位可考虑采取复式预算，将各项收支依经济性质的不同分别编入两个或两个以上的收支计划表格。把属于较为稳定、牢靠的那部分收入用来编制经常性支出预算（或称必需性支出预算或维持性支出预算）；而把需要经一定的争取且带有某些不确定性的那部分收入用来编制非经常性支出预算（或称必需性支出预算，或发展性支出预算，或有条件的递补预算）。对两类不同的预算采用不同的编制方法、控制和考核办法。这样，以稳定收入对稳定支出，以保障事业单位的正常生存和基本维持，以非稳定收入的实现程度来对应新兴的发展的项目支出，既促进了发展，又有效防止出现赤字预算。

2）统筹兼顾，保证重点的原则。科学事业单位编制预算要正确处理整体与局部、事业需要与财力可能的关系，要区别轻重缓急，科学合理地安排各项资金，将有限的资金用于事业发展亟需的方面。这就需要对单位的各项开支按轻重缓急的不同进行合理的排列，其中必须优先保证的支出应包括以下几个方面：（1）人员工资等硬件支出，但在人员工资支出的安排上，必须结合人事制度改革，实行定员定岗，不同人员分别对待。对于基本科研和管理人员的工资要绝对保证，而对于超编、富余人员必须促使其转岗分流，转岗分流前的工资可根据单位情况按比例发放。（2）事业单位业务工作正常运转必不可少的支出，如必要的科研经费支出。（3）有利于在短期内大大促进事业单位开发创收能力、提高其发展后劲的关键性项目支出。这类支出对于事业单位面对市场经济环境，提高自我生存、自我发展的能力至关重要。（4）一个事业单位，一定时期内都应有自己的发展目标，围绕目标的实现，可能会出现这样或那样的制约因素，对关键性的制约因素必须优先安排资金予以解决，以保证发展目标的实现。除以上需优先保证的支出外，对其他的支出项目也应统筹兼顾，充分发挥资金的使用效益。

3）广泛参与原则。预算的编制，并非简单的数字拼凑，也非少数领导和管理人员的事情。实际上，预算的编制是一项非常复杂的工作，需要各方面、不同层次人员的广泛参与。首先，预算的编制包括了一系列的预测、决策、分析过程，需要各部门、各单位提供广泛的情况和信息；其次，预算的编制过程同时也是采取各方面的措施进行开源节流的过程，而这些措施的提出和实施离不开各部门、各单位的协同配合和积极响应；最后，预算的执行，最终需要通过各部门、各单位人员具体的管理和业务活动来体现。只有让各方面的人员都充分参与预算的编制过程，才能使他们理解和重视预算数字，在管理和业务活动中认真控制和执行预算，并对预算执行的结果负责。目前，各科学事业单位的预算管理工作得不到应有的重视，不能不说与事业单位人员没有广泛参与预算编制工作有很大的关系。为了保证各方面人员广泛参与预算编制过程，事业单位应在制定出初步预算方案的基础上，把初步预算方案下发到各部门和各基层单位，让广大干部职工进行充分的讨论，提出修改意见和相应的对策、措施，然后集中各方面的意见，在考虑单位的实际情况和各方面利益的基础上，综合平衡，形成正式的预算。

4. 预算编制的控制措施

《行政事业单位内部控制规范（试行）》第二十条明确规定："单位的预算编制应当做到程序规范、方法科学、编制及时、内容完整、项目细化、数据准确。"行政单位应当针对预算编制的业务流程以及预算编制环节的主要风险点，采取相应的控制措施。预算编制环节的控制措施主要有以下几个：

第一，明确与预算编制相关的法律法规和政策。《行政事业单位内部控制规范（试行）》第二十条第二款规定："单位应当正确把握预算编制有关政策，确保预算编制相关人员及时全面掌握相关规定。"因此，为了保证预算编制的合规性，行政单位应全面及时地了解和掌握相关法律法规和政策，并能根据法律法规和政策的变化及时进行调整。为了实现上述目标，行政单位可以建立预算业务管理信息系统，将与预算编制相关的法律法规及政策、人员定额标准、实物定额标准、以前年度的历史数据等输入信息系统之中，形成预算编制的政策依据和数据基础。另外，行政单位可定期或不定期组织预算相关岗位人员进行培训，对新政策、新规定进行解读学习，确保相关工作人员的胜任能力，增强预算编制的合规性。

第二，建立部门之间的沟通协调机制。《行政事业单位内部控制规范（试行）》第二十条第三款规定："单位应当建立内部预算编制、预算执行、资产管理、基建管理、人事管理等部门或岗位的沟通协调机制，按照规定进行项目评审，确保预算编制部门及时取得和有效运用与预算编制相关的信息，根据工作计划细化预算编制，提高预算编制的科学性。"因此，行政单位应拓宽上述部门之间的沟通交流渠道，建立信息共享平台，使预算业务管理工作机构能够及时获取与预算编制相关的基础资料，深入了解预算执行机构的资金需求及用途，提高预算编制的科学性、有效性。

第三，增强预算执行机构的参与度。作为资源的使用主体，预算执行机构应当充分参与到本单位预算编制的过程中，因为与财务部门相比，它们在了解本部门工作任务以及所需资金方面更具有信息优势。行政单位应当在内部控制规定中明确各个预算执行机构在预算编制过程中的职责，明确其具体需要完成的相关工作，从而使行政单位能够更加合理、有效地实现资源配置。

第四，将预算细化。在预算编制过程中，预算执行机构应以工作计划为依据，使用科学的方法合理测算支出需求，确定为实现工作计划所需要的基本支出和项目支出，做到预算编制与资产配置、项目申请或具体业务一一对应。例如，人员经费应按照规定标准和相关人员数量核定到人；日常办公费用应按定额标准核定；项目支出应按照业务发展需要，依照其重要程度，在财力允许范围内，细化到具体项目。

5. 预算执行的主要控制措施

1）加强预算执行审计具有的适应性

想要加强预算执行审计具有的适应性，需要从转移支付以及政府进行采购和部门预算进行深入的探究，并制定有效的措施。

（1）加强转移支付具有的规范化

在转移支付的过程中需要逐渐加强对具体资金的审计工作，并不断完善各种法律法规。其中需要重点关注的是，第一，加强审计工作具有的公平性以及透明性，全面加强审计工作具有的能力。第二，提高审计报告具体的质量问题。总之，想要转移政府具体的预算执行审计，需要首先保证所有数据具有的真实性，使各种专项资金最终赢取更多的社会效益。

（2）加强政府进行采购具有的审计力度

需要不断加强政府采购具体的审计监督等工作，其中重点关注的是，第一，事业单位中需要加强对采购进行的各种审计工作。第二，对政府内部的具体采购中心实行比较全面的审计工作，一旦发现任何问题，及时制定有效的措施。

（3）提高部门具有的预算执行审计的基本能力

想要提升部门内具体的预算执行审计基本的能力需要重点关注的是，强化效益观念，并严格把关具体的资金流向，建设完善的内部控制体系等。

2）加强预算执行审计具有的独立性

想要有效地减少体制存在缺陷对具体的审计工作带来一定的损失，需要审计部门能够做到查漏补缺，从机构、相关工作人员以及具体的经费方面不断加强预算执行审计具有的独立性，有效控制审计出现的各种风险。审计部门首先应该认识到工作具有的基本性质，做到脚踏实地地工作，并充分发挥自身工作具有的职能以及作用，不断总结工作的经验以及工作的有效方法，不断地完善审计工作，做到适应审计机构具体的管理工作，并发挥最大的作用。

6. 单位决算管理

在每个预算年度终了时，行政单位应按照财政部门的规定及本单位内部的相关要求编制决算报表，并对预算执行情况进行绩效评价，以反映本单位预算年度的财务收支状况和资金管理水平。行政单位规范开展决算工作、进行决算分析的流程，有助于进一步提高预算业务管理水平。

在正式开展决算工作前，预算业务管理工作机构应对各预算执行机构的预算执行情况进行汇总，与单位的年初预算数、预算执行数进行对照，对每笔资金进行梳理，与国库及代理银行进行三方账务核对，以便真实、准确地进行年度决算。预算业务管理工作机构在决算工作部署后制定年度决算工作方案，按照统一规定的年度决算软件模板、编报要求和编报口径，据实填报部门决算报表，并撰写决算分析报告，经财务部门负责人审核后，报预算管理委员会审核，审核通过后，提交财政部门审批。

单位的部门决算经财政部门审核批复后，提交预算管理委员会审阅，并进行通报，之后预算业务管理工作机构将决算批复存档备案。决算业务的具体流程如图4-2所示：

在考评环节，先由预算业务管理工作机构制定考核指标并下发通知，可按季度、年度进行考核。各预算执行机构总结其预算执行情况，编写并提交预算执行情况表，由预算业务管理工作机构进行审核，其中属于归口管理的还需先由归口管理部门审核。

预算业务管理工作机构将各预算执行机构提交的预算执行情况表与相应的预算指标进行对照，将预算执行结果进行汇总、分析、整理，提出预算考核评价与考核建议，编制预算考核报告，提出预算执行意见和建议。

预算考核报告经财务部门负责人审核后，上报预算管理委员会审批。审批通过的预算考核报告通报给各预算执行机构，督促其按照考核报告的意见和建议进行整改。

评价业务的具体流程如图4-3所示：

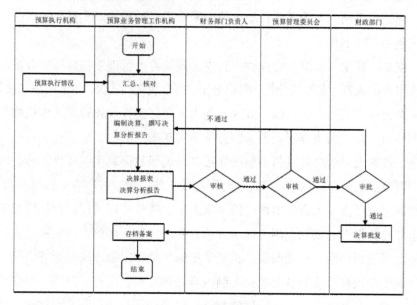

图4-2 决算业务流程

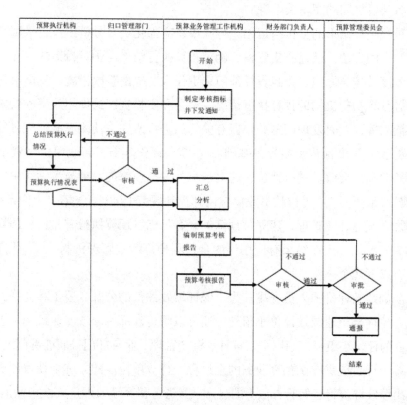

图4-3 评价业务流程

在决算环节中，行政单位高质量地编制决算报表，充分重视决算分析工作，将有助于发现预算执行过程中有待改进的部分，进一步提高预算管理水平。《行政事业单位内部控制规范（试行）》第二十三条明确规定："单位应当加强决算管理，确保决算真实、完整、准确、及时，加强决算分析工作，强化决算分析结果运用，建立健全单位预算与决算相互反映、相互促进的机制。"为此，行政单位应采取适当的措施以实现上述目标。决算环节的控制措施主要有以下几个：

第一，提高决算报表编制的合规性。首先，预算业务管理工作机构应合理设置相关岗位进行决算报表的编制、审核及分析，明确分工，落实责任。其次，在正式编制决算报表前，行政单位应全面核实其资产、负债、收入、支出，做好预算业务管理工作机构与预算执行机构的数据核对工作，为决算报表的编制打下坚实基础。最后，预算业务管理工作机构根据记录完整、准确无误的会计资料编制决算报表，确保数值真实、计算正确、内容完整，并严格按照财政部门规定的内容、格式和时限完成工作。第二，严格决算报告的审核工作。决算报表编制完成后由专人进行审核，除采取人工审核外，还可以结合计算机审核。行政单位主要审核决算报告的编制范围、编制方法和编制内容，审核人员应重点关注以下几个方面：编制范围是否全面，有无漏报、重复编报的现象；编制方法是否符合国家规定的行政单位会计制度和决算报表编制要求；编制内容是否真实、完整、准确，数据与会计账簿的记录是否一致，有无虚报、瞒报等舞弊现象；数据计算是否正确，数据是否符合报表之间、报表内各项目之间的逻辑关系等。

第三，重视决算结果的分析与运用。行政单位应强化决算分析工作，采用定性分析与定量分析相结合的方法，通过收集资料、确定预算执行结果与预算目标的差异、分析预算指标的完成程度及偏离原因、查找责任部门和责任人、提出整改措施、反馈报告等环节，进一步评价各预算执行机构的预算执行情况、资金和实物资产的使用效率和效果、履行职能的效率和效果等，及时发现问题并督促有关部门进行改进，使决算能够充分反映预算执行的结果，并为下年度预算编制提供基础。在绩效评价环节，行政单位对资金使用的合规性、经济效益和社会效益进行评价，这对于充分发挥预算的约束与激励作用、确保预算目标的实现具有重要意义。《行政事业单位内部控制规范（试行）》第二十四条明确规定："单位应当加强预算绩效管理，建立'预算编制有目标、预算执行有监控、预算完成有评价、评价结果有反馈、反馈结果有应用'的全过程预算绩效管理机制。"评价环节的控制措施主要有以下几个：

第一，明确绩效评价的人员安排。为了保证绩效评价的公开、公正和公平，行政单位除了可以在单位内部组建绩效评价小组外，还可以聘请外部专家或专业机构来进行考评工作。单位内部的评价小组可以由财务、审计、资产管理、业务部门等职能部门的代表组成。

第二，绩效评价应贯穿于预算业务的全过程。行政单位应建立健全绩效评价制度，按照《财政支出绩效评价管理暂行办法》的规定、参考《预算绩效评价共性指标体系框架》，确定评价对象、评价指标、评价程序、奖惩措施等。绩效评价并不只限于事后评价，而是应当贯穿于预算编制、执行、决算的全过程，包括预算执行机构申请预算时应申报绩效目标、预算执行过程中的跟踪监控、结合决算结果考核预算执行情况等。

第三，建立评价结果反馈机制。预算业务管理工作机构应将经过财务部门负责人审核、预算管理委员会审批通过的预算考核报告反馈给各预算执行机构，督促其按照考核报告的意见和建议进行整改。反馈内容主要包括：预算年度实际执行情况与计划绩效指标之间的差异；与以前年度绩效指标完成情况的横向对比；未实现绩效目标的原因及改进措施；绩效目标是否合理、是否需要调整等。

第四，落实评价结果的应用。绩效评价结果的应用是开展绩效评价工作的根本目的，行政单位应积极探索评价结果的应用方式，促进评价工作充分发挥作用，将评价结果运用到下一年度的预算工作中。对于评价结果优良的部门，可以结合实际情况，在下一年度预算分配时适当优先考虑该部门；对于评价结果较差的部门，应追究责任主体，督促其进行整改。行政单位应切实做到有奖有罚、奖罚分明，推广绩优部门的先进经验，提高单位整体预算业务工作的水平。

7. 加强预算绩效管理

绩效管理是"目标——效果导向"管理，是以绩效目标的设立、实施、评价反馈为基本环节的管理制度。预算绩效管理结合预算执行情况，既对财政资金使用和管理合规性进行评价，又对财政资金使用的经济效益和社会效益进行评价，将预算安排、执行效率和实施效果挂钩，对发挥预算约束与激励功能、强化预算执行、提高资金使用效率、确保预算目标实现具有重要的作用。

预算绩效监督是全过程预算绩效管理的保障。

第一，管理层应加强单位全体成员对预算的认识，引起全员重视；第二，预算工作是一项专业型较强的工作，需要从单位内部选择专门的具有胜任能力的人员来进行；第三，预算方法的选择、预算的审批要严格控制；第四，做好预算监督，防止预算资金被侵占。选择合理的预算考核标准，严格按照标准按时考核，对于考核不通过的情况立即进行处理，并且分析成因，探寻解决方案，同时及时向上级有关部门反馈，建立全面预算管理制度，见图4-4所示：

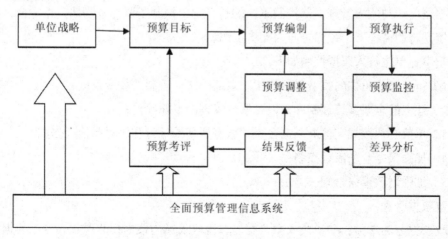

图 4-4　全面预算管理系统图

二、收支业务内部控制

（一）收入业务内部控制

根据财务规则和会计准则认定的收入

收入是为开展业务及其他活动而取得的；

收入是非偿还性资金；

收入是依法取得的；

收入具有支配的自主性。

收入业务的主要风险

一是收入业务相关岗位设置不合理，岗位职责不清，收款、开票与会计核算等不相容岗位为实现相互分离、导致错误或舞弊的风险；二是各项收入未按照收费许可证可规定的项目和标准收取，存在违规收取的风险；三是各项收入未由单位财会部门统一收取，收入分散在各业务部门，缺乏统一的管理与监控，导致收入金额不实、应收未收或者私设"小金库"的情形时有发生；四是违反"收支两条线"管理规定，截留、挪用、私分收缴收入；五是各项收入退付未经适当的授权预审批，可能存在错误或舞弊；六是票据、印章管理松散，存在资金流失的风险；七是收入核算不规范，财务报告不真实或不准确；八是收入缺乏定期的分析与监控，对重大问题缺乏应对措施。

收入业务的控制措施

收入管理控制是对收入整个过程的控制，是内部控制的关键点。首先，收支管理的重点是现金和银行存款，所以财务相关人员要严格做好货币资金的管控，按规管理，及时核对，进行可靠性检查；检查合格后及时登记；其次，科研型事业单位建立严格的票据制度，制定统一的票据格式，完善票据传递流程，明确票据审批程序并进行不定期检查。

支出管理也是内部控制的关键点，与收入管理类似既需要财务相关人员的配合还需要完善票据制度。与收入管理内部控制不同的是，支出控制需要与采购部门相配合，在保障采购内控完善的情况下，做好资金的支出工作。

行政事业单位收入票据控制如下：

（1）行政事业单位的收费必须使用财政部门统一监制的收费票据；

（2）建立健全票据管理制度，设置票据管理的专职岗位；

（3）单位必须按规定建立票据台账，做好票据的保管和序时登记工作；

（4）加强票据业务流程控制；

（5）加强财政票据管理。

财政票据管理：

财政票据分为5类：非税收入类票据（非税收入通用票据；非税收入专用票据；非税

收入一般缴款书）

其他财政票据（公益事业单位捐赠票据、医疗收费票据、社会团体会费票据、其他财政部门管理的票据）

定额票据和非定额票据（存根联、收据联）

财政票据的保存期限一般为 5 年；

财政票据使用单位发生合并、分立、撤销、职权变更或者收费项目被依法取消或者名称变更的，应该自变更之日起 15 日内，向原核发票据的财政部门办理《财政票据领购证》的变更或注销手续。

（二）支出业务内部控制

1. 行政事业单位支出

行政事业单位支出是指行政事业单位为完成国家规定的行政或公共事业任务、进行工作和开展业务活动所发生的资金耗费和损失。

行政单位支出分为基本支出和项目支出。基本支出包括人员支出和公用支出。项目支出主要包括：基本建设支出、有关事业发展专项计划支出、专项业务费支出、大型修缮支出、大型购置支出、大型会议支出等。

二是事业单位支出的分类。事业单位的支出包括事业支出、经营支出、对附属单位补助支出、上缴上级支出和其他支出。

事业支出是指事业单位开展专业业务活动及其辅助活动发生的基本支出和项目支出。

行政事业单位的支出业务的控制流程。

行政事业单位的支出业务主要包括支出事前申请、借款或报销、资金支付、会计核算等环节。

事业单位的内部控制目标有其独到的作用，特别是防止腐败的作用。因此支出业务的内部控制是非常重要的一个业务层面的内容，而特殊业务的控制又是内控的关键点。下面结合某事业单位支出业务内部控制，对其业务内部控制的现状进行分析探讨。某航道事业单位是全额预算的事业单位，其主要业务是航道的治理与维护。作为一种特殊的事业单位，担负着我国重要的航道整治维护工作，虽然其在编人员较少，但年财政预算支出 30 亿~40 亿左右。航道维护支出以及配合航道维护进行的基本建设支出占预算支出的绝大多数，日常经费支出在该单位的支出中所占比重较低。从业务的特点来看，除日常行政业务管理外，主要是航道维护。航道维护支出包括航道维护疏浚、整治建筑物维修、测量检测与实验研究以及船舶及设施的运行。其中航道维护疏浚业务是支出的主要部分，受到业务专业性和规模的影响，从事航道疏浚施工能力的单位不多，进行公开招投标比选的空间极小，支出尚无相应完善的规范标准。另一方面，航道维护支出依据"清淤量有效方"，由于受多种因素的影响，特别是台风骤淤等自然因素的影响，清淤量难以准确预测。基本建设支出包括航道建设、生产基地建设、特种作业船只的建造。支出的重点在航道建设和特种作业船的建造。航道的基本建设支出与一般的基本建设具有较大的差异，在航道建设方面，与航道维护类似，可比选的建设单位不多，支出缺少相应的规范标准。而特种船舶的建造与一般船舶建造差异较大，费用支出标准与一般船舶差异大，一般具有建造能力的公司不多，可以比选的单位较少，支出同样缺少相应的标准。正是由于这些业务的特殊性，掌握这些业务的部门领导拥有较大的自由裁量权。从该单位的治理上看，由于受事业单位编制数量所限，没有单独的审计部门和纪检监督部门。审计岗位设在财务部门，并由会计人员兼职。从领导分管的工作来看，单位负责人在主持单位全面工作的同时，又分管单位的主要业务部门，即负责工程管理和资产设备管理两个部门的工作。而这两个部门是该单位特殊业务航道维护与建设的管理部门，掌握了单位预算支出主要部分。从支出内控管理看，该单位建立了会签制度；明确了支出审批流程，定期进行支出分析；制订了一系列支出管理制度。涉及会议、差旅、培训、出国、公务卡管理、设备购买、合同管理等诸多制度。这些制度重在公用经费管理，对涉及特殊业务的制度规定较为严格，缺少细化条款。由此可见，该事业单位航道维护与基本建设项目具有特殊性，是内部控制的重点与难点。

2. 行政事业单位支出业务的主要风险

支出业务相关岗位设置不合理、不相容岗位未实现相互分离、导致错误或舞弊的风险；

支出事项未经过适当的事前申请、审核和审批或超越授权审批，支出范围及开支标准不符合相关规定，可能导致预算执行不力，甚至发生支出业务违法、违规的风险；

报销时单据审核不严格，存在使用虚假票据套取资金的风险；

资金支付不符合国库集中支付、政府采购、公务卡结算等国家有关政策规定，可能导致的违规风险；

支出预测不科学、不合理，可能因支出超预算导致行政事业单位净资产受损；

支出的核算和相关会计信息不合法、真实、完整，可能导致行政事业单位财务报告失真；

各项支出缺乏定期分析与监控，对重大问题缺乏应对措施。

3. 支出业务控制原则

统筹兼顾，保证重点，合理安排各项支出比例；

分清各种支出界限，按照资金渠道办理支出；

按支出预算、规定用途以及规定的费用开支范围和标准办理；

划清公司界限，应由私人自理的费用，不能用公款支出；

按照勤俭节约、讲求效益的原则办理。

4. 支出业务的控制措施

建立健全支出内部管理制度；

支出内部管理制度应当主要明确以下六方面的内容：明确各类支出业务事项的归口管理部门；严格执行支出业务事项的开支范围、开支标准以及业务事项所涉及的表单和票据；明确支出事项的管控细则。理顺支出事前申请、审核审批、支出借款和报销业务流程；明确与支出相关的内部审核审批权限、程序和责任；明确与支出业务相关的对账和检查责任。

行政事业单位支出业务的不相容岗位至少包括：支出标准/定额、预算的编制与审批；支出的执行与审批；支出的执行与相关会计记录。

加强支出事前申请控制；

加强支出审批控制；

加强支出审核控制；

加强支付控制；（借款管理、报销管理、资金支付）

加强对支出核算和归档控制；

加强对支出业务的分析控制；

严格执行国库集中支付制度；

5. 债务的业务流程

（1）提出融资诉求；（2）进行论证，制定融资计划；（3）进行融资，签订合同；（4）融资所得资金的使用；（5）支付利息和偿还本金。

6. 债务的主要风险

一是未经充分论证或未经集体决策，擅自对外举借大额债务，可能导致不能按期还本付息、单位利益受损的风险；

二是债务管理和监控不严，债务的具体情况不清，没有做好还本付息的相关安排，可能导致单位利益受损或财务风险；

三是债务没有按照国家统一的会计制度的规定纳入单位的会计核算，形成账外债务，可能导致单位利益受损或者财务风险。

（1）负债方案提出及审批阶段风险点分析

①提出负债项目及负债方案环节的风险点分析

行政事业单位的负债项目及负债方案由具体业务部门提出。行政事业单位的负债不能用于日常开支，主要适用于大型定资产和基建项目，所以首先要严格限制负债项目的性质和负债项目的合规性。在提出负债项目的同时应提出负债方案，负债方案的内容包括负债金额、负债方式、负债来源机构以及负债偿还方式等。为了防范负债方案中可能的疏漏和其他失误，应同时提供两套以上的负债方案。因为行政事业单位的资金来源渠道主要为政府财政资金，用其他资金来源渠道偿还直接负债受到限制，所以在负债方案中要进一步分析在偿还负债过程中可能出现的意外风险及处理方式。

②负债方案论证环节的风险点分析

负债方案的论证既要结合行政事业单位的特点，也要采用科学的论证分析方法，合理评价负债方案的合理性。为了防范方案论证环节的风险，行政事业单位负债方案应由具体业务部门以外的第三方进行方案论证，同时也要由单位财务部门组织论证，以便将两个论证方案互相对比验证。

③负债方案审批环节的风险点分析

负债方案审批环节的风险包括对负债合理性的判断风险、审批流程不合理带来的风险以及集体决策的责任性风险。行政事业单位的大部分财务资源属于财政预算收入，单位支出主要根据预算安排，日常财务管理以合规性为主，主要分析的并不是财务风险，对负债方案即使是采用集体决策制度，也不可避免要分析的并不是财务风险，对负债方案即使是采用集体决策制度，也不可避免会产生很多人负责但责任却不明确的问题。会产生很多人负责但责任却不明确的问题。

要分析的并不是财务风险，对负债方案即使是采用集体决策制度，也不可避免会产生很多人负责但责任却不明确的问题。

（2）负债计划执行阶段的风险点分析

①编制负债计划环节的风险点分析

行政事业单位的负债计划编制属于整体预算管理的一部分。在负债计划编制环节可能存在的风险主要是计划编制主体不明确、计划编制不规范、负债方式与单位实际情况相脱离以及负债偿还方式几乎不可行等方面。

②借入债务环节的风险点分析

行政事业单位借入债务环节的主要风险包括负债合同签订风险、负债借入程序不规范、负债借入时间、金额等与负债计划和资金使用计划不相符等风险。

③支付利息及偿还债务环节的风险点分析

行政事业单位支付利息及偿还债务环节的主要风险包括预提的利息的时间、金额等与借款合同的约定不相称；债务偿还的风险点包括偿还债务的资金积累不足、由于资金来源的季节性特点无法及时偿还借款、偿还借款程序不规范以及偿还借款过程中涉及的法律风险等。

（3）负债活动评价阶段的风险点分析

①负债活动监督及评价环节的风险点分析

负债活动监督风险包括日常监督主体不明确、监督制度执行不力、监督程序不规范、监督结果处理制度缺失等。

②责任确认和追究环节的风险点分析

企业负债责任确认和追究环节的风险点包括责任范围不清晰、夸大或低估负债责任、责任追究方式与责任性质不相称等风险。

7. 债务业务的控制措施

（1）负债方案提出及审批阶段的关键控制措施

①提出负债方案环节的控制措施

a. 进行负债方案的战略性评估，判断其是否与行政事业单位的宗旨和发展目标相一致；

b. 进行负债方案的经济性评估，判断筹资成本是否与行政事业单位的经济负担能力相适应；

c.进行负债方案的风险评估，判断负债项目面临哪些风险，风险大小是否与行政事业单位的负担能力相适应。

②负债方案审批环节的控制措施

a.根据分级授权审批制度，按照规定程序严格审批经过论证的负债方案；

b.大额负债或超警戒线负债需要向本单位的上级主管部门报批；

c.严格执行审批制度，应采用集体审议或联签制度，以避免审批决策中的疏漏。

（2）负债方案执行阶段的关键控制措施

①编制负债计划环节的控制措施

a.行政事业单位应根据宏观经济和金融市场形势，分析不同负债方式的资金成本，恰当选择负债方式和负债期限；

b.根据授权审批制度报有关部门批准；

c.重大负债计划需要报上级主管单位审批备案。

②实施负债计划环节的控制措施

a.根据负债计划及时进行筹资；

b.明确负债计划执行中的各岗位分工、岗位职责及授权审批权限；

c.按照负债协议或合同，正确计提、支付利息或股利；

d.做好负债会计记录，发挥会计控制作用；

e.根据预先确定的还款时间，有计划地安排还债资金来源。

（3）负债活动评价与责任追究阶段的关键控制措施

①负债活动评价控制措施

a.监督各部门严格按照确定的项目计划使用资金；

b.监督检查，保证利息计提和支付的准确性；

c.加强债务偿还环节的监督管理。

②负债活动责任追究环节的控制措施

a.评价负债活动，及时总结问题；

b.确定整改措施，追究违规人员责任。

三、政府采购业务控制

（一）采购业务及其控制目标

1. 采购概念界定

行政事业单位采购控制是指在行政事业单位使用资金进行货物、服务和工程的采购事项过程中的相关控制。行政事业单位采购管理主要包括政府采购管理和单位内部采购管理。

采购管理与其他业务流程的衔接主要包括采购前的预算指标及采购指标，采购后的采购合同及资金支出。下面将对衔接过程中的风险进行分析，并提出相应的管控措施。采购前的预算指标主要关注采购事项是否已经在预算指标内，采购预算指标是否能满足采购支出金额。没有预算指标的采购申请单位应明确将不予批准。采购后的程序主要包括招标完成后合同签订和资金支付等环节，主要是通过合同管理、资金支付管理与采购管理进行衔接和校验，需要重点关注合同内容与投标文件、中标信息等法定内容是否保持一致，实际支付金额与采购合同金额是否一致等。需要单位设置专岗对合同内容与投标文件、中标信息等法定内容的一致性进行核对，并与采购支付金额进行核对。

政府采购：是指各级国家机关、事业单位和团体组织，使用财政性资金采购依法制定的集中采购目录以内的或者采购限额标准以上的货物、工程和服务行为。本法所称的采购是指以合同方式有偿取得货物、工程和服务的行为。包括购买、租赁、委托、雇佣等。

政府采购业务的管理模式——集中采购管理和自行采购管理

政府采购方式：公开招标采购；邀请招标采购；竞争性谈判采购；询价采购；单一来源采购；其他采购方式。

政府采购程序

采用公开招标程序

签订委托协议—编制招标文件—招标文件备案—发布招标公告—发售招标文件—招标答疑及修改—投标—组建评标委员会—开标—评标—定标—发布中标公告—发出中标通知书—招标资料备案。

邀请招标程序

竞争性谈判采购程序

成立谈判小组—制定谈判文件—邀请参加谈判的供应商名单—谈判—确定成交供应商

采取单一来源方式采购的程序

采取询价方式采购的程序

成立询价小组—确定被询价的供应商名单—询价—确定成交的供应商—验收—采购文件的保存（采购文件的保存期限为从采购结束之日起至少保存十五年）

采购的控制目标

加强政府采购业务预算与计划管理；

完善政府采购业务流程，加强政府采购业务的监督机制。

政府采购业务的主要控制措施

建立健全政府采购业务内部管理制度；

合理设置政府采购业务管理机构和岗位。（政府采购业务的决策机构、政府采购业务的实施机构、政府采购的监督机构。）

合理设置政府采购业务岗位的原则：牵制原则和效率原则

加强对政府采购活动的管理

政府采购的申请与复核—政府采购归口管理部门的审核—选择政府采购方式—政府采购信息的发布

（二）采购业务分类与特点

采购按照采购形式和组织方式的不同可以分为两类：政府采购管理是指各级国家机关、事业单位和团体组织，使用财政性资金采购依法制定的集中采购目录以内的或者采购限额标准以上的货物、工程和服务的行为。政府采购不仅是指具体的采购过程，而且是采购政策、采购程序、采购过程及采购管理的总称，是一种对公共采购管理的制度，是一种政府行为。政府采购尽管作为对外采购，特别是服务类和工程类采购的有效控制手段，但是在行政事业单位内部还存在很多单笔采购金额没有满足政府采购金额且不在政府采购目录中的采购行为。这些小额采购尽管金额较小，但累计金额较高，因此，有必要性设计单位的内部采购机制。这就形成了行政事业单位采购管理中政府采购与内部采购两种采购控制形式。内部采购管理是指在政府集中采购目录之外的，同时又在政府采购限额范围内，各单位为自身业务发展而使用财政性资金购买货物、工程和服务的行为，是单位内部管理制度，也是单位的自身行为。内部采购应确定目录外采购的招标机构随机抽取的方式，发现违规或者服务不佳的招标机构及时进行替换。内部采购按照组织形式可分为预选供应商和评标两种方式，预选供应商适用于不同供应商提供的服务无差异或差异不大的情况，如印刷、修缮等；评标适用于供应商提供的服务有明显差别的情况，一般对服务要求的技术含量较高，供应商服务质量不一致，需要采用评标的方式确定最佳供应商，如办公家具购买、物业管理等。

此外，内部采购还应采用适当的方式来适应较为特殊的现实情况，如针对延续性事项的处理，需要采取资质入围方式确定供应商等。

（三）采购控制业务流程

采购控制业务流程比较繁杂，风险点比较多，且需要一定的专业技术，需要单位重点关注以下风险点：第一，采购主体确定时要审查采购事项是否应该履行政府采购程序，是否有专门的内部机构对采购支出事项进行审验，能否保证采购事项合法合规。第二，采购方式确定要关注采购代理机构的选择与代理机构是否帮助采购需求部门确定对其舞弊有利的采购方式，是否有舞弊行为产生。第三，代理机构确定要关注其是否有影响招标结果的倾向，是否有舞弊行为产生。第四，采购需求文件提出需要关注采购需求是否公允，是否得到上级领导批准，是否经过专业评估机构的评估，是否保证需求文件合法合规。第五，价格预算确定要关注价格是否由专业的评估机构（或对外聘请第三方）进行估算，是否建立了第三方机构询价机制，是否根据现有的行业标准对采购需求价格进行套算，能否保证价格确定过程合法合规。第六，专家选取要关注专家抽取是否随机，评审专家库的人员构成是否科学有效，是否有舞弊行为发生。第七，招标要素设置要关注入围资质设置中是否违反相关法律法规对地域性和行业性等特殊事项设置歧视性和倾向性条款，是否有采购专业机构负责评判入围资质设置的必要性，是否存在与满足采购需求关联不大的评分标准，分值权重是否与相关法律法规、价格占比的标准和与采购需求因素的重要性保持一致，过程中是否有舞弊行为发生。

采购相关的单位主要包括各业务部门、归口部门、采购小组、财务部门等。同时，预算管理涉及政府相关部门，包括财政部门、采购中心等。各单位或部门在政府采购管理中的工作职责如下：业务部门负责本单位采购预算编制的基础申报；负责依据预算批复及实际工作需要，进行采购登记；负责采购中心下达的采购文件进行确认，对有异议的采购文件进行调整、修订；负责对预中标结果进行确定；负责领取中标通知书；负责依据中标通知书同中标供应商签订合同；负责对采购合同、项目竣工决算文件、审计报告等文件进行备案；负责提出采购资金申请的提出。归口部门负责归口审核各单位上报采购需求。财务部门负责编制采购预算、计划，报财政部门批准后，下达各单位执行；内设政府采购管理员和操作员各一名，负责分别保管采购密钥；负责审核各采购单位申报政府采购的相关资料；负责管理、指导和监督各采购单位采购工作；负责收集、整理采购档案资料以及管理采购合同备案；负责及时转发财政部门、采购中心的有关管理规定及采购相关信息；负责汇总分析采购统计报表。采购小组相对独立，负责对采购业务进行审核和批准。政府相关部门，如财政部门、采购中心等，依据政府部门职能及国家相关规定，履行政府采购管理过程中的相关审批或服务职能。

（四）采购控制关键控制措施

政府采购的责任主体是采购需求部门（单位），因为在整个采购过程中，采购需求部门有条件也有能力影响采购需求提出、采购需求评审、采购定价、采购方式确定、招标代理机构和供应商选择等采购流程外的关键风险点控制，因此，采购需求部门有义务对采购流程外（系统外）业务控制机制进行设计。

1. 政府采购控制措施

（1）采购预算的编报及批复

按照"先预算，后计划，再采购"的工作流程，各单位应先规范填报集中采购预算，编报并录入采购计划后，方可实施采购。年初集中采购预算在年初与部门预算同步编制，主要体现预算支出规模和方向，可以粗编。集中采购预算要应编尽编，应将属于集中采购范围的支出项目编制集中采购预算。.

采购小组应对各单位提交的集中采购预算进行审核，对属于集中采购范围的支出项目而未编制集中采购预算，应责其重新编制。

（2）采购主体确定

为了应对采购主体确定特别是政府采购范围确定过程中的风险，需要采取以下应对措施：第一，采购需求严格按照政府采购目录和金额的规定，将符合政府采购标准的采购行为纳入政府采购管理中。采购需求单位设立专人专岗对政府采购履行情况进行审验，并在信息化流程中将其设为审核的必选项目，对采购支出项目进行单次单笔审核；第二，采购需求单位设立专人专岗对采购支出的历史数据进行汇总，在市核流程中设置为必经环节，在政府规定的最短采购周期内，审查品目、名称相同的采购事项的出现次数；第三，采购需求单位设立专人专岗对政府采购信息进行审验，及时全面地获取并将政府采购信息（包括摘要、目录、金额、支出科目）与采购需求部门、供应商相对接；第四，上级单位要监督下级单位的违规外包行为，下级单位获取财政性资金后，如果要服务外包则必须履行政府采购手续。

（3）采购方式

采购单位应以批复的预算指标为依据，填写《政府采购项目采购登记表》，登记采购项目名称和采购金额，确定资金来源（部门预算、专项资金、其他资金）、需求登记日期、采购项目分类（货物类采购、服务类采购、工程类采购）等，将采购方式确认为公开招标或协议采购等方式，同时上报需求文件。

①采购方式选择

第一，单位设置专门机构或岗位审核采购需求部门是否执行了财政部门指定的采购代理机构选择的采购方式；第二，单位设置专门机构或岗位对采购方式进行审核，并应将确定采购方式的上报财政部门审批，接受财政部门的监督。

②采购方式审批程序

采购单位领导班子对登记的采购需求进行复核后，才能提交归口部门审核。审核时重点关注：是否有预算指标；是否按要求履行了市场价格调查；采购方式是否合理；资金来源（部门预算、专项资金、其他资金）是否准确。采购单位领导班子对登记的采购需求进行复核后，才能提交归口部门审核。审核时重点关注：是否有预算指标；采购方式是否合理；资金来源（部门预算、专项资金、其他资金）是否准确；采购单位接到采购预算指标通知后，应在30个工作日完成工作。

采购单位登记的采购需求，先由归口处室审核完毕后，再提交采购小组；归口管理部门审核权限的划分如下：秘书处负责对办公设备等货物类采购进行归口审核；规划设计处负责对课题类采购进行归口审核；建设管理处负责对大中修、养扩等工程类采购进行归口审核；智能交通处负责对信息化类采购进行归口审核。

公开采购方式下，采购小组在收到采购单位提交的采购登记后，对采购登记进行审核，无误后以采购登记为依据，编报采购计划，提交财政部门采购中心，按规定程序对采购计划进行审核。采购小组审核项目需求文件，无误后据以编制政府采购计划，报送财政部门，财政部门依法审核并下达政府采购计划。

采购小组就如下事项进行审批：采购项目和资金是否在采购预算范围内；是否按要求履行了市场价格调查；采购方式选取是否符合规范；其他相关需审查的合规性内容。采购小组应在收到采购单位提交采购登记1个工作日内完成采购计划申报工作。

（4）代理机构确定

代理机构确定需要主要以下几个方面：第一，采购需求部门必须设置专岗，并按照流程审查单位是否按照政府采购的规定聘请财政部门指定的代理机构进行委托招标；第二，采购需求部门需要认真解读政府采购的相关规定，制定代理机构的评价和考评标准，建立代理机构的进入退出机制，招标代理机构的选取和轮换要上报部门批准，主动接受监督；第三，财政部门指定的招标代理机构需要在保持独立性的前提下进行体制改革，提高业务水平和代理服务质量。单位应把采购需求描述清楚，对不符合采购需求的中标方提出疑问，甚至申请废标。

（5）采购需求提出

要建立采购需求单位内部的分权和岗位分离机制，从采购需求文件的提出、审批、评审都要设置不同岗位进行管理。第一，采购需求部门提出需求文件明确描述采购需求内容；第二，采购需求文件评审应由专人专岗进行评审，并设置为必经流程，设置科学合理的逐层逐级审批机制，每个层级的评审人员构成应科学合理，重大采购需求在单位领导办公会议上讨论通过；第三，在必要情况下需要聘请专业的评估机构对需求文件进行专业评审；第四，设置具备丰富经验的专业采购小组对采购需求进行校验。

（6）招标管理采购计划

经采购小组审核通过后，采购小组将采购计划下达至采购中心，采购中心以采购计划为依据形成采购项目，编制并下达招标文件。采购小组在收到采购中心下达的招标文件后，应将招标文件下达采购单位，由采购单位对招标文件进行确认，然后提交采购小组。

①招标文件下达

采购中心的招标文件公布后，应将招标传递给采购单位，供其进行招标文件的确认。采购小组应在收到政府采购中心下达的招标文件1个工作日内完成招标文件的下达工作。

②招标文件确认

单位采购岗收到采购小组下达的招标文件后，单位对招标文件进行初步确认，并报单位领导班子进行复核、确认，无误后提交采购小组。如对采购中心招标文件存有异议，采购单位可对招标文件进行调整或修改，并将修改后的招标文件提交采购小组，由采购小组办理与采购中心的协调工作。采购单位一旦对招标文件确认完毕后，相应采购需求原则上不可更改。采购单位在接到市采购中心招标文件后，应在3个工作日内，完成招标文件确认工作。采购小组收到经采购单位确认的招标文件后，对招标文件进行备案，并将其提交市采购中心，正式启动招标程序；当采购中心明确开标日期、开标地点、招标代理公司负责人、联系方式等信息后，采购小组应将相关信息通知采购单位，方便招投标准备工作。采购小组应在采购单位完成招标文件确认3个工作日内完成招标程序的启动工作。

（7）投标管理

价格预算确定。第一，采购需求部门应设置专人专岗对专业性较强的采购需求价格聘请第三方评估机构进行价格预算估算；第二，采购需求部门应设置专人专岗对其他专业性不强的采购需求价格向第三方机构进行询价；第三，采购需求部门应设置专人专岗收集现有的行业标准，并对采购需求价格进行套算。专家选取。第一，建立需求评审专家数据库，并辅以专家库的随机抽取机制；第二，设置专人专岗对评审专家库中的专家进行人员构成分析，保持人员配置的合理性，建立专家库的退出机制对不合格专家及时更换；第三，在专家评标过程中，应实行评标实时通知，评标专家名单保密和评标现场隔离等机制。

招标要素设置。第一，应设立专人专岗或聘请专业评估机构对招标要素设置的合理性和公允性进行审核，消除歧视性条款和主观倾向性；第二，针对不同类型的采购事项，有相对统一和规范的评 分标准和分值权重，如果有特殊情况需要对评分标准和分值权重进行调整，需要单独申请，并进行相应的审批程序。

（8）合同备案

采购单位依据中标通知书，同中标供应商签订采购合同，对采购合同进行备案。具体要求为：采购单位依据中标通知书，严格按照采购中标结果以及合同管理的相关要求同中标供应商办理合同签订手续；采购单位应将签订的采购合同，提交采购小组备案，只有合同备案后才能启动后续采购资金支付工作；采购单位应做好采购合同等采购文件的分类、建档保管工作，防止资料遗失、泄露。采购文件的保存期限为自采购结束之日起至少15年。采购文件包括采购预算、政府采购登记表、招标文件、投标文件、质疑答复、中标通知书、合同、项目成果、验收证明及其他有关文件资料。.

协议采购方式下，采购单位依据收到的协议采购供应商通知，同中标供应商签订采购合同，并对采购合同进行备案。具体要求为：采购单位依据协议采购供应商通知，严格按照合同管理的相关要求同供应商办理合同签订手续；采购单位应当自成交通知书发出之日起三十日内签订政府采购合同；采购单位应将签订的采购合同，提交采购小组备案，只有合同备案后才能够启动后续采购资金支付工作。

（9）组织验收

在收到采购的货物或服务或工程项目竣工后，采购单位应组织对货物、服务进行验收或对工程项目进行竣工决算。相关验收或竣工决算工作，应严格依据资产管理、项目管理的相关规定进行。协议采购方式下采购单值应自供应商履行合同义务之日起十个工作日内组织验收。验收或竣工决算完毕后，应及时向采购小组备案验收报告、审计报告（如有），才能进行尾款支付工作。

（10）采购支付

货物或服务验收完毕或工程项目竣工决算完毕后，采购单位可向采购小组申请采购资金的支付。支付申请时，采购单位依据采购合同、验收报告、竣工决算报告等文件，按照资金支付的相关规定，填写相关表格，办理采购资金支付申请。采购单位办理资金支付申请时，应提供以下文件：《政府采购资金拨付申请表》、发票、中标通知书复印件、合同和验收报告。

2. 内部采购控制措施

行政事业单位存在很多单笔采购金额没有满足政府采购金额，且不在政府采购目录中的采购行为。这些小额采购尽管金额较小，但累计金额较高，有必要设计内部采购机制加强管理。除了采购方式的区别以外，内部采购的其他风险点和管控措施与政府采购差异不大。单位应在采购需求、采购组织形式。

四、资产管理内部控制

《行政事业单位内部控制规范》规定，单位应当对资产实行分类管理，建立健全资产内部管理制度。单位应当合理设置岗位，明确相关岗位的职责权限，确保资产安全和有效使用。

科研事业单位资产是指单位会计主体过去的经济业务或者事项形成的，并由其会计主体控制的，预期能够产生服务潜力或者带来经济利益流入的经济资源。

本部分所指的资产主要是指货币资金、存货、固定资产、无形资产和对外投资。

为实现科研事业单位资产管理目标，科研事业单位应当加强对各类资产的管理，全面梳理并发现全流程资产管理主要风险控制点，密切关注资产减值迹象，合理确认资产减值损失，不断提高科研事业单位资产管理水平。

1. 资产管理内部控制的主要目标

科研事业单位资产内部控制管理的主要目标：一是严格按照《政府会计制度》的资产核算要求，不断规范科研事业单位资产的会计核算，提高资产会计信息的真实性和准确性，不断规范资产财务管理流程，保障科研事业单位的资产实物与财务信息相一致，确保单位资产账实相符。二是严格按照科研事业单位内部控制相关制度要求，合法合规管理资产，不断加大资产监管力度，依法保障和维护科研事业单位的资产安全完整，防止资产流失。三是实现科研事业单位资产的合理配置，加强资产日常管理，规范资产管理流程，提升资产使用质量，提高资产使用效益，保证科研效果。

2. 资产管理内部控制的主要风险

科研事业单位不同类型的资产根据其资产形态、特点属性的不同其风险点也各有差异：货币资金的最主要风险是安全风险，实物资产则存在账实不符的风险，无形资产存在权属不清的风险，对外投资存在论证不充分、缺乏追踪管理导致投资失败的风险。根据科研事业单位资产的基本业务流程，资产管理内部控制的主要风险又可以分为资产配置预算环节的风险、采购环节的风险、验收入库环节的风险、使用与维护环节的风险、资产清查和处置环节的风险。

（1）资产配置预算环节的风险

资产配置预算控制流程是科研事业单位资产需求部门根据实际情况编制资产需求报

告，通过招投标管理、采购配置、财务预算等环节，并经过单位管理者进行复核，最终由资产需求部门与资产管理部门、财务部门共同编制资产配置预算方案。其主要存在的风险点包括：

资产配置预算编制不全面，资产管理部门与资产需求部门协调机制不健全，存在资产配置重复预算或者遗漏预算的情况。

资产配置预算编制重增量资产、轻存量资产，造成资产使用效率不高，存在资产浪费或闲置的情况。

资产配置预算编制不符合科研事业单位战略发展需求，预算编制流程不规范，预算编制不够严肃，随意性较大。

资产配置预算可行性分析不到位，项目立项依据不科学不充分，项目投资风险估计不足，造成投资损失的风险。

（2）资产采购环节的风险

资产采购环节的风险在科研事业单位中普遍存在，不同类型的资产存在不同的标准和验收程序，同一类型的资产也会因技术规格等差异具有不同的要求。其主要存在的风险点包括：

资产授权审批制度不健全、岗位分工设置不合理产生舞弊风险，如资产采购未经适当审批，违规签订合同，随意调整资产的技术参数或型号规格，可能导致单位资源的浪费。

资产采购申请与实际需求不符，资产采购决策与执行存在偏差，实际采购的资产不符合单位科研实际要求，造成资产浪费。

资产供应商选择的风险。科研事业单位要加强对资产供应商管理，重点对其征信状况、持续经营能力进行有效甄别。

支付货款的风险。要严格按照合同约定条款支付货款，尤其要关注预付款和尾款支付要求，避免出现违约行为，对单位造成损失。

资产采购随意性较大，科研事业单位在资产采购过程中，故意拆分资产采购规模，规避政府采购要求，可能给科研事业单位带来审计或监管风险。

（3）资产验收入库环节的风险

验收入库环节是资产管理的起点。科研事业单位对资产采购具有严格的验收标准和程序，尤其对一些金额较大的仪器仪表、大型试验器材等专用设备一般都有专人负责验收，并交由主管部门审核。其主要存在的风险点包括：

采购取得的资产未经验收，或验收程序不规范，依法取得的报销凭证不规范不完整，可能导致科研事业单位账实不符及财务数据不准确。

实物资产在验收过程中，可能存在验收人员选择不当，验收程序马马虎虎，导致不合格资产被验收入库的风险，可能给科研事业单位带来不可估量的损失。

资产验收入库记录不及时、不准确或不完整，造成账实不符和国有资产流失的风险。

科研事业单位资产验收入库时，未仔细核对价格与招投标资产价格是否一致，可能存在单位内部工作人员徇私舞弊，造成资产财务信息失真，导致账实不一致的情况。

（4）资产使用与维护环节的风险

资产的使用和维护是资产管理的主要内容。其主要存在的风险点包括：

因资产保管不善、操作不当等引起资产被盗、毁损、事故等风险，给单位带来损失。

资产更新改造不及时，或科研专用设备运维成本过高，技术人员实操难度过大，导致资产出现闲置的风险，给科研事业单位产生资源浪费。

部分科研事业单位资产管理职责不清晰明确，没有明确实物资产的归口管理部门，资产出租出借流程不规范，可能导致单位资产损失。

部分科研事业单位资产管理不严，实物资产的领用、出库缺乏严格审批登记制度，没有建立资产台账和定期盘点制度，可能导致资产流失和账实不符的风险。

固定资产出库未经适当审批，导致固定资产保管责任无法落实以及财务数据不准确。

实物资产出租出借或对外投资未经适当审批，导致资产损失或产生舞弊风险。

科研事业单位对资产管理要求较高，使用规范更是苛刻。随着单位资产规模的不断扩大，资产日常维护成本大幅度，部分专用设备没有配备专业的维修保养人员，导致资产使用质量和使用年限下降。

（5）资产清查和处置环节的风险

资产清查和处置环节是科研事业单位加强资产管理内部控制的基本要求。其主要存在的风险点包括：

科研事业单位资产清查和处置制度不规范，有些单位没有明确资产清查和处置流程，对资产的出售、无偿调出等未按规定程序审批，可能造成资产流失风险，使单位蒙受损失。

科研事业单位资产未进行及时盘点，或盘点程序不规范，资产盘点流于形式，实物资产盘点记录不准确，资产台账存在错漏的情况，导致账实不符的现象，造成财务数据信息不准确。

科研事业单位资产处置没有按规定程序进行审批，监督机制不健全，处置环节可能存在舞弊情形，存在随意处置报废资产的情况，造成单位财产损失。

3. 资产管理内部控制的应对措施

科研事业单位资产管理内部控制主要风险的应对措施主要包含以下几个方面：

（1）不断建立和完善各项内部控制制度

建立和完善资产管理内部控制制度是加强科研事业单位资产管理的制度保障，也是提高资产管理质量的前提。在资产管理内部控制制度设计中，要梳理细化关键控制点，重视资产管理内部控制，提高资产使用效益，促进资产处于良好状态安全运行。

建立资产管理内部控制制度主要明确的内容主要包括：

按照"谁使用、谁保管、谁负责"的原则明确资产的使用和保管责任；

明确资产的配置、使用、处置的工作流程；

明确对外投资的管理要求；

明确对资产动态管理的要求；

明确与资产管理相关的检查责任等。

（2）成立专门的资产内部控制领导与工作小组

根据科研事业单位行政和实际情况，成立资产管理内部控制领导与工作小组，由单位主要负责人任领导小组组长，工作小组成员由资产管理部门、财务部门、审计部门、纪检部门等部门工作人员担任，领导与工作小组主要负责资产内部控制制度的制定、修改、实施与监督，审议科研事业单位有关资产控制事项，对单位资产控制负有领导权和监督权。

（3）建立重大资产事项集体决策机制，健全授权审批机制

依照资产内部控制制度，对重大资产事项要执行集体研究与专家论证相结合的议事机制，形成资产决议草案，提请资产内部控制领导与工作小组审议，对特别重大资产事项，应当提请单位党委常委会审议通过。重大资产事项的认定标准根据有关规定和本单位实际情况确定，一经确定，不得随意变更。

例如，某科技研究所资产管理部门在确立采购某贵重仪器意向前，应召集部门人员和专业人士进行讨论研究，决定是否将该采购计划纳入资产年度预算。对已确立的单位资产购置计划事项，资产管理部门应当与其他相关部门协商确认资产采购数量与规格，形成该贵重仪器采购预算草案，提请资产内部控制领导与工作小组审议，并将部门预算草案纳入单位年度资产采购预算，执行年度采购事宜。

（4）建立不相容岗位职责制度，实行资产归口管理，明确岗位责任

科研事业单位资产管理是单位核心岗位，要建立岗位分工、归口管理和授权审批机制。资产申请、审核和审批要相对独立，对资产管理相关岗位职责要明确划分，确保科研事业单位固定资产业务人员不相容岗位之间的相互分离和监督制约，同一部门或人员不得具有办理资产全过程的职责。科研事业单位资产管理应当执行严格的授权审批制度。科研事业单位资产规模相对较大，经办人员应当在授权范围内执行相关资产业务，不得超越审批权限。科研事业单位要建立健全资产归口管理机制，给予资产归口管理部门更多自主权，有利于调配闲置资产，实现资产充分共享，提高资产使用效率，有利于实现资产的内部合理分配。同时要加强对资产管理人员的业务培训和职业道德教育，不断提升资产管理人员综合素养。

与资产管理相关的不相容岗位的主要内容主要包括：

货币资金支付的审批和执行；

货币资金的保管和收支账目的会计核算；

货币资金的保管和盘点清查；

货币资金的会计记录和审计监督；

无形资产的研发和管理；

资产的配置和资产的使用；

资产的使用和资产的处置；

资产配置、使用和处置的决策、执行和监督。

（5）加强资产管理内部控制信息化建设

依照现代信息技术条件，不断推进科研事业单位资产管理内部控制信息化建设，全面梳理资产管理内部控制流程，明确风险控制点，并进行系统固化，按照风险等级确定控制点样本监控频次和数量，确保科研事业单位资产管理信息化、系统化。

4. 资产管理内部控制关键控制点

（1）货币资金、银行账户及印鉴管理

货币资金管理

科研事业单位应当建立健全货币资金内部控制制度，严格执行国家制定的货币资金管理制度。单位负责人对本单位货币资金内部控制的建立健全和有效实施以及货币资金的安全完整负责。

科研事业单位应当建立健全货币资金管理岗位责任制，合理设置岗位，不得由一人办理货币资金业务的全过程，确保不相容岗位相互分离。其中，出纳不得兼管稽核、会计档案保管和收入、支出、债权、债务账目的登记工作。严禁一人保管收付款项所需的全部印章。财务专用章应当由专人保管，个人名章应当由本人或其授权人员保管。负责保管印章的人员要配置单独的保管设备，并做到人走柜锁。按照规定应当由有关负责人签字或盖章的，应当严格履行签字或盖章手续。

科研事业单位资金管理应当实行集中管理体制，加强对货币资金的核查控制。单位财务部门按照国家有关政策法规，结合单位实际，制定本单位货币资金管理办法。

在科研事业单位日常的资金管理工作中，应当严格执行现金流量预算，分析资金流特点，控制、运用好资金，降低资金成本，确保资金安全，提高资金运用效益。

银行账户管理

科研事业单位应当加强对银行账户的管理，严格按照规定的审批权限和程序开立、变更和撤销银行账户。

科研事业单位应当在特定的银行范围内开立银行账户。需要开立新账户时，科研事业单位财务部门向银行提出书面申请，填写银行开户申请等相关文件资料。开户申请经单位管理层或其授权人员审批后由财务部门办理开户手续。

银行账户开立后，只有经过授权的财务部门系统维护人员可根据单位管理层的批复文件和账户的详细信息在单位财务系统中建立银行账户的明细科目，并在关联系统中建立银行账户明细科目的映射。

除工会经费账户、公积金专用账户等根据国家规定开立的特殊账户以外，科研事业单位严禁财务部门以外的其他部门开设账户，并通过印鉴管理进行控制。对单位账户的使用情况应当纳入内部审计的范围。

科研事业单位财务部门相关人员应当定期检查单位账户的开立使用情况。根据银行基本户显示的所有账户信息核对现有使用的银行账户，同时留有检查核对记录，以确保银行开户账户信息与实际使用的银行账户信息一致，如发现不一致，则应查找差异的原因，向银行询证并处理。

科研事业单位可根据单位实际情况开立定期存款账户，单位定期存款只能存放于特定的银行，存单视同现金管理。科研事业单位财务部门负责资金管理的人员提出定期存款书面建议，根据授权审批制度，由单位负责人或财务部门负责人进行审批。单位财务部门出纳根据管理层审批的定期存款书面建议办理定期存款，会计人员根据定期存款回单等编制记账凭证，记录定期存款增加。

科研事业单位独立于存单保管人的财务部门相关人员对定期存款建立备查簿，并逐笔登记定期存单。登记内容包括金额、期限、到期日等。财务部门负责人或其授权人员按季度审阅备查簿，并签字确认。财务部门出纳定期（一般按季度）从银行取得定期存款对账单。每月末，独立于存单保管人的财务人员将定期存款存单、备查簿、定期存款对账单及明细账进行核对，并在备查簿上签字确认。

按照《政府会计制度》的规定，科研事业单位财务部门会计人员应当根据权责发生制的原则，依据定期存款本金、利率及存款期限计算利息收入，经独立于编制人员的会计人员复核后进行相应的账务处理。

科研事业单位存单保管人（一般为出纳）对定期存款到期情况进行监控，定期存款到期前，由财务部门专门人员提出定期存款到期处理方案，报财务部门负责人审批。定期存单到期时，于到期日由财务部门指定人员陪同存单保管人到银行柜台办理续存或转入活期手续。定期存款到期并转入活期后，出纳将定期存款的到期回单提交财务部门会计人员，会计人员对到期回单进行复核并编制记账凭证，记录定期存款减少并确认存款利息收入。

科研事业单位银行存款应定期对账并按规定编制银行存款余额调节表，发现不符要及时查明原因并做出处理。每月应由专人定期与开户银行进行对账工作，月终余额如与银行对账单不符，必须逐笔查明原因，并编制"银行存款余额调节表"调节相符，财务管理人员或其授权财务人员必须对"银行存款余额调节表"进行复核确认。同时，应当指定不办理货币资金业务的会计人员定期和不定期抽查盘点库存现金，核对银行存款余额，抽查银行对账单、银行日记账及银行存款余额调节表，核对是否账实相符、账账相符。对调节不符、可能存在重大问题的未达账项应当及时查明原因，并按照相关规定处理。

科研事业单位银行存款余额调节表应当由独立于出纳人员的财务部门其他人员每月根据银行对账单与单位明细账进行核对并编制，对未达账项列明原因，并对银行对账单中的异常或大额支出项目以及3个月以上的长期未达账项进行重点检查、分析与跟进，经编制人签字或盖章后提交独立于银行存款实物和账务管理的人员审阅并签字确认，以保证银行存款余额调节表编制的准确性。

印鉴管理

科研事业单位应当加强印鉴管理，规范印鉴的保管和使用。印鉴应做到专用印鉴专人保管、不同印鉴分别管理，并与银行支票、承兑汇票等分开保管；对银行账户的预留印鉴应建立备查档案，并跟踪记录预留印鉴以及授权使用人的变更情况，并由独立于印鉴保管的人员每月对预留印鉴及授权使用人情况进行审阅和核对，确保人员发生在变更情况下，印鉴及其授权使用人及时进行相应调整。

科研事业单位银行预留印鉴应当分人保管。公章由专人负责保管，个人名章由本人或其授权人员保管。严禁由一人保管所有银行预留印鉴，以确保银行印鉴使用过程中的职责分工。

科研事业单位财务部门应当建立预留印鉴保管和变动记录，记录单位银行账户的预留印鉴的变动情况。如需变更印鉴保管人，印鉴保管人填写印鉴移交交接单，并由移交人、接收人及监交人分别签字确认。财务部门专门人员将印鉴移交交接单视同会计档案进行保管。

科研事业单位预留印鉴需要变更时，财务部门相关人员按银行要求办理申请手续，经财务部门负责人签字后向银行提出变更申请，以确保印鉴的变更经过适当的授权。

科研事业单位独立于印鉴保管的人员应当定期对预留印鉴与授权使用情况进行检查和核对，以确保对银行预留印鉴的有效管理，并做好核查记录。

科研事业单位还应当加强对备用金和其他货币资金的规范管理，其他货币资金主要包括：外埠存款、银行汇票存款、银行本票存款、信用证保证金存款、信用卡存款、存出投资款、在途货币资金等。对备用金的拨付和开支必须建立严格的审批流程和制度，对其他货币资金必须定期清查核对，确保账实、账账相符，确保资金的安全。

科研事业单位应当建立严格的资金支付分级审批制度，明确各级审批人的审批权限、审批流程、审批责任和相关的控制措施。

为了保证资金安全和资金归集的要求，科研事业单位应当选择信用度高的银行存放资金。

（2）存货及其他物资管理

科研事业单位应当制定存货管理内部控制制度，进一步明确存货及其他物资的分类、实物管理、会计核算等具体规范和要求。存货归口管理部门应建立安全防范制度，合理确保存货等实物管理的安全和完整，以及存货及其他物资核算的真实性和准确性。

存货及其他物资的入库管理

供应商送货至仓库时，科研事业单位仓库实物管理员要检查货物包装是否完整无损并根据送货清单清点核对货物类型及数量等，经确认无误后在供应商送货清单上签字，并将送货清单于定期（一般是当月）提交单位仓库系统操作员。

经授权的仓库系统操作员将送货清单与单位计算机系统中的采购订单进行核对，以保证采购存货交易的存在性。核对无误后，仓库系统操作员在系统中进行收货确认操作。

只有经授权的仓库系统操作员方可在计算机系统中进行收货确认及记录存货出入库。

在发票价格与采购订单价格存在差异的情况下，科研事业单位财务部门财务人员与采购人员对差异产生的原因进行调查。根据原因的不同做相关处理，如果供应商的发票有误，要求供应商重开发票；如果采购订单有误，要求重新修改采购订单，并严格执行采购订单的修改和取消流程。

科研事业单位财务部门经适当授权的人员定期（如每季）对暂估应付款余额进行审阅，对其中长期挂账的暂估应付款要求采购人员予以跟进并及时提供采购发票，由其复核后在暂估应付款明细表上签字，以建立必要的问责机制。

对于在无合同或无订单的情况下预收的存货，于存货到库前，采购人员向仓库提供存货到库通知单，注明其为无合同、无采购订单存货并说明原因。仓库依据到货通知单核对到货存货，填写并签署存货暂收单，同时记录暂收存货登记簿，作为暂收处理。

对于暂收存货，科研事业单位采购部门应及时签订相关合同并补办入库手续，在科研事业单位计算机系统中记录存货入库及出库，使存货暂收单及暂出单与计算机系统生成的入库单和出库单对应匹配。

科研事业单位采购部门经适当授权的人员应定期审阅无合同或无订单的暂收存货登记簿并对其中长期未清理的存货余额进行跟进，确保其及时履行签订合同、创建订单以及入库程序。对于跨会计期间（尤其是年中及年末）不能及时办理入库程序的存货，存货管理部门汇总已领用和未领用的存货的数量和预计价格，经存货管理部门负责人审批后，统一报送至本单位财务部门，由其分别对已领用存货和未领用存货的成本进行账务暂估处理，以确保成本费用和存货核算的完整性。

存货及其他物资的仓库管理

科研事业单位存货管理部门建立安全防范制度，按存货分类进行库存管理。单位仓库地点应当具有灭火器、电子监控仪器等安全装置保证存货的安全。

只有经授权的科研事业单位人员才能进入仓库区域以保证存货的实物安全。具体方式有：只有经授权人员有仓库的钥匙、仓库的门卫只允许授权人员进入、采用电子监控设备确保只有授权人员进入等。对于经科研事业单位认定的重要存货或物资出入库房应当实行登记签名制度。

科研事业单位存货管理部门授权人员定期对仓库用房的安全保卫设施和控制措施进行巡视检查并出具实地检查报告，并在报告上签字确认。

存货及其他物资的出库管理

科研事业单位存货物资需求部门经适当授权的人员通过计算机系统/OA办公自动化系统或书面提交领用申请书，列明所需物资、预算信息等内容。由需求部门负责人或其授权人员通过计算机系统/OA办公自动化系统进行审批或在领用申请书上签字批准。根据科研事业单位存货领用制度，领用金额或存货种类超过部门负责人审批权限的应由适当的管理层成员审批。

科研事业单位仓库系统操作员根据经审批的领用申请书在计算机系统中录入领用存货的数量和领用部门，计算机系统自动记录存货减少并将数据传递至单位财务部门，记入相关成本费用科目。

只有经授权的科研事业单位仓库系统操作员方可在系统中进行出库确认。仓库系统操作员通过系统打印出库单交领用人。领用人凭出库单和领用申请于当月向仓库实物管理员领取货物。仓库实物管理员核对领用申请单和出库单无误后，办理存货实物出库。出库单由存货领用人和仓库实物管理员签字确认。

对科研事业单位发生存货的内部紧急领用出库时，领用人在仓库填写紧急领用单后办理紧急领用，库管人员对紧急领用建立备查簿进行登记和管理。当月结账前由仓库实物管理员根据紧急领用单向领用人催促办理审批及出库手续。根据补办的领用单据，仓库系统操作员在系统中录入领用存货的数量及相关信息，由计算机系统自动生成存货出库记录。

科研事业单位仓库专门授权人员定期（如每季）核对备查簿和紧急领用单，并督促库管人员向申领人员催收补办手续，复核后在备查簿上签字，以确保紧急领用存货的正式手续能够及时，完整地补办。对于出库手续不能在每月账期结束前及时履行的，仓库实物管理员于账期结束前，根据紧急领用备查簿，向财务部门提交存货紧急领用出库数量，由财务部门暂估记录存货出库。

科研事业单位存货退库需取得存货原领用部门及存货管理部门经授权人员的审批后方可办理，审批人员在退料申请单上签字确认。科研事业单位仓库实物管理员将退料申请单与退回存货的数量、型号一一核对无误后接收退库存货，并在退料申请单上签字后将其转至仓库系统操作员。

科研事业单位仓库系统操作员根据经收货确认的退料申请单在计算机系统中录入退回存货的数量。对于退回的不能正常使用的存货，区别于正常存货进行实物管理并通过定期的存货处置流程进行清理。

科研事业单位应当在每月末，由仓库系统操作员通过计算机系统对本月存货及其物资出入库情况进行统计，并将存货统计报表提交财务部门进行核对，确保计算机系统中的存货记录与财务系统会计记录的一致性，并对差异产生的原因进行跟进。财务部门核对无误后，在存货进销存报表上签字并归档。

存货及其他物资的清查

科研事业单位存货管理部门应当制定存货清查盘点制度。

科研事业单位仓库应当定期（至少为每年）对全部存货进行实物盘点。盘点前，存货管理部门编制详细的盘点计划，对盘点要求进行明确。盘点过程中，独立于仓库实物管理的人员或财务部门人员参加监盘。

科研事业单位仓库定期（至少每半年）对存货进行实物盘点。盘点人员根据实际清查的存货数量，填写连续编号的，仅列示存货名称的空白盘点表，在盘点表上记录实盘数量。盘点表经盘点人员和监盘人员签字确认后交仓库系统操作员，由其将盘点表上的清查结果与计算机系统中的存货记录进行核对以发现存货的盘盈、盘亏情况。独立于存货实物管理的人员清查盘盈、盘亏产生的原因，并编制存货盘点报告，报告存货短缺、毁损、呆滞等情况，经盘点人员与监盘人员签字后上报科研事业单位存货管理部门及财务部门。

根据存货盘盈盘亏涉及金额的不同，经过适当授权的科研事业单位管理层对盘盈盘亏结果进行审批并签字确认。根据经批准的存货盘点报告，独立于存货实物管理和仓库计算机系统记录的经授权人员在计算机系统中于账期结束前调整存货数量，记录盘盈盘亏。

存货及其他物资的处置

科研事业单位仓库定期（至少每半年）提交拟处置存货库存报表，反映由于毁损、过期、业务变更、技术落后等原因造成无法使用而需进行处置的存货情况。对于毁损和待报废存货，科研事业单位存货管理部门对存货进行实物检查，仓储部门、采购部门、使用部门和财务部门等相关部门共同审核，对符合处置条件的存货，编制存货报废清单，根据涉及金额的不同由经过适当授权的管理层审批。

科研事业单位批准对存货进行报废处理的人员应独立于存货实物管理和存货账务处理人员。

科研事业单位存货的处置方式一般分为报废销毁和销价处理。报废销毁：根据管理层审批的存货报废清单，仓库及时组织销毁相关存货。独立于存货实物管理的人员在销毁前根据报废清单核对报废实物的数量并监督销毁。监督人员在销毁完成后于存货报废清单签字确认。根据经单位管理层批准和负责销毁人员签字的报废清单，独立于存货实物管理的经授权人员在计算机系统中录入报废的存货数量并进行报废确认。销价处理：根据单位管理层审批的存货处置清单，仓库与收购方签订处置合同，合同按会签流程审批。科研事业单位仓库实物管理员凭处置合同将存货实物交予收购方，双方在交接清单上签字，仓库系统操作员根据处置合同核对经买卖双方签字确认的交接清单，无误后在计算机系统中录入销售的存货数量并进行销售确认。付款时收购方将处置现金收入转账至财务部门，仓库实物管理员不得直接接收现金。所有待处置存货在报废或处置前单独存放。存货管理部门在盘点过程中，对已批准报废的存货的实物处置和管理情况进行监控，了解其清理报废情况，确保其在批准报废后得以及时清理。

（3）固定资产管理

科研事业单位应当加强对固定资产的管理，结合本单位实际制定固定资产管理办法，明确相关部门和岗位的职责权限，明确对固定资产管理流程、计提折旧、事实物管理和清查盘点等，强化对资产配置、使用和处置等关键环节的管控，制定固定资产目录，合理确保固定资产管理的合规性和核算的准确性，以进一步促进本单位固定资产安全和资产的保值增值。

科研事业单位应当对固定资产实施归口管理。明确固定资产使用和保管责任人，落实固定资产使用人在资产管理中的责任。贵重资产、危险资产、有保密等特殊要求的固定资产，应当指定专人保管、专人使用，并规定严格的接触限制条件和审批程序。

按照国有资产管理相关规定，科研事业单位应当明确资产的调剂、租借、对外投资、处置的程序、审批权限和责任。

科研事业单位应当建立固定资产台账，加强对固定资产的实物管理。科研事业单位应当定期清查盘点资产，确保账实相符。财务部门、资产管理部门、资产使用部门等部门应当定期对账，发现不符的，应当及时查明原因，并按照相关规定处理。

科研事业单位应当建立资产管理信息系统，做好固定资产的统计、报告、分析工作，实现对资产的动态管理。

科研事业单位购买固定资产应当严格执行授权审批制度。申请购买部门需提出购买申请，填写《固定资产请购审批单》，说明购买资产的用途及资金来源。请购审批表应详细填写拟购买固定资产的名称、规格、型号、性能、预算金额以及购买原因等相关内容。拟购买固定资产必须在部门预算范围内。属于政府集中采购管理的要严格按照政府采购要求进行，不得违反规定分散采购或者以化整为零等方式自行采购。未列入年度政府采购目录且未达到限额标准，按照相关法律法规及规章制度允许单位分散采购。

科研事业单位财务部门负责固定资产核算工作，依据政府会计制度要求及相关规定，核算人员应及时对固定资产进行会计核算，并按期计提固定资产折旧。

科研事业单位需要办理权证归属的固定资产，单位固定资产管理部门应当及时向上级主管部门及相关监管机构申请办理资产权证及相关手续。固定资产权证及相关手续资料应当由专人负责管理。

科研事业单位所属的车辆行驶证交由车辆使用人保管，车辆使用人在领用车辆行驶证后在权证备查簿上签字确认。

查阅或复印资产权证需由查询人填写查询申请单，经所在科研事业单位部门负责人审批签字后进行。

科研事业单位独立于资产权证管理的人员定期（至少每半年）根据固定资产清单核对计算机系统固定资产卡片登记的固定资产权证信息或权证备查簿以及固定资产权证，或在年度盘点时根据盘点清册检查固定资产的权证，以确保固定资产实物管理部门及时办理资产权证登记。如存在异常情况，检查人员应出具检查报告，并上报固定资产实物管理部门。

固定资产验收

科研事业单位购买的固定资产必须进行验收、登记，并按相关规定办理产权证明。参与验收的人员应具备与采购项目相关的专业知识和实践经验。根据合同协议、供应商发货单等对所购固定资产的品种、规格、数量、技术要求及其他内容进行验收，出具验收单或验收报告。验收内容包括固定资产的品种、规格、型号、数量与请购单是否相符，运转是否正常，使用状况是否良好，有关技术指标是否达到合同规定的要求等。验收完毕要公示验收结果，如项目购买来源、相关技术参数以及验收小组成员等信息。

固定资产标签

固定资产通过条形码标签或二维码标签进行管理，标签号码连续编号。按照科研事业单位固定资产目录的建立要求，编制对应唯一的标签号。单位计算机系统确认固定资产成本时，计算机系统可以实现自动分配标签号。

科研事业单位基建部门或采购部门应当于该固定资产达到预定可使用状态前或者通过项目方式零购资产到货时生成新增固定资产明细表，标签打印部门及时打印固定资产标签，对工程新增资产标签交给资产实物管理部门人员负责粘贴，对零购新增固定资产交给收货部门或者固定资产使用部门人员。标签粘贴人员根据固定资产明细表所记录的资产信息核对固定资产实物，无误后将相应的固定资产标签粘贴在资产实物上并在固定资产明细表上签字确认后返还给财务部门，确保固定资产标签和固定资产实物相一致。

固定资产卡片

科研事业单位财务部门主管资产核算的会计在计算机系统中确认固定资产原值后，资产管理信息系统应当自动生成固定资产卡片。固定资产卡片信息包括资产编号、资产名称、使用部门、资产类别、会计科目、固定资产金额、折旧年限、数量、供应商、启用日期、责任人、标签编号、所在地点、残值率等。

科研事业单位固定资产的详细管理信息均记录于资产管理信息系统中，固定资产实物管理部门通过资产管理信息系统实现固定资产实物台账管理。

固定资产的实物管理

资产管理信息系统固定资产实物管理部门会同固定资产使用部门按照固定资产管理的相关制度对固定资产进行管理，确保固定资产存放于防火、防盗、防水及防锈的环境。

科研事业单位固定资产实物管理部门定期（至少每年一次）对固定资产使用情况进行检查，出具完成实地检查报告并由固定资产使用部门根据实地检查报告在规定时间内进行整改。固定资产实物管理部门对整改结果进行检查，以确保相关措施的有效执行。

科研事业单位固定资产使用部门应加强对资产实物的日常养护，并根据生产需要及固定资产使用情况提出固定资产修理申请，按照授权审批流程执行。

固定资产的保险

科研事业单位应结合本单位实际制定固定资产投保财产保险的有关制度，明确规定价值较大或风险较高的固定资产投保财产保险的相关政策和程序，以确保对固定资产的有效保护。

固定资产的清查盘点

科研事业单位按照固定资产清查盘点制度规定，应当定期或不定期对固定资产进行盘点清查。

科研事业单位固定资产实物管理部门应当会同财务部门和固定资产使用部门对固定资产进行全面清查盘点。科研事业单位财务部门根据盘点清查制度，制定盘点清查方案，并根据资产管理信息系统的固定资产卡片信息编写资产盘点清册。

科研事业单位盘点人员在实地盘点过程中，逐项盘点固定资产，将固定资产实物及数量与固定资产的账面记录进行核对，并登记更新资产实际地点信息。盘点结束后，财务部门、固定资产实物管理部门和固定资产使用部门的盘点人和监盘人在资产盘点清册上就盘点结果进行签字确认。

科研事业单位固定资产盘点结束后，财务部门指定的盘点负责人和固定资产实物管理部门指定的盘点负责人共同对盘点结果进行抽样检查并在资产盘点清册上签字确认（或在固定资产管理系统对盘点工单进行确认），以确保盘点工作的有效性。

科研事业单位财务部门根据盘点结果编制固定资产盘点报告，汇总盘盈、盘亏、闲置、毁损、待报废的固定资产并说明差异产生原因。固定资产盘点报告经固定资产实物管理部门、固定资产使用部门和财务部门经适当授权的人员审阅并签字确认后上报本单位管理层审阅。

科研事业单位资产盘亏、毁损涉及重要资产的，或者一次处理盘亏、毁损涉及资产净值超过一定金额的，按照授权审批流程，应当报本单位资产管理领导小组备案，金额特别重大的，应当上报本单位领导办公会或党委常委会。

在科研事业单位盘点过程中发现盘盈盘亏的固定资产，固定资产实物使用部门提交盘盈盘亏申请单，经固定资产实物使用部门、实物管理部门和财务部门经适当授权人员审阅并签字确认后上报单位管理层审批处理。科研事业单位固定资产实物管理部门应当根据授权审批的固定资产盘盈盘亏报告及时在资产管理信息系统进行数据更新，同时财务部门应当于年末关账前，根据授权审批的固定资产盘盈盘亏报告在及时进行增加和核销固定资产账务处理。

闲置固定资产的管理

科研事业单位固定资产使用部门定期（至少每半年）向固定资产实物管理部门上报本部门闲置资产明细表并注明固定资产的闲置状况。

科研事业单位固定资产使用部门定期（至少每半年）向固定资产实物管理部门上报本部门闲置资产明细表并注明固定资产的闲置状况。根据闲置固定资产涉及的金额不同，固定资产实物管理部门将固定资产闲置报告上报部门负责人或单位管理层，由其对闲置固定资产的处理方式进行审批。

固定资产的折旧

按照《政府会计制度》核算要求，科研事业单位应当对本单位固定资产计提折旧。科研事业单位实物资产管理部门应当会同财务部门对固定资产折旧政策进行审阅，根据固定资产的使用和技术更新状况，检查折旧方法、折旧年限、残值率等是否正确和恰当，并严格执行有关资产计提折旧管理要求。

固定资产的报废

科研事业单位固定资产使用部门根据资产使用情况定期（至少每半年）向固定资产实物管理部门提出固定资产报废申请，固定资产实物管理部门汇总生成固定资产报废清单并出具固定资产技术鉴定报告。财务部门主管资产核算的会计对固定资产实物管理部门提交的固定资产报废清单和固定资产技术鉴定报告进行复核，确认待报废固定资产的账面价值后，在固定资产报废清单上签字确认。经两个部门共同审阅待报废固定资产的金额后，由各部门负责人在固定资产报废清单上签字确认并上报单位管理层审批。

科研事业单位实物管理部门和财务部门根据单位管理层的审批意见，按相关流程执行实物系统管理操作和财务核算。

按照科研事业单位相关规定重大金额的报废固定资产的处置，符合招投标管理办法的，应通过招标方式处置资产。在固定资产清理过程中如涉及资金收入，资产购买方应当直接将款项转到科研事业单位银行账户，不得直接向负责清理固定资产的人员交纳现金。

科研事业单位固定资产实物管理部门至少每半年，对已批准报废的固定资产的实物处置和管理情况进行监控，了解其清理报废情况，确保其在批准报废后得以及时清理。

科研事业单位符合下列条件之一的国有资产可以申请报废：

（1）经技术鉴定已丧失使用价值的资产；

（2）按照国家规定强制报废的资产；

（3）盘亏、呆账及非正常损失的资产；

（4）因技术原因不能满足本单位工作需要的资产；

（5）已达到国家或者主管部门规定使用期限，继续使用不经济的资产。

固定资产的出售

科研事业单位固定资产实物管理部门对拟出售的固定资产提出销售申请，根据待出售固定资产涉及的金额，由具相应权限的固定资产实物管理部门负责人或单位管理层进行审批并在销售申请上签字确认。出售的固定资产净值超过一定金额，须上报资产管理领导小组备案，或上报单位领导办公会或党委常委会。

科研事业单位对拟出售的固定资产审批通过后，固定资产实物管理部门委托中介机构对申请销售的固定资产进行资产评估。根据资产评估的价值，固定资产实物管理部门与购买单位协商销售价格并签订销售合同，根据合同会签流程，相关部门及经适当授权的管理层对销售价格和合同进行审批。

科研事业单位固定资产实物管理部门根据销售合同将固定资产实物交予购买方，双方在交接清单上签字确认。科研事业单位财务部门应当及时处理账务。在固定资产清理过程中如涉及资金收入，资产购买方应当直接将款项转到科研事业单位银行账户，不得直接向负责出售固定资产的人员交纳现金。

（4）无形资产管理

科研事业单位应当加强对无形资产的管理，增强对知识产权保护意识和力度。科研事业单位应当结合本单位实际制定无形资产管理制度，明确无形资产的分类、实物管理、折旧摊销、处置等相关要求和规范，并建立适当的无形资产卡片，明晰所有权，切实保障无形资产的安全性和完整性。

无形资产卡片

资产管理部门在资产管理信息系统中录入无形资产相关信息，生成无形资产卡片。无形资产卡片信息包括资产编号、资产名称、使用部门、资产类别、会计科目、无形资产金额、摊销年限、数量、供应商、启用日期、责任人、所在地点、残值率等。

无形资产台账

科研事业单位无形资产的详细管理信息均记录于资产管理信息系统中，无形资产专业管理部门通过资产管理信息系统实现无形资产台账管理。

无形资产摊销

有确凿证据表明无法合理估计其使用寿命的无形资产，须经相关管理层审批后才能作为使用寿命不确定的无形资产。使用寿命不确定的无形资产不予摊销。

财务部门会计人员于月末根据可确定使用寿命的无形资产的价值及摊销期限及时进行会计核算。

资产管理信息系统资产管理部门应当定期会同财务部门，以及组织各专业管理部门、使用部门根据通信技术发展和资产实际使用状况，对无形资产摊销政策进行全面分析审视，并报单位管理层审批。

资产管理信息系统资产管理部门经授权人员根据现行无形资产摊销政策，定期（至少每年）检查系统中关于摊销政策的设置是否适当，并及时将摊销结果移交财务部门，以确保对无形资产的准确核算。

无形资产的处置

无形资产使用部门根据资产使用情况定期（至少每半年）向无形资产专业管理部门提出无形资产报废申请，无形资产专业管理部门汇总生成无形资产报废清单并出具无形资产技术鉴定报告。财务部门主管资产核算的会计对无形资产专业管理部门提交的无形资产报废清单和无形资产技术鉴定报告进行复核，确认待报废无形资产的账面价值后，在无形资产报废清单上签字确认。经两个部门共同审阅待报废无形资产的金额后，由各部门负责人在无形资产报废清单上签字确认并上报单位管理层审批。

科研事业单位资产管理部门应当根据单位管理层的审批意见，在资产管理信息系统中及时更新维护无形资产相关信息。科研事业单位财务部门根据审批意见及时进行账务处理，确保账实相符。

无形资产的稽核

科研事业单位无形资产会计账簿和登记备查簿应至少每季度进行核对，应由财务部门牵头组织，根据会计账簿生成无形资产清单，由财务部门和无形资产专业管理部门共同逐条核对无形资产清单信息、登记备查簿记录和无形资产权证资料。如发现不一致应当月查清，及时处理。

（5）对外投资

具有对外投资权限的科研事业单位应当建立对外投资管理的相关制度和规定，明确对外投资的职能部门、审批权限，以及决策与审批的流程等内容，全面评估对外投资的成本和收益，降低投资风险，提高投资回报。

科研事业单位应当根据其投资目标和规划，合理安排资金投放结构，科学确定投资项目，拟订投资方案，重点关注投资项目的收益和风险。

科研事业单位新增对外投资或对已有投资项目增资的，对外投资部门提出对外投资申请，经单位管理层审批并报上级主管部门批复后执行。未经主管部门批准，科研事业单位不得进行除银行对公存款之外的任何形式的金融投资（包括各种理财产品），不得对外投资，不得为其他单位提供担保、抵押或质押，不得对外出借资金等。

科研事业单位在对外投资立项前，由对外投资部门牵头组织财务、法律及其他相关专业部门对投资机会开展初步调研后提出立项建议，提请单位领导办公会或党委常委会审批。

对外投资项目立项申请经审批后，对外投资部门牵头财务、法律及其他相关专业部门、接管筹备组（视项目要求组建）、专业中介机构（视项目需要聘请）开展全面尽职调查，评估投资的战略意图和投资风险，设计交易结构、重大商业条款和交易风险控制措施，开展交易谈判，拟订核心交易文件，编制商业计划和接管、整合计划（视项目要求），进行交易估值与投资回报测算等一系列可行性研究工作，并在此基础上编制可行性研究文件。

在项目可行性研究基础上，按照科研事业单位相关决策程序，由对外投资部门牵头财务、法律及其他相关专业部门、接管筹备组、专业中介机构，组织相关材料进行汇报，单位财经工作领导小组或党委常委会就项目的交易方案、交易结构、尽职调查重大发现、估值和投资回报测算、出价建议、核心交易条款、风险控制措施、商业计划和接管、整合计划（视项目要求）等重要问题进行决策，并形成相关决策记录。

对外投资部门牵头根据单位党委常委会的决策意见提交合同审批表，经过相关部门会签并经单位财经工作领导小组或党委常委会审批后，由单位法定代表或授权代表与被投资方签署相关核心交易文件，办理相关法律及报批手续。

对外投资部门牵头根据财务、法律、其他相关专业部门及外部专业中介机构的意见，在确认达到项目交割条件（包括但不限于获得相关监管机构的审批）后，书面报告单位党委常委会，经批准后根据交易各方的协商安排进行交易交割，包括交付资金和办理股权登记、转让手续等工作。

对外投资部门牵头持合同、经过批复的投资方案等办理出资手续并取得"出资证明书"等文件。以实物、无形资产等非现金资产出资的需委托具有评估资格的中介机构进行评估，出资的资产价值以评估确认的价值为计价基础。

科研事业单位财务部门根据对外投资批准文件、投资合同、出资证明书、银行进账单以及对被投资方的影响程度，合理确定投资会计政策，建立投资管理台账，详细记录投资对象、金额、持股比例、期限、收益等事项。

科研事业单位对外投资项目交割后，各相关职能部门按照国家监管相关规定和单位的有关规定进行日常管理。

立项审批过程中的申请、报告、纪要、批复及正式签署的合同正文或原件等资料由对外投资部门按投资项目建立管理档案。

科研事业单位财务部门负责收集被投资方经审计的财务报告、会计报表、董事会和股东会决议及摘要等有关资料，检查对外投资项目及股权证明，核对账表数据与对外投资项目的股权份额，核对股权权属变动情况，投资合同履行情况，检查有无不良投资及其形成原因。财务部门还要牵头关注被投资方的财务状况，对所出资企业的营运状况进行跟踪分析，出现异常情况的，应及时报告和妥善处理。法律部门对其中涉及的法律问题进行合法合规性分析。

科研事业单位财务部门对于被投资方出现财务状况恶化、市价当期大幅下跌等情形的，应当根据国家统一的会计准则制度规定，合理计提减值准备、确认减值损失。

☞ **案例四：H高校固定资产管理内部控制分析**

H高校是我国教育部直属的全国重点高校，是首批列于"211工程"和"985工程"重点建设的高水平研究型大学。固定资产是高校拥有的，正常开展日常教学、科研等各项工作的物质基础，其数量多少是衡量高校办学规模、决定高校教育质量的重要指标之一，对确保高等教育的良性发展具有重要意义。下表为H高校2013—2017年资产数据。

表　H高校2013—2017年资产数据　　　　　　　　单位：万元

项目＼年份	2013	2014	2015	2016	2017
固定资产	202716.3	223790.88	243928.67	259711.61	292652.01
流动资产	85256.76	77287.26	72293.09	80999.68	94719.005
无形资产	—	—	—	—	—
对外投资	31271.45	31768.87	34351.2	38762.13	28445.99
其他资产	2629.87	5614.7	—	—	—
资产合计	321874.08	338461.71	35057296	379473.42	415817.02

从表中数据可以看出，经过H高校多年的发展和积累，H高校的固定资产规模不断扩大。其中固定资产所占的比例最大，达到了学校资产总额50%以上，固定资产占总资产的比例2013—2017年五年间不断上升，并于2016年达到最大占比70.38%。可见，在H高校的正常运营中，固定资产占据着无可替代的重要地位。加强固定资产管理，完善固定资产的内部控制，保证固定资产的安全完整，才能提高H高校发展的硬实力，提升办学质量，为学校的全面发展和良好运转提供有力的支持。H高校重视对教学设施的投入，不断改善办学条件，加强各类教学设施的建设，保障活动的正常开展，其中，生均教学科研仪器设备值、生均实验室面积、生均图书值是评价高校固定资产的重要指标。近三年，生均教学科研仪器设备值、生均实验室面积、生均图书值变化情况如下表所示：

表　2015—2017年高校固定资产的重要指标变化情况

指标	2015 年	2016 年	2017 年
生均教学科研仪器设备值 （单位：元）	19140	21310	23840
生均实验室面积 （单位：平方米）	6.42	6.86	7.22
生均图书值 （单位：册）	174	212	254

　　H 高校实行的是党委领导下的校长负责制，实行党委领导、校长行政、教授治学、民主管理的制度。学校党委负责学校内部控制工作的领导责任，按规定权限集体研究决定经济活动重大事项，支持校长依法自主负责地开展内部控制建设；校长在党委领导下全面负责学校的内部控制各项工作。H 高校固定资产内部控制主要涉及学校的国有资产管理处、实验室管理处、基本建设处、采购与招标管理办公室、内部控制办公室、财务处等多个职能部门，以及使用部门的归口管理人员。

　　国有资产管理处负责对学校国有资产管理实施监督和评估、负责研究和制定学校公用房管理配置的标准、负责学校固定资产总账和台账的管理、负责学校固定资产的归口管理、负责制定学校国有资产相关的综合管理制度；参与资产评估监督、资产清查；负责学校固定资产总账和台账的管理；负责学校固定资产的处置管理；负责对闲置资产进行开发利用等工作。

　　实验室管理处负责全校仪器设备及家具的使用、效益考核、设备共享等的管理以及日常管理；负责制定归口管理资产的实施细则并组织实施。

　　基本建设处是主管学校基本建设的职能部门，主要负责建立健全学校基本建设的规章制度并监督实施；负责学校在建工程的管理及竣工后工程的验收、结算、交接和资产登记入账工作。

　　学校采购与招标管理办公室负责学校各类资产的集中采购环节的工作。

　　财务处负责对各类资产总账的财务归口管理。

　　内部控制办公室有效介入资产管理的具体活动中，负责对资产管理制度设计的合理性、运行的有效性做出判断；负责对资产管理业务流程优化及关键控制点的控制程序提出建设性意见；按照内部控制规范的要求承担学校规定的资产管理相关工作；支持并配合国有资产管理处、计划财务处等部门的工作。

　　为了更好地贯彻落实财政部、教育部的工作要求，适应当前环境，提高学校内部规范化、精细化、科学化、信息化管理水平，H 高校依据 2012 年 11 月财政部颁布的《行政事业单位内部控制规范（试行）》，2016 年 4 月教育部印发的《教育部直属高校经济活动内部控制指南（试行）》，H 高校编写自身的内部控制制度，形成《H 高校内部控制规范手册》，形成了学校自身的内部控制体系。

高校固定资产内部控制主要流程：

H高校的办学规模不断扩大，在连续的五年间固定资产大幅增加，为H高校的发展提供了非常有利的物质基础。同时，由于高校固定资产种类繁多、数量大、价值高等特点，使用、管理人员很多，如果固定资产的内部控制不完善或存在差错，将对整个学校的发展产生巨大影响。由于高校固定资产的特征，对其内部控制流程进行分析梳理，主要包括：预算编制环节、采购付款环节、交付验收环节、日常使用环节、清查处置环节及出租出借环节。

1. 预算流程描述

①使用部门提出固定资产采购申请，并填写《固定资产采购申请单》，部门负责人对资产采购与预算的相符性等方面进行审核。

②实验室管理处负责人对单台/件100万元以下采购固定资产的申请进行审批。对100万元以上（含100万元）采购固定资产的申请进行审核。

③校长办公会对单台/件100万元（含100万元）-200万元采购固定资产的申请进行审批，对200万元以上（含200万元）的申请进行审核。

④党委常委会对单台/件200万元以上（含200万元）采购固定资产的申请进行审批。

⑤按照采购与招投标管理办法，由学校采购与招标管理办公室组织，进行集中采购、分散采购。

2. 固定资产采购流程描述

①使用部门提出固定资产采购申请，并填写《固定资产采购申请单》，部门负责人对资产采购与预算的相符性等方面进行审核。

②实验室与设备处负责人对单台件100万元以下采购固定资产的申请进行审批。对100万元以上（含100万元）采购固定资产的申请进行审核。

③校长办公会对单台件100万元(含100万元)-200万元采购固定资产的申请进行审批，对200万元以上（含200万元）的申请进行审核。

④党委常委会对单台件200万元以上（含200万元）采购固定资产的申请进行审批。

⑤按照采购与招投标管理办法，由学校采购与招标管理办公室组织，进行集中采购、分散采购。

实物资产验收完毕或工程项目竣工完毕后，采购项目承办单位可向计划财务处申请采购资金的支付。支付申请时，采购项目承办单位依据采购合同、验收报告、竣工决算报告等文件，按照学校资金支付的相关规定，填写《资金拨付申请表》，办理采购资金支付申请。

3. 固定资产交付验收流程描述

①外购资产由使用部门自行组织验收，国有资产管理处根据使用部门工作按需要参与验收。

②验收结束后出具发票、验收单，由采购人和资产管理人员签字确认，并对采购事项

的真实性和合规性进行承诺。验收合格后可正常使用。

③固定资产验收不合格，使用部门协同资产管理人员按合同规定条款及时向供应商退货或索赔。

④基本建设处组织工程项目的竣工验收，验收合格后移交验收材料至国有资产管理处、由国资处部门负责人签字。

⑤国有资产管理处对验收合格的固定资产及时办理入库、编号、建卡、调配等手续，确保固定资产的有效识别与盘点。

⑥国有资产管理处对固定资产办理入账、编号、建卡手续，录入固定资产管理系统。

⑦资产管理人员对低值耐用品办理登记手续，做好实物资产日常使用的台账登记工作，并每年与国资处进行账账核对，保证使用部门资产台账与国资账的一致。

对于自行构建的固定资产，重要的、大额的工程项目聘请第三方机构共同验收，出具验收报告；自行构建的固定资产验收不符合要求的，应由基本建设处、监理单位、资产管理部门共同监督施工单位返工。

4.固定资产维修保养流程描述

①使用部门根据资产的不同类型提交维修申请单或者编制大修计划。

②部门负责人对日常维修事项进行审批。

③部门负责人对单台件100万元以下的大修事项进行审核。

④实验室与设备处负责人对单台件100万元以下的大修事项进行审批。

⑤实验室与设备处负责人对单台件100万元（含100万元）-200万元大修事项的大修事项进行审核。

⑥校长办公室对单台件100万元（含100万元）-200万元大修事项进行审批。

⑦校长办公室对单台件200万元以上（含200万元）大修事项进行审核。

⑧党委常委会对单台件200万元以上（含200万元）大修事项进行审批。

⑨使用部门组织安排固定资产日常维修保养与大修。

⑩使用部门进行维修验收登记。

5.固定资产资产清查流程描述

①国资处向教育部提出固定资产清查申请。

②教育部对清查申请进行审批。

③国资处制定工作方案。

④使用部门及资产管理处清查资产，提交资产清查表。使用部门负责人对清查表进行审核。

⑤校长办公室对100万元以下固定资产清查损失进行审核。

⑥党委常委会对100万元以下固定资产清查损失进行审批，提出处理意见。

⑦教育部对100万元（含100万元）-200万元固定资产清查损失进行审批，对100万元以下的固定资产清查进行备案。

⑧财政部对200万元以上（含200万元）的固定资产清查损失进行审批，对100万-200万元（含200万元）的固定资产清查进行备案。

⑨国有资产管理处对清查的固定资产进行核销。财务处对固定资产清查进行账务处理。

6. 固定资产处置流程描述：

①使用部门提出固定资产处置申请，填写固定资产处置申请表。

②使用部门负责人审核固定资产处置申请表。

③国有资产管理处对固定资产处置进行实地实物验收。国资处负责人对固定资产处置进行审核。

④校长办公室对10万元以下的固定资产处置进行审核。

⑤党委常委会对10万元（含10万元）-100万元的固定资产处置进行审核。

⑥教育部对100万元（含100万元）-500万元的固定资产处置进行审核。党委常委会对100万元以下固定资产清查损失进行审批，提出处理意见。

⑦财政部对500万元以上（含500万元）的固定资产处置进行审核。

⑧资产管理处对固定资产进行处置。

⑨计划财务处对固定资产处置进行账务处理。国有资产管理处对处置的固定资产进行核销。

☞ **案例分析：**

通过对H高校固定资产内部控制设计的规范性进行评估，可以看出，H高校固定资产内部控制设计是基本规范的。但是，在个别管理内部控制设计上仍存在一些缺陷，需要进一步去改进内部控制制度设计。

（1）固定资产验收流程缺陷

《教育部直属高校经济活动内部控制指南》中规定高校应当建立严格的固定资产交付使用验收制度，验收工作由资产管理、监察审计、使用单位等相关部门共同实施。H高校在《仪器、设备及物资类固定资产管理规定》及内部控制流程手册-交付验收流程对固定资产的验收流程做了描述，但在制度中对实物资产验收仅为资产管理员及使用部门人员。外购资产验收内容主要包括：资产的品种、规格、型号、数量与请购单是否相符，运转是否正常，使用状况是否良好，有关技术指标是否达到合同规定的要求等。比如外购专业实验教学设备，价值大、使用周期长，仅由购买人员、资产管理人员及使用人员验收很难保证设备的质量，如果价值高、专业性强的外购资产在最初验收时没有相关专家参与验收及学校资产管理人员的良好的把关，不能从源头上控制质量，在后期使用中容易造成国有资产的损失，保障固定资产管理工作正常运行前提的是验收工作真实有效地进行。因此，H高校固定资产验收制度不完善，存在内部控制设计缺陷。

（2）固定资产日常管理制度不完善

《教育部直属高校经济活动内部控制指南》要求高校对贵重资产、危险资产及有保密等特殊要求的资产，应当指定专人保管、专人使用，并制定严格的接触限制条件和审批制度，H高校固定资产日常管理相关制度制定时间较早，现有制度的描述并未覆盖制度中规定的风险点，缺少针对特殊、危险物资专人保管制度。由于高校从事科研教学活动，具有教育事业的特殊性，很多特殊资产应用在实际的教学、科研过程中，使用频率高，使用人员多，大部分特殊要求的资产由使用的教师或相关的行政人员保管，没有设置特殊资产保管岗位，及制定相关制度，一旦在使用、保管中发生事故或资产损失，没有相对应的责任人。H高校应根据《指南》要求，特殊资产应由专人保管，严格规定接触限制及审批制度，一旦发生危险或资产损失，能够及时责任到人。因此，H高校固定资产日常管理制度不完善，内部控制设计存在缺陷。

（3）固定资产清查及处置制度不完善

H高校制定了较为完善的资产清查处置制度，但仍有缺失，H高校对于固定资产盘点过程中出现的账实不符、盘亏，查明资产损失原因后，针对被盗、遗失等人为因素造成的损失，并未制定完善的固定资产损失和赔偿的制度。由于高校的特性，学校资产的使用者基数大，放宽对资产损失的追究，会增加固定资产管理的风险，从而导致国有资产的流失。

（4）固定资产出租出借制度不完善

《教育部直属高校经济活动内部控制指南》要求高校应当建立健全固定资产出租出借管理制度，明确归口管理部门，建立严格的出租出借审批程序。凡需报上级主管部门备案或审批的，应按规定及时办理备案或报批手续。H高校制定了固定资产出租出借暂行管理办法，在制度中对审批程序及分级授权进行了严格规定，500万元以上（含500万元）至800万元以下的固定资产出租出借，由党委常委会审核、报教育部审批；800万元以上（含800万元）的固定资产出租出借，由党委常委会审核，报教育部审核、财政部审批。但是在H高校固定资产管理的内部控制手册中，并未设计固定资产出租出借的处理流程，造成出租出借流程缺陷。因此，应完善出租出借流程设计。

（5）固定资产处置流程缺陷

《教育部直属高校经济活动内部控制指南》中规定："应当加强固定资产处置控制。组织相关部门或专业人员对固定资产的处置依据、处置方式、处置价格等进行审核，处置价款应当及时、足额地收取并及时入账。处置价款扣除相应税金、费用等后，应当及时上缴中央国库，实行收支两条线管理。"固定资产处置范围包括：需报废、淘汰的固定资产，产权或使用权转移的固定资产，盘亏、呆账及非正常损失的固定资产，闲置、拟置换的固定资产，以及依照国家有关规定需要处置的其他固定资产。处置方式包括报废、报损、出售、出让、转让、无偿调拨（划转）、对外捐赠、置换等。H高校固定资产定期盘点固定资产，对需要报废的固定资产的名称、型号、规格、数量、现状等情况进行汇总。对于处置重大的固定物资，H高校处置的审核程序相对简单，对于重大资产的处置，在接到处置申请后，应当采用邀请相关专家组成的专家组评估等方式进行鉴定，对不符合处置标准的固定资产不予审批。

☞ **改进措施：**

通过将 H 高校固定资产内部控制制度与《教育部直属高校经济活动内部控制指南》和《行政事业单位内部控制规范》的要求对比分析内部控制设计规范性，发现了 H 高校在固定资产内部控制设计和执行上存在的问题及缺陷，从固定资产管理内部控制的流程步骤入手，具体分为资产验收管理、固定资产清查管理、资产出租出借管理、资产处置管理等方面进行优化改进。

固定资产验收制度优化

H 高校外购专业实验教学设备，价值大、使用周期长，仅由购买人员、资产管理人员及使用人员验收很难保证设备的质量，如果价值高、专业性强的外购资产在最初验收时没有相关专家参与验收及学校资产管理人员的良好的把关，不能从源头控制质量，在后期使用中容易造成国有资产的损失。因此，H 高校应规定固定资产验收的流程，对于专业要求较高、大额的固定资产需提供由专家技术及固有资产管理处共同验收，制定验收规范，验收过程中应核对固定资产的规格、型号、数量、金额。对固定资产所有的付款，都必须附有订购单、验收单、供应商发票和付款批注单。

H 高校应加强验收流程执行力度，对所有固定资产按照制度规定严格进行实物验收。实物验收作为验收工作的重要环节，有助于对购置的固定资产进行真实性确认。只有进行实物验收，才能保证资产的真实。对于大批同类资产且单位价值不高的，验收人员可采用抽验的方法，对价值较大或质量要求很高的资产，应采用全部实物验收的方法，现场逐一核对验收。验收人员应从思想上加深对验收工作重要性的认识，增加责任心。在验收过程中，要对合同的金额和验收申请单的价格进行仔细核对，一旦发现招标价格和验收价格不一致的现象，不能碍于情面，坚决拒绝通过验收。同时，H 高校固定资产验收单较为简单，不能充分实现固定资产验收目标，因此，重新设计 H 高校固定资产验收单。

固定资产出租出借制度优化

随着高校改革的不断加深以及高校形态的变化，高校的固定资产在保证学校教育教学和事业发展需要的前提下可对外出租出借。《教育部直属高校经济活动内部控制指南》要求高校应当建立健全固定资产出租出借管理制度，明确归口管理部门，建立严格的出租出借审批程序。凡需报上级主管部门备案或审批的，应按规定及时办理备案或报批手续。H 高校制定了固定资产出租出借暂行管理办法，在制度中对审批程序及分级授权进行了严格规定，校长办公室对 500 万元以下的固定资产、无形资产对外投资、出租出借进行审批，对 500 万元以上的固定资产、无形资产对外投资、出租出借进行审核；党委常委会对 50 万元以上（含 50 万元）的货币资金和 500 万元以上（含 500 万元）的固定资产、无形资产对外投资、出租出借进行审核；教育部对 500 万元以上（含 500 万元）800 万元以下的固定资产、无形资产对外投资、出租出借进行审批，对 800 万元以上的对外投资、出租出借进行审核，对 500 万元以下的固定资产、无形资产对外投资、出租出借进行备案；财政部对 800 万元（含 800 万元）以上的对外投资、出租出借进行审批，对 500 万元以上（含 500 万元）800 万元以下的固定资产、无形资产对外投资、出租出借进行备案。

固定资产日常管理制度优化

（1）固定资产使用环节

H 高校固定资产种类多，存放点比较分散，管控固定资产工作复杂，并潜在资产流失的风险，使用部门负责固定资产的日常管理，各资产使用单位需由资产管理员编制固定资产使用明细账，必须注明资产责任人和存在地点。使用人领用固定资产时，应在资产使用账中登记，当使用者离职时，所用资产必须按规定要回并办理相关手续。当资产的使用人发生变更时，原资产使用人和现有资产使用人必须向资产管理员登记，力争将单位的每一个器械、每台电脑都责任到人。明确记录资产使用人便于落实责任，同时也有利于开展固定资产清查，减少清查工作量。固定资产编码标签若有脱落，资产使用人有责任报告资产管理员，资产管理员应到资产管理中心领取标签并重新粘贴。

资产管理人员调动或离开工作岗位时，如不严格办理资产交接手续，进行资产清点、账务核对等步骤，确保资产账、卡、物相符，在后续资产难以管理。因此，H 高校应完善资产交接手续，明确每一位资产使用人，交接过程应由固有资产管理处当场监督。交接完毕后，交接的资产管理人员和负责现场监督的部门主管资产的领导应分别在移交清册上签名或盖章。移交清册上应注明部门名称、交接的资产管理人员姓名和监交人的职务和姓名、移交清册页数、交接日期等。

H 高校应对所有的固定资产建立文档管理制度，并由归口管理部门的专人负责。对所有的固定资产在购入时就及时将其合同、保修卡、计划资料、房屋的房产证、车辆的保险单复印件等资料，统一归档管理，以方便日后的维修、转让等工作，使用部门若需要可保存技术资料等的复印件以方便使用，避免固定资产文档管理工作由使用部门保管，而因使用人员多且经常调换，使得一些固定资产资料丢失了也无从查找，给日后的工作带来麻烦。

（2）固定资产维修保养环节

首先 H 高校应重视固定资产的日常维修保养，不能以维修替代保养，那样一方面在无形中将缩短固定资产的使用寿命，另一方面，也使潜在的发生机器事故的危险增加。在日常维护中，最重要的一点就是培养资产使用人"以防为主"科学使用的意识，使资产使用人在工作中养成自觉维护的好习惯，爱护设备，遵守具体的操作流程。其次 H 高校使用部门应制定固定资产的维护保养制度将固定资产的保养责任落实到个人，以确保固定资产的正常使用，提高固定资产的工作效率。固定资产的保养工作应从定期保养及建立维修保养档案两个方面进行完善。

对固定资产实行定期保养，定期检查，测试其运行中的问题，如发现问题，应及时报审，对设备进行维修管理。尤其是对精密、贵重仪器设备要定期检测、校验，确保精度和性能良好，防止事故发生。对房屋、构筑物要定期检查，及时向相关部门和主管部门提出鉴定、拆除和修缮意见。对高精密贵重的设备的使用要进行专门培训，要严格按指导规范来操作，这样能延长设备使用寿命，减少修理成本。使用单位对贵重、精密和容易发生安全事故的仪器设备，要指定专人进行管理和维护。使用单位要制定具体的操作流程，要对使用人员进行技术培训和安全工作教育。对于一般设备的经常维护，凡有专人专用的，仪器设备的保养需使用人负责，共同使用的仪器设备需由集体共同负责，专用设备的日常维护则应由实验室与设备管理处或委托专业服务单位定期对其检查和专业维护，对在用设备的维护保养情况要有记录。

固定资产使用部门应建立档案，用于登记固定资产的使用、保养、维修及改造状况。相关部门可以根据档案登记的固定资产运行状态和维修周期来制作维修计划，便于定期对固定资产维修费用的发生情况和维修计划的完成率、维修频率等相关数据进行统计分析，可以为以后制定固定资产维修保养计划提供科学的参考，并且维修档案的建立也可以加强监督固定资产维修保养计划提供科学的数据参考，并且维修档案的建立也可以监督固定资产维护保养实际的实施情况。

固定资产处置制度优化

固定资产处置范围包括：需报废、淘汰的固定资产，产权或使用权转移的固定资产，盘亏、呆账及非正常损失的固定资产，闲置、拟置换的固定资产，以及依照国家有关规定需要处置的其他固定资产。处置方式包括报废、报损、出售、出让、转让、无偿调拨（划转）、对外捐赠、置换等。H高校国有资产管理处人员要通过资产管理平台的固定资产信息随时关注快到使用年限的固定资产，及时通知相关部门注意及时申请固定资产报废，通过资产清查发现的没有经过审批擅自进行固定资产报废的单位给予通报批评。

为了使各资产使用部门严格按照规定处置资产，H高校应严格执行资产处置流程，资产各使用部门必须按流程严格执行。对于处置价值较高的固定物资产，H高校处置的审核程序相对简单，对于重大资产的处置，在接到处置申请后，H高校组织专家评审团对固定资产处置进行论证，对于未达到处置标准的固定资产不予审批；最后计划财务处对固定资产处置进行账务处理，处置收入足额上缴财政。

十、事业单位对外投资的流程：

提出投资意向；

可行性研究；

单位领导的集体论证；

报送相关部门审批；

制定和执行投资计划；

（办理投资手续；投资管理和核算；投资资产的处置与收回；投资活动的监督检查；投资活动评价）

对外投资活动的控制目标：

确保对外投资活动的合法合规；

确保投资行为的科学性、合理性、提高投资经济效益；

确保对外投资的安全、完整。

对外投资业务的主要风险

未按国家有关规定进行对外投资，可行性研究不充分导致决策失误风险；

对外投资决策不当，未经集体决策，缺乏充分可行性论证，导致投资失败；

与对外投资相关的不相容岗位未实现有效分离，导致舞弊和腐败的风险；

投资管理不善的风险。（缺乏有效的追踪）

对外投资业务的主要控制措施

建立岗位责任制和授权审批控制；

议事决策机制，领导班子集体决策；

追踪管理、及时、全面、准确地记录价值变动；

责任追究；

加强对外投资的监督检查。

五、合同管理内部控制

合同一般是指单位与自然人、法人及其他组织等平等主体之间设立、变更、终止民事权利义务关系的协议。本书中所指的合同，是指事业单位在行政管理和民事经济活动中与公民、法人或其他社会组织订立的合同、协议（包括补充协议）等。从范围上看，主要包括采购合同、工程合同、租赁合同、委托合同、技术咨询合同、财产保险合同和其他合同等。

科研事业单位合同管理是指为了确保合同内容与执行的规范性防止合同舞弊与预防腐败、规避法律风险并维护单位合法权益，对合同从立项、签订、履行及后续管理等全过程进行的一系列综合性管理活动。合同作为事业单位履行职能、参与经济活动的重要纽带，其种类多、涉及面广，决定了合同风险的多样化和复杂性，合同管理中的任何一个小纰漏都有可能给事业单位造成难以估量的损失。

本书结合事业单位合同管理中的现状，从合同签订、合同履行和后续管理等方面对合同管理中的主要风险进行剖析，并提出相应的防范措施。

1. 合同管理内部控制的定义和主要内容

科研事业单位合同管理内部控制是指由科研事业单位决策者、执行者和监督者共同实施、旨在为实现单位合同目标、维护单位合法权益、降低合同管理风险、提升单位服务效果、防范合同舞弊和预防腐败的过程。

合同管理按照流程可以划分为合同订立管理和合同履行管理。合同订立管理具体包括合同策划、合同调查、合同谈判、合同起草、合同审批、合同签订等环节；合同履行管理具体包括合同履行、合同补充或变更、合同解除、合同终止、合同归档等环节。

根据科研事业单位合同管理内部控制要求，单位应当在合同管理各个环节加强管理，明确岗位分工，建立健全岗位责任制，实施合同管理全流程监控，确保合同管理目标按期实现。

一是明确单位合同管理职责分工控制。科研事业单位合同管理内部控制制度要明确各职能部门在合同管理中的具体分工和职责，确保各部门分工明确、各司其职。

二是完善单位合同管理决策机制控制。科研事业单位要建立科学、民主、高效的合同订立决策制度，确保合同立项合理合法能够有效满足单位的管理要求，并最大限度地降低合同风险。

三是实行单位合同管理订立审批控制。建立合同文本订立审批流程，将与合同管理相关的职能部门]均纳入审签流程，确保合同文本周密严谨，无重大法律或专业疏漏。

四是严格单位合同管理履行监管控制。重视合同履约监控，在合同订立后及时关注合同履约进展，发现隐患及时处理，防止签订后因缺乏监管而失控。

五是推动单位合同管理考核追踪控制。与合同岗位责任制结合，健全合同管理考核追踪制度，定期考核合同管理情况及合同履行效果，切实实现合同风险防范问责。

2. 合同管理内部控制目标

（1）建立合同管理制度，规范合同管理流程

合同管理是科研事业单位加强内部治理的重要环节和有效抓手。科研事业单位要实现合同管理的规范化、科学化和法律化，就要建立健全合同管理制度，使合同管理有章可循、有法可依，规范合同管理流程，从合同策划开始，到合同履行，再到合同归档，周期一般较长，中间任何一个环节出现问题，都会对单位产生风险，甚至造成不可估量的损失。因此要做到合同管理规范、流程科学、内容全面。

科研事业单位在订立合同时，需要由管理决策部门进行集体研究决定，对审批程序进行授权，避免合同订立时会遗漏经济事务，避免出现以口头的形式去对经济事务进行办理，不能不经过授权就私自以单位的名义进行合同的签订，不能在违反法律法规的情况下，就以单位的名义签订担保、借贷合同。

（2）规范合同过程管理，降低合同管理风险

合同订立要按照科研事业单位合同管理制度，充分调查，科学论证，民主决策，有效谈判，严格履行合同授权审批程序，确保合同订立科学严谨，合同内容完整合法有效。合同履行要进行有效监控，时刻监控合同履行情况，如果遇到特殊情况造成合同履约困难，或发生合同纠纷、变更、解除等情况时，确保能及时采取应对措施，维护单位合法权益，做到"事前""事中""事后"全过程控制，降低合同管理风险。

在合同签订完毕后，需要对合同的履行情况进行监管，如果遇到比较特殊的情况而使合同的履行受到影响，或者是合同出现了变更、纠纷等现象，就需要积极采取科学有效的措施，保证科研事业单位的合法权益不受影响。

（3）提高合同管理规范化，推动单位有效治理

通过规范合同流程和文本管理，确保合同档案安全完整，可以有效防范合同潜在风险，提高合同管理效率。高效的合同管理，能够有效推动科研事业单位管理水平和治理能力的提高，为单位科学规范运转提供良好的保障基础。

在订立合同时，科研事业单位需要进行协商、谈判，并保证其公平有效，合同的内容要准确、完整，保证合同中没有遗漏相关的法律项目，权利义务比较明确，合同内容的词语要严谨科学，具有一定的逻辑性，需要相关部门对合同进行审核，然后在进行合同的订立，避免合同文本中存在错误等影响事业单位的利益实现。

（4）完善合同档案，确保单位涉密信息安全

要对合同的订立、履行、变更等相关档案信息资料进行科学的管理和保存，使合同档案更加完整，对相关的信息做好保密工作，避免合同内容中工作、国家等秘密的泄露。

3. 合同管理内部控制的风险

合同控制风险贯穿于合同订立、重大合同评审、合同履行、合同变更\中止、合同纠纷处理等各个流程，科研事业单位应当系统梳理这几个流程的重点控制过程，完善合同管理制度，用流程固化制度的方法来控制合同风险。

合同调查环节的风险

在合同调查环节，科研事业单位面临的主要风险包括：

合同签订前未对合同事项进行科学论证，合同内容不能满足单位事业发展要求，甚至会影响科研事业单位战略目标的达成。

在选择合同对象时，未充分调查对方主体资质、履约能力及征信情况，或者在履约过程中，未能持续关注对方的资信变化，产生合同潜在违约风险，造成不可挽回的损失。

合同谈判环节的风险

在合同谈判环节，科研事业单位面临的主要风险包括：

合同谈判人员选择不当，谈判经验不足，缺乏足够的合同知识及谈判技巧储备，导致科研事业单位在谈判中处于不利地位；

在合同谈判时忽视关键性条款，或在重大原则问题上做出不当让步，使科研事业单位蒙受损失；

对合同标的可能产生争议或纠纷的明细内容在合同谈判时未予明确，例如计量单位、技术标准、价款计量方式、支付方式、履约期限、履约地点、违约责任等表述不清，造成合同漏洞，可能产生履约风险。

合同起草环节的风险

在合同起草环节，科研事业单位面临的主要风险包括：

合同起草内容存在的不合理、不严谨、不完整、不明确、描述不准确或者可能引起重大误解的条款，在补充条款中未予明确；

合同条款与国家法律、地方法规或产业政策产生冲突，导致合同无效或无法执行，产生合同风险；

合同文本中存在不利于己方的条款未被发现产生合同风险。

合同审批环节的风险

在合同审批环节，科研事业单位面临的主要风险包括：

合同审核人员因专业素质不过硬或工作态度疏忽，未及时发现合同条款中的不当内容；或者虽然发现合同中存在不当内容，却未提出恰当的修订意见。

合同审核人员提出合同修订意见后，合同起草人员未能及时修改合同文本，导致合同文本中的不当内容未被修订。

合同签订环节的风险

在合同签订环节，科研事业单位面临的主要风险包括：

合同内部管理制度不健全，归口管理部门不明确，未经授权或未按规定的程序签订合同。

单位负责人授权书管理不当，被授权人超越授权期限或范围签订合同；

合同印章管理不规范，为未经过审批流程的合同加盖了合同印章；

已签署合同未妥善保管，发生合同纠纷时无法举证，或造成合同泄密等。

合同执行环节的风险

在合同执行环节，科研事业单位面临的主要风险包括：

本单位或合同对方当事人没有严格恰当地履行合同中约定的义务。

合同生效后，因合同关键条款未明确关键事项且没有签订补充协议，导致合同无法正常执行。

发生合同纠纷时，处置不当给单位造成经济损失。

在合同执行时，未能及时发现已经或可能给单位带来经济损失的情况，或未能采取有效补救措施。

执行合同时，发现了对方的违约行为但并未采取补救措施或未及时追究其违约责任。

合同执行期过长，导致科研事业单位合法利益受损或承担额外的法律责任。

合同归档环节的风险

在合同归档环节，科研事业单位面临的主要风险包括：

合同登记编号不连续，合同档案保管不当或不完整，造成合同泄密，导致科研事业单位乃至国家利益受损。

合同档案管理不规范，合同流转、借阅和归还等环节缺少审批程序等。

4. 合同风险内部控制的应对措施

（1）加强组织领导，重视合同管理内部控制工作

科研事业单位应当积极做好内部控制工作，完善内部控制制度，设置事业单位经济合

同的专门管理部门，设置合同的审核机构，并明确相关部门在合同管理中的责任义务。合同管理部门需要对订立的合同认真审核，做好合同档案的管理工作，与合同履行部门对合同的执行进行科学的监管，一旦出现合同纠纷，需要协调好各部门的工作，对合同纠纷进行科学的处理。合同订立的执行部门需要对合同项目开展的可行性进行分析和研究，对合同履约单位的具体情况进行全面的调查，做好合同事项的谈判，起草高质量的合同内容，并对合同进行科学的审核，同时对合同的履行情况做好监督工作，及时处理合同纠纷问题。审核部门需要对合同合理合法性、可行性等进行审核。

（2）建立健全合同业务的内部管理制度，强化合同审批、决策管理

通过建立健全合同业务的内部管理制度，合理设置业务岗位，建立合同授权审批制度和会审制度。加强对合同管理控制的监督，纪检监察审计处要负起主要责任，在合同的签订过程中，要重点监督合同的内容的完整性，要素是否齐全、相关责任有无落到实处，此外，还要特别关注合同的补充协议。

在订立合同时，需要有完善的审批制度，对合同的订立、变更以及解除等进行科学的审批授权，使事业单位的审计、财务以及纪检等部门都参与到合同的订立审批中，同合同管理以及执行部门共同对合同进行审核签订，合同的签署权限需要明确。同时，保管好空白的法人授权书以及印章等，了解法人授权的时间和相关事务，避免出现没有经过授权就私自以单位的名义进行合同签订等现象的出现。

科研事业单位应对合同的订立决策进行科学的管理，完善合同订立决策制度，在对合同订立前，需要对相关的项目进行科学的论证，避免资源的重复使用，造成严重的浪费现象。在订立合同时应科学民主，对于一些专业技术性比较高、法律关系比较复杂的内容，应由技术、法律等方面的专家进行决策，使合同的订立科学严谨，能够保证事业单位的合法权益少受影响。

（3）加强对合同履行监督管理，对合同进行考核追踪

科研事业单位在合同条款中应对相应的保护措施进行明确，对合同的履行情况进行监督，如果存在违约的情况，应中止合同，避免造成较大的合同违约损失。在合同内容中，应设定相关的合同变更以及转让等内容，明确其程序，如果没有经过同意就随意变更和转让则视其为无效，有效避免合同变更以及转让的风险。在合同管理中确定合同纠纷管理程序，如果存在合同纠纷，就应及时向相关管理人员汇报，对合同纠纷的具体情况进行分析，对相关的责任人做好处理工作，在合同纠纷方与授权单位协商后，将合同纠纷带来的经济损失降到最低，对违约方的违约行为进行明确和收集，为法律手段的实施提供科学的依据。

要实现合同管理内部控制的科学进行，需要对合同进行考核追踪，完善风险防范机制，明确合同管理中各项工作职责，事业单位需要定期对合同的决策、订立以及履行等情况进行评估，如果存在问题要及时解决。要对合同风险进行科学的分析，了解其原因，并追究相关人员的责任，使合同管理内部控制能够顺利进行。

与此同时，科研事业单位对合同业务实施归口管理，加强对合同业务的流程控制，不

断提升合同管理人员的专业素质。通过开展专业化合同管理培训，专兼职合同管理人员要通过学习培训，掌握合同的审核过程中涉及的各方面的专业知识，全面掌握合同签订中的关键点，加强合同控制，保护单位的合法权益。

5.合同管理内部控制关键控制点

岗位设置

科研事业单位应设置专门岗位分别负责合同的起草、审核、审批、签订、执行、核算、保管和入档，并落实岗位责任制。

科研事业单位合同专用章应当由专人妥善保管和使用。合同签订、合同执行和付款审批，合同签订和合同专用章保管分别为不相容岗位。不得由同一人办理合同签订、收付款业务。

合同拟订

科研事业单位合同承办部门经办人员负责对合同对方当事人的主体资格、业务经营资质、增值税纳税资质、资信情况和履约能力进行审查，确保对方当事人具备履约能力。

科研事业单位合同承办部门经办人员与对方当事人在初步意向接触的基础上进行合同谈判，并就双方谈判达成的共识草拟合同初稿。经办人员将合同初稿通过 OA 办公系统或书面方式提交法律事务部门和相关部门进行合同预审，形成合同送审稿。

合同审批

科研事业单位合同的签订应当履行合同审批流程，根据相关合同管理规定，由合同承办部门、法律事务部门、合同协助管理部门、合同执行部门等对合同条款进行审查或会签，以确保对合同条款中约定的费用、质量标准和对法律法规的遵循等各方面条款实施事前控制。

科研事业单位管理层根据各部门的审查和会签意见对合同进行审批。所有合同均须经法律事务部门审查并经总法律顾问审核后方可正式签订，以减少单位涉及重大法律纠纷的风险。科研事业单位对外签订合同，应当由单位负责人签订或由法定代表人授权人员在其授权范围内代为签订。

合同签订

科研事业单位应当以单位名义对外签订合同，单位各职能部门及其附属机构可在单位授权范围内签订合同。授权代表人代为签订合同的，应当由单位负责人签发授权委托书，以确保合同的签订经过适当的授权。

科研事业单位合同经由单位负责人或授权代表人签字后，合同承办部门将正式合同文本提交合同印章（或合同专用章）保管部门，合同印章（或合同专用章）保管人根据合同管理系统中的合同审批表在合同正式文本上加盖印章（或合同专用章）。合同管理系统自动对合同进行连续编号，并记录合同有关信息，或由法律事务部门的合同管理专门人员在合同登记簿中按照合同管理系统的编号对合同进行登记。

科研事业单位合同专用章应当由专人保管，并建立合同专用章使用登记簿对合同专用章使用情况进行记录。

合同履行

在科研事业单位未签订书面合同前，任何部门或个人不得与对方当事人仅通过口头协议等形式提前履行合同。

科研事业单位合同执行部门负责合同履行。在满足合同相关条款后，合同执行部门书面通知财务部门专门人员，并提交经执行部门经办人和负责人确认的相关原始凭证。合同实际履行过程中，合同执行部门负责保管所有涉及履行的各项书面往来资料。

合同变更与终止

科研事业单位合同执行部门在合同履行过程中需要变更或终止合同时，按照原签订合同时的审批程序经单位管理层审批，并与合同对方当事人协商一致变更或终止该合同。

在合同履行期间，如出现合同争议，由合同承办部门和合同执行部门会同法律事务部门采用协商、调解、仲裁及诉讼的方式解决。

科研事业单位处理合同纠纷时应书面授权有关部门或个人办理，未经授权不得向对方做出实质性答复或承诺。

合同归档

合同执行部门经办人员在合同履行完毕后在规定的期限内将合同文本交档案管理部门归档，并办理归档登记等相关手续。

科研事业单位应当加强合同信息安全保密工作，未经批准，任何人不得以任何形式泄露合同订立与履行过程中涉及的国家机密、工作秘密或商业秘密。

科研事业单位合同归口管理部门应当加强合同登记管理，充分利用信息化手段，建立合同文本统一分类和连续编号制度，定期对合同进行统计、分类和归档，合同终结应及时办理销号和归档手续。

科研事业单位合同归口管理部门应当规范合同管理人员职责，明确合同流转、借阅和归还的职责权限和审批程序等有关要求，实施合同管理的责任追究制度，并对合同保管情况进行定期和不定期的检查。

科研事业单位应当建立合同履行情况评估制度，至少于每年年末对合同履行的总体情况和重大合同履行的具体情况进行分析评估，对分析评估中发现合同履行中存在的不足，应当及时改进。

附：合同管理流程图

为更直观了解科研事业单位合同管理基本流程及其风险和管控措施，以某事业单位研究所为例，通过流程图的形式予以展示其合同管理流程。

（一）合同订立流程

1. 审批权限及职责

权限标准	业务主管部门	发起部门	相关部门	授权主体				备注
				发起部门相关负责人	相关部门业务负责人	单位主管领导及委托授权人	单位法人	
法人授权委托书协外类合同规定额度	发展规划部门	合同承办部门	科研生产部门、质量管理部门、财务部门、法律事务部门、其他部门	审核	会签或授权额度内审批	授权额度内审批	审批	
法人授权委托书外协类合同规定额度	发展规划部门	合同承办部门	科研生产部门、质量管理部门、财务部门、法律事务部门、其他部门	审核	会签或授权额度内审批	授权额度内审批	审批	

2. 不相容岗位表

序号	不相容岗位	具体要求
1	合同谈判与审核审批	合同谈判人员不能同时拥有对合同最终审核确定的权利； 严禁未经授权的人参与合同谈判； 严禁为未经授权的人员进行合同审核和审批。
2	合同批准、签署与合同章管理	具有合同签字权的人不得负责合同专用章的管理； 合同审核批准人不得负责合同专用章的管理； 严禁未经授权签署合同。
3	合同的审批与执行	对合同进行审核、审批的人员不得参与合同的具体执行； 严禁未经授权进行合同执行。

3. 合同订立流程图，主要责任部门：发展规划部门

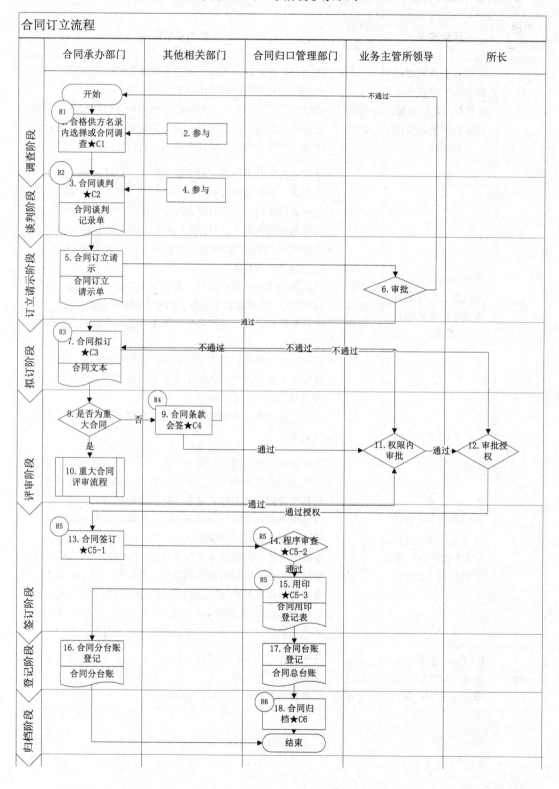

4. 关键风险点与控制措施

关键风险点	风险描述	关键控制点	控制措施描述
R1	未调查准合同对象的主体资格或未调查对方的资信状况,产生合同履行失败的风险。	C1 合同调查	各部门按照分管业务建立各业务领域合格供方名录,签订合同时原则上选用名录内的单位; 如确实需要选用名录外的单位,合同承办部门在合同谈判之前须组织进行合同调查,充分了解对方的主体资格、信用状况等有关情况,确保合同对方具备履约能力。
R2	谈判经验不足,缺乏技术、法律和财务支撑,导致利益受损。	C2 合同谈判	谈判前收集对手资料,对于影响较大、设计较高专业技术或法律关系复杂的合同,要组织技术、财务、法律等专业人员参与谈判,必要时聘请外部专家参与相关工作; 充分利用前期调查资料,研究国内相关法律法规,行业监管、产业政策、同类产品或服务价格等与谈判内容相关的信息,正确制定谈判策略; 重点关注合同的核心内容、条款和关键细节,包括:合同标的数量、质量或技术标准,合同价格确定方式与支付方式,履行期限和方式,违约责任的解决方法,合同变更或解除条件等; 谈判过程中要有针对本单位常规产品的价格体系指导,重要事项和参与谈判人员的主要意见,应当予以详细记录形成谈判记录单并妥善保存; 谈判过程中要注意保密,不能泄露任何相关的商业秘密和国家信息。
R3	合同内容不完整或表述不严谨,或存在重大疏漏和欺诈,导致所利益受损。	C3 合同拟定	根据谈判结果,拟定合同文本,一般由合同承办部门起草,一般合同由其他相关部门会签,重大合同或法律关系复杂的特殊合同,要组织其他相关部门进行评审; 优选国家或行业的合同示范文本,根据实际情况进行适当修改,对于常规合同要形成固定的合同文本; 原则上外协合同使用本单位文本。由签约对方起草的合同,要认真审查,确保合同内容准确,并特别注意"其他约定事项"等需要补充填写的栏目,防止合同生效后被篡改; 建立合同归口管理部门统一授权审批制度,严格合同管理,防止通过化整为零等方式故意规避招标或越权行为。
R4	合同条款违法违规、表述不够严谨准确或存在重大疏漏。	C4 合同会签	各相关部门对合同的主体、标的、技术要求、产保要求、进度要求、标的额、支付方式、双方权利义务、法律责任等条款的合理性、可行性发表意见。

关键风险点	风险描述	关键控制点	控制措施描述
R5	超越权限签订合同、合同归档资料填写、签署不完整印章使用不当，存在所利益受损的风险。	C5-1 合同签订	法定代表人按照规定的权限和程序与当事人签署合同，对于授权签署的，要签署授权委托书； 专人保管合同章并对用印做详细登记。在日常经营过程中，承办部门和财务部门不得保管合同章； 合同经编号、审批及法定代表人或由其授权的代理人签署后，方可加盖合同专用章。
		C5-2 程序审查	合同订立请示单、合同外包单、谈判记录单、报价单、会签表、评审申请表、评审证明书等资料必须填写完整，按照权限审批签署完整。
		C5-3 用印	建立合同专用章管理使用制度，严格执行合同专用章使用的审批、登记手续，禁止合同专用章使用于空白合同文本，对方合同均须加盖合同骑缝章。
R6	由于归档不及时等原因造成的合同档案不全。	C6-1 合同归档	建立合同档案管理制度，严格合同归档和借阅程序，委派专人进行合同文本的管理； 对于合同补充和变更、合同解除等所产生的相关资料，合同归口管理部门应及时进行归档。

5. 记录清单

《合同谈判记录单》

《合同订立请示单》

《合同文本》

《合同用印登记表》

《合同分台账》

《合同总台账》

（二）重大合同评审流程

1. 审批权限及职责

权限标准	业务主管部门	发起部门	相关部门	授权主体				备注
				发起部门相关负责人	相关部门业务负责人	单位主管领导及委托授权人	单位法人	
审议申请	合同承办部门	合同承办部门	\	审核	\	审批	审批	
审议材料	合同承办部门	合同承办部门	科研生产部门、质量管理部门、财务部门、法律事务部门、保密部门、其他相关部门	审核	会签	审核	审批	

2. 不相容岗位表

序号	不相容岗位	具体要求
1	重大合同评审申请与审核	合同评审申请与合同评审审核的职责应严格分开，严禁提出合同评审申请的人员对评审申请进行审核。
2	重大合同评审申请与评审结论审批	合同评审申请与合同评审结论审批的职责应严格分开，严禁提出合同评审申请的人员对评审意见和评审结论进行审批。

3.重大合同评审流程图，责任部门：发展规划部门

重大合同评审流程

	合同承办部门	法律事务部门	财务部门	其他相关部门	业务主管所领导	所 长

评审准备阶段
- 开始 ←——不通过——
- 1.提出评审申请 / 评审申请表

评审审批阶段
- 2.审批
- ——通过——
- R1
- 3.准备评审材料★C1-1 ←——不通过——不通过——

评审阶段
- 4.组织召开评审会 ← 5.参加评审会

评审结果审批阶段
- R1
- 6.汇总评审意见★C1-2 / 评审证明书
- 7.权限内审批
- 8.审批
- ——通过——通过——
- 结束

4. 关键风险点与控制措施

关键风险点	风险描述	关键控制点	控制措施描述
R	R1-1 可能存在评审材料收集、准备不全。	C1-1 评审材料准备	评审组加强对评审材料全面性、真实性和准确性的审核，评审材料至少应包括下列内容：合同的基本情况，以及必要的合同背景情况；合同的目的、必要性与可行性；合同各主体方及有关参与方的基本情况；价格报批等其他需要说明的情况。 加强对评审材料的收集、整理人员的业务培训，提升业务能力。
	R1-2 可能存在评审意见不完整或不一致。	C1-2 形成评审意见	业务部门参加评审时应根据各自的职责，提出相关评审意见：经营部门对合同效益等提出评审意见；科研生产部门对合同中交货周期等提出评审意见；技术部门对合同中产品性能、技术要求等提出评审意见；质量管理部门对产品保证要求和质量条款等提出评审意见；财务部门负责对结算方式等提出评审意见；法律部门对合同合法性、形式要件等形成评审意见；其他业务部门按照职责分工负责对合同的相关条款提出评审意见。

5. 合同清单

《评审申请表》

《评审证明书》

（三）合同履行流程

1. 审批权限及职责

权限标准	业务主管部门	发起部门	相关部门	授权主体				备注
				发起部门相关负责人	相关部门业务负责人	单位主管领导及委托授权人	单位法人	
隐患及处理方案	合同承办部门	合同承办部门	科研生产部门、质量管理部门、财务部门、法律事务部门、保密部门、合同管理部门、其他相关部门	审核	会签	审核	审批	

2. 不相容岗位表

序号	不相容岗位	具体要求
1	隐患处理方案的提出与审批	提出隐患处理方案和审批隐患处理方案的职责应严格分开，严禁提出隐患处理方案的人员审批隐患处理方案。

3. 合同履行流程图

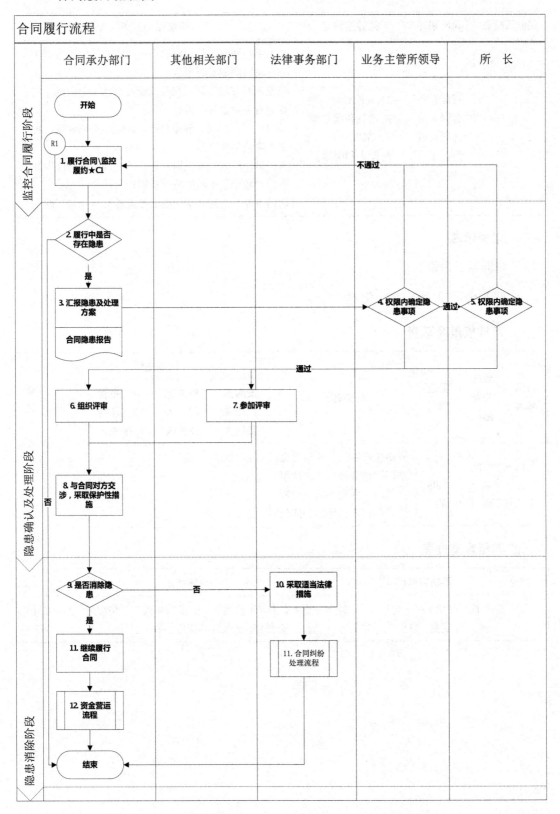

4. 关键风险点及控制措施

关键风险点	风险描述	关键控制点	控制措施描述
R1	可能存在合同未全面履行或监控不当	C1 监控对方的履约诚意和履约能力，掌握自身的履约能力和限制。	相关部门随时跟踪了解自身或对方的履约能力和诚意，发现问题及时报告； 在发现对方违约后，充分、合理行使保全措施并向企业有关负责人汇报； 及时行使抗辩权、解除合同、提起诉讼或仲裁，将损失降到最低； 关注诉讼时效，发生迟延履行的，及时进行催告并取得时效中止中断的书面证据； 聘请专业人士对法律纠纷的处理进行指导和帮助。

5. 记录清单

《合同隐患报告》

（四）合同变更\中止流程

1. 审批权限及职责

权限标准	业务主管部门	发起部门	相关部门	授权主体				备注
				发起部门相关负责人	相关部门业务负责人	单位主管领导及委托授权人	单位法人	
合同变更\中止	合同承办部门	合同承办部门	科研生产部门、质量管理部门、财务部门、法律事务部门、保密部门、合同管理部门、其他相关部门	审核	会签	审批	审批	

2. 不相容岗位表

序号	不相容岗位	具体要求
1	提出变更\中止与审批变更\中止	提出变更\中止与审批变更\中止的职责应严格分开，严禁提出变更\中止人员对变更\中止进行审批。

3. 合同变更\中止流程

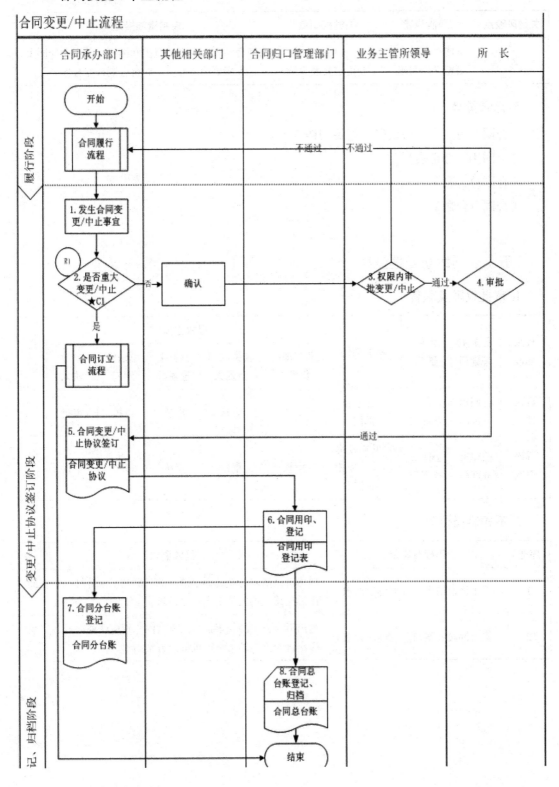

4. 关键风险点及控制措施

关键风险点	风险描述	关键控制点	控制措施描述
R1	可能存在重大变更定义不明确。	C1-1 明确重大变更定义及手续	明确合同重大变更的范围和类型;凡属于合同重大变更的,需重新履行合同订立程序。

5. 记录清单

《合同变更、中止协议以及相关归档资料》

《合同用印登记表》

《合同总台账》

《合同分台账》

(五)合同纠纷处理流程

1. 审批权限及职责

权限标准	业务主管部门	发起部门	相关部门	授权主体					备注
				发起部门负责人	相关部门负责人	业务主管领导	总法律顾问	单位法人	
诉讼请求	合同承办部门	合同承办部门	法律事务部门	审核	审核	审核	审核	审批	
诉讼方案	法律事务部门	法律事务部门	合同承办部门及业务相关部门	审核	审核	审核	审核	审批	

2. 不相容岗位表

序号	不相容岗位	具体要求
1	提出诉讼请求与审批诉讼请求	提出诉讼请求与审批诉讼请求的职责应严格分开,严禁提出诉讼请求的人员审批诉讼请求。
2	提出诉讼方案与审批诉讼方案	提出诉讼方案的与审批诉讼方案的职责应严格分开,严禁提出诉讼方案的人员审批诉讼方案。

3. 合同纠纷处理流程

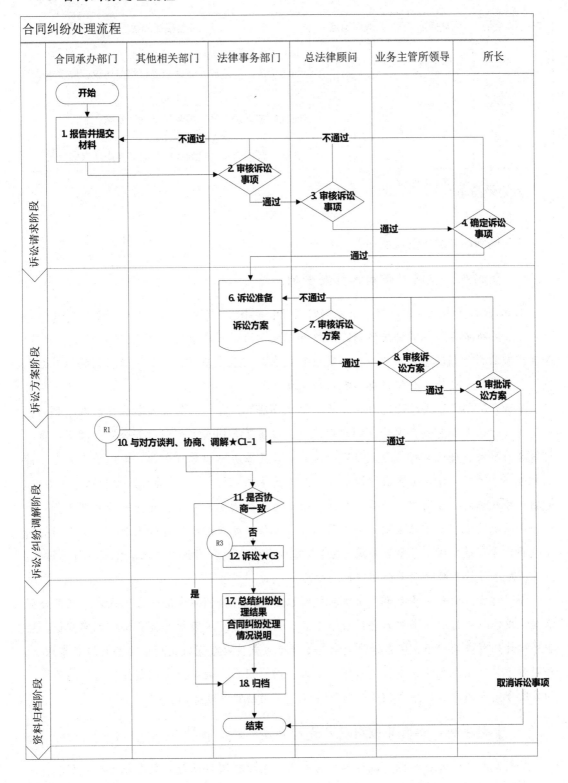

4. 关键风险点及控制措施

关键风险点	风险描述	关键控制点	控制措施描述
R1	纠纷处理不当风险	C1-1 与对方谈判、协商、调解	合同承办部门经授权后与对方协商； 纠纷解决办法达成一致必须签订书面协议，经签字盖章后生效。
R1	诉讼失败风险	C1-2 诉讼	研究制定诉讼方案，报领导审批后实施； 广泛收集、注意保留诉讼证据； 胜诉后跟进判决结果的执行，必要时申请强制执行。

5. 记录清单

《诉讼方案》

《合同纠纷处理情况说明》

☞ 案例五：合同管理内部控制案例

来源：A科研事业单位内部控制案例研究 [D]. 李小文. 中国财政科学研究院. 2017-05-08

A研究所是按照国家科技体制改革的要求成立的国家非营利性、社会公益性研究机构，是我国农业科学领域的创新中心，以解决我国农业发展中基础性、关键性、前瞻性重大科技问题提供技术支撑为总体目标的农业科学研究所。

A研究所制定了《A研究所经济活动管理办法》，合同的管理按职能分为两个部门，一是在实际情况和有关合同管理制度规定下，设置了合同承办部门设置合同管理岗，负责起草合同草案、提交审核、合同整理等工作。二是业务归口管理部门，如综合办公室、计划财务部，他们负责合同管理中的审批、监督、存档、结算等。作为合同管理的牵头部门，计划财务处制定了合同订立业务、合同履行业务、合同结算业务、合同纠纷处理业务、涉及一年以上质保期的质保金协议签订的各业务流程，牵头组织监督合同履行。有专门的法律顾问负责审核合同制定是否合规合法，财务处负责支付合同款项并记录合同执行的过程。另外，A单位按金额明确了合同审批的权限。

合同订立是由合同承办部门负责人或授权委托人与合同对方洽谈合同内容、起草合同草案（或依据中标通知书起草合同文本）后交给部门负责人审核并提交法律顾问审核，按顺序由计划财务处审核、主管领导审批（金额重大或重要合同提交所长办公会进行审议）、合同对方单位法人或法人委托人签字并加盖合同专用章，最后所法人或授权委托人签字、加盖所合同专用章后分发至相关合同承办部门交由档案管理部门存档。

☞ 案例分析：合同管理问题及成因分析

A研究所合同管理的相关流程都较为完善，关于合同订立是必须由合同承办部门、法律顾问、计划财务部进行审核，主管领导审批，金额重大的还需提交单位所长办公室进行审议，法人签字盖章等要求进行，但在实际工作中，合同签订审核不完全按流程走，审核不严，或只是走表面形式进行审核，对于合同中的一些条款、要素，未能严格把关，合同补充协议形同虚设，工作人员难以及时发现补充协议中的不明确因素，把关注点都放在了主合同的审核和签订上，导致一些损失。

对于 A 研究所合同管理的问题，原因主要在于相关工作人员责任心缺乏，对合同的把关不严格，不关注合同的细节问题，审核不细致。

☞ **改进措施：加强合同管理**

A 研究所可通过加强合同签订审核和提升合同管理人员素质两方面完善合同的管理，对合同业务的执行情况起到有效的规范，减少合同内部控制中所存在的失误和合同纠纷，降低成本提高资金的使用效率。

一方面，要加强对合同管理控制的监督，纪检监察审计处要负起主要责任，在合同的签订过程中，要重点监督合同的内容的完整性，要素是否齐全、相关责任有无落实到具体，此外，还要特别关注合同的补充协议。另一方面，对合同管理人员进行培训，提升他们的专业素质。可以以线上和线下培训相结合的方式进行，掌握合同的审核过程中涉及的各方面的专业知识。可在线上提供学习的平台，相关人员可根据自己时间安排进行学习，线下培训内容的重点落在重要性的宣传上和线上学习引导、对重点难点单独培训。学习专业课程如合同法、经济法等，全面掌握合同签订中的关键点，加强合同控制，保护单位的合法权益。

六、建设项目内部控制

1. 定义及范围

科研事业单位建设项目一般是指科研事业单位内部自行组织或委托其他单位进行的各类工程建造及安装项目，由此衍生的各类工程物资管理也应当纳入建设项目管理范围之中。科研事业单位建设项目管理的业务流程一般可划分为工程立项、工程设计与概预算、工程招标、工程建设与工程竣工验收等环节，每个环节具有更细化的业务活动。

科研事业单位建设项目一般具有投入资金数额较大、建设周期较长、参与建设主体单位较多、技术难度及工艺相对复杂、环境制约因素多、风险系数较高等诸多特点，对科研事业单位具有重大影响。按照《行政事业单位内部控制规范（试行）》的要求，科研事业单位应当建立健全建设项目内部控制管理制度。科研事业单位应当合理设置岗位，明确内部相关部门和岗位的职责权限，确保项目建议和可行性研究与项目决策、概预算编制与审核、项目实施与价款支付、竣工决算与竣工审计等不相容岗位相互分离。

为了规避风险和减少浪费，科研事业单位应加强建设项目管理，尤其对经济效益低下、危及单位资金安全以及可能存在的其他安全隐患等建设项目，要重点进行内部控制和管理，做到有备无患。

2. 建设项目控制目标

科研事业单位建设项目的基本任务是严格贯彻国家有关法律、行政法规和国家方针政策，依法依规合理筹措建设专项资金，在科研事业单位统筹安排下，做好建设专项资金预算的编制、执行、考核工作，专款专用，加强建设项目管理，规范审批流程，确保项目建设质量，节约建设资金，提高资金使用效益。

（1）科研事业单位建设项目前期论证充分，运作流程规范，各环节操作程序均在充分授权范围之内，保证项目各类支出的真实性和准确性，有效管控建设项目成本，强化建设项目的预算管理、采购管理、物资管理、合同管理、财务管理等各方面内部控制，提高建设项目的精细化管理水平。

（2）优化科研事业单位建设项目的人员配置，明确职责分工及权限。对建设项目中各类工程物资的申领、验收、使用、保管等职责适当分离，对在建设工程的施工、验收、审计监督等规范流程，职责相互独立，避免舞弊情况的发生，确保各类工程物资和在建工程的安全完整。

（3）合理确保工程项目所涉及的相关资产和应付账款记录及时、真实、准确和完整并符合《政府会计制度》的要求，建立健全建设项目台账、档案，保证建设项目核算真实、准确、完整，有效监控建设项目资金安全，严格控制建设项目成本，避免出现资源浪费。科研事业单位建设项目的财务报告真实可靠以及管理报告及时准确，并能支撑相关的管理决策。

（4）合理管控和防范各类风险。科研事业单位建设项目复杂程度较高，包括法律风险、安全风险、财税风险等在内的各类风险贯穿其中，如果工作人员法律意识淡薄、安全意识弱化、业务素质不过硬、财务敏感度不高等，极易产生各种纠纷，引发各类风险事件，给单位造成不可估量的损失。只有严格内部控制流程，加强人员综合素质提升，才能从根本上减少或杜绝各类风险，避免单位承担法律等风险。

3. 建设项目控制的主要风险

在科研事业单位中，因建设项目自身建设周期长、复杂程度高等特点，建设项目在运行过程中极易产生各类风险，是单位加强内部控制的重点和难点。从科研事业单位建设项目性质来看，其主要存在的内控风险包括程序性风险、效益性风险、财务管理风险、合同风险、安全风险等。

（1）建设项目程序性风险

建设项目是否能获得相关监管机构审批并立项；项目启动是否遵循相关审批决策程序；

建设项目对外披露前，是否存在信息泄露的风险；

建设项目合同协议条款是否完备、职责是否清晰；

建设项目合作方是否与单位内部人员有利益冲突；设定具有限定性的唯一合作方是否

存在与单位人员之间有利益输送的可能性。

业务合作伙伴的经营资质是否符合相关要求；项目合作职责分工、结算规则是否清晰合理。

（2）建设项目的效益性风险

项目定位是否明确；项目规划是否清晰；项目完成是否能形成预期的能力；项目建设是否能够按期保质完成。

项目方案被竞争对手迅速跟进模仿的风险；项目实施未达到预期推广效果的风险，或未带来预期收益的风险；

合作伙伴的整体实力、管理水平是否符合要求；

建设项目是否存在健康安全环保等问题；

建设项目是否会引起社会负面报道或公众投诉。

（3）建设项目财务管理风险

一些科研事业单位往往侧重于施工现场的安全和质量管理，注重工程效益而忽视对财务的重视和管控，认为财务不能直接产生经济效益。财务管理缺少规范化管理体系，财务人员不参与工程项目预算编制、合同签订和采购监督，造成施工与财务相分离，给单位运营带来经济税务风险。

有的科研事业单位在一些建设项目上，对投入的资金预算不足，造成建设项目实施成本超预算执行，以及在实际的资金筹划运行中，盲目筹资、投入，导致资金链断裂，出现工程延期的情况，影响了工程进度。

工程项目施工管理、工程监理不到位，工程变更频繁，可能导致工程质量低劣、预算超支、投资失控、工期延误。

（4）建设项目合同风险

签订合同是约束工程项目建设、施工等各方行为，保证项目进度的重要法律依据。但是在实际签订合同中，由于文字表述不规范、合同利益相关方对条款理解存在分歧、一些具体施工的权利和职责未明确等原因，使合同各方产生了一些纠纷，不仅消耗了项目各方的时间、精力，还产生了各种冲突和矛盾，甚至诉讼事件，也直接延缓了工程项目的开展，增加了项目成本。

（5）建设项目安全风险

在工程项目推进中，潜存着各种各样的安全隐患：一些工程项目，往往雇用着大量民工，而不少民工缺少安全管理方面的培训、经验，导致在施工中风险防范意识和措施不足；一些安全操作管理规定流于形式，没有认真遵守执行；一些工作人员意识麻痹，认为不会出现安全事故等等。这些潜在的安全管理风险，都会成为项目推进中的重要隐患。

从科研事业单位建设项目流程来看，其主要存在的内控风险包括立项环节的主要风险、项目设计与概预算环节的主要风险、招标环节的主要风险、建设环节的主要风险、竣工验收环节的主要风险等。

（1）建设项目立项环节的主要风险点

建设项目立项是整个建设项目开展的第一环节，也是防范风险的最重要阶段。该环节的主要风险点包括：

建设项目管理建议书内容不合规、不完整，项目性质、用途模糊，拟建规模、标准不明确，项目投资估算和进度安排不协调。

建设项目管理缺乏可行性研究、可行性研究流于形式或可行性研究的深度达不到质量标准的实际要求，可能导致无法为项目决策提供充分、可靠的依据，决策不当、盲目、上马、预期效益难以实现，甚至项目失败。.

建设项目管理评审流于形式、误导项目决策；权限配置不合理，决策程序不规范导致决策失误，给单位带来巨大损失。

建设项目管理决策失误，可能造成单位资产损失或资源浪费；项目未经适当审批或超越授权审批，可能产生重大差错或舞弊行为，从而使单位遭受资产损失。

（2）建设项目设计与概预算环节的主要风险点

建设项目设计与概预算是建设项目管理的核心环节，也是建设项目质量的基础，是施工的依据，对建设项目质量、功能、造价有着重大影响。该环节的主要风险点包括：

在初步设计阶段表现为设计单位未达到相关资质要求，初步设计未进行多方案比较选择，初步设计出现较大疏漏，设计方案不合理，设计深度不足，导致建设项目质量存在隐患、投资失控以及投产后运行成本过高等。

在施工图设计阶段表现为工程造价信息不对称，概预算脱离实际，技术方案未能有效落实，设计标准引用不当，设计错误或存在缺陷，设计变更频繁等，扩大建设项目管理的质量风险和投资风险。

（3）建设项目招标环节的主要风险点

建设建设招标直接影响着建设项目造价，对建设项目管理目标的实现具有深远影响。该环节的主要风险点包括：

招标人未做到公平、合理，如任意分解工程项目致使招标项目不完整，或逃避公开招标；招标人为指定单位设置资格条件、评标规则等，从而可能导致中标价格失实，中标人实质上难以承担工程项目。

招标人与招标人串通，存在暗箱操作或商业贿赂等舞弊行为；投标人与投标人私下合作围标，以抬高价格或确保中标；投标人资质条件不符合要求或挂靠、冒用他人名义投标等等，导致工程质量难以保证。

开标不公开、不透明，损害投标人利益；评标委员会成员缺乏专业水平，或者招标人向评标委员会施加影响，使评标流于形式；评标委员会与投标人串通作弊，损害招标人利益。

（4）建设项目建设环节的主要风险点

建设项目建设阶段是工程实体的形成阶段，是人力、物力、财力消耗的主要阶段，是建设项目管理中最为复杂、是最为关键阶段。单位在此阶段应着力控制好工程造价和工程质量。该环节的主要风险点包括：

任意压缩工期、盲目赶进度，可能导致工程质量低劣、费用增加。

质量、安全监管不到位带来的质量隐患，现场控制不当、项目变更审核不严格、工程变更频繁导致的费用超支、工期延误等风险。

工程物资采购、收发、保管、记录不完整，材料质次价高引起的成本风险。

监理人员不具备职业道德，素质低，工程监理不到位。

建设项目价款结算管理不严格，价款结算不及时，项目资金不落实、使用管理混乱可能导致工程质量低劣、进度延迟或中断的风险。

（5）建设项目竣工验收环节的主要风险点

该环节的主要风险点包括：

竣工验收不规范，最终质量检验把关不严，可能导致工程交付使用后存在重大隐患。

虚报项目投资完成额、虚列建设成本或者隐匿结余资金，竣工决算失真。

竣工验收权责不明，验收资料不合格，验收资料不齐全，验收资料未按规定审批，验收不及时。

建设项目未及时结转的风险。

科研事业单位应当建立健全工程项目的各项管理制度，全面梳理各个环节可能存在的风险点，规范立项、招标、造价、建设、验收等环节的工作流程，明确相关部门和岗位的职责权限，做到不相容职务相互分离。强化工程建设全过程的监控，确保工程项目的质量、进度和资金安全。

4. 建设项目管理关键控制点

（1）岗位职责

科研事业单位应当建立和完善与工程项目相关的决策、执行与监督相互分离、相互制约机制。工程项目立项、概预算等与工程项目相关的重要事项，应按照规定的权限和程序由单位领导班子集体决策。决策过程应有完整的书面记录。任何个人不得单独决策或者擅自改变集体决策意见。

科研事业单位应当明确基建和修缮工程归口管理部门和岗位的职责权限，按照不相容岗位分离原则合理设置岗位。工程项目不相容岗位包括：项目建议和可行性研究与项目决策、概预算编制与审核、项目实施与招标、项目实施与价款支付、竣工决算与竣工审计等。

在工程项目建设的过程中应确保以下职责分离：工程物资的采购人员、仓库实物管理员、仓库 ERP 操作员、进行发票验证和订单匹配的人员以及向供应商支付款项的人员的职责应分离；工程物资盘盈盘亏和处置工程物资的批准人员、工程物资实物的管理人员、工程物资的账务记录或账实核对人员应分离。

（2）建设项目立项环节的管理

科研事业单位建设项目需求部门（含策划部门）或设计咨询单位在有具体项目建设需

求时，提交可行性研究报告（代项目建议书），由项目归口管理部门进行审核或组织会审，审核通过后，进行可行性研究报告批复（即立项批复）。如国家或上级政府对项目立项有相关要求的，应参照有关规定执行。

科研事业单位基本建设工程应当严格履行基本建设程序，在项目实施前委托具有相应资质的专业机构，对项目实施的必要性与可行性进行研究与论证，形成项目可行性研究报告报上级主管部门审批。并根据上级主管部门批复的可行性研究报告编制项目设计任务书、设计方案和项目概预算。科研事业单位应当在获得立项批复后才能实施基本建设工程。

科研事业单位建设项目的立项应按照规定的权限和程序进行决策，决策过程应有完整的书面记录。重大工程项目应按照"三重一大"决策要求，经科研事业单位领导层集体决策后批准，建设项目决策失误应实行责任追究制度。建设项目涉及行政许可事项的，建设单位在工程立项后、正式施工前，需要依法取得建设用地、城市规划、环境保护、安全、施工等相关方面的许可。

科研事业单位的大型修缮以及基础设施建设和改造工程在实施前应根据相关规定，组织相关专家开展必要的可行性研究与论证，制定具体实施方案，并按规定经科研事业单位或有关政府部门批准后方可实施。

科研事业单位应加强工程项目招标管理。凡达到招标金额规定的工程项目必须按规定公开招标，择优选择具有相应资质的工程项目勘察、设计、施工、监理等单位。招标应按招投标法和工程项目招投标相关的规定组织实施。

科研事业单位要加强工程造价管理，与设计单位进行有效的交流，按照规定方法编制工程概预算，建立设计变更管理制度，并组织工程、技术、财务等部门的专业人员或委托有资质的中介机构对概预算进行审核。财务部门对项目概预算按照规定权限和程序进行审核批准。

科研事业单位对需要进行会审的项目归口管理部门应组织策划、建设、财务、法律等部门的专业人员对可行性研究报告进行充分论证和评审，出具评审意见，作为项目决策的重要依据。特殊项目也可委托具有相应资质的专业机构对可行性研究报告进行评审，出具评审意见。从事该项目可行性研究的专业机构不得再从事该项目可行性研究报告的评审。

工程项目概预算按照规定的权限和程序审核批准后执行。

（3）工程物资管理

工程物资的验收入库

对工程物资的验收具体分为不开箱的外包装箱验收、开箱验收、安装验收等方式。

科研事业单位收货人员将经签字确认的送货清单或验收报告提交至仓库系统操作员，与计算机系统中的采购订单进行核对，核对无误后进行收货确认。此外，经签字确认的送货清单或验收报告亦会提交至财务部门，作为设备采购的付款依据。

科研事业单位工程物资入库时，仓库实物管理员依据采购订单或到货通知单核对到货物资标识的供应商名称、工程物资类型、数量、到货日期等信息准确无误后，在货物签收单上签字确认。仓库系统操作员依据货物签收单与系统中的采购订单信息核对一致才能在系统确认收货，否则不能在系统执行收货确认。仓库系统操作员进行收货确认后通过系统打印入库单，签字确认，并交给仓库实物管理员复核签字归档。

入库单由计算机系统进行连续编号，以确保工程物资入库记录的完整性。

仓库实物管理员将签字后的入库单传递至采购部门，采购部门将入库单和供应商发票传递给财务部门。财务部门收到发票后，及时进行账务处理。

工程物资的出库

科研事业单位基建部门经适当授权的人员通过 OA 系统或书面提交物料搬运单／领料单等，列明所需工程物资和所属工程项目，办理工程物资的出库。由基建部门负责人或其授权人员通过 OA 系统进行审批或在物料搬运单／领料单上签字批准。

根据经过授权批准的物料搬运单／领料单，科研事业单位仓库系统操作员在计算机系统中录入项目编号和领用工程物资的数量，计算机系统自动记录工程物资减少并根据实际成本记入相关工程成本。

科研事业单位仓库 ERP 操作员通过系统打印出库单交工程物资领用人。领用人凭出库单和物料搬运单／领料单向仓库实物管理员领取工程物资。科研事业单位仓库实物管理员根据经过审批的物料搬运单／领料单核对出库单无误后，办理工程物资实物出库。出库单由工程物资领用人和仓库实物管理员签字确认。

科研事业单位出库单由计算机系统进行连续编号，以确保工程物资出库记录的完整性。

工程物资的退库

当工程物资需要退库时，科研事业单位物资领用部门按照单位工程物资管理流程提交退料申请单，列明物资数量、型号、所领用的项目，由科研事业单位领用部门负责人签字审批。

科研事业单位仓库实物管理员根据经过审批的退料申请单与退库实物的数量、型号一一进行核对，核对无误后做好实物退库处理，并在实物签收单上签字确认。

科研事业单位仓库系统操作员根据审批的退料申请单和经签字确认的实物签收单在计算机系统中做退库处理，于当月记录退库并生成入库记录并生成入库单。

工程物资的实物管理

科研事业单位工程物资仓库应当建立安全防范制度，按工程物资分类进行库存管理。仓库地点具有灭火器、电子监控仪器等安全装置保证工程物资的安全。只有经授权的人员才能进入仓库区域，以保证工程物资的实物安全。

科研事业单位工程物资仓库经授权的管理人员定期（至少每半年）对仓库的安全保卫设施和控制措施进行巡视检查并出具实地检查报告，并在报告上签字确认。

科研事业单位仓库实物管理员编制物资实物台账，记录物资的出、入库情况，并定期（至少每半年）与计算机系统中的物资数量进行核对以确保一致。对于发现的核对差异，相关部门应及时负责跟进处理。

工程物资的清查盘点

科研事业单位工程物资管理部门制定工程物资清查盘点制度，对工程物资的清查盘点的频率和方法进行详细规定。

科研事业单位仓库定期（至少为每年）对全部工程物资进行实物盘点。盘点前，工程物资管理部门编制详细的盘点计划，明确盘点要求。盘点过程中，独立于仓库实物管理的人员参加监盘。

每半年，科研事业单位工程物资盘点人员根据实际清查的工程物资数量，填写连续编号的、仅填列工程物资名称的空白盘点表，再将清查的结果与计算机系统中的记录相核对，发现盘盈盘亏，以确保盘点的准确性。盘点表经盘点人员和监盘人员签字确认并由独立于工程物资实物管理的人员清查差异产生的原因。

科研事业单位工程物资盘点后，盘点人员生成工程物资盘点差异报告，报告工程物资短缺、毁损、呆滞等情况，经盘点人员与监盘人员签字后上报工程物资管理部门及财务部门。根据工程物资盘盈盘亏涉及金额的不同，工程物资管理部门及财务部门负责人和／或单位管理层对盘盈盘亏结果进行审批并签字确认。

根据经批准的科研事业单位工程物资盘点差异报告，独立于工程物资实物管理和仓库计算机系统记录的经授权人员在计算机系统中调整工程物资数量，记录盘盈盘亏情况。

（4）在建工程管理

科研事业单位应当严格按照批复文件实施工程项目，依法委托具有相应资质的监理单位对工程项目进行监理，并加强对工程监理单位的监督。监理费用达到招投标标准的，监理单位需通过招标确定。

科研事业单位应严格控制项目变更，确需变更的，应按照规定的权限和程序进行审批。重大的工程变更应按照项目决策和概预算控制的有关程序和要求重新履行审批手续。

除即时结清的采购项目外，采购部门与供应商签订设备供应、材料供应、设计、施工以及监理等合同。在合同中明确工程进度、工程质量、验收、付款等相关条款。

在施工过程中，基建部门组织必要的技术人员以及监理人员监督合同执行进度、工程进度、工程质量和投资成本控制。

基建部门维护和更新合同执行管理台账，记录合同执行进度。基建部门负责人或其相关授权人员定期对合同执行管理台账进行审阅，以检查合同执行的情况。

科研事业单位基建部门的项目管理人员汇总每个工程的进度报告，编制汇总报告，包括计划进度以及实际进度等，提交基建部门负责人或其授权人员审批后通过周报或月报的形式向基建部门、财务部门以及单位管理层进行通报，以确保工程相关人员及时掌握工程的进度，对工程进度存在的问题进行跟进并对在建工程成本进行监控。

竣工验收决算

科研事业单位应当及时组织工程项目竣工验收。对符合竣工验收条件的工程项目，组织施工、设计、使用单位、监理单位及单位相关职能部门进行竣工验收。根据有关规定需要进行专项验收的，应配合相关部门做好专项验收工作。

工程项目竣工验收后，科研事业单位应当按照规定的时限办理竣工决算，组织竣工决算审计，并根据批复的竣工决算和有关规定办理工程项目档案和资产移交等工作。

工程项目已实际投入使用但超时限未办理竣工决算的，科研事业单位应根据项目的实际投资暂估入账，转作相关资产管理。

在资产达到预定可使用状态的一定期限内（一般为1个月），科研事业单位基建部门和财务部门核对计算机系统中项目金额的完整性并根据计算机系统中项目在建工程余额，编制初步竣工决算报表。初步竣工决算报表由基建部门、资产接收部门、财务部门负责人或其授权人员审核并签字确认。

当建设项目达到预定可使用状态时，科研事业单位基建部门向资产维护使用部门提交初步竣工决算报表或建设项目暂估交付资产明细表。科研事业单位资产维护使用部门对资产实物逐项审核无误后，交接双方经办人员在资产交付单上签字确认。

组织建设项目初验

科研事业单位基建部门组织设计单位、施工单位、设备供应商、财务部门、维护使用单位、监理单位、档案管理等单位和部门组成初验小组，对项目进行初步验收。

科研事业单位基建部门组织上述单位或部门召开初验会议，对工程完成情况、初步竣工决算报表、工程档案等进行审核并出具初验报告，对初验进行批复或确认。初验报告由各初验参与部门和单位签字或盖章确认。同时，根据项目属性的不同，初验报告亦需要上报上级主管部门或经适当授权的管理层审批。

根据初验报告，科研事业单位基建部门与各设备或服务提供商（包括工程相关所有单位，如设计、施工、监理等）分别签订初步竣工验收证书，作为其后按照合同支付初验款项的付款依据。

在建工程暂估转固

资产达到预定可使用状态的一定期限内（一般为1个月），科研事业单位基建部门将初步竣工决算报表或转资证明等和资产暂估明细表提交至财务部门，由财务部门对在建工程进行暂估转固。

科研事业单位基建部门于每季度，对记录于在建工程中的工程项目的可使用状态进行审阅，对于已达到预定可使用状态的工程项目，基建部门应及时与财务部门进行沟通。

科研事业单位固定资产暂估入账后，计算机系统生成固定资产卡片，相关资产纳入固定资产管理。

科研事业单位基建部门向资产维护使用部门移交资产后，资产维护使用部门负责固定资产的试运行阶段的资产管理。固定资产试运行结束后，资产维护使用部门向基建部门提交经资产维护使用部门负责人审阅并盖章确认的试运行报告。

工程竣工决算及竣工验收

基建部门组织资产维护使用部门、设计单位、施工单位、监理公司、设备供应商、档案管理部门、采购部门、财务部门等单位组成验收委员会或验收小组进行竣工验收，审阅竣工决算报表和相关的竣工验收文件并形成终验报告，终验报告由各相关部门授权人员签字或盖章确认。

根据项目属性的不同，终验报告亦需要报上级主管部门或经适当授权的管理层审批。根据终验批复，基建部门与各设备或服务提供商，包括工程相关所有单位，如设计、施工、监理等，签订终验证书，作为其后按照合同支付尾款的付款依据。

工程决算审计

在工程竣工验收完成后，科研事业单位基建部门向审计部门提交竣工决算报表、竣工验收报告和其他审计所需资料。审计部门根据工程投资额确定工程审计的方式，由审计部门进行审计或委托外部审计机构进行审计。

工程项目由科研事业单位审计部门自行进行审计的，审计部门在收到基建部门提交的工程项目审计资料并确认其具备审计条件后，组成审计组并指定项目负责人和主审人员，对工程项目进行审计。

审计组编制审计工作底稿，实行复核制度，做好签字认定工作。审计项目负责人对审计结果和审计质量进行复核，保证对整个审计工作的计划、方案、进度和质量实施有效控制。审计组在约定时间内提交初步审核意见，并取得被审计单位的书面确认意见。审计部门负责人最终签字确定审计意见，出具审计报告。

工程项目委托外部审计机构审计的，审计部门选择确定具有相应资质且信誉良好的审计机构并与审计机构签订项目审计协议书。外部审计机构在约定时间内提交初步审核意见，并取得被审计单位的书面意见，最终出具审计机构签字盖章的审计报告。

如审计结果与竣工决算报表存在差异，科研事业单位基建部门及财务部门根据审计结果调整正式竣工决算报表。根据项目的属性，科研事业单位财务部门按照竣工决算审批流程对调整后的正式竣工决算报表进行审核。根据竣工决算的批复，基建部门和财务部门负责人或其授权人员审核调整后的竣工决算报表并签字或盖章确认。财务部门会计人员根据审计结果和竣工决算报表在计算机系统中调整暂估固定资产价值。

工程审计报告是财务部门及基建部门结清尾款，并且调整固定资产价值的依据。

工程初验和终验时，档案归口管理部门对工程档案进行整理和审查。审查无误后，审查人员在审查报告或交接清单上签字确认，相关档案纳入归档管理。

科研事业单位应当建立完工项目后评价制度。根据有关规定要求，结合实际情况，对项目建成后所达到的实际效果进行绩效评价，重点评价工程项目预期目标的实现情况和项目投资效益等，并以此作为绩效考核和责任追究的依据。审计监察部门对所属单位已完工项目后评估情况进行监督，并选择重要项目进行复查评估。

4. 建设项目的内部控制应对措施

（1）建立和完善建设项目内部控制制度

建立和完善科研事业单位建设项目内部控制制度是规范单位建设项目施工行为、降低内部控制风险的基础和制度保障。通过工程项目内部控制制度建设，要明确建设项目的全周期过程化管理，建立相应的制度体系和组织架构，使各部门之间友好、高效地沟通，严格按照控制指标展开各项工作。要全面梳理建设项目在实施过程中，从工程立项、招标、造价、建设、验收等环节中关键控制点的监控，做到可行性研究与决策、概预算编制与审核、项目实施与价款支付、竣工决算与审计等不相容职务相分离。通过建章立制，建立建设项目业务的岗位责任制，明确相关部门和岗位的职责、权限，确保办理建设项目业务的不相容岗位相互分离，制约和监督。单位内部不得由同一部门或个人办理建设项目的全过程业务。根据科研事业单位实际情况，成立建设项目领导小组或工作组，协调处理建设项目相关事宜。

（2）做好建设项目各环节风险管控

在项目立项环节，科研事业单位要做好项目建设书的控制，组织专业人员或委托专业机构对项目建议书进行方案评审；在项目设计阶段，科研事业单位要建立健全严格的专家评议复核制度，确保设计方案科学可行；在招标阶段，科研事业单位要严格执行招投标管理相关规定，确保招标程序合法合规；在项目建设阶段，科研事业单位要严格管控项目质量，把好安全关，确保建设项目进度、作业工序严格按计划进行，同时要不断完善质量管理体系建设，细化各项安全防范工作，确保建设手续完整、工作有序；在竣工验收阶段，科研事业单位在项目完工后，要及时进行竣工结算并组织项目验收，重点检查项目建设程序是否严格按照合同条款执行，确保资料齐全、手续完整。在科研事业单位建设项目各环节实施过程中，要以财务管理为核心，完善财务管理内部组织结构，建立财务管理全过程动态监控体系，严防财务风险。

（3）做好建设项目实施过程中的信息沟通

建设项目涉及范围广泛，在实施过程中需要科研事业单位与政府部门、单位内部各部门之间进行有效沟通，从而保证工程项目从施工到竣工的所有工作具有连续性、合法性以及规范性。科研事业单位要结合本单位实际，构建统一的工程建设项目信息沟通平台，将基建部门、财务部门、审计部门等参与方资源集中整合，实现项目信息实时共享。通过信息沟通平台，基建部门可以随时掌握项目实施进度、物资调配及使用情况；审计部门可以监控项目实施全过程，提高审计效率和针对性；财务部门可以及时准确核算项目建设的工程成本。

（4）做好全面预决算管理和成本控制

一是科研事业单位要严格执行建设项目的预决算管理，将预算管理理念深入建设项目实施的全过程，增强全员预算意识，加强建设项目预算编制的前瞻性，提高建设项目预算编制的科学性和准确性，强化预算约束，不得擅自扩大预算范围，不得超预算支付。二是按照建设项目竣工决算的要求，科研事业单位要及时开展建设项目的竣工验收工作，确保建设项目及时准确入账。三是做好建设项目实施过程中的成本管控，建立科研事业单位建设项目成本分析制度。重点分析成本控制情况、项目施工完成情况、超支节约情况，总结分析差异原因，并制定措施解决问题。要树立全员成本责任意识，将成本控制细化到每一个项目实施环节，提高项目运营管理能力。四是做好建设项目实施期间的资金管理，建立资金全周期使用计划，严防资金使用风险。

（5）加强内部监督，实施绩效评价

科研事业单位要强化内部审计的监督职能，加强审计人才队伍建设，明确内部审计的工作职责，将内部审计贯穿到项目决策、论证、立项、实施、评估、验收的全过程。加强对科研事业单位建设的内部监督，就要建立和完善内部审计制度，真正从"事前监控""事中监控""事后监控"等环节把工作做实做细，对建设项目全过程实行实时审计，提高建设项目审计的针对性。

科研事业单位要建立建设项目的绩效考核和评价机制，将内部审计结果纳入绩效评价的范畴。通过不断建立健全绩效考核指标体系，注重对建设项目的过程评价，从建设项目施工指标、成本管控经济指标、项目结算财务指标、合法合规审计指标等多维度进行分析评价总结，并以此作为绩效考核和责任追究的重要依据。明确项目相关人员的经济责任制，制定合理的奖惩机制，提高工程人员的工作积极性，有效管控项目风险，提高建设项目的综合管理水平。

附、建设项目管理内部控制工作文档清单

建设项目管理工作文档清单

序号	项目管理 / 工作文档	制作人	制作时间
1—3	《产品销售合同》（复印件） 《实施服务合同》（复印件） 《工作任务书》（复印件）	项目经理	项目经理接手项目后
4	付款计划表	项目经理	项目经理接手项目后
5	项目组架构	双方项目经理	项目经理接手项目后
6	项目章程（可选）	双方项目经理	项目组成立后
7	项目实施主计划	双方项目经理	项目组成立后
8	阶段工作计划（滚动）	双方项目经理	上一阶段工作完成
9	任务分配（每周工作计划）	双方项目经理	每周五
10	周项目状态报告	项目经理	每周五

序号	项目管理／工作文档	制作人	制作时间
11	月份项目进度报告	项目经理	每月底
12	问题跟踪	咨询顾问	随时
13	质量管理	—	
14	阶段工作确认	双方项目经理	阶段工作完成后
15	实施日志	咨询顾问	每天
16	项目费用报告	项目经理	每月底
17	会议记录	项目经理／顾问	随时

☞　**案例六（一）：**

来源：常见审计案例

某科学研究院是国家重点科研事业单位，承担着国家和地方重大科技攻关项目，在实施项目建设过程中，发生以下事项：

（1）2016年，该研究院申报的实验室改造建设项目总投资批复金额为513万元，其中包含建设管理费4.8万元，前期工作费用5.3万元。经审计，截至2016年12月31日，该研究院未列支建设单位管理费和项目前期工作费用，上述两项资金共计10.1万元，分别用于购买概算中不包括的海信电视1台、浪潮服务器3台、液晶电视机1台和16口交换机1台。

（2）2017年该研究院所属两个研究所（兽医研究所和农作物研究所）未经批准擅自扩大研究院成果展示场馆项目实施范围和内容，购置地下停车位共计144个，价款总计1296万元。其中：兽医研究所购置地下停车位22个，价款198万元；农作物研究所购置地下停车位122个，价款1098万元。

（3）审计发现，该研究院选址规划新建综合办公楼建设项目计划投资8000万元，开工时间为2014年9月1日，竣工时间为2016年5月15日。在2016年10月暂估转入固定资产，2017年12月31日，该研究院向其上级主管部门汇报了项目验收情况，并与2018年12月16日办理竣工决算，但未按规定向上级主管部门申请竣工验收。

此外，2015年11月城投建筑工程有限公司对研究院礼堂项目进行大修改造，合同包干全额260万元，2016年研究院累计向城投建筑工程有限公司支付工程款220万元。截至2017年12月，改造工程未办理竣工验收，尾款一直处于挂账未支付状态。

（4）该研究院附属实验中心办公楼交付使用资产金额为7053万元，而根据《xx（主管部门）关于某研究院附属实验中心办公楼项目初步设计的批复》，对该研究院附属实验中心办公楼项目概算批复核定为4987万元，交付使用资产金额超过概算批复金额2066万元，超批复概算比率为41.43%，未见申请调整概算文件。

☞ **案例分析：**

事项（1）和（2）中，该研究院违反了《中央预算内直接投资项目概算管理暂行办法》（发改投资〔2015〕482号文件发布）第十三条"项目初步设计及概算批复核定后，应当严格执行，不得擅自增加建设内容、扩大建设规模、提高建设标准或改变设计方案"的相关规定。

按照文件要求，研究院应当严格遵守有关规定，不得自行增加项目建设的范围，必须按要求做出整改。

事项（3）中，研究院的做法不符合《基本建设财务管理规定》（财建〔2002〕394号文件发布）第三十条"建设项目按批准的设计文件所规定的内容建成，工业项目经负荷试车考核（引进国外设备项目合同规定试车考核期满）或试运行期能够正常生产合格产品，非工业项目符合设计要求，能够正常使用时，应及时组织验收，移交生产或使用"的规定。

按照文件要求，上述项目竣工后，需及时组织人员编制竣工财务决算报告，并委托中介机构进行审核。同时按照有关规定，及时申请项目竣工验收。

事项（4）中，研究院的做法不符合《中央预算内直接投资项目管理办法》第二十条"投资概算超过可行性研究报告批准的投资估算百分之十的，或者项目单位、建设性质、建设地点、建设规模、技术方案等发生重大变更的，项目单位应当报告项目审批部门。项目审批部门可以要求项目单位重新组织编制和报批可行性研究报告"的规定。

按照文件要求，上述研究院附属实验中心项目工程建设应严格按照xx（主管部门）批复的概算组织实施，对于因客观原因造成的超概算，应按规定程序上报调整方案，未经批准不得擅自调整。

☞ **案例六（二）：案例来源：上海审计**

在建设项目竣工决算时进行的工程造价审计，作为一种事后审查监督，对项目实施过程中的资料保存是否完整依赖程度较高，尤其是隐蔽工程和不形成工程实物的措施费用等，事后审查监督的难度更大。

在审计过程中遇到涉及隐蔽工程等的疑点，该如何理清事情的原委呢？可以采取一些什么方式和手段呢？施工过程中形成的资料比较欠缺，且大多是文字资料，缺乏影像资料；施工监理和投资监理往往会忽视对一些签证和细节的审核。

在工程项目审计现场时，一般都会考虑该项目的真实造价还有多少水分可挤？审计组借助现代信息技术手段，以创新的审计思路和审计方法，先后查出了虚假签证、虚报工程量、工程实物与工程结算内容及竣工图不符等问题。

※ **上天找卫星**

翻阅XX项目的审价报告时，发现以现场签证形式增加多次道路翻浇及土方挖运费用。经调阅现场签证原件查明系在某路口同一位置反复四次开挖造成，且监理、业主代表等签字手续齐全，相关开挖图示标注、工程量计算等附件均比较完整。根据签证编号和签证时间判断，这四次开挖时间处于 2007 年至 2009 年间。

审计人员 X 脑海里浮现"同一个位置为字啥开挖四次"的疑问，是施工工艺的要求还是其他什么原因呢？经初步询问，施工监理解释是由于交通组织和市政管线排布的需要，所以先后多次开挖。这个解释似乎合情合理，但就是这么一个正常的情况，X 却总觉得哪里不对劲儿。

那么如何去求证四次开挖的真实性呢？X 突然想起来前几天偶然在网上看到，有人用谷歌地图把某国的同一个军用港口两个不同时期的照片对照，得出该军港已扩建为航母专用港口的结论。既然谷歌地图可以看到军港的过去和现在，是否也可以看见这个路面开挖位置的过去和现在呢？

该项目的签证单显示开挖规模应该较大。审计组长决定兵分两路，一路继续要求被审计单位提供几次交通组织的方案和获得交警部门审批的文件，以及市政管线几次排布的施工验收记录等与签证事项相关的详细资料；另一路则通过谷歌地图、街景地图等信息技术手段，看能否获取施工期间该路口的卫星图或照片。

随着调查的深入，被审计单位除了提供内部的签证资料、会议记录等外，无法提供其他外部相关部门更有说服力的证据，且推说是过程资料保存的缺失。而此时，审计组在谷歌地图上有了重大突破。

虽然历史地图信息是静态的、时点的，但还是能通过对比分析找出端倪：在 2007 年至 2009 年间，该施工区域边缘有一排行道树，一直到 2009 年底的图像资料里才消失，而签证反映先后开挖四次均是发生在这段时间内。从施工组织和施工经验来分析，如果真的有大型施工的话，这排行道树肯定会被移植，待道路施工结束后再回搬。该项目在 2010 年竣工并投入了试运营。再调阅 2010 年的卫星图像，这排行道树又出现了，从而证实了 X 的分析，即道路开挖只有一次。

同时，另一路在查找交通组织方案、管线搬迁验收记录等资料的小组也有了结果，建设单位只能提供出一次调整交通组织方案的报批手续！

在这样的双重证据面前，被审计单位终于承认，在控制总价的前提下疏忽了对签证真实性的审查和相关资料的管理工作。虚假签证的事实完全浮出了水面，该签证涉及的工程结算金额共计约 400 万元。

※ 下地寻铆钉

X 带着项目竣工图来到 B 节点核对工程实物。先后查看了项目外立面、灯带用料、空调机组等内容，均与竣工图一致。在实地查看时，发现 B 节点的不锈钢防护栏杆由该点一直延伸进了地下通道，由于地下通道内光线不足，无法判断具体长度。这栏杆到底需要延伸多远呢？出于好奇，X 展开装饰工程竣工图查看，图示防护栏杆一直延伸至地下通道口内侧约 20 米处的工具间，且在 B 节点多处都设有不锈钢防护栏杆，又分为有玻璃和无玻璃两种型号。同时 X 发现竣工图示上下楼梯为有玻璃栏杆，但现场实物并未装玻璃，怎么竣工图和工程实物会不一致呢？经询问，施工单位说最初是按原施工图施工的，并且已经装好了部分栏杆和玻璃，但后来出于安全考虑进行了设计变更，便将已装好的部分栏杆及玻璃拆除了，竣工图可能是施工单位疏忽而没有修改。建设单位和投资监理都对这种说法给予了肯定，同时还进一步表示，当初改得很急，很多过程资料都没有保存下来，确实是工作失误，希望审计的同志能理解。

X 将涉及变更栏杆的原施工图和竣工图进行对比，准确标注栏杆的位置，将审价报告中结算的栏杆数量、单价、金额全部统计出来；经过统计分析，发现 B 节点审价报告中结算的不锈钢栏杆的数量、型号与施工图、竣工图均不一致，与现场丈量的工程实物也不一致。结算数量约 1300 米，现场丈量仅有 500 多米，差异率达 60%，且在丈量实际安装的 500 多米栏杆中，有约 400 米栏杆应为有玻璃的型号实际未装玻璃。而建设单位提供的栏杆设计变更、现场签证等证明资料也无法证明结算数量的来源。同时在分析栏杆和玻璃的安装工艺发现：无论是栏杆还是玻璃，在安装过程中都会用到铆钉，而这会留下很好辨认的痕迹。准备妥当之后再去现场实地查看。

经仔细对比多个部位的多处栏杆和玻璃，均未找到拆除铆钉的痕迹。施工单位提出："很多拆除是在 B 节点末端，延伸进地下通道了，且拆下来的部分玻璃还存放在工具间里面。但地下通道内光线不好，不便进入。" X 却兴致勃勃地说："没关系，手机自带电筒功能。"进入地下通道实地测量发现，竣工图标示应为 20 米的延伸实际仅做了 15 米，还有 5 米未安装栏杆也未见拆除痕迹，打开工具间，不但未见拆除的玻璃，而且发现内墙是混凝土墙面，而不是竣工图所显示的涂料墙面。一波未平，一波又起。建设单位、施工单位等人员一脸的尴尬与无奈。

经过现场比对，实际情况和竣工图不一致是普遍现象，而栏杆和玻璃的拆除痕迹也只有很小一部分，与结算资料明显不符。经过现场勘察取证表明，施工单位提出的曾经安装、后来拆除的情况并不存在，合同包干内容的部分未实施，相应费用共计 400 余万元予以核减。

☞ **案例分析：**

工程造价内容的审核，是建设工程竣工决算审计的重点和难点。而在审核工程造价时，最困难的还是对隐蔽工程和不形成工程实物的过程性施工内容的真实性和合理性进行事后确认。基于被审计单位提供的材料进行审计，首先要能甄别材料的真伪；其次要能从繁杂的数字和图形中发现线索；最后还要能利用现有的技术手段收集审计证据，得出审计结论。

现场查看、核对实物是审计的重要环节，也是发现问题的重要方式。在现场核对实物的过程中，除了关注实物现状、实物与图纸的一致性外，还可以从具体的施工工艺出发，寻找施工痕迹、发现审计疑点。

七、产品研发内部控制

1. 产品研发内部控制的定义

产品研发能力是一个单位核心竞争力的体现，尤其对科研事业单位来说，研发能力是其发展壮大的动力和源泉，也是其赖以生存的保证。科研事业单位产品研发是指单位为提升核心竞争力、提升单位自主创新能力，为获取新产品、新技术和新工艺等开展的各类研发制造活动。科研事业单位通过产品研发，可以有效优化整合各种资源及生产要素，不断促进单位自主创新能力提升，但产品研发一定要符合科研事业单位实际，使其能够服务于单位自身发展战略。科研事业单位要制定科学合理的研发计划，强化产品研发全过程管理，促进研发成果的有效利用，不断推动科研事业单位自主创新能力提升。

科研事业单位的产品研发内部控制一般是指科研事业单位根据自身产品研发的实际情况，从内部环境、风险评估、控制活动、信息与沟通和内部监督五大要素入手，从产品研发的立项与决策环节、研发过程环节、成果转化与验收环节、产品研发评估环节和风险预警环节进行分析，对产品研发内部控制进行全方位的研究，从而寻找出产品研发内部控制存在的缺陷与不足，以便更好地服务于本单位。

2. 产品研发内部控制的目标

（1）是满足我国法律法规和单位自身发展的基本要求

建立健全科研事业单位产品研发内部控制体系是满足我国法律法规的基本要求，也是新形势下贯彻我国《政府会计制度》《行政事业单位内部控制规范（试行）》等相关规定的必然要求。科研事业单位要在我国相关法律法规的框架下开展产品研发活动，这就要求科研事业单位建立符合自身实际的产品研发内部控制体系。建立健全科研事业单位产品研发内部控制体系，不断提升单位产品研发的创新能力，是推动科研事业单位持续健康发展的基础和制度保障。同时，完善的产品研发内部控制体系能够有效监督科研事业单位的产品研发行为，有效地服务于科研事业单位的持续健康发展。

（2）是防范单位产品研发与生产经营风险的重要手段。

对科研事业单位而言，所有经济业务活动偏离原有的目标轨迹都会产生一定的风险，甚至造成一定的经济损失。现代市场条件下，新产品新技术更新速度越来越快，不能抢占创新和研发能力的桥头堡，科研事业单位就难以健康持续生存。建立完善的内部控制体系特别是产品研发内部控制体系，能够规范科研事业单位产品研发行为，降低单位在产品研发过程中的系统风险。在产品研发论证阶段，主要是防范研究项目未经科学论证或论证不充分，而可能导致创新性不足或资源浪费的风险；在产品研发过程管理阶段，主要防范研发人员配备不合理或内部管理不善，而导致研发成本过高或研发失败的风险；在研究成果转化阶段，主要是要防范成果应用不足、保护措施不力，而可能导致泄密或成果转化失败的风险。

（3）是增强科研事业单位核心竞争力的制度保证。

现代市场经济条件下，科研事业单位要想永续生存，实现可持续发展，就必须有其独特的竞争优势，也就是说，就必须具有单位自身的核心竞争力。一般来说，单位的核心竞争力和内部控制是良性互动的，良好的内部控制是实现并保持单位核心竞争力的前提和保障，而单位的核心竞争能力反过来又可以促进科研事业单位进一步加强内部控制。为充分发挥科研事业单位的产品研发能力和创新能力，减少产品研发中的不确定性，就必须加强科研事业单位产品研发项目的内部控制，不断提高研发项目成功率，增强单位核心竞争力。

3. 产品研发存在的主要风险

科研事业单位产品研发存在的主要风险是指受内外部复杂因素或政策环境的影响，使得科研事业单位在产品研发过程中存在各种不确定性，从而导致产品研发实际情况与预期结果相背离并导致科研事业单位出现经济利益损失的可能性。

科研事业单位产品研发主要包括产品研发立项环节、执行环节、验收环节、成果开发与保护环节。科研事业单位产品研发应当至少关注产品研发各环节可能存在的风险：产品研发项目论证不充分或未经科学论证，导致产品研发不具有市场推广价值，造成单位资源浪费；产品研发内部管理不善，导致产品研发环节存在舞弊行为或造成产品研发失败；产品研发成果转化应用性不强，或缺乏商业秘密保护意识，导致科研事业单位产品研发创新性或应用性不足，使得科研事业单位产品研发成果与市场脱节等。因此，科研事业单位应当加强产品研发各环节管理，重视产品研发立项的可行性研究，严格规范并执行产品研发审批流程和权限，建立健全产品研发内部控制制度，加强对产品研发过程的管理，实现对产品研发全流程的监督评估，建立和完善研发成果开发与保护机制，增强科研事业单位全员保密意识，推动科研成果评估与转化，不断改进和提升科研事业单位的产品研发管理水平。

（1）产品研发立项环节的风险

立项环节是产品研发的起点，科研事业单位产品研发立项环节风险的控制有利于整个研发过程其他环节的实施。在产品研发立项环节可能存在以下风险：

前期调研不充分，产品研发申请依据不充分、立项环节审批手续不完备；

产品研发项目建议书未经科学论证或者论证不充分，产品研发可行性报告流于形式，关键性指标缺失，可能导致难以实现项目预期目标，或产品创新性不足，甚至导致产品研发失败。

（2）产品研发过程管理环节的风险

产品研发过程管理是科研事业单位产品研发的核心环节。在科研事业单位产品研发实际作业中，可能存在以下风险：

科研事业单位研发人员配备不合理，研发人员与研发产品专业不对口，可能导致产品研发成本过高或产品研发失败的风险；

科研事业单位产品研发过程管理失控可能导致产品研发资源浪费严重，工作效率低下；

科研事业单位研发项目组同时开展多个产品研发项目，可能出现人员配置不齐、资源配置匮乏等捉襟见肘的局面，造成产品研发效率下降，资源利用效能不足；

科研事业单位产品研发合同管理不健全，关键性条款缺失，职责分工不明确，知识产权归属不清晰，产生产权纠纷风险。

科研事业单位产品研发技术自身的风险。如产品研发技术不成熟或操作过于复杂，导致产品研发失败率过高的风险。

科研事业单位研发涉及部门和人员较多，存在部门之间信息不对称风险。

（3）产品研发验收环节的风险

科研事业单位产品研发完成后，应及时组织验收工作。在科研事业单位产品研发验收环节，可能存在以下风险：

科研事业单位验收人员的专业技术、实践能力、独立性等差异造成验收成果与实际不符，可能产生产品研发应用性不足，或未充分应用其产品开发成果；

产品研发验收流程不完善，流于形式，验收记录不完整，可能导致验收人员舞弊性风险。

（4）产品研发开发与保护环节的风险

成果转化是指科研事业单位将其产品研发研究成果经过开发过程转换为产品的过程。在科研事业单位产品研发开发与保护环节，可能存在以下风险：

产品研发结果未经过充分测试，导致产生大批生产产品不合格，或导致产品生产成本过高，造成资源浪费的风险；

产品研发成果转化应用性不强，缺乏市场前景，与市场需要有一定差距，导致产品营销失败，造成研发资源闲置；

未能有效识别和保护产品研发的知识产权，产权归属未得到明确规范，开发出的新技术或新产品被限制使用；

产品研发人员缺乏有效的内部监督和激励机制，不能有效监督科研事业单位研发人员的不当行为，产生研发成果秘密泄露或核心技术人员流失的风险。

4. 产品研发内部控制的主要措施

（1）产品研发项目立项审批环节

科研事业单位应当建立严格规范的产品研发内部控制流程。科研事业单位应当加大对本单位科研人员的专业资质审查力度，确保科研人员，尤其是产品研发主管人员具备相应的专业素养和资质。

在审核科研事业单位产品研发项目立项前，单位应加大对产品研发的调研力度，不断完善项目调研报告和立项计划书，进一步完善计划书具体产品研发规划细节。产品研发要顺应科研事业单位战略发展要求，结合国家和地方产业布局，科学制定研发计划。

科研事业单位应当进一步完善授权审批制度，使得产品研发项目按照规定的权限和程序进行审批，明确审批人员的职责和权限。在研发项目审批过程中，要重点关注产品研发项目是否适应现代市场发展需求，能否推动科研事业单位的健康发展，是否具有先进的技术条件完成研发成果转化等。

（2）产品研发开发与保护环节

在研发产品开发环节，要加大市场调研力度，对产品全生命周期分别开展调研，进一步厘清市场需求、目标客户群、产品定价、同质产品等具体调研内容。研发产品未来是否取得成功，最终取决于市场接受程度，所以产品研发从开发初期就要综合考虑市场销售部门意见，避免出现研发产品不符合市场需求。对于科研事业单位承担的国家或地方公共价值导向的产品研发，就需要科研事业单位承担公共社会责任，不能仅仅考虑市场导向，还需要兼顾国家、地方和人民的利益。在产品研发中后期，要侧重观察产品试营销反映，及时调整产品研发策略，同时尽可能规避产品研发风险。

与此同时，科研事业单位还应当加大研发产品成果保护力度，结合科研事业单位实际情况，建立研发产品成果保护制度，对相关专利权、研发技术、工艺流程及其他商业秘密，如涉密图纸、资料等，要严格按照保密制度条例进行管理，签署符合国家有关法律法规要求的保密协议，严禁非相关研发人员接触研发产品及相关成果，针对不同的涉密对象采取不同等级的保密措施。同时，因单位性质和涉密保护需要，科研事业单位与相关人员在签订劳动合同时，还应当就产品研发及相关成果的归属、离职条件及离职后保密义务、竞业限制等做出明确约束。

（3）产品研发结题验收环节

一是建立健全科研事业单位产品研发验收考核制度。严格落实科研事业单位产品研发负责人验收制度，产品研发负责人对产品研发过程和结果负责，确保产品研发试验结果准确可靠。同时，要不断完善研发产品验收细则，增强研发产品验收可操作性和科学性。建立健全科研事业单位产品研发验收考核制度关键在人，要从制度规范上下功夫，要建立完善相应的验收专家库，加强对验收专家的履约验收能力培训，明确验收专家的权利和义务，定期组织对验收专家进行考核，从其专业水平、实践能力等方面进行综合考核，推动优胜劣汰机制落地，明确其权利和义务，不断提升验收专家的履约验收水平。

二是建立健全科研事业单位产品研发测试与鉴定资源投入机制，从制度上不断重视和规范产品研发结题验收。要结合科研事业单位实际和市场反馈情况，扩大对研发产品的测试范围，涉及重要的产品研发项目，可组织外部专家参加研发产品的鉴定或委托第三方开展独立性测试。

三是建立健全科研事业单位产品研发内部督查机制。对产品研发涉密重点科研事业单位除建立健全研发产品验收机制外，还应当实行内部督查机制，并确保督查工作相对独立。首先要成立科研事业单位内部督查部门，明确内部督查部门的人员和岗位职责，对内部督查人员的业务水平、综合素质、思想政治水平等进行严格考核，严格落实岗位责任制。其次，要重点关注科研事业单位产品研发薄弱环节和风险控制点，加大产品研发督查力度，防患于未然。

（4）产品研发改进评估环节

在产品研发评估整改环节，科研事业单位应当根据本单位实际情况，建立产品研发评价机制，加强对产品研发的全过程评估，认真总结经验，完善制度办法，不断改进科研事业单位产品研发的综合管理水平。

科研事业单位应当将产品研发评价结果及时反馈相关部门，对于需要改进的环节，各业务部门应当积极主动开展产品研发改进工作，同时科研事业单位要对产品研发内部控制进行定性和定量分析，加强对产品研发内部控制流程中的薄弱环节，针对产品研发过程中存在的问题及时制定相应措施，为科研事业单位后期发展及其他产品研发提供相关经验。

（5）产品研发过程管理与目标管理环节

科研事业单位合理设计项目实施进度计划及组织结构，跟踪项目进展，建立良好的工作机制，有利于保证项目的顺利实施。科研事业单位应当实时跟踪检查产品研发项目的进展情况，从人员保障、经费支持、政策扶持等方面做好研发项目的支撑工作，确保项目按期、保质完成，有效规避产品研发研究失败风险。

在产品研发管理过程中，科研事业单位应当建立健全产品研发预算编制和审核制度，明确费用支付标准及审批权限，明确费用支付标准及审批权限，遵循不相容岗位牵制原则，完善研发费用入账管理程序。产品研发能力是科研事业单位核心竞争力的主要表现内容之一，加强对产品研发过程中的财务预算管理显得尤为必要，要让财务管理精细化、规范化、信息化为产品研发保驾护航，并根据科研事业单位实际情况提供精准的财务管理方案。科研事业单位要建立健全科研项目预算编制和审核机制，对产品研发支出预算要完善优化流程，产品研发支出要经过严格审核，确保产品研发财务数据准确无误。科研事业单位应当结合本单位实际情况，成立产品研发预算工作领导小组，负责制定本单位产品研发预算申报、执行、调整和监督及评价工作。通过科研事业单位产品研发预算工作领导小组的工作，积极协调财务部门和市场部门，能够确保产品研发财务预算得以顺利编制并审核实施，为产品研发的顺利实施提供财务支持。

科研事业单位要进一步完善产品研发目标，科研事业单位在进行承担产品研发任务时，应当主动服务国家或地方发展战略需求，积极承担相应社会责任，践行公共价值理念。基于市场和消费者需求导向进行的产品研发，应当强化产品研发目标的量化考核，坚持效益和效率优先，开发出符合市场预期的产品。鉴于此，科研事业单位应当立足单位实际和发展定位，坚持目标导向，进一步完善产品研发管理目标，既要着眼于国家和地方发展战略需求，又要谋划好公共价值与市场效益之间的关系。

（6）建立科研事业单位信息跟踪与反馈机制

科研事业单位产品研发一般具有反复性、试验性等特征，为了及时准确收集科研事业单位产品研发过程相关信息，需要建立一套适合科研事业单位实际情况的信息跟踪反馈机制，搭建产品研发信息获取平台，一方面通过市场端为新产品研发收集终端信息，为产品研发提供新思路和新需求；另一方面要结合国家和地方战略发展需求，赋予研发产品一定的公共价值，主动承担科研事业单位的社会责任。

产品研发信息跟踪与反馈机制的建立，能够及时有效地对产品研发过程进行跟踪评价，并及时将评价信息反馈至产品研发项目组，能够做到及时查错纠偏，优化实验流程，改进产品研发试验方案等。例如，某科研事业单位在开展某一产品研发过程中，中途发现该产品研发技术方案实施难度较大使得研发工作难以开展，或者继续进行该产品研发已失去市场价值，可第一时间有效反馈项目组及时停止项目产品研发，避免了更多资源浪费。

对于科研事业单位已投放市场的研发产品，也应该通过实施项目跟踪与评价，对产品销售或使用过程中，及时收集市场销售信息与消费者信息，有利于科研事业单位掌握研发产品的优缺点和市场反应，能够提前优化解决方案，达到产品研发最优方案。

5. 科研事业单位产品研发内部控制关键控制点

立项与研究

科研事业单位应当根据国家产业政策，结合本单位中长期研究计划，提出产品研发项目的立项申请，开展可行性研究，编制可行性研究报告。

科研事业单位产品研发立项申请书手续应当合法完备，明确立项申请书授权情况，不得编制与本单位发展战略不一致的产品研发立项申请书。

科研事业单位可以组织独立于申请及立项审批之外的专业机构和人员对项目可行性研究报告进行评估论证，出具评估意见。

科研事业单位应当建立授权审批制度，按照规定的权限和程序对产品研究项目进行审批，重大研究项目应当经专业技术委员会、领导办公会或党委常委会审批。在产品研发项目审批过程中，科研事业单位应重点关注研究项目促进本单位发展的必要性、技术的先进性以及成果转化的可行性等。

科研事业单位应当加强对研究过程的管理，合理配备专业人员，严格落实岗位责任制，确保研究过程高效、可控。

科研事业单位应当跟踪检查产品研发研究项目进展情况，评估各阶段研究成果，提供足够的经费支持，确保项目按期、保质完成，有效规避研究失败的风险。

科研事业单位与其他单位合作进行研究的，应当对合作单位进行尽职调查，签订书面合作研究合同，明确双方投资、分工、权利和义务、研究成果产权归属等。

科研事业单位应当建立和完善研究成果验收制度，组织专业人员对研究成果进行独立评审和验收。

科研事业单位对于通过验收的研究成果，可以委托相关机构进行审查，确认是否申请专利或作为非专利技术、商业秘密等进行管理。科研事业单位对于需要申请专利的研究成果，应当及时办理有关专利申请手续。

科研事业单位应当建立严格的核心研究人员管理制度，明确界定核心研究人员范围和名册清单，签署符合国家有关法律、法规要求的保密协议。

科研事业单位与核心研究人员签订劳动合同时，应当特别约定研究成果产权归属、离职移交程序、离职后保密义务、离职后竞业限制年限及违约责任等内容。杜绝个别核心研究人员被巨额利益所诱惑，私自窃取本应属于单位的科研成果或知识产权，致使单位人财两空、名誉受损。

科研事业单位应当引导全体人员树立知识产权的保护意识，完善无形资产的研发、购置管理流程，确保单位国有资产的安全完整。

开发与保护

科研事业单位应当加强产品研发研究成果的开发利用，形成科研、生产、市场一体化的自主创新机制，促进研究成果转化。

科研事业单位应当建立研究成果保护制度，加强对专利权、非专利技术、商业秘密及研发过程中形成的各类涉密图纸、程序、资料的管理，严格按照制度规定借阅和使用。严禁无关人员接触研究成果。

科研事业单位应当建立产品研发活动评估制度，加强对产品研发立项与研究、开发与保护等过程的全面评估，认真总结研发管理经验，分析存在的薄弱环节，不断完善相关制度和办法，不断改进和提升研发活动的管理水平。

☞ **案例 7：来源网络（审计工作微信公众号）**

※ 违规案例 1：教师虚开发票报销套现科研经费获刑

李某，天津某大学教师。

审理查明，被告人李某作为天津某大学化学院教授，负有主持、科研项目的岗位职责。2012 年至案发期间，被告人李某在主持天津市科学技术委员会"芯片电泳—原子光／质谱联用新技术高灵敏检测低丰度蛋白"课题、国家自然科学基金委员会"芯片电泳—原子光／质谱联用技术在生物分子高灵敏检测中的应用"课题以及天津市教育委员会天津市高校"中青年创新人才培养计划"项目中，利用其作为项目负责人的职务便利，采取虚开发票报销套现的手段，从天津某大学骗取科研经费共计人民币 47 万余元用于购买个人理财及品生活、消费支出。

法院认为，被告人李某身为国有事业单位中从事公务的人员，利用担任科研课题负责人的职务便利，多次通过虚开发票现的手段骗取公共财物，数额巨大，其行为已构成贪污罪。公诉机关指控的罪名成立。被告人李某到案后如实供述自己的犯罪事实，依法可以从轻处罚。对辩护人关于被告人到案后如实供述自己的罪行，身患癌症，表现一贯良好，科研学术方面获得诸多成绩，还是学科带头人，所犯罪罪行非暴力型犯罪的辩护意见本院予以采纳。

※ 违规案例 2：虚构业务、伪造合同、假冒签字、偷盖公章、公款报销

殷某某，中国科学院某研究所原高级工程师。

审理查明：

一、2014 年至 2015 年，被告人殷某某利用担任中国科学院某研究所科研项目管理办公室成员的职务便利，在负责项目组织协调、合同审批与报销业务等行政管理工作的过程中，伙同范某（另案处理）虚构十二笔采购业务，采取伪造采购合同、假冒主管领导等审核人员在报销单上的签名以及偷盖单位公章等手段，先后骗取项目经费共计人民币 563.7 万元。上述项目经费转入范某控制的若干公司账户后，范某通过现金或银行转账的方式将人民币 250 余万元返还给殷某某，殷某某将其中人民币 110 余万元用于购买房产、余款用于投资理财和消费支出等。

二、2012 年及 2014 年，被告人殷某某利用担任中国科学院某研究所工程师的职务便利，先后二次将个人旅游费用共计 4.73965 万元以差旅费、会议费名义用单位公款报销，据为己有。

法院认为，被告人殷某某身为国家工作人员，利用职务上的便利，非法占有公共财物，其行为已构成贪污罪。北京市人民检察院第一分院指控被告人殷某某犯贪污罪的事实清楚，证据确实、充分，指控罪名成立。殷某某所犯贪污罪，数额特别巨大，且大部分犯罪所得尚未追缴，依法应予惩处。鉴于殷某某到案后能够如实供述所犯罪行，主动交代办案机关未掌握的部分贪污事实，认罪认罚，部分赃款赃物已被追缴，依法可予以从轻处罚。殷某某的辩护人关于监察机关已经查封涉案房产、冻结部分资金，请求法庭对殷某某从轻处罚的辩护意见，本院酌予采信；关于殷某某具有积极退赃的主观意愿，系初犯、偶犯以及请求法庭返还查封房产装修款的辩护意见均缺乏事实及法律依据，本院不予采信。鉴于监察机关依法冻结殷某某的中国工商银行账户内的部分资金系殷某某向他人的借款，不是犯罪所得，应退回公诉机关处理。

※ 违规案例 3：院士虚开发票、虚列劳务等，截留贪污课题经费

李某，中国某某大学教授、工程院院士。

张某，中国某某大学副研究员。

审理查明，被告人李某系中国某某大学教授，担任重点实验室主任、李某课题组负责人，还担任国家科技重大专项课题等多项课题负责人。被告人张某系中国某某大学重点实验室特聘副研究员，其与重点实验室、李某课题组的其他组成人员也分别担任了农业部、科技部多项课题负责人。另外，由李某、张某分别担任总经理、副总经理的两家公司作为其中某些课题的协作单位，也承担某些课题。自 2008 至 2012 年，被告人李某伙同张某利用管理课题经费的职务便利，采取虚开发票、虚列劳务支出等手段，截留人民币 37566488.55 元的结余课题经费。

一、利用职务便利截留科研项目实验后淘汰的猪、牛及产出牛奶销售款

自 2008 年至 2012 年，相关课题在研究过程中利用科研经费购买了实验所需的猪、牛，对出售课题研究过程中淘汰的实验受体猪、牛和牛奶所得款项，被告人张某向被告人李某请示如何处理时，李某指使张某将该款项交给报账员欧某甲、谢某甲账外单独保管，不要上交。欧某甲、谢某甲遂将该款存入个人银行卡中。经司法会计鉴定，截留猪、牛、牛奶销售款累计金额为人民币 10179201.86 元。

二、利用职务便利虚开发票套取结余科研经费

2008 年，被告人张某因课题经费有结余向被告人李某提出是否可以将这些资金套取出来，李某表示同意并要求联系可靠的、熟悉的大公司进行运作。张某遂联系多家公司，李某亦联系公司，商谈虚开发票事宜。在上述公司同意并将虚开的发票交给张某后，张某指使报账员欧某甲、谢某甲从结余的科研经费中予以报销。至 2011 年，套取课题结余科研经费共计人民币 25591919.00 元。

三、利用职务便利虚报套取课题经费中结余劳务费

2009 年，被告人张某及报账员欧某甲分别向被告人李某请示如何处理课题经费中的劳务费结余，李某表示将多余的劳务费报销出来，不要上交。截至 2012 年，被告人张某指使欧某甲、谢某甲采取提高个人劳务费额度和虚列劳务人员的方法，共计虚报劳务费人民币 6212248.51 元。

法院认为，被告人李某伙同张某利用李某国家工作人员职务上的便利，侵吞、骗取国有财产 37566488.55 元，且数额特别巨大，其行为均已构成贪污罪。公诉机关指控事实清楚，证据确实、充分，罪名成立。鉴于近年来国家对科研经费管理制度的不断调整，按照最新的科研经费管理办法的相关规定，结合刑法的谦抑性原则，依据李某、张某名下间接费用可支配的最高比例进行核减，对核减后的 3456555.37 元可不再作犯罪评价，但该数额仍应认定为违法所得，故被告人李某、张某贪污数额为人民币 34109933.18 元。在共同犯罪中，李某起主要作用，系主犯，应依法惩处，鉴于其贪污赃款已部分追缴，可酌情从轻处罚。张某起次要作用，系从犯，其到案后主动交代办案机关不掌握的大部分同种犯罪事实，具有坦白情节，且认罪悔罪，可依法对其减轻处罚。

※ 违规案例 4：研究生虚假报销骗取项目经费犯诈骗罪

张某，上海某某大学研究生。

审理查明：2013 年至 2015 年，被告人张某在上海某某大学博士研究生就读期间，以私刻经费章、冒用经办人签名、私盖报销专用章和领导印章、伪造报销发票和采购合同等方式，多次在上海某某大学财务处进行虚假报销以骗取有关科研项目经费，共计人民币 864682.98 元。

法院认为：被告人张某以非法占有为目的，多次骗取上海某某大学有关科研项目经费，数额特别巨大，其行为已触犯刑律，构成诈骗罪，应依法追究其刑事责任。鉴于被告人张某到案后如实供述自己的罪行，在家属帮助下退赔全部违法所得，挽回了学校科研经费的

重大损失，并得到了被害单位的谅解，依法可对其减轻处罚。公诉机关相关量刑意见以及辩护人相关辩护意见，本院予以采纳。

※ 违规案例 5：科研团队财务人员利用职务便利贪污科研经费

刘某某，北京某大学科研团队财务人员。

审理查明：被告人刘某某于2002年至2015年间，利用担任北京某大学信息网络中心项目团队财务人员的职务便利，在负责项目团队科研经费报销的过程中，采取冒用他人名义、虚列项目开支等手段，骗取科研经费人民币1340万余元，并据为己有。

法院认为：被告人刘某某身为国家工作人员，利用职务上的便利，骗取公共财物，其行为已构成贪污罪。北京市人民检察院第一分院指控刘某某犯贪污罪的事实清楚，证据确实、充分，指控罪名成立。刘某某所犯贪污罪，数额特别巨大，依法应予惩处。鉴于涉案赃款已全部追缴，故可对刘某某酌予从轻处罚。

※ 违规案例 6：医生虚开发票虚报冒领科研经费

邱某，系山东某大学某某医院干部保健科副主任医师

审理查明：山东某大学与山东某大学某某医院均系事业法人，被告人邱某于2007年8月从山东大学博士研究生毕业后分配至山东某大学某某医院干部保健科工作，2008年9月被评为副主任医师。

被告人邱某任职山东某大学某某医院干部保健科副主任医师期间，分别承担了高血压血管重构机制的比较蛋白质组学研究及功能探讨，高血压大鼠衰老与血管重构的分子机制研究，Profilin-1在原发性高血压血管重塑中的作用及机制研究，Profilin-1在高血压血管内皮功能失调中的作用及机制研究等四个科研项目，其利用负责上述科研项目并管理使用科研经费的职务便利，于2009年10月至2014年11月，采取从济南科瑞生物科技有限公司、济南大洋生物技术有限公司、济南杰硕商贸有限责任公司、济南派森商贸有限公司、济南普莱尔医疗器械经营中心等相关业务单位虚开发票的手段，虚报冒领山东某大学某某医院科研经费共计308169.10元。被告人邱某将此款项用于借款、购买理财产品和个人消费。

法院认为：被告人邱某身为国家工作人员，利用职务上的便利，骗取公共财物，数额巨大，其行为已经构成贪污罪。被告人邱某系自首，在羁押期间积极救助急症和危症病人，具有有利于国家和社会的突出表现，系立功表现，依法可从轻处罚；被告人邱某家属已经全部将赃款退还其工作单位，并积极缴纳罚金，可酌定从轻处罚；被告人辩护人关于上述的辩护意见，本院认为应予以支持；被告人辩护人关于被告人系初犯、偶犯、社会危害性小的辩护意见，本院认为被告人套取科研经费的时间跨度从2009年10月30日至2014年9月29日，其间多次套取科研经费，犯罪行为是连贯性的，不能认定为初犯、偶犯，因此本辩护意见不予支持。

※ 违规案例7：研究所长虚开发票套取科研经费

张某军，吉林省某研究院某某研究所所长

审理查明：2011年至2014年，被告人张某军任吉林省某研究院某某研究所所长期间，利用主持吉林省西部杨树林病虫害综合技术推广与示范、东北天然榆树林榆紫叶甲综合防治技术研究等科研项目的工作便利，在购买农药过程中与双辽兴农植物病虫害防治站建立购销关系，并在购药的过程中要求姜某某为其虚开发票套取科研经费。2011年8月至2014年9月份，被告人张某军以吉林省某研究院、吉林省林业生物防治中心站购买农药等为由，分13笔汇款给双辽兴农植物病虫害防治站558885.00元，双辽兴农植物病虫害防治站姜某某的妻子金某某在收到上述款项后，分13次转款给张某军个人农行卡内共计人民币364600元。

2010年至2014年，被告人张某军任吉林省某研究院某某研究所所长期间，张某军安排其所工作人员李某甲通过沈阳百事恒业商贸有限公司及赛百盛有限公司以买试剂的名义，虚开发票的方式套取科研经费，李某甲同意后并具体运作。2010年12月，沈阳百事恒业商贸有限公司实际控制人李某乙收到吉林省某研究院购买试剂的款项后，通过网银分两笔转到被告人张某军的农行卡上人民币40316元。李某乙又通过其光大银行卡分四次转给李某甲交通银行卡转款66741元，李某甲收到转款后又通过交通银行卡给张某军交通银行卡内转款48050元。

综上，被告人张某军通过虚开发票方式共计套取科研经费人民币452966元。

法院认为：被告人张某军在吉林省某研究院工作期间，利用其主持林业科研项目、管理项目科研经费的职务便利，采用虚开发票的手段，套取科研经费，且数额巨大，犯罪事实清楚，证据确实充分，其行为已构成贪污罪。公诉机关指控事实及罪名成立。关于被告人及其辩护人提出的用于公务支出的6万元，应从犯罪数额中扣除的观点，本庭认为，首先该笔款项是否用于公务支出，没有证据支持，其次，即便是用于公务支出，也是属于犯罪后的赃款去向问题，不影响犯罪成立。故此观点本庭不予采信。鉴于被告人张某军到案后能如实供述犯罪事实，属坦白，可依法从轻处罚。被告人家属已返还大部分赃款，可酌情从轻处罚。

※ 违规案例8：长江学者伙同家人套取科研经费

何某斌，湖南某大学教授、长江学者。

审理查明：

一、贪污罪

2001年至2014年，被告人何某斌利用担任"长江学者特聘教授""长江学者和创新团队发展计划"科研项目负责人的职务便利，伙同其妻子蔡某某（另案处理），采取虚构合同、虚报材料购买发票、差旅费等手段，从长江学者科研项目经费中先后多次套取国家科研经费，共计侵吞人民币1287803.55元，用于其家庭日常开支。

二、受贿罪

2001 年至 2014 年，被告人何某斌在担任湖南某大学基建处处长、湖南某大学党委常委兼校长助理期间，利用职务便利，先后多次接受肖某甲、钟某某、周某某、李某学、姚某某请托，在湖南某大学大礼堂维修工程、湖南某大学游泳馆等工程承接、工程款计算审批等方面为上述请托人谋取利益，收受肖某甲人民币 2 万元、钟某某人民币 7.8 万元、周某某人民币 10 万元、李某学人民币 6 万元、姚某某人民币 2.5 万元，共计收受贿赂款 28.3 万元。

被告人何某斌在"两规"期间主动交代了尚未掌握的犯罪事实。

案发后，被告人何某斌向公安机关揭发其他人犯罪行为，经公安机关查证属实。

案发后，被告人何某斌的家属主动退缴赃款和违纪款共计 180 万元。

法院认为：被告人何某斌身为国家工作人员，在担任长江学者科研项目负责人期间，利用职务上的便利，伙同妻子蔡某某，采取虚构合同，虚报材料购买发票、差旅费等手段从该科研项目经费中，先后多次骗取、侵吞国有资金，数额巨大，其行为构成贪污罪。被告人何某斌身为国家工作人员，利用先后担任湖南某大学基建处处长、党委常委兼校长助理职务便利，接受他人请托，为他人谋取利益，非法收受他人财物，数额巨大，其行为构成受贿罪。宁乡县人民检察院对被告人何某斌的指控成立，本院予以支持。被告人何某斌在贪污共同犯罪中，系主犯。

被告人何某斌在"两规"期间，如实供述了侦查机关尚未掌握的犯罪事实，系自首，依法可以从轻或者减轻处罚。被告人何某斌有立功表现，依法可以从轻或者减轻处罚。被告人何某斌已退还全部赃款，可以酌情从轻处罚。被告人何某斌提出蔡某某未参与被告人全部贪污款项，不是直接参与者的辩解意见，本院认为，蔡某某已由侦查机关另案处理，故在本案中本院对被告人的该辩解意见不予审查。

被告人何某斌提出其未利用权力损害学校的利益，亦未谋取任何利益，对学校项目的招投标没有参与和决定，收受乐为事务所 7.8 万元只是乐为事务所天马公寓项目的钱，未收受乐为事务所其他的项目的贿赂的辩解意见，经查，与本案事实不符，本院对其该项辩解意见不予采信。被告人何某斌及其辩护人提出被告人套取的部分款项用于与科研相关的项目，被告人未非法占有，不应认定为贪污的辩解和辩护意见，经查被告人已采取虚报方式实际侵吞国有资金，贪污行为已完成，其对贪污款项的使用不能否定已实施的贪污行为，故对该辩护意见，本院不予采信。被告人何某斌的辩护人提出税款被告人未实际占有不应认定为贪污的辩护意见，本院认为，税款系被告人为贪污而支出的成本，应计算为贪污金额，故对该辩护意见，本院不予采信。

被告人何某斌的辩护人提出被告人何某斌有重大立功表现，经查，其立功为一般立功，故对该辩护意见，本院不予采信。被告人何某斌的辩护人提出被告人收受钟某某 7.8 万元，未利用职务上的便利，不构成受贿的辩护意见，经查，与事实不符，本院不予采信。被告人何某斌的辩护人提出对被告人处三年以下有期徒刑或缓刑的辩护意见，本院综合本案具体情节，认为该辩护意见不妥，故对该辩护意见，本院不予采信。被告人何某斌的辩护人提出被告人系自首，积极退赃，认罪态度好，有悔罪表现，无前科劣迹，请求对其从轻、减轻的辩护意见，本院已予考虑。

※ 违规案例 9：签订虚假文献信息检索合同套取经费

吴某义，北京某某大学下属二级学院院长。

审理查明：

2011 年至 2014 年，被告人吴某义在担任北京某某大学外国语言与文化学院院长期间，利用担任"科研基地——国际物流翻译研究平台建设"等科研项目负责人并主管项目经费审批、使用的职务便利，与北京京苏阳科技有限公司及北京合力瑞洋商贸有限责任公司签订虚假《文献信息检索合同》，将北京某某大学支付的文献检索费用共计人民币381449.78 元转入上述两家公司后换取现金并据为己有。

法院认为：被告人吴某义作为国家工作人员，利用职务上的便利，以骗取的方式非法占有公共财物，数额巨大，其行为构成贪污罪，依法应予惩处。北京市通州区人民检察院指控被告人吴某义犯贪污罪事实清楚，证据确实、充分，指控的罪名成立。

关于被告人吴某义的辩解意见以及辩护人杜某的辩护意见。经查，涉案项目经费中的文献检索费，只有在文献检索工作真实地外包给相关公司、由相关公司真实地代为完成并收取了费用，或者被告人吴某义及其团队在自行做文献检索工作时产生了版权等相关费用时，才能按规定从项目经费中予以支出。在被告人吴某义及其团队自行完成检索工作，没有产生版权等相关费用的情况下，文献检索费并未实际产生，团队自行完成检索工作，虽然付出了劳动，但应视为完成教学、科研任务的一部分，无权以文献检索费的名义获得相关经费。被告人吴某义利用担任相关科研项目负责人并主管项目经费审批、使用的职务便利，通过签订虚假合同的方式将并未实际产生的"文献检索费"38 万余元从项目经费中套出占为己有，并不是通过劳动获得合法报酬，其行为具有社会危害性和刑事违法性，符合刑法规定的贪污罪的构成要件，依法应当以贪污罪定罪并处以刑罚，上述无罪辩护意见与事实及法律不符，故本院不予采纳。

关于辩护人刘某的辩护意见。经查，不是所有贪污科研经费案件都是通过审计发现问题后移交司法机关，审计中没有发现问题不等于没有问题、不构成贪污罪，司法机关依照刑事诉讼相关法律处理贪污案件也不是只能等待审计机关的移送，判断是否构成贪污罪依据刑事法律规定，不以是否有审计报告、审计报告是否发现问题为必要条件。因此，上述辩护意见以偏概全，于法无据，故本院不予采纳。

※ 违规案例 10：科研团队合谋虚列支出套取课题经费

李某涛，北京某某大学下属某医院党委书记、课题负责人。

王某月，北京某某大学下属某医院科副主任、课题负责人。

王某，北京某某大学博士研究生。

审理查明：2008 年至 2012 年间，北京某某大学先后承担国家科技重大专项课题 A、B 的研究工作；参与国家科技专项课题 C、国家自然科学基金项目 D 的研究工作。截止到 2010 年 12 月，就上述 4 个课题，国家财政共向中医药大学拨付经费 700 余万元。

被告人李某涛系北京某某大学下属某医院党委书记、A 课题负责人、C 课题副组长、D 课题北京某某大学方负责人；被告人王某月系北京某某大学下属某医院内科副主任兼内科教研室主任、B 课题负责人；被告人王某系北京某某大学博士研究生，导师李某涛，在上述课题研究中主要负责财务报销工作。在课题研究过程中，上述 4 个课题均实行课题负责人制，课题经费均由课题负责人负责管理支配，但应专款专用，结余经费应当按原渠道收回，不得违反规定使用或者侵占。

在课题研究过程中，被告人李某涛、王某合谋采取虚列支出方式，通过课题实验试剂、耗材供应商北京科昊达生物技术发展有限公司账户套取课题经费。被告人王某月在明知被告人李某涛、王某上述行为情况下，仍提供其名下交通银行账户用于套取课题经费。现经查实，被告人李某涛、王某、王某月共同套取课题经费 75.76231 万元。

法院认为：被告人李某涛、王某月作为事业单位工作人员，在主持其所在单位承担的课题研究工作中，对于国家财政拨付的款项具有委托管理职责，二人利用该职务便利，伙同被告人王某采取虚列支出方式，骗取国家课题经费 75.76231 万元，三被告人的行为均已触犯刑法，构成贪污罪，依法均应予以惩处。北京市朝阳区人民检察院指控被告人李某涛、王某、王某月犯贪污罪，罪名成立，但指控的金额有误，本院依法予以纠正。

对于三被告人的辩护人所提贪污行为事实不清、证据不足，无证据证明共同犯罪故意；被告人李某涛、王某当庭辩称北京某某大学汇入科昊达公司的课题经费，均用于真实采购实验试剂耗材花费的意见，均与在案证据证明的事实不符，本院不予采纳。对于被告人王某、王某月及二被告人的辩护人当庭均提 75.76231 万元系用于购买房屋的意见，亦与在案证据所证明的事实不符，故不予采纳。

就公诉机关指控被告人李某涛、王某月向康钰垚公司索贿的事实，经查，康钰垚公司代退 126.22 万元，是基于康钰垚公司取得李某涛、王某月课题成果优先开发权等权益的情况下实施的，该协议也盖印北京某某大学技术合同章，根据学校规定，该校技术合同章的效力等同校章，涉及科技成果转让的，还须报请相关领导同意，另康钰垚公司代退的 126.22 万元也是直接汇入北京某某大学账户，故本院认为，北京某某大学对于康钰垚公司代退 126.22 万元一事应是知情和认可的，该行为并不能被认定为仅是被告人李某涛、王某月的个人行为，同时，该代退行为还存在课题成果开发等市场利益交换因素，故这说明无法足以认定被告人李某涛、王某月的行为具有索要钱款的性质，故公诉机关指控被告人李某涛、王某月犯受贿罪的指控不能成立。被告人李某涛、王某月及二被告人辩护人就此所提的相关辩护意见，本院予以采纳。

在共同犯罪过程中，被告人李某涛、王某事先合谋、确定和具体实施骗取行为，二被告人的行为对于骗取行为的完成起主要和关键性作用，均系主犯；被告人王某月在明知被告人李某涛、王某二人骗取课题经费情况下，仍积极协助提供账户，所起作用较小，系从犯，依法可以从轻或者减轻处罚。

综上，本院结合三被告人的犯罪行为、事实以及情节，依法对三被告人判处刑罚，其中鉴于被告人王某月从犯情节，以及在共同犯罪中所起的作用，依法对其予以减轻处罚。对于三被告人的违法所得，依法继续追缴。在案之款物，依法予以处理。

※ 违规案例11：通过公司转拨返还套取科研经费

马某军，吉林省林科院某所副所长。

张某华，马某军妻子。

审理查明

2013年4月份开始，吉林省林业科学院与桦甸市惠邦木业有限责任公司合作申请科研项目，共计得到国家或者省财政拨款225万元。在项目实施前，吉林省林科院某所副所长马某军私自找到惠邦木业总经理曹某某，提出项目经费转到惠邦木业之后，返还一部分费用，曹某某表示同意。

2014年1月3日，吉林省林科院转到惠邦木业对公账户55万元，犯罪嫌疑人马某军向惠邦木业总经理曹某某提出返还科研经费30万元。犯罪嫌疑人马某军在惠邦木业向其转款前，为逃避侦查，与其妻子犯罪嫌疑人张某华商议后，由张某华联系其姐姐张某甲，以张某甲的名义开设银行账户供马某军和张某华使用。2014年1月6日，惠邦木业总经理曹某某安排出纳员孙某向张某甲账户内转款30万元。2014年1月7日，张某甲在收到惠邦木业转款30万元后，将其中的20万元转存给犯罪嫌疑人张某华，其余10万元用于张某华偿还其个人欠款、支付其母亲的医疗费用。

2014年3月14日，吉林省林科院转到惠邦木业对公账户内25万元，犯罪嫌疑人马某军向惠邦木业经理曹某某提出返还科研经费19万元，为逃避侦查，犯罪嫌疑人马某军与张某华商议该款项转入张某华外甥王某甲账户内。2014年3月18日，惠邦木业应犯罪嫌疑人马某军的要求，转款到王某甲账户19万元，犯罪嫌疑人马某军、张某华安排王某甲于次日全部提现。

2014年10月27日，吉林省林科院转到惠邦木业对公账户3.9万元，犯罪嫌疑人马某军向惠邦木业总经理曹某某提出返还科研经费3万元。2014年11月10日，惠邦木业应犯罪嫌疑人马某军的要求，转到张某甲账户内3万元，经犯罪嫌疑人张某华同意，该款项用于偿还张某华个人欠款。

综上，犯罪嫌疑人马某军累计套取科研经费3笔，合计人民币52万元，犯罪嫌疑人张某华明知上述52万元为马某军的犯罪所得，仍帮助马某军掩饰隐瞒。

法院认为：被告人马某军身为国家工作人员，利用职务上的便利，非法占有公共财物52万元，数额巨大，其行为已构成贪污罪。公诉机关指控的事实及罪名成立。被告人张某华明知是贪污犯罪所得，仍帮助马某军掩饰隐瞒，其行为构成以掩饰、隐瞒犯罪所得罪。

鉴于被告人马某军、张某华主动返还部分赃款，可酌情从轻处罚。被告人张某华如实供述自己的罪行，没有再犯罪危险，其居住的社区矫正机构同意对其适用社区矫正，可对张某华宣告缓刑。被告人马某军的辩护人认为，被告人马某军存在自首情节且是初犯，无前科劣迹，此次行为没有造成更大的损失。并已经返还部分贪污所得 26 万元，本院认为，被告人马某军是被办案机关传唤，在接受调查的情况下对自己的犯罪事实进行供述，有坦白的情节，不具有自首情节，故对辩护人适用自首的辩护意见不予采纳。

※ 违规案例 12：利用关联公司外协转拨套取科研经费

被告人 A，浙江大学水环境研究院院长。因涉嫌犯贪污罪于 2012 年 6 月 28 日被刑事拘留，同年 7 月 12 日被逮捕。

检察院指控：2008 年 8 月至 2011 年 12 月期间，被告人 A 作为浙江大学水环境研究院院长，在承担国家科技重大专项课题"太湖流域苕溪农业面源污染河流综合整治技术集成与示范工程"（以下简称苕溪课题）过程中，利用自己作为课题总负责人负责专项科研经费的总体把握、分配管理、预算决算编制等职务便利，将自己实际控制的杭州高博环保科技有限公司（以下简称高博公司）、杭州波易环保工程有限公司（以下简称波易公司）列为课题外协单位，以承接子课题部分项目任务的名义，将课题经费 200 万元和 870.73 万元分配给自己实际控制的波易公司、高博公司支配使用。除少量费用用于课题开支外，被告人 A 授意其博士生杨某甲、王某甲、梁某等人陆续以开具虚假发票、编造虚假合同、编制虚假账目等手段，将其中 1022.6646 万元专项科研经费套取或者变现非法占为己有。

经审理查明：浙江大学是国有事业单位。杭州高博环保科技有限公司（以下简称高博公司）于 2002 年 9 月 27 日，由浙江大学科技园发展有限公司（占股 10%）、A（占股 55%）、张健英（占股 20%）、郑平（占股 5%）、吕萍（占股 5%）、石伟勇（占股 5%）作为股东发起设立，公司注册资本 60 万元均由 A 负责投入，法定代表人 A。后经多次工商变更登记，高博公司成为一个注册资本 1060 万元，名义股东何某、张某、陈某甲，法定代表人王某甲，经理杨某甲，而实际为被告人 A 控制的公司。

杭州波易环保科技有限公司（以下简称波易公司）于 2009 年 10 月 14 日，由徐梦影（A 岳母，占股 85%）、王某甲（占股 5%）、梁某（占股 5%）、张某（占股 5%）作为股东发起设立，公司注册资本 100 万元，法定代表人徐梦影。后经工商变更登记，波易公司成为一个注册资本 100 万元，名义股东陈某甲、王某甲、梁某、张某，法定代表人张某，而实际为被告人 A 控制的公司。

2008 年 8 月至 2011 年 12 月期间，被告人 A 作为浙江大学环境与资源学院常务副院长、浙江大学水环境研究院院长，在申报与中标国家科技重大专项课题"太湖流域苕溪农业面源污染河流综合整治技术集成与示范工程"（以下简称苕溪课题，合同起止时间为 2008 年 9 月至 2010 年 12 月，经费预算为 3.1354 亿元，其中 1.0554 亿元为专项国拨经费）过程中，利用本人担任建议课题技术责任人、课题总负责人并负责课题申报、预决算编制、课题技术支持单位确定，以及任务合同书的签订、对中央财政投入的专项科研经费的总体把握、分配管理、拨付的职务便利，将A个人控制的、被夸大科研力量和人员结构的高博公司和波易公司列为建议课题技术支持单位（即课题外协单位），并将自己辅导的博士研究生、硕士研究生胡某、田某、王某甲、杨某甲等人作为高博公司、波易公司的职员列为课题的主要参与人员，并从优确保高博公司在所参与的第四子课题"畜禽水产养殖业循环经济关键技术与区域污染控制示范"下"养殖废水高效低耗处理技术与示范"中享有国拨经费600万元，波易公司作为该子课题下"畜禽水产养殖区域循环经济关键技术与水污染控制技术集成示范"中享有国拨经费600万元，波易公司在所参与的第十子课题"农业面源污染控制与管理技术综合集成示范"下"县域面源污染控制欲信息管理技术集成示范"中享有国拨经费320万元。之后，被告人A授意为其工作的博士生杨某甲、王某甲、梁某等人陆续以开具虚假发票、编制虚假合同、编制虚假账目、错误列支等手段，将高博公司和波易公司账上以及浙江工业大学账上的国拨经费9454975元冲账套取，用于高博公司增资以及提现等。

2012年初，被告人A在资源环保审计局介入审计后已将涉案赃款全部退还给浙江大学和浙江工业大学。

法院认为：被告人A身为国有事业单位中从事公务的人员，利用国家科技重大专项苕溪课题总负责人的职务便利，采用编制虚假预算、虚假发票冲账、编制虚假账目等手段，将国拨科研经费900余万元冲账套取，为己所控，其行为已构成贪污罪。被告人A及其辩护人要求宣告无罪的辩解和辩护意见，与事实和法律不符，本院不予支持。A指使他人将在高博公司和波易公司账户上的科研经费采用虚列支出等方式冲账套取，属贪污既遂，故A辩护人所提A属于犯罪中止的辩护意见没有法律依据，本院不予采纳。2012年6月27日A在有关部门已掌握其套取国拨专项科研经费的情况下，被叫至浙江大学进行组织谈话，丧失投案条件，依法不成立自首，故A辩护人所提A有自首情节的辩护意见，与事实和法律不符，本院不予采纳。鉴于A在立案前全部退交赃款，未给国家造成实际损失等具体情况，可酌情从轻处罚。

※ 违规案例13：大学校长套取公款被判刑

被告人A，男，56岁，中国传媒大学原副校长，曾任中国传媒大学出版社有限责任公司社长，因涉嫌职务犯罪于2019年6月19日被留置，同年12月26日被逮捕。

检察院指控：2008年6月至2017年12月，被告人A利用担任中国传媒大学出版社社长、中国传媒大学副校长等职务上的便利，骗取公共财物人民币72.422428万元，具体犯罪事实如下：

（一）2008年6月，被告人A利用担任中国传媒大学出版社社长职务上的便利，通过虚列会议费支出的方式，使用公款人民币3万元在北京金某文化发展有限公司办理会员卡1张，供其个人使用。

（二）2012年2月至2017年2月，被告人A利用担任中国传媒大学出版社社长、中国传媒大学副校长、科研项目负责人等职务上的便利，通过虚列学生劳务支出、虚假发票报销等方式，先后套取中国传媒大学科研经费共计人民币49.422428万元据为己有。

（三）2016年8月至2017年12月，被告人A利用担任中国传媒大学副校长、科研项目负责人等职务上的便利，通过虚列审读费、购买虚假差旅机票等方式，先后套取公款人民币20万元据为己有。

经审理查明：中国传媒大学系教育部直属国有事业单位。中国传媒大学出版社有限责任公司（以下简称传媒大学出版社）原系中国传媒大学校办企业，2012年改制成为中国传媒大学下属国有独资企业。

2008年6月至2017年12月，被告人A利用担任中国传媒大学副校长、传媒大学出版社社长、科研项目负责人等职务便利，以虚列支出、虚假发票报销等方式，套取公款共计人民币72.422428万元（以下币种均为人民币），具体事实如下：

（一）2008年6月，被告人A利用担任传媒大学出版社社长的职务便利，通过虚列会议费支出的方式套取公款3万元，在北京金某文化发展有限公司办理会员卡一张并用于个人消费。

（二）2012年2月至2017年2月，被告人A利用担任传媒大学出版社社长、科研项目负责人等职务便利，以虚列学生劳务支出、虚假发票报销等方式套取公款共计49.422428万元据为己有。

（三）2016年8月至2017年12月，被告人A利用担任中国传媒大学副校长、科研项目负责人等职务便利，以虚列审读费、购买虚假差旅机票等方式套取公款20万元据为己有。

案发后及本院审理期间，A的近亲属代为退缴赃款72.422428万元，现扣押在案。

法院认为：被告人A作为国家工作人员，利用担任中国传媒大学副校长、传媒大学出版社社长、科研项目负责人等职务便利，以虚列学生劳务开支、虚假发票报销等方式套取公款，且数额巨大，其行为已构成贪污罪，依法应予惩处。公诉机关指控的事实清楚，证据确实、充分，指控罪名成立。被告人A能够如实供述犯罪事实，认罪认罚，主动退缴全部赃款，依法可对其从轻处罚。辩护人发表的A具有上述从轻情节的意见与查明事实相符，本院予以采纳。但鉴于A贪污行为持续时间长、次数多，公诉机关量刑建议明显不当，经本院告知后，公诉机关对量刑建议未作调整，故本院依法做出判决。

第五章 科研事业单位产品研制管理

一、组织层建设准备

科研事业单位在严格遵循国家和上级单位有关财经管理法规的基础上，既要保证项目需要、加强成本控制，又要防控内部风险、提高经济效益。在组织分工上主要做好业务板块的分工协作和岗位配合的分工，还需要明确项目管理的管理目标及引导机制。

项目经费的内控组织体系架构主要包括财经工作领导小组、计划部门、财务部门、科研部门、物资部门、质量保证部门、风险与纪检部门等，不同部门都要按照项目链条分管需求，配置不同的专项管理岗位。

（一）设置业务体系

1. 财经领导小组

财经领导小组是项目经费管理重大事项的审议机构，主要职责：

审议项目经费管理"三重一大"事项；审议重大超支项目的经费预算事项；

审议项目重大计划外经费预算事项；审议其他提交财经领导小组的项目经费管理议案。

2. 计划部门

计划部门是项目经费的牵头主管部门，主要职责：

执行国家和上级有关型号项目经费管理工作的方针政策、法律法规和规章制度，并服务于项目研制工作；负责制（修）订项目经费管理工作的规章制度；

负责项目经费管理的任务建立、过程监控、统筹管理、汇总统计及运行分析工作；负责项目长周期、全周期、计划外经费的审核工作；

负责项目长周期、全周期计划外经费的论证、编制及预算申报工作；

负责项目经费的成本核算、成本控制、过程实施及管控；

负责项目经费预算调整；负责项目外协合同的谈判、签署、付款及结算工作；负责组织完成项目完工结算工作。

3. 财务部门

财务部门是项目经费的核算主管部门，主要职责：

参与并根据项目管理以及财务制度等相关规定对全周期经费方案提出合理性建议；

负责组织完成型号项目间接费分摊工作；

负责项目全周期的会计核算；

负责监控项目经费使用过程监预警控，及时开展成本结构组成及盈亏分析；组织开展型号项目外部审计工作。

4. 科研部门

科研部门是项目经费的业务主管部门，主要责任：

负责组织型号全周期工作策划和年度策划工作；

负责项目长周期、全周期、计划外经费的论证、编制及预算申报工作；.

协助开展项目经费优化工作；

负责项目经费的成本核算、成本控制、过程实施及管控；

负责项目经费预算调整；

负责审核项目经费中外协合同谈判结果，确定外协合同价款及外协合同付款节点。

5. 物资部门

物资部门是项目经费的配套主管部门，主要责任：

负责根据项目配套要求，完成型号项目物资经费入账工作；

负责项目长周期、全周期、计划外经费中已明确需求的物资经费核算工作；负责项目物资采购合同的谈判、签署、付款及结算工作；

6. 质量保证部门

依据相关文件开展型号产品工艺选用管理、工艺质量常见及多发问题管理、生产质量、工艺鉴定、重大工艺问题处理、转阶段工艺评审、工艺技术研究管理、工艺专家组、工艺队伍建设、工艺技术支撑机构、工艺纪律查评、工艺信息管理等工作；

开展产品保证综合管理、型号产品保证管理，组织贯彻落实上级制订的与型号产品保证管理有关的规章制度和标准规范，实施可靠性增长（专项）工程管理，可靠性、安全性与软件技术基础项目管理，软件产品保证等工作。

7. 风险与纪检部门

风险与纪检部门是项目经费的监督主管部门，主要责任：

对项目经费开展内部审计工作，并根据审计情况提出整改要求；

纪检监察部门负责对项目经费的"三重一大"事项、各类规章制度的履行情况、各级人员的依法合规事项等进行监督。

（二）设置岗位体系

1. 项目调度

（1）型号任务计划管理

负责相关领域型号的技术流程、计划流程、投产矩阵表、试验矩阵的审查、相关领域型号的年度考核计划的审查；跟踪、监督相关领域型号的进度；管理相关领域型号院级共性问题；对口领域型号的发射场相关工作；搜集相关领域型号研制信息；监督、检查科研生产信息系统中相关领域型号计划执行情况的填写；相关领域型号重大突发事件的处理。

（2）重大共用资源管理

对重大共用资源使用的年度策划；

对重大共用资源使用情况的跟踪；

对重大共用资源变更使用计划的协调确定；

对重大共用资源使用冲突的协调。

2. 经济师

（1）型号项目全寿命周期经费策划

熟悉型号项目立项和研制分工情况，根据项目办公室提供的研制方案和投产配套情况，协助主管开展型号项目全寿命周期经费策划工作；开展与各承研单位经费初步协调；编制型号项目全寿命周期经费策划报告。

（2）型号项目全寿命周期经费策划执行总结

收集、整理与型号项目全寿命周期经费使用相关的合同、拨款和财务账面等情况；开展型号项目全寿命周期经费策划执行情况分析与总结；编制型号项目全周期经费策划执行总结报告；开展型号项目相关文件整理与归档工作。

3. 合同经理

主要是型号项目研制分承研合同管理

收集、分析与型号项目研制分承研合同谈判相关的财务、技术方案、投产、价格组成等方面的素材；编制分承研合同谈判预案；编制型号项目分承研合同谈判结果情况报告；开展分承研合同文本的编制与审核；开展分承研合同签署工作。

4. 项目会计师

（1）多型号项目研制经费使用统筹管理

编制多型号项目研制经费使用统筹管理方案；对多型号项目研制经费使用统筹进行统一管理。

（2）型号项目研制经费拨付

开展年度型号项目研制经费计划协调；编制年度型号项目研制经费计划，纳入单位综合经营计划；按拨付节点，编制月度拨款计划，开展研制经费拨付。

（3）型号研制过程经费管理与控制

开展型号研制过程经费使用情况跟踪检查。

5. 产品能力保障师

熟悉产品工程推进要求，协助开展产品工程建设工作策划、工作计划、工作简报、工作总结等制定工作，并指导、监督、检查产品工程建设相关工作实施；开展产品工程建设规章制度、规划、方案的编制；开展公用平台、单机和模块产品型谱简表等发布工作；开展单机产品成熟度提升工作，以及4级、5级成熟度产品定级工作，公用平台产品技术状态基线的确立和完善工作；开展生产线建设与认证的归口管理；编制产品组批生产模式等航天产品工程相关管理方法、程序的研究。

6. 协作单位管理师

贯彻执行与型号产品研制有关的国家方针、政策、法律、法规，制定外协管理有关制度，并对贯彻执行情况实施指导、监督、检查；充分利用外部资源和技术优势，参与实施外协产业链建设；开展型号外协任务分工定点归口管理，结合型号任务、产品化、专业技术发展、产业链建设等，参与确定合格供方的选择原则、评价计划，参加供方调查、评定；

开展合格供方协作关系的分级分类管理，与关键、重要协作单位建立战略协作或重要协作关系，实现关键重要协作单位科研生产能力与计划任务的同步规划和同步发展；开展对供方科研生产能力、科研生产管理体系等进行审核、评价，动态管理和维护合格供方网络；开展将外部协任务和各单位关键、重要外协任务纳入科研生产计划，对存在的影响院型号任务的短线和风险进行协调、控制。

7. 工艺师

主要是型号产品工艺选用控制管理。

开展型号产品工艺选用目录的维护工作；开展型号产品工艺清单管理；指导、监督、检查型号产品工艺选用目录落实情况及目录外工艺选用控制情况；开展型号产品禁限用工艺控制检查工作；统计分析型号产品工艺质量常见及多发问题；组织工艺鉴定项目总结；对已鉴定工艺项目适时更新到工艺选用目录情况进行监督、检查；开展型号重大工艺问题调查分析工作；对型号产品重大工艺问题处理措施落实情况跟踪检查；组织开展重点型号产品实物质量检查；监督、检查型号产品转阶段工艺评审工作。

8. 质量保证师

负责依据型号产品保证规章和标准规范对产品指标进行检查；织实施院可靠性增长（专项）工程管理规章；组织可靠性增长（专项）项目各阶段院级评审和验收。

（三）建立责任体系

全周期经费管控以预算编制为起点、过程监控为关键、财务决算为检验，一般全周期经费是指依据型号项目全周期研制内容提出的经费需求，过程包括预算编制、审批执行、监控预警、调整分析及财务审计等阶段，管理原则包括：统一管理，分头负责；保证研制，控制成本；落实责任，加强考核。

1. 里程碑控制

科研部门组织开展项目策划评审，确定项目研制技术路线和流程；依据项目研制技术方案，计划部门组织开展全周期预算的编制，严格按照项目策划中的外包、外购项目，试验项目，专用测试设备及专用工装等工作内容，将各项工作需要的经费按照项目策划中的研制过程分解到研制周期的各年度；

项目经费涉及单位自筹的，在预算中应分别列明国家拨款及自筹部分经费及其分别对应的支出明细；

机动费是指项目研制过程中由于各种可预见或不可预见的风险而预留的经费。结合科研事业单位实际情况，原则上预计到款 100 万元以上的项目可以编制机动费，机动费的比例暂定为项目预计到款的 1%。

全周期预算报告的内容应包括：项目简介（研制情况介绍、主要性能指标要求、工作内容及组成单机、经费来源及情况介绍），研制内容（里程碑计划、单机研制计划、单机投产矩阵、研制矩阵），全周期经费说明（全周期直接经费成本预算及支出明细、间接费用分摊预计及计算过程），机动费的金额及申报原因。

2. 配套及投产策略

全周期预算与批复经费（或预计到位经费）出现赤字时，应组织相关主管部门进行评审，并提交财经领导小组审议，最终由决策机构审批，若全周期预算属于"三重一大"范围的，应按照"三重一大"程序进行审批；预算一经批准，应严格按支出明细填报经费月度支出计划进行支出，若支出超出年度预算，则应进行预算外经费申请，原则上预算执行时应先签订合同，完成合同审批手续后申报经费月度支出计划进行支出；机动费不纳入全周期预算，如需动用此部分经费，应由经费主管部门向主管财经领导进行申请，经主管财经工作领导批准后方可纳入全周期预算执行；包含国家拨款部分与自筹部分经费来源的项目应分别设账、独立核算。

3. 直接经费审批

财务部门及时监控项目全周期预算的执行情况，并针对到位经费与支出情况进行对比，发生赤字时，应及时提出预警，并向计划部门、市场部门及主管领导提示；科研部门及时发布项目全周期进展情况，并针对研制计划调整、技术方案变更等及时提示；物资部门及时监控物资需求的出库情况，针对已采购入库而项目未及时领用的情况予以披露和提示。

4. 分摊经费审批

针对项目全周期预算进行调整存在较大偏差，以及导致项目出现赤字时，主管部门应提交财经领导小组审议，最终由决策机构审批，若属于"三重一大"范围的，应按照"三重一大"程序进行审批；

计划部门及时监控项目全周期预算的执行偏差情况，并针对预算偏差进行对比分析，经审批后更新后续预算支出；

财务部门根据全周期预算调整情况，及时测算对单位经营指标、现金流等上级考核指标的影响。

5.异常管理与风险预备

财务部门、计划部门在项目完工时应及时开展全周期预算执行分析和自查自纠，查找项目盈亏原因，积累经营数据；风险和纪检部门组织开展内部审计，针对项目全周期执行过程进行梳理和检查，及时发现问题，并组织整改；财务部门负责做好项目财务审计及验收工作，组织开展项目审计自查工作，全面梳理、收集与审核项目审计验收所需资料，在项目现场审计中，各部门要紧密配合，做好沟通、协调和解释工作，确保项目顺利通过财务审计验收。对项目审计验收中存在的主要问题，财务部门应及时向各业务部门、主管反馈，督促落实整改意见。

二、立项申请与编报

（一）依据文件清单

1.国防科工局归口管理项目适用的相关政策

《国防科技工业科研经费管理办法》（财防〔2019〕12号）

2.军口项目适用的相关政策

《国防科研试制费管理办法》（财防〔2019〕18号）

《国防科研试制费管理规定》（装计〔2006〕132号）

《军队单位科研经费使用管理规定（试行）》（军委办公厅文件〔2017〕8号）

3.国家科技计划项目适用的相关政策

《财政部 科技部关于印发〈国家重点研发计划资金管理办法〉的通知》（财科教〔2016〕113号）

国家科技重大专项（民口）资金管理办法（财科教〔2017〕74号）

《财政部、国家自然科学基金委员会关于印发〈国家自然科学基金资助项目资金管理办法〉的通知》（财教〔2015〕15号）

《关于国家自然科学基金项目资金管理有关问题的补充通知》（财教科〔2016〕19号）

《北京市自然科学基金资助项目资金管理》（京财科文〔2017〕1842号）

《北京市财政局 北京市科学技术委员会关于印发〈北京市科技计划项目（课题）经费管理办法〉的通知》（京财科文〔2016〕2861号）

《关于印发〈中国科学院空间科学战略性先导科技专项经费管理实施细则（试行）〉的通知》（科空先字〔2012〕220号）

《财政部 科技部关于调整国家科技计划和公益性行业科研专项经费管理办法若干规定的通知》（财教〔2011〕434号）

4.财政部、科技部、地方政府的相关要求。

（二）编报流程

1. 确定项目基本情况及类别

获取项目性质、经费来源等基本信息，将项目按照"国防科工局归口管理项目""军口项目""国家科技计划项目"进行归类。

2. 分解细化项目经费需求

由项目研制团队基于项目指南等输入文件开展成本测算，对项目的研究内容进行细化，分解研制流程和步骤，对每一研制步骤所需消耗的资源（料、工、费、协）进行明确，归类为各项成本并进行量化，做到不缺项、不漏项。

3. 汇总优化项目预算

将每一研制步骤的成本支出进行汇总后，需与本项目适用的经费管理办法的相关要求进行比对，进行合规性调整及优化调整后形成项目的最终经费预算。若存在下述两种情况，还需进一步调整：

（1）若该项目存在编报总额的约束条件，需按相关要求对预算总额及各成本项进行调整。

（2）若该项目为市场竞争项目，需按市场约束条件及竞标策略对预算总额及各成本项进行调整。

4. 预算审核与报送

项目预算一般应经由本单位项目主管机关及财务部门审核把关后形成《经费概算书》，并正式报送。流程如下图：

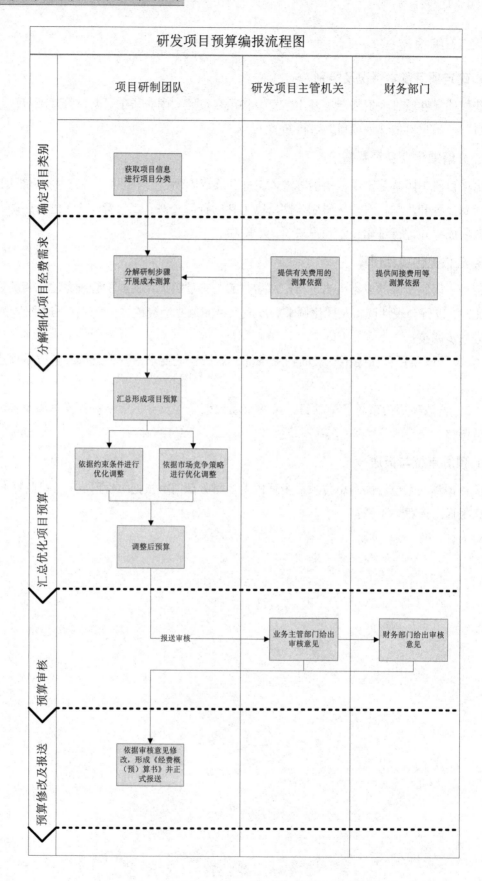

（三）编报科目及要点

以国防科工局管理项目为例，根据《国防科技工业科研经费管理办法》（财防〔2019〕12号）；《国防科研试制费管理办法》（财防〔2019〕18号）相关要求进行全周期经费编报。

国防科工局归口研发项目预算编报科目表

设计费	专用费	材料费	外协费	燃料动力费	固定资产使用费	工资及劳务费	差旅费	会议费	事务费	专家咨询费	管理费	不可预见费	收益	合计
1	2	3	4	5	6	7	8	9	10	11	12	13	14	

1. 设计费

指在项目研究开发过程中因直接从事科研活动需要而发生的计算费、论证费、分析费等。

2. 专用费

指在项目研究开发过程中购买、自制或租赁专用仪器设备、专用工艺装备、样品样机、专用软件和采取零星技术措施等发生的费用。

购买、自制或租赁专用工艺装备发生的费用，是指为项目研制进行工艺组织而发生的费用。科研产品设计定型前的工艺装备费直接列入项目成本，科研产品试生产阶段的工艺装备费在项目成本和生产成本中各负担50%。

采取零星技术措施发生的费用，是指为完成研制任务必须对现有设施条件进行零星技术改造或零星土建而发生的单项价值在10万元以下的费用。

3. 材料费

指在项目研究开发过程中必须消耗的各种原材料、辅助材料、外购成品、元器件和其他低值易耗品的采购、运输、装卸、整理、筛选等费用，以及专用新材料和专用电子元器件的研制、试验费。

4. 外协费

指在项目研究开发过程中由于研制单位自身的技术、工艺和设备等条件的限制，必须支付给项目以外单位的检测、加工、设计、试验费用。

5. 燃料动力费

指在项目研究开发过程中直接消耗的水、电、气、燃料等费用。其中，对于能够独立计量某项目燃料动力消耗的单位，进行独立方式测算、编报预算；对于采用分摊模式将燃料动力消耗计入项目的，采用各单位分摊的方法进行测算、编报预算。

6. 固定资产使用费

指在项目研究开发过程中直接使用固定资产而发生的费用。

7. 工资及劳务费

指项目承担单位从项目经费中支付的工资性支出，包括项目参与人员的工资、奖金、津贴、补贴和职工福利费等工资性费用，以及支付给项目参与成员中没有工资性收入的相关人员（如在校研究生）和临时聘用人员等的劳务费。有事业费拨款的科研事业单位，可以对没有工资性收入的参与人员、临时聘用人员，按人数和相关标准计列劳务费，但不得列支工资费。

8. 差旅费

指在项目研究开发过程中需要开展科学实验（试验）、科学考察、业务调研、学术交流等而发生的国内外差旅费。差旅费的开支按照国家有关规定执行。为确保差旅费在执行过程中与预算的相关性，建议在任务书中列示项目参与人员名单时，强调为项目主要研究人员名单。

9. 会议费

指在项目研究开发过程中为组织开展学术研讨、咨询、评审以及项目协调等活动而发生的会议费用。

10. 事务费

指在项目研究开发过程中需要支付的出版费、资料购买费、计量费、标准费、文献检索费、专业通信费、专利申请费、取证申请费和其他知识产权事务费。

11. 专家咨询费

指在项目研究开发过程中支付给临时聘请的咨询专家的费用。专家咨询费不得支付给参与本项目及与项目管理相关的工作人员。专家咨询费测算依据中所列咨询会议的主题、内容等描述，应与会议费测算依据中所列咨询会议的相关描述保持合理的逻辑关系。

12. 管理费

指科研项目应分摊的研制单位的管理费用，包括日常水、电、气、暖消耗费、科研及办公用房建筑物修缮费、专用设备仪器维修费、科技培训费、保险费、审计费、业务招待费等。

13. 不可预见费

指对技术复杂、研制周期长、难度大的科研项目，在核定经费时针对项目研究开发过程中可能出现的不可预见因素而预先考虑的预备费用。根据科研项目的大小、研制周期的长短和技术难易程度等具体情况确定适当的比例，一般研制周期两年以上的项目才允许申报不可预见费。应注意申报的合理性，在经费规模不足的情况下申报不可预见费，易被直接核减。如果申请不可预见费，应尽可能细化考虑并列示各种事项及开支。

14. 项目收益

指从项目经费中扣除有关成本费用后的余额。

三、项目执行与实施

项目按照全周期申请并批复后就可以进入实施阶段。

全周期执行坚持三步走战略

管理制度化：在规章制度体系建设的基础上，结合内部控制目标，梳理完善各项规章制度，并根据业务发展要求和外部经营环境变化，持续检验和评估规章制度的有效性，建立动态调整与改进机制，防止出现制度缺失和流程缺陷，实现规章制度体系"体系健全、科学规范、协调配套、合理制约、有效管用、执行到位"的目标。

制度流程化：在现有规章制度基础上，全面梳理业务流程，查找经营管理风险点，评估风险影响程度，依据重要性原则，明确关键控制点和控制要求，通过业务流程的实施，对风险实施分类控制，促进业务处理规范化和标准化。

流程信息化：建立与经营管理、内部控制相适应的信息系统，促进内部控制流程与信息系统的有机结合，在将规章制度和控制措施嵌入业务流程的基础上，结合信息化建设进程，将业务流程和控制措施逐步固化到信息系统，实现对业务和事项在线运行和自动控制，减少或限制人为操纵因素。

（一）流程建立

建立各个板块完善的业务，部门衔接顺畅，执行有序，符合权责统一、不相容岗位分离的内控要素，如：

外协合格供方名录管理流程

权限标准	业务主管部门	业务发起部门	业务相关部门	授权主体				
				发起部门负责人	业务主管部门主管	业务主管部门处长	副部长	副院长
名录审批	质量技术部	各单位	/	上报	审查	审核	审批	审批

型号引进元器件采购流程

子流程名称	权限标准	业务主管部门	业务发起部门	业务相关部门	授权主体			
					发起部门负责人	相关部门负责人	副部长	部长
采购供应商选择子流程	合格供应商名录	质量验检处	采购中心	需求单位	审核	审核	审核	审批
采购实施子流程	所有采购合同	科技发展处	采购中心	党群处、元器件工程总体室、需求单位	审核	监督、技术审查	审核	审批
到货验收子流程	到货预验收	采购中心	采购中心	\	审核	\	\	\
	到货验收	元器件工程试验中心	元器件工程试验中心	元器件采购中心	审核	委托到货检验	\	\
采购付款子流程	采购对外付款	采购中心	采购中心	采购中心、财务处、需求单位	审批	审核	\	审批

宇航型号引进部件采购业务流程

权限标准	业务主管部门	业务发起部门	业务相关部门	授权主体			
				主管部门负责人	发起部门负责人	相关部门负责人	主管院领导
引进发标	发展计划部	发展计划部	需求单位总体单位	审核	审核	审核	审批
合同谈判	发展计划部	发展计划部	需求单位总体单位	审核	审核	技术把关	/
合同签署	发展计划部	发展计划部	需求单位总体单位	审核	审核	审核	审批、签署
合同履约	发展计划部	发展计划部	需求单位总体单位	审核	审核	技术/进度监督	/
合同结算	发展计划部	发展计划部	/	审核	审核	/	/

预算编制流程

权限标准	业务主管部门	业务发起部门	业务相关部门	授权主体		
				总会计师	院长办公会	院长
预算纲要	财务部	财务部	\	签发	\	\
预算编制	财务部	各预算执行部门	预算归口管理责任部门	\	\	\
预算方案	财务部	各预算执行部门	预算归口管理责任部门	审核	审定	签发

预算执行与分析流程

权限标准	业务主管部门	业务发起部门	业务相关部门	授权主体	
				主管预算院领导	财经领导小组会
预算分析报告	财务部	预算执行部门	各预算管理归口部门	审核	审定

预算调整流程

权限标准	业务主管部门	业务发起部门	业务相关部门	授权主体		
				总会计师	院长办公会	院长
预算调整编制	财务部	各预算执行部门	预算归口管理责任部门	\	\	\
预算调整方案	财务部	各预算执行部门	预算归口管理责任部门	审核	审定	签发

预算考核流程

权限标准	业务主管部门	业务发起部门	业务相关部门	总会计师
预算考核方案	财务部	财务部	各预算归口管理部门/人力资源部/考核小组	审批
预算考核结果及建议	考核小组	财务部	各预算执行部门	审批

合同管理业务流程

子流程名称	权限标准	合同归口管理部门	发起部门	其他业务部门	授权主体					
					发起部门相关负责人	相关部门业务负责人	总法律顾问	主管院领导	法人	法人授权委托代理人
合同订立子流程	除法人授权委托类的合同	发展计划部	合同承办部门	科研生产部门、质量管理部门、财务部门、法律事务部门、其他相关部门	审核	会签	\	审批	签署	\
	法人授权委托类的合同	发展计划部	合同承办部门	科研生产部门、质量管理部门、财务部门、法律事务部门、其他相关部门	审核	会签	\	\	\	审批/签署
合同履行子流程	除法人授权委托类的合同	发展计划部综合处	合同承办部门	科研生产部门、质量管理部门、财务部门、法律事务部门、其他相关部门	审核	会签	\	审批	签署	\
	法人授权委托类的合同	发展计划部综合处	合同承办部门	科研生产部门、质量管理部门、财务部门、法律事务部门、其他相关部门	审核	会签	\	\	\	审批/签署
合同变更/中止子流程	除法人授权委托类的合同	发展计划部综合处	合同承办部门	科研生产部门、质量管理部门、财务部门、法律事务部门、其他相关部门	审核	会签	\	审批	签署	\
	法人授权委托类的合同	发展计划部综合处	合同承办部门	科研生产部门、质量管理部门、财务部门、法律事务部门、其他相关部门	审核	会签	\	\	\	审批/签署
合同纠纷处理子流程	诉讼事项	法律事务部门	法律事务部门	合同承办部门	审核	协商	审核	审批	\	\
	诉讼方案或法律文书	法律事务部门	法律事务部门	合同承办部门及业务相关部门	审核	协商	审批法律文书，审核诉讼方案	审批诉讼方案	\	\

（二）形成流程体系

对梳理的流程绘制流程图，形成清晰的操作体系，如：

1. 预算调整流程

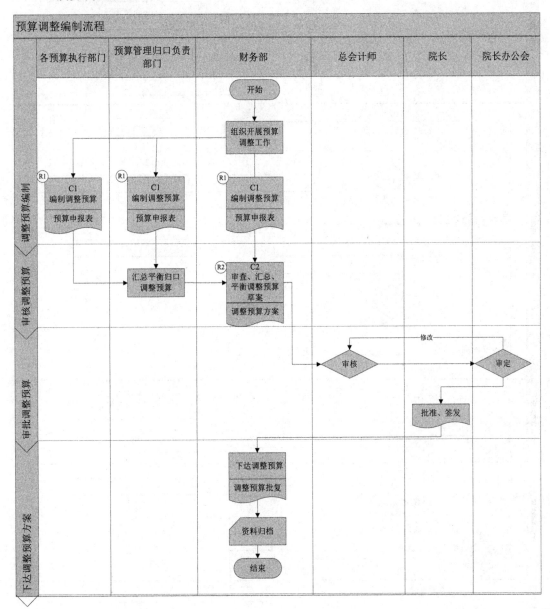

2. 部件采购管理

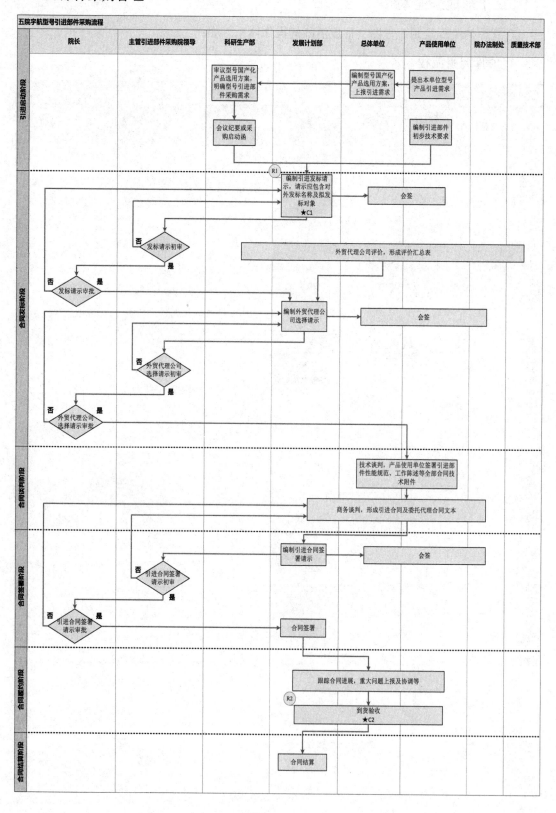

（三）流程固化

按已制定的业务流程，将业务流转输入输出全部纳入信息化系统，建立系统业务内控，保证复杂穿插业务的线上按流程有序运行，清晰完整，可追溯。

（四）权限与内控固化

建立严格的审批约束机制，即内部控制全部控制流程嵌入系统，按照系统固化，最大化减少人为干预与调整，保证执行的一贯性。

（五）系统集成

将各个信息化管控的模块集中到统一平台共享信息，建立覆盖科研经费及非科研经费的全过程管理平台，实现从项目立项到经费策划，从外包申请、合同签订到付款报销，从项目结算到成本归集的全链路跟踪管理，实现对资金流、业务流、信息流的闭环管理，消除"信息孤岛"，强化过程管控，确保经营管理任务高效完成。统一业务平台，实现业务协同，信息对称、共享，降低了沟通成本，提高了工作效率，提升了经费精细化管理和资源的合理配置能力；强化预算执行和信息反馈，辅助管理决策，加强成本控制，实现了经费指标全程可控，增强了核心竞争力和提高了经济效益。

（六）大数据监控

对全周期经费管控可视化、可穿透的过程管控进行目标进行管理，以更直观的形式展现各指标进展，进行进程预警，便于随时监测及后续工作安排。

四、项目验收与结算

（一）项目组织管理

项目组织管理要合规、合理，关注要点如下：

1.项目研制进度和内容符合批复（合同）要求，项目变更按要求履行报批手续。

项目承担单位应将完成研制内容、进度、经费管理与批复（合同）要求逐项对照，查看是否按要求完成，应特别注意不能存在以下方面的问题：未完成批复的研究内容、未达到规定的技术指标或研究成果缺失；验收文件、资料或数据等弄虚作假；擅自调整项目主要研究内容、关键技术指标、研究成果形式，擅自降低自筹资金比例；存在重复申请国家财政科研经费支持、挪用国家财政科研经费、违规招投标等重大问题。

如出现改变科研项目研究目标、主要研究内容或技术指标的、增加中央财政科研经费或提高中央财政科研经费比例的、主要承研单位发生变更的、项目研制周期需要延长6个月以上的，需报上级机关批准。

经过中期监督检查的项目，应查看是否按要求进行整改。

2. 承研单位主管部门在科研工程批复立项 1 个月内上报项目两总（工程总指挥及副总指挥、工程总设计师及副总设计师、型号总指挥和总设计师）人选建议，承研单位在工程立项批复 2 个月内组建工程研制和管理队伍。

项目总承单位要及时与分承研单位签订合同。例：

2012 年 8 月，国防科工局批复了 ×× 项目可行性研究报告，但总承单位于 2014 年 7 月与各分承研单位签订合同，较可研批复滞后 23 个月，违反了《民用航天科研项目工程项目合同核准实施细则》（科工一司〔2010〕1712 号）中"分系统研制合同应在工程可行性研究报告批复后 3 个月内完成合同签订。未完成合同签订的子项将停止拨付相应研制经费"的规定。

项目单位内控制度健全、有效。

项目承担单位应重点自查有关科研管理、质量管理、合同管理、预算管理、资金审批、经费借款及报销管理等相关内控制度是否健全并有效。

自查材料、外协、试验等合同采购、审批程序的规范性、完整性，是否符合五院采购管理规定、国家招投标法、政府采购法等相关要求，重大合同需履行三重一大决策程序等。

涉及国家安全、国家秘密，不适宜进行招标的项目，按照国家有关规定可以不进行招标；对因严重自然灾害和其他不可抗力事件所实施的紧急采购和涉及国家安全和秘密的采购，不适用于政府采购法。

项目过程管理资料完整、规范。项目承担单位应重点自查成本支出的相应支撑材料，如项目立项批复、可研报告、可研批复、任务书、合同约定的开发内容及项目预算等。

（二）预算与资金管理

1. 项目批复预算与实际执行不应有较大偏差；不应列支未经批复的专用设备。

2. 预算调整按规定程序执行。

项目承担单位应按照批复的项目预算执行，确需调整的，应按预算管理有关规定执行。国家科技重大专项（民口）项目预算调整要求如下：如（课题）预算总额不变，直接费用中材料费、测试化验加工费、燃料动力费、出版/文献/信息传播/知识产权事务费、会议/差旅/国际合作与交流费、其他费用等预算如需调剂，由项目（课题）负责人根据实施过程中科研活动的实际需要提出申请，由项目（课题）牵头承担单位审批。设备费、劳务费、专家咨询费、基本建设费预算一般不予调剂，如需调减可按上述程序调剂用于其他方面支出；如需调增，需由项目（课题）牵头承担单位报专业机构审批。项目（课题）的间接费用预算总额不得调增，经承担单位与项目（课题）负责人协商一致后，可以调减用于直接费用。

3. 预算执行率符合考核要求。

国防科工局对于科研项目中期监督检查比较关注预算执行率，财政部要求预算执行率不低于序时进度，国防科工局要求用款计划执行率不低于 90%。

4. 财政资金到位金额与资金计划下达一致；

总承研单位及时向分承研（参研）单位拨付经费。项目总承研单位将上级下达的资金计划文件与项目到款账面金额进行核对，应核对一致；总承研单位还应与分承研（参研）单位核对拨款数，也应核对一致。拨付联合承研单位资金是否及时是国防科工局验收评价项之一。例：

根据××项目批复文件，A为项目总承包单位，甲、乙两所为项目参研单位，项目经费由总承包单位负责请领并转拨。按项目年度计划安排，2018年3月，A应转拨甲项目经费700万元，应转拨乙项目经费600万元，但A在项目经费到位后，将应拨付的1300万元项目经费滞留至2018年年末，甲、乙两所因研制经费未按期到位，最后被审计披露拨付分承研（参研）单位拨付经费不及时的问题。

5. 配套自筹资金足额及时到位。项目承担单位自筹资金到位率不得低于中央财政资金到位率。科研项目经费不得与中央财政和军队安排的其他科研项目经费相互作为自筹资金来源。在同一项目下核算国拨资金与自筹资金，支出超出国拨资金部分视同自筹资金到位。民口重大专项资金管理办法中规定"承担单位应当将项目资金纳入单位财务统一管理，对中央财政资金和其他来源的资金分别单独核算，确保专款专用"，民口自筹资金与财政资金支出需分别核算。自筹资金是否足额及时到位是国防科工局验收评价项之一。

6. 项目科研经费专款专用。

项目承担单位应自查项目科研经费是否按规定用途使用并专项核算，不得将科研项目经费用于金融性投资、担保、理财、罚款、捐款及赞助等。例：

某集团公司所属某科研事业单位，在2007年至2011年间，分四次将上级拨入的财政科研项目资金转为定期存款，累计存储资金12000万元，获得利息收入99.66万元。同期，该单位曾将上述定期存单作为抵押，为本研究所控股的一家经营性公司进行融资担保。这种做法违反了财政资金专款专用的管理原则，违规将科研经费用作经营性融资担保抵押，擅自改变资金用途。

7. 项目资金支出审批手续完整、规范。

自查资金支出审批是否符合本单位管理权限和审批程序要求。项目承担单位应严格执行国家有关现金管理制度规定，原则上采取非现金方式结算。

8. 项目结余资金按相关经费管理文件要求处理。

12号文规定科研项目完成任务目标并一次通过验收，项目概算扣除项目成本后的结余资金全部作为项目收益，由项目单位统筹用于研发活动支出。未通过验收和整改后通过的项目，结余资金按该项目中央财政拨款比例收回，具体按照国家有关规定执行。

9. 财政项目资金支出、归垫、划转需符合国库集中支付资金的管理规定。

（三）会计核算

1. 对项目进行专项核算。

根据立项批复或合同设立项目核算对象。项目必须按照统一设置的项目代码进行专项核算。例：

××项目根据立项批复为科研技术基础项目，由10个子课题构成，但财务部门按照普通项目建立核算对象，未按照批复的10个子课题分别进行明细核算，造成项目核算与项目批复、研制要求不一致。

2. 项目承研单位应根据单位性质执行相应的会计制度，会计政策发生变更应向上级机关备案，会计科目设置满足项目经费管理和审计报审要求。

项目承研单位应根据经费管理的需要细化会计科目及辅助核算设置，满足项目审计报审要求。

3. 会计凭证合法、真实、完整、有效。间接经费分摊、成本结算等项目相关凭证原始依据充分、完整；

从外单位取得的发票应符合发票报销的有关要求。单位应对自制原始凭证的格式、用途等进行统一规范，自制原始凭证设计、填制能体现与项目的相关性；从个人处取得的原始凭证，必须有本人的签名。国防科工局审计一般要抽取项目直接成本支出中不低于30%的票据，对其真实性进行审查。直接成本归集科目符合经费管理文件开支范围要求，开支内容与项目批复研究内容相关，归集时间与研制周期相匹配。

间接费用分摊基数符合要求，分摊依据充分，分摊计算过程准确。项目承研单位应自查间接费用分摊基数是否应剔未剔；分摊的原始依据是否充分完整，如采用工时比例法进行分摊，应提前自查工时统计原始资料（一般包括细化到科研人员、项目的工时统计表）是否完整；分摊计算过程应进行复算，确保计算过程准确。收益计提符合经费管理文件要求，收益计提比例在项目研制期间保持一致。

（四）成本费用支出

1. 差旅费

承研单位应重点自查差旅费审批单等项目相关性支撑依据，审批单中出差事由应具体充分，出差地与项目研制相关，出差人属于与项目研制或管理相关的人员，出差时间与研制进度匹配，差旅费报销标准符合本单位或国家规定标准。

2. 会议费

承研单位除了按照单位内控制度进行自查外，还应重点自查会议通知或会议请示（请示中应明确会议召开事由、地点、人数及会议费各项支出预算等）、参会者签到表、实质内容的会议纪要、结算票据、会议费开支明细（发票开具单位盖章）等支撑性证据。

3. 专家咨询费

为项目研究开发中一次性支付给外单位专家的评审咨询费用，应重点自查相关支撑依据，包括发放请示、发放表、评审结论或评审证明等等，注意达到计税标准需扣个人所得税，不得代领代签。专家咨询费支付标准按照国家、军队有关规定执行，不得支付给本单位在职职工和聘用劳务人员，各单位自查内控制度是否按相关标准制定并执行。专家咨询费不得支付给参与本项目及与项目管理相关的工作人员。

4. 材料费

项目使用的材料与项目技术实现相关，使用材料与工艺图纸、材料配套表等技术文档相对应。对于项目研制过程中正常损耗没有在材料配套表中体现的元器件、原材料等，需留存过程记录。元器件筛选费、原材料复验费等入账依据及相关支撑材料是否齐备、完整。材料出库时间与项目研制周期相匹配。项目承研单位应自查是否列支立项批复前或研制周期结束后的材料费。如列支立项批复前的材料费，应准备提前投产的输入依据；如研制周期结束后仍有材料出库，应自查滞后出库原因。例：

××项目研制周期于 2016 年结束，2018 年仍有材料费列支，且材料出库时间为 2018 年，明显滞后于研制周期，结算不及时。

保证材料账实相符。项目承研单位需按照材料实际出入库时间及时对材料进行核算，保证账实一致，对于材料已到、发票未到的材料应按照计划成本暂估入库，会计期末，对成本价格差异进行调整。例：

××单位采购××材料，由于货已到但发票未到，按材料计划价格 100 元/件暂估入账，月末收到发票后，发票价格为 95 元/件，对此材料成本差异如未进行调整，则会导致领用××材料的 A 项目成本虚增。

对于项目自查时材料已具备结算条件的应及时完成结算，对于因一定原因未能正式结算的情况，应注意提供材料价格暂估依据。对于已入材料成本发生退库的情况，应及时调减项目列支材料成本。

自查材料入账的准确性。不应将其他项目用材料列入本项目支出。对于组批采购的材料，应查看是否按各项目实际耗用数量进行合理分割。不应在材料费中列支办公用品、劳保用品等管理支出如光盘、键盘、笔。

5. 燃料动力费

管理部门耗用的水、电、暖等费用，不得在科研成本 - 燃料动力费中分摊，应在项目管理费用中分摊。

所属民品公司耗用的水、电、暖等费用，不得在科研成本中分摊。

6. 外协费

合理区分外协费与分承研经费。项目总承单位根据项目批复或与甲方的合同约定，如参研单位身份明确、任务明确、经费明确，基本可确定为分承研单位。拨付分承研单位经费不通过外协费核算，且不能作为收益计提和间接费用分摊（直接成本比例法下）的基数。

判断项目相关性。是否将其他项目的外协费列入本项目；是否将几个项目共同外协费用全额列入本项目，挤占本项目成本。

项目合同要素齐全。应自查合同签订日期、合同履行期限、合同负责人签字、合同专用章等相关必备要素是否齐全。外协合同付款应严格按照合同约定付款节点支付，付款节点应与研制进度相匹配，对于技术研究类外协，应有相关的验收报告，对于硬件产品外协，应有相应的产品交接、验收手续，对于试验类外协，应有相关的试验报告。

外协费占经费支出的比例不应过高。对于同一法人单位，不应将内部协作事项作为外协而产生内部利润；对于院内分承研单位之间的横向外协，利润率不应过高。

对于横向协作合同能明确计算合同利润率的，利润率不应过高；对于不能明确计算合同利润率的，参考不得超过单位横向项目平均利润率，高于平均利润率的部分，将审减合同甲方的成本。

国防科工局审计时如发现外协单位有下列情形之一的，要对外协单位进行延伸审计：（1）单项合同金额超过200万元（含）且占项目总经费比重达到30%（含）以上的大额外协合同；（2）外协实际支出金额较批复预算和合同金额超支较大的；（3）同一个项目中，承研单位之间相互外协的。

7. 专用费

列支依据充分，包括上级批复、任务书或研制配套表。国防科工局主管科研项目如未批复专用费明细，各实施单位根据任务分工和实际需要，在项目中列支的专用设备，并经国防科工局技术专家确认后，一般审计会予以确认。

专用设备采购应有购置、验收、入库手续。审前对专用设备采购的全流程进行检查并保证账实相符，做好盘点前的相关准备工作。不应在专用费中列支工作电脑、打印机等通用设备，购买通用设备应在批复中有明确。

自查零星技术改造费用，包括项目相关性和10万元限额。例：

甲单位在××项目中列支与项目无关的防雷、防静电等零星技措改造费8万元而被审减，乙单位在××项目中列支超10万元的零星技术措施费而被全额审减。

自查技术基础费，应是为配合本项目而需直接开支的标准、计量、情报等技术基础费用。

8. 固定资产折旧费

固定资产按照科研与非科研分类管理，确保折旧费计提基数的准确性。凡使用某国防科技工业科研项目项下的科研经费和国家专项基建技改投资购置建设的设备仪器和房屋建筑物，在该项目研制期内不得包括其固定资产折旧费。

固定资产折旧费计提比例符合规定。目前，军工科研事业单位房屋允许的固定资产折旧费计提比例为2%，设备是5%，超比例分摊部分不允许计入科研项目；企业单位按照企业会计准则及企业会计制度的相关规定计提折旧，采取加速折旧的，应调整为按正常折旧年限计提折旧后计列。

使用的固定资产如为租赁，租赁费定价、支付应合理，租赁合同应完整、规范，租赁费分摊方法应合理。

9. 工资及劳务费

不能将超出上级核定的工资总额指标的部分分摊进入项目。享受财政补助收入的单位应在分摊之前冲减相应的事业费、住房改革支出补贴。工资费发生的真实性。工资发放审批完整，发放及时，五险一金按国家规定的比例计提。

以北京市为例，北京市五险一金的缴费比例见下表：

五险一金	单位缴费比例	
	单位	个人
养老保险	16%	8%
医疗保险	10%	2%+3 元大病统筹
生育保险	0.80%	
失业保险	0.80%	0.20%
工伤保险	0.23%	
住房公积金	12%	12%

劳务费发放对象是参与项目研究且在本单位无工资收入的人员，发放标准不超标。劳务费是指在项目（课题）实施过程中支付给参与研究的研究生、博士后、访问学者以及项目（课题）聘用的研究人员、科研辅助人员等的劳务性费用。项目（课题）聘用人员的劳务费标准，参照当地科研和技术服务业人员平均工资水平，根据其在项目（课题）研究中承担的工作任务确定，其社会保险补助纳入劳务费科目列支。

发放劳务派遣人员的工资应通过应付职工薪酬核算，使用的被派遣劳动者数量不应超过用工总量（指用工单位签订劳动合同人数与使用的被派遣劳动者人数之和）的10%。

10. 管理费

管理费用分摊基数的准确性。管理费用中剔除费用主要包括与项目无关的无形资产摊销、技术开发费（上缴上级单位部分）、团体会费、诉讼费、税金、贷款利息（经批准，为完成国家计划科研项目而支付的专门借款利息可记入专用费）及与军工项目无关的广告费、坏账损失、各类赔偿金、违约金及罚款等。

享受财政补助收入的单位应在分摊之前冲减相应离退休人员财政补助经费。

管理费中列支的工会经费、职工教育经费、安全生产费计提基数正确，计提比例符合规定。工会经费、职工教育经费计提基数及比例：

费用名称	计提基数	计提比例
工会经费	职工工资实发数	2%
职工教育经费	职工工资实发数	2.5%

职工教育经费：职工工资实发数的 2.5%

要关注职工工资实发数不能超过上级批复的工资总额，且对于企业单位，工会经费、职工教育经费在应付职工薪酬科目下核算。职工教育经费可按比例计提，或在比例范围内据实列支，会计政策一经选定，不得随意变更。

关于安全生产费，武器装备研制生产和试验企业以上年度军品实际营业收入为计提依据，采取超额累退方式按照以下标准平均逐月提取安全生产费。

安全生产费提取比例

营业收入（A）	提取比例
A ≤ 1000 万元	2%
1000 万元 < A ≤ 1 亿元	1.5%
1 亿元 < A ≤ 10 亿元	0.5%
10 亿元 < A ≤ 100 亿元	0.2%
A > 100 亿元	0.1%

工资管理费的分摊比例不应超标，各类项目需对应相应的经费管理办法要求。

国防科工局审计对工资费、管理费在项目总经费占比的把握尺度：一般项目工资费、管理费两项费用之和不超过项目总经费的 30%，软课题可视情况放宽到 40% 左右。

11. 科研收益

拨付分承研单位的经费不得计入收益计提基数。

项目研制周期小于两年、未完成年度科研任务的，不得预提收益。

项目预提收益比例一经确定，不得随意变更。

项目完成且经过财务决算审计、验收后，方可按规定统一结算项目总收益。例：在 ×× 项目审计中，×× 单位因尚未接受审计，就结算项目总收益 10 万元，导致结算收益被全额审减。

12. 其他方面

（1）成本费用支出不应超出研制周期，如列支立项批复前成本或研制周期结束后的成本。列支立项批复前成本，应有上级单位（如国防科工局、集团公司等）召开项目论证研讨会议等相关证明材料。项目延期 6 个月以上，需报国防科工局审批调整，凡是未审批调整的，分摊间接费用一律核减。

（2）近几年项目审计等共性问题得到有效整改。

国防科工局在对军工科研项目验收评价中，如审计发现问题或问题整改不及时，将会扣分。

（3）项目支出调账依据充分。

项目承研单位调整成本、收益时，应履行内控程序，并附调账说明或业务部门的调账输入依据。

第六章 科研事业单位内控信息化建设

一、科研事业单位内部控制信息系统

（一）科研事业单位建设内部控制信息系统的意义

随着现代信息技术的发展，科研事业单位信息化建设程度不断深化，科研事业单位财务管理逐步开始进入探索人工智能的大数据时代，对传统的内部控制理念提出了新的要求和挑战，这必然要求科研事业单位以财务信息化建设为契机，加快推进内部控制信息化进程。当前，大多数科研事业单位科研行政管理方面信息化程度普遍不高，单位内部各职能系统模块相互割裂，财务核算、资产管理、采购、办公自动化系统间数据不能共享，缺乏统一的互联互通的信息系统管理框架，各系统功能模块难以充分发挥应有的功能，有的单位甚至仍然存在系统运行与手工作业流程并行的现象，部分关键节点仍然完全依赖人工控制，增加了作业负担，也浪费了大量的人力物力财力资源，背离了建立系统模块的初衷。

建立科研事业单位内部控制信息系统是进一步完善科研事业单位内部控制体系的必要组成部分，也是适应现代信息技术条件下的必然要求。按照财政部 2015 年发布的《关于全面推进行政事业单位内部控制建设的指导意见》（财会〔2015〕24 号）要求，科研事业单位要以全面执行《事业单位内部控制规范》为抓手，以规范单位经济和业务活动有序运行为主线，以内部控制量化评价为导向，以信息系统为支撑，突出规范重点领域、关键岗位的经济和业务活动运行流程、制约措施，逐步将控制对象从经济活动层面拓展到全部业务活动和内部权力运行，基本建成与国家治理体系和治理能力现代化相适应的，权责一致、制衡有效、运行顺畅、执行有力、管理科学的内部控制信息化体系。

建设科研事业单位内部控制信息系统关键是流程再造和信息系统建设，所有单位内部控制关键点都要在系统流程中解决，把科研事业单位的内部控制体系嵌入信息系统，实现了科研事业单位内部控制管理的程序化和规范化，可以有效改变科研事业单位各项经济活动分块管理、信息"孤岛"的局面，使科研事业单位管理方式由传统的粗放型管理向精细化管理转变，进一步提高科研事业单位管理效率，规避系统风险。

（二）科研事业单位内部控制信息系统的定义及功能

科研事业单位内部控制管理信息系统是指科研事业单位为实现其内部控制目标，以内部控制规范体系为指导，以现代信息技术为依托，以风险管理为核心，以单位业务流程为重点，以标准化管理为理念，构建对科研事业单位业务活动全过程全覆盖的内部控制信息系统平台，实现内部控制的科学化、标准化、流程化。科研事业单位内部控制管理信息系统是全面落实行政事业单位内部控制的必然途径，除了具备内部控制体系的基本功能外，一般还具有权限固定、标准恒定、数据确定、流程锁定等特征。

科研事业单位内部控制信息系统就是实现单位内部控制的信息化标准化流程化，由计算机信息系统设置代替人工节点控制，通过信息系统来规范科研事业单位的每一项经济业务活动。建设科研事业单位内部控制信息系统，一是能够有效解决内部控制落实难的问题，通过系统控制，单位所有经济业务活动都必须纳入信息系统流程内，使得各项经济业务活动受到系统内部控制的监督与约束。二是可以全面提升科研事业单位内部控制的有效性，使得单位经济业务活动都必须在标准内科学运行，否则就会受到系统控制约束，减少人为干预影响，能够推动科研事业的实现管理制度化、制度流程化、流程信息化的目标，实现科研事业单位平稳快速发展。三是能够对科研事业单位经济业务活动潜在风险进行预警，可以通过健全内部控制制度和控制手段，有效防范系统风险，提高工作效率。

（三）科研事业单位内部控制信息系统的基本框架

根据《行政事业单位内部控制规范（试行）》对行政事业单位内部控制基本框架内容的规定，科研事业单位的内部控制信息系统架构也分为三个层面：单位层面、业务层面、评价和监督层面，每一个层面又涵盖若干专项业务控制子系统。科研事业单位内部控制信息系统就是将单位内部各个层面的经济业务活动，通过系统控制手段，在系统管理流程上明确标准并进行固化，有效监督和管控风险，实现科研事业单位各项经济业务活动共同在同一个管理平台上科学规范运行，形成了科研事业单位内部控制信息系统的基本框架（见图6-1）。

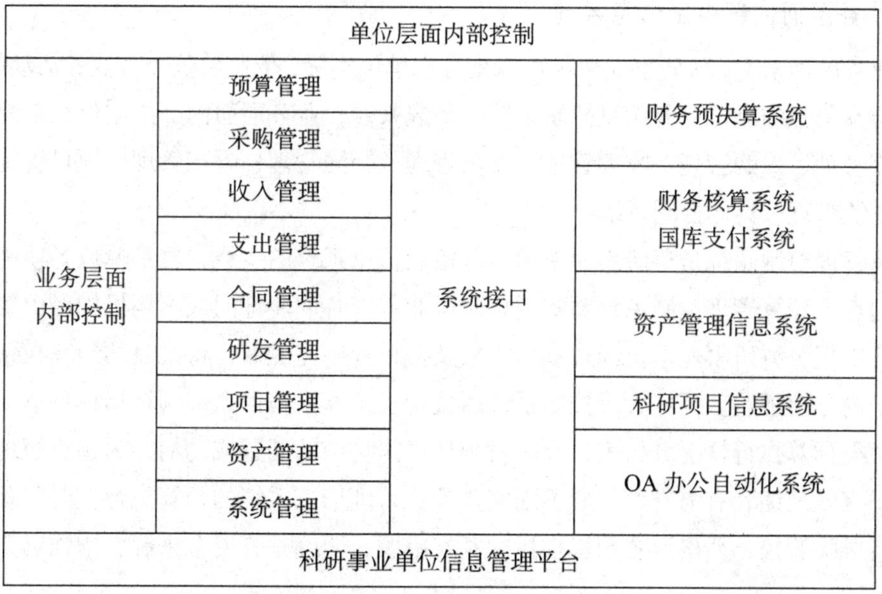

单位层面内部控制		
业务层面内部控制	预算管理	财务预决算系统
	采购管理	
	收入管理	财务核算系统 国库支付系统
	支出管理	
	合同管理	资产管理信息系统
	研发管理	
	项目管理	科研项目信息系统
	资产管理	OA办公自动化系统
	系统管理	
科研事业单位信息管理平台		

（中间列：系统接口）

图6-1　科研事业单位内部控制信息系统的基本框架

1. 单位层面内部控制信息系统

科研事业单位层面内部控制信息系统是在《行政事业单位内部控制规范（试行）》框架的指导下，结合本单位实际，在单位层面通过政策规范、制度建设、实施措施、执行程序和监督监控等方面，对单位经济活动的风险进行防范和管控，实现单位权力有效运行。科研事业单位层面内部控制信息系统的数据基础来源于各具体业务系统，通过业务系统数据实时交互与共享，构成了完整的科研事业单位经济业务流程数据链条内部控制全过程。

科研事业单位内部控制信息系统一般应包含组织环境信息系统、权力决策信息系统和监察审计信息系统。

组织环境信息系统是指科研事业单位应当将本单位所处行业及其经济业务活动相关的法律、法规，国家有关政策文件等纳入信息系统，同时要关注单位层面与科研事业单位经济业务活动相关的所有数据，并及时更新，以确保单位管理层或单位内部信息使用者可以随时查阅最新的政策规定，了解最新的情况，确保做出的决策既符合政策的规定，又符合科研事业单位当前的实际情况。

权力决策系统是指科研事业单位在经济业务运行过程中，全面梳理各项经济业务决策事项，严格按照"三重一大"及民主集中制的相关要求，结合本单位领导办公会或党委常委会的议事规则，对单位经济业务活动的决策流程、执行流程予以明确，从而形成分工合作、相互协调、相互制约的权力决策结构，让单位决策更加科学、执行更加高效。

监察审计信息系统就是要强化科研事业单位的纪检监察职能，强化内部审计对经济业务活动的监督，授予审计、纪检监察等部门更多的监督检查权限，可以使之行使定期或不定期查阅单位相关资料，督查单位内部各项权力行使是否合规合法，及时发现权力运行过程中存在的问题并予以纠正。

2. 业务层面内部控制信息系统

从业务层面来看，科研事业单位可以结合本单位实际，依照单位经济业务活动的特点，开发适合本单位的具体业务信息控制系统。普遍来看，业务层面内部控制信息系统一般都包括预算管理、采购管理、收入管理、支出管理、合同管理、生产管理、项目管理、资产管理、系统管理等具体控制系统。

预算管理控制系统是科研事业单位内部控制信息系统的主线，也是单位各项经济业务活动的起点。预算管理控制系统要实现科研事业单位各职能部门或附属机构经由信息系统进行预算申报，科研事业单位经过预算审核及报批程序完成后，将批复的预算在预算管理信息系统内分解下达。预算管理控制系统通过管控预算申报信息和预算指标分解，实现自动生成各类预算执行情况分析表，及时发现预算执行中的问题或动向，为预算管理的不断优化提供有效反馈和有力支撑。要不断完善预算管理信息系统的预算执行实时跟踪机制和预算执行风险管控，严格设置预算指标的开支范围，明确预算资金来源，增强资金使用效率意识。

采购管理控制系统是科研事业单位在预算管理的基础上，对采购管理流程实现信息管理的过程。科研事业单位要结合本单位实际，全面梳理采购业务流程，完善采购业务相关管理制度，在预算批复范围内，统筹合理安排采购预算资金。科研事业单位业务部门要根据预算批复结果制定采购计划，经主管部门审批后执行，采购流程信息要实时纳入预算管理信息系统，业务部门可通过采购系统随时掌握采购执行进度。采购管理控制系统的应用，可使得科研事业单位在请购、审批、购买、验收、付款等环节有效规避系统风险，减少采购舞弊行为。

合同管理控制系统是科研事业单位实现合同控制的基础，目前不少科研事业单位专门设立了法律事务部门，对合同实行归口管理审核。科研事业单位合同管理控制系统的开发应用，使得单位法律事务部门能够了解合同形成的全过程，通过查阅合同管理的各环节数据信息，能够有效审核合同的具体条款，随时掌握合同履行动态，真正做到管控合同风险，起到控制合同的目的。

收支管理控制系统是科研事业单位实现内部控制系统平台大串联的主要环节，通过与国库支付系统、银行系统、税务系统进行对接，实现数据实时共享，提高了工作效率，减少了信息不对称风险。在实际支付过程中，科研事业单位通过系统控制，能够对接预约报账系统、收入申报系统，实现自助报账，减少财务支付差错风险和频次，同时规范收入纳税核算，规避系统纳税风险。

资产管理控制系统是科研事业单位资产实物管理的平台，通过先进的条形码或二维码技术对资产实物从购买、领用、清理、盘点、借用归还、维修到报废进行全方位准确监管，通过与预算管理系统及采购管理系统无缝对接，确保资产数据的准确性，实现资产全过程信息化管理，按期计提折旧或摊销，实现账实相符。科研事业单位资产管理控制系统通过新技术开发，可有效实现资产设备使用绩效分析统计，优化科研事业单位资源配置。

项目管理控制系统包括科研事业单位的项目立项、工程设计、工程概预算、工程招标、工程建设、竣工决算等项目全过程的管理。科研事业单位项目管理控制系统可以通过与资产管理信息系统、合同管理信息系统对接，实现项目信息实时传输与共享，提高数据的准确性，减少人为干预风险，提高工作效率。科研事业单位具体业务信息系统通过相互关联、相互制约，共同构成了一个完整的内部控制信息系统框架平台。

3. 评价和监督层面信息系统

科研事业单位内部控制信息系统的建立，实现了单位内部各具体业务系统的对接与数据共享，有利于科研事业单位实现对各项经济业务的评价与监督。在科研事业单位评价和监督层面信息系统中，单位相关职能部门可以通过数据比对，可以从多个维度对这些数据进行分析研判，从而精准判断内部控制的实际运行情况，全面监督与评价单位经济业务结果，建立评价模型，从而客观准确地对单位经济业务活动做出评价，有利于及时纠偏和规避风险。

二、科研事业单位内部控制管理信息系统主要风险及控制措施

（一）科研事业单位内部控制管理信息系统存在的主要风险

1. 信息系统人员风险

科研事业单位内部控制管理信息系统是在新时代信息技术背景下，在单位信息化建设的基础上应运而生，数据安全是其内部控制的重中之重，它依赖于发达的网络化信息系统，更加依赖于先进的管理经验和熟练的操作技术。构建科研事业单位内部控制管理信息系统，必须组建强大的人员治理团队，掌握先进的管理理念和管理能力，确保信息系统能够高效运转，并为科研事业单位建设目标服务。

同时，科研事业单位内部控制管理信息系统对操作人员也提出更高要求，各子系统操作员在做好本职工作的同时，要能够熟练操作相应信息系统，确保操作流程准确无误。

2. 信息系统硬件设施风险

数据库服务器安全配置、密级保护等是科研事业单位内部控制管理信息系统正常运转的基本需要，也是建设科研事业单位内部控制管理信息系统的前提条件。科研事业单位内部控制管理信息系统需要强大的服务器作为支撑，以满足各子系统正常运转的需要。对某一硬件设施配置标准如果不能满足该信息系统的需求，则可能导致整个科研事业单位内部控制管理信息系统信息共享的失败。

3. 信息系统软件设施风险

建设科研事业单位内部控制管理信息系统，归根结底是信息技术在科研事业单位内部控制管理方面的应用。伴随着信息技术，尤其是网络技术的广泛应用，计算机病毒、黑客攻击等事件时有发生，给科研事业单位内部控制管理信息系统安全管理造成巨大隐患。一些科研事业单位承担着国家或地方重大科研攻关项目，涉密信息较为普遍，对科研事业单位内部各信息系统的应用安全配置要求都比较高，内部控制管理信息系统如果没有先进的技术条件做支撑，对系统安全配置和安全维护不能做到 100% 安全可靠，很难在科研事业单位进行应用推广。

（二）科研事业单位内部控制管理信息风险应对措施

针对科研事业单位内部控制管理信息系统可能存在的主要风险点，科研事业单位应做好以下几个方面：

1. 信息化人才队伍建设

科研事业单位内部控制管理信息系统信息数据安全是第一位的，要确保信息数据安全可靠，为单位提供真实、完整、有效的技术服务，保证科研事业单位内部控制管理信息系统安全运行。为加强科研事业单位内部控制管理信息系统安全管理工作，应当在单位内部

自上而下重视信息数据安全工作，成立专门的信息安全领导小组，配备专业化信息管理团队，作为单位内部信息安全决策机构，组织建立科研事业单位信息安全管理体系，为单位信息数据安全提供制度保障。

在信息安全管理体系建设方面，要加强系统管理和操作人员保密意识，认识到数据信息安全不只是信息员的事，而是全体人员都要尽职尽责，大家都要熟练掌握科研事业单位内部各项规章制度，熟练掌握信息系统操作流程，定期或不定期开展信息技术前沿知识讲座，提高科研事业单位信息化建设水平。

2. 优化信息化管理流程

科研事业单位内部控制信息系统的建设是一个跨业务跨专业的系统工程，涉及部门多，工作量大，在建设过程中，要充分考虑科研事业单位的实际，不能按照其他单位模式生搬硬套，要从整体上协调各部门业务需求，从单位未来战略发展和快捷高效的视角优化信息业务流程，统筹推进内部控制信息系统智能化建设。

从内部控制建设体系来看，内部控制信息系统管理是一个完整的信息产业链，涵盖了科研事业单位全业务流程，这就需要科研事业单位在建设内部控制信息系统时，要充分考虑不同业务流程需求和内在风险，要优化简化业务流程，但在简化流程的同时，不能降低建设标准，要在信息化流程管理环节，赋予风险管控的手段和具体措施，以满足科研事业单位内部控制信息系统风险管理的需要，确保风险预防与控制在信息化业务流程中得以实现。

3. 推动内部控制信息系统更新换代，以满足单位业务发展需要

现代信息技术条件下，信息系统更新换代加快。科研事业单位内部控制信息系统要立足为单位业务发展服务为根本，必须走在信息化建设的前沿，不能成为单位业务发展的绊脚石。上线内部控制信息系统，归根结底是为业务发展服务的，所以信息系统的应用要安全、快捷、高效，一旦发现新业务发展有需要，就要及时在内部控制信息系统相关模块进行更新，同时不能影响其他系统模块的正常应用，要站在全局的高度，统筹推进信息系统更新，不能顾此失彼。

三、科研事业单位内部控制信息系统建设路径

建设内部控制管理信息系统，可以在科研事业单位原有各业务管理系统的基础上进行升级整合，也可以重新开发一套新的系统，还可以直接购买现成的内部控制信息系统加以改造。各科研事业单位应当根据各单位实际情况，结合本单位信息化建设实际和需求，以内部控制建设要求为起点，以服务单位业务发展和为单位员工提质增效为准绳，树立科学的信息系统建设理念，选择适合本单位的内部控制信息系统建设思路和方法。

科研事业单位内部控制信息系统建设基本路径	系统结构平台化	增强实用性、科学化
	业务模块一体化	整体设计、同步运行
	数据分析智能化	加强数据分析应用
	风险预警动态化	提高风险管控预警
	系统更新便捷化	规范更新、快捷高效

图 6-2　科研事业单位内部控制信息系统建设基本路径

1. 系统结构平台化

科研事业单位内部控制信息系统是一个完整的整体，在满足内部控制基本建设要求的同时，更要兼顾科研事业单位各业务部门发展需求，不能仅仅为内部控制而建设，要服务单位发展大局，构建整体信息系统与局部子系统大平台格局，用动态的发展的眼光建设内部控制信息系统，做到各业务系统之间数据信息贯通。但在具体实施过程中，要站在业务发展的角度与现有信息化建设实际，对内部控制系统与业务系统对接做到科学化、完整性、准确性和实用性，不能影响业务系统的运转模式和实际需求，只能从优从简进行设计，不能额外增加系统运行负担，徒增工作人员工作量，确保信息系统安全、准确、高效。

2. 业务模块一体化

业务模块一体化是指科研事业单位内部控制信息系统在建设过程中，对个业务子系统模块要统筹推进，各方协调，不能顾此失彼，重视一头而忽视另一头，必须从设计源头统筹兼顾，要充分考虑业务部门实际和未来发展需要，推动信息系统的整体设计、同步实施，科研事业单位上下一盘棋，确保系统建设的完整性。

3. 数据分析智能化

大数据分析的应用和推广，加速了现代信息系统智能化建设的步伐。数据分析与应用在未来越来越重要，应用也越来越广泛。科研事业单位内部控制信息系统要在大数据分析的基础上不断向智能化方向迈进，除具备基本的数据共享和分析功能外，还要不断开发数据比对、市场预测、行为趋势分析、风险预警等个性化需求，不断增大内部控制信息化建设力度，增强信息系统的实用性，使得单位内部控制更加形象具体，为科研事业单位也业务发展提供更加准确的决策支持。

4. 风险预警动态化

科研事业单位内部控制信息系统的风险预警动态化功能，反映了未来风险管理在科研事业单位管理工作中的重要性。当前，风险管理在科研事业单位实际工作中往往滞后，只有风险行为发生以后，才被单位发现、解决，但往往会给单位带来一定的经济损失。而风险预警动态化建设基本实现了对单位经济业务活动的实时监控、风险实时预警，做到防患于未然。在此功能建设过程中，要充分考虑信息系统建设实际和风险管理现状，界定风险管理的基本类别和预警手段，当某业务活动出现该风险趋势时，系统会根据风险重要程度和影响频次，自动计算出系统风险等级，并及时发出预警，避免出现经济损失。

5. 系统更新便捷化

科研事业单位内部控制信息系统建设不是一蹴而就的，随着业务发展需要和信息技术更新换代，信息系统建设也需要进行持续更新和改造。随着国家政策、产业政策、财税改革等，科研事业单位也会调整其战略发展方向、更新业务流程、修订业务标准等，这些都需要对内部控制信息系统实施更新改造。同时，现代信息技术越发展，信息系统改造应用越便捷，这是未来科技发展的趋势，符合时代发展需求。

四、科研事业单位内部控制信息系统的应用及科学构想

（一）科研事业单位内部控制信息系统的应用

建设科研事业单位内部控制信息系统关键在于应用。通过建立互联互通的科研事业单位内部控制信息系统，可有效规范内部管理、管控流程系统风险，提高工作效率。

1. 实现预算管理的动态监控

预算管理的动态监控。通过与 OA 系统集成，OA 系统自动将审批的各部门预算信息集成到内部控制信息系统，内部控制信息系统可自动检查其预算编制是否合规，如有超出收支标准的，系统自动提示，实现了预算的事前控制。在预算执行过程中，系统自动检测无预算支出或超预算支出，对各部门预算完成情况进行控制，实现了预算的事中控制。系统将各类费用按部门、按项目、按经济支出分类自动归集，实现了预算的事后监管。 通过查询相关报表、每笔业务和开支，无论是哪个部门发生的，只要一进入 OA 系统或内部控制信息系统，财务和业务人员都可以即时跟踪。从而实现"依法合规、编制科学、执行可控、讲求绩效、公开透明"的预算管理内部控制目标。

2. 整合信息化控制、审批机制

按照《事业单位内部控制手册》，系统设置不相容岗位账户并体现其职权，将组织及业务流程再造的成果、内部控制防范措施嵌入内部控制信息系统各项经济业务的流程节点中。内部控制信息系统与 OA 系统集成后，实现了对预算、收支、资产、采购、合同等全部经济业务流程的控制节点设计及业务事项自动流转、及时审批。通过信息系统集成内部控制审批流程，把内部控制制度要求落实到位。实现各项经济信息及时、准确地传递，顺

利履行各自职责。

3. 强化信息系统的控制与数据安全机制

要求内部控制信息系统实施方和建设方围绕内部控制手册要求，对内部控制信息系统开展内部控制风险点控制措施的测试和确认。在内部控制信息系统与 OA 系统集成应用条件下，内部控制是否健全有效，关键在于对信息系统的有效控制。包括：一是定期评价测试系统有效执行，及时发现风险，堵塞漏洞。二是系统数据安全控制。三是系统用户管理。

4. 对接 OA 系统，统一工作入口

大部分科研事业单位 OA 系统已平稳运行多年，员工的使用习惯也基本固化，内部控制信息系统与 OA 系统对接后，员工可以统一身份认证系统实现一键登录，工作入口统一化，使用 OA 系统的会签审批功能完成财经事项的提交和审签，既解决了系统切换问题，又契合大家的使用习惯。

（二）科研事业单位内部控制信息化建设科学化构想

科研事业单位内部控制信息系统的应用和推广，加快了科研事业单位内部控制信息化建设的进程。办公自动化应用系统实现了审批流程手机终端化，实现了全天候在线业务审批和数据实时共享，提高了科研事业单位运转效率，在此基础上，科研事业单位内部控制信息化建设应当考虑以下几个方面：

1. 科研事业单位内部控制信息化建设的统一性问题

科研事业单位综合信息系统的建成，实现了财务核算与资产管理、政府采购、科研项目管理等信息系统的串联，但由于开发商选择的不同，或者受系统软硬件限制，还不能实现各独立子系统之间的数据实时传输与共享。只有实现各子系统之间数据的实时传输与资源共享，才能真正实现信息系统串联的目的。鉴于此，科研事业单位应着眼当前与未来发展需求，定制一套适合单位实际的综合信息管理系统，能够涵盖科研事业单位内部各方需求，真正实现数据信息实时传输和共享。虽然短期来看，要产生一笔不菲的经济投资，但长远来看，各子系统在运转过程中，可以避免因内部沟通协调不畅产生的信息不对称问题，有利于信息数据的集中和传递，最终实现数据共享。另外，信息系统的应用，使得各子系统各环节关键控制点在信息系统的固化，减少了人为干预的风险。

2. 科研事业单位内部控制信息化建设永远在路上

用发展的眼光持续做好科研事业单位内部控制优化工作。归根结底，科研事业单位内部控制信息化建设是为单位发展服务的。随着科研事业单位新形势、新业务、新情况的出现，科研事业单位应当不断完善内部控制制度，优化内部控制信息系统建设方案与流程。不断发展的内部控制信息系统，能够助推科研事业单位内部治理体系建设和治理能力提升，坚持做到让内部控制管理在科研事业单位发展过程中走在前不掉队，真正起到为科研事业单位发展保驾护航的作用。

3.建立科研事业单位内部控制一体化信息系统体系

建立财务管理决策支持系统，基于完善的财务和业务数据，通过一系列的指标体系，将数据形象化、直观化、具体化，为事业单位领导提供"一站式"决策支持，使决策支持不再抽象，真正成为简便有效的信息工具。

（1）技术理论支撑

目前基于信息一体化模式的内部控制体系建设过程中主要采用的技术理论有：控制论、系统论、协同论、线性规划论、委托代理理论和新公共管理理论等。在科研事业单位内部控制体系与信息一体化平台的建设中，引入协同论的思想，会使内控管理思想向更深更广的方向延展，从而产生良性的协同效应。而线性规划论可以运用于科研事业单位的内部控制体系及信息一体化平台建设中，使得组织中的人力、物力、财力等资源得到合理安排，以实现利用效率最大化。该理论有利于内部控制体系各项措施与制度的落地，进一步提升科研事业单位的治理能力。新公共管理思想的引入，成为内部控制理论及方法在科研事业单位运用的思想与理论基础，信息一体化将新公共管理理论用于标准建设、作业流程规范、绩效评价科学等方面，使管理控制落到实处，成为内部控制体系建设与有效实施的重要手段。

鉴于目前科研事业单位已具备建设主要业务信息系统的能力，可以对照科研事业单位内部控制规范的关键风险控制点，优化现有的业务信息系统，在系统里完善相应的内部控制表单及评价报告模板，并通过合适的数据接口，实现系统间的数据与信息的共享，从而实现科研事业单位内部控制信息一体化。科研事业单位可将本单位的内部控制系统与财政部门预算管理系统进行有效的对接，有利于科研事业单位与财政部门实现实时的数据共享，便于预算的下达与信息沟通，实时掌握预算执行情况，及时做出相应的预算安排与调整，使得科研事业单位的预算执行与管理及时有效。

（2）信息一体化建设思路

从科研事业单位内部全面内部控制管理要求、科研事业单位与财政部门等外部的政府职能部门之间的信息共享需求等方面来考虑，科研事业单位内部控制信息一体化建设工作可以从以下几个方面开展：

统一基础信息编码规则，整理出基础信息类别，并统一设定编码规则，建设明确统一的信息系统基本信息。

编码规则的设定包括人员编码规则、部门编码规则、项目编码规则、合同编码规则、固定资产编码规则、重要物资编码规则，各类制度、报告、文件编码规则，档案编码规则等。不同类别的编码规则的设定均体现不同的管理需求，比如，人员编码需要考虑人事管理需求、绩效考核需求、工资核算需求等，这些需求中最重要的是人事管理需求，并兼顾绩效考核与工资核算需求；部门编码规则需要考虑到学校的整体组织架构设置需求；项目编码规则需要考虑不同的资金来源、业务分类与部门等需求；合同编码规则需要考虑不同的业务分类及所属部门等需求，固定资产编码需要考虑资产分类、所属部门等需求；制度文件编码需要考虑编制部门、审批级别、业务分类等需求；档案编码需考虑到移交部门、业务分类等需求。可以将系统论与控制论的思想运用到编码规则设定中，良好的编码规则有利于简化信息系统处理过程，实现各信息系统信息数据的无缝对接，提高信息检索整理与数据统计分析效率，在内部控制信息一体化过程中起着举足轻重的作用。

依不同的管理业务分类整理相应的关键风险控制点，梳理出不同的业务流程单元，对各业务流程单元进行整理分类，依业务单元类别整理出内部控制考核与评价标准。

把确定的内部控制业务流程单元与现有的管理信息系统进行对比，有欠缺的业务结点需要进行补充，并加入考核与评价单元，设置相应的控制表单及评价报告模板。本环节是内部控制信息一体化平台建设与内部控制体系优化的主要部分。

依照财务核算系统需求，梳理各业务内部控制管理系统相关业务数据提供规则，完善基础数据设置，并做好相应的数据接口，实现业务数据与财务数据的无缝对接。

该环节是有效实现科研事业单位内部控制信息高度集成化及各业务内部控制管理手段及时联动的关键部分，也是当前各科研事业单位在内部控制信息一体化平台建设过程中难度比较大的一个环节。该环节的实现思路，需要从财务核算系统中数据及信息需求出发，考虑科研事业单位自身的管理需求及业务特点，有重点、分业务、依流程去逐步推进与不断完善。比如，收费环节的业务系统与财务系统的信息数据集成于平台建设时，一方面，要整理出既符合财务核算需求又便于业务部门执行的数据，提供操作规范与标准；另一方面，信息平台建设人员利用计算机技术，考虑实现两套不同系统之间的数据接口问题，并对数据提供方法及规则提出可操作建议，这是基于不同系统集成的考虑。当然，也可以直接将业务系统集成在财务系统所在的信息化平台里，这种方法的优点是能更有效实现数据共享与集成，但缺点是需要考虑进行半年到一年的双系统并行，费时耗力，时间与人力成本较高。

遵照上级财政管理部门及资产管理部门的要求与国家相关制度规定，完善相关的业务管理与核算流程，梳理出相应的业务子单元，并做好相关业务结点上的数据与信息对接接口，以便实现与上级财政管理部门与资产管理部门数据及信息的无缝对接。

目前，财政资金的直接支付与授权支付，实质上就是科研事业单位业务支付需求数据与政府资金拨付实时数据通过支付平台进行共享与集成处理的一种方式，主要发挥的是资金划拨与支付控制职能，没有实现数据归集整理分析及辅助决策职能。基于控制信息一体化目标考虑的、多业务类别功能实现的内部控制信息一体化平台建设，需要从政府规范管理与科研事业单位良性发展的角度出发，政府层面建设符合管理对象业务核算特点普遍适应的主要信息数据核算标准与口径，科研事业单位层面遵照政府要求建设符合本单位业务核算特点的业务数据整理规范及方法，对不符合科研事业单位业务实际的核算标准与口径，及时与政府相关部门沟通确定相关的标准与方法，可以考虑特殊事项的备案制度。政府信息系统与科研事业单位信息系统的无缝对接是实现政府与科研事业单位内部控制信息一体化平台的关键，可以委托有企业 ERP 开发经验的知名专业软件开发技术公司对相关软件之间信息数据对接接口进行开发设计，并对相关软件系统提出强化基础设置与系统优化的建议。

（3）科研事业单位内部控制信息化建设迈入智能化时代

进入新时代，科研事业单位财务管理已经由信息化时代逐渐发展到智能化时代，相应的科研事业单位内部控制也随着财务内涵式转型发展的不断深入和财务信息化能力的提升，逐步向智能化方向迈进。

财务智能化不仅仅影响了科研事业单位财务管理模式，更是驱动着财务组织形态发生改变，从而促使内部控制管理做出相应调整。通过前期科研事业单位内部控制体系的信息一体化建设，在一定程度上给科研事业单位的管理水平带来质的飞跃，但好的结果需要有好的过程作保障，内部控制理论的研究，对内部控制体系信息一体化建设具有指导意义，这需要在加强信息一体化平台建设时，结合科研事业单位的实际管理特点，进行合理运用，发挥协同效应，助推科研事业单位内涵式发展。

实践证明，科研事业单位内部控制信息化建设的实施，使得线上审批更便捷，事前审批与事后报销数据关联，移动 APP 操作；进度管控更客观，内部业务流转在各环节的停留时间可查询；支出业务可监控，按照权限设定，监督评价人员可以实时查询各类支出的具体信息。未来，随着科研事业单位数据信息的完整性和安全性进一步提升，各单位、各部门之间的数据壁垒将被打破，智能化应用将更加普遍。例如，内部控制信息系统与财政资产云、政采云、财政综合业务平台等系统的数据互联互通，从而进一步提升内部控制信息化水平，实现防风险、提效率、优服务的目标。

五、网上财务管理内控模块化系统

目前科研事业单位财务管理正在国家深化改革的大潮中，科研单位财务管理财务软件操作已经普及，但此种操作仅停留在账务处理、报表编制的单机版、网络版层面。局域网网络版或远程登录的多点财务核算、编报电算化阶段，并没有把日常财务管理工作通过网络、计算机技术和信息化处理技术的发展、办公自动化的 OA 系统相结合。本部分内容主要通过科研事业单位建设网上财务管理内控模块建设的信息化系统，融合科研单位日常业务和财务管理流程，实现财务审批流程手机 APP 和计算机客户端登录操作、项目进度查询和领导决策网络可视化、职工工资条账户、密码登录查询便捷化客户端、资产设备、科研项目申报的及时性和可控性、单位内部预算的领导查询及时性、项目卡片电子网络化管理的便捷性等。

（一）网上财务管理内控模块化系统相对于传统财务管理的优势

1. 提高财务工作效率，有助于一线科研人员、高层主管领导快速、便捷、及时地了解并解决单位业务发展动态和问题

传统的财务管理要求主管业务领导需人在现场办公，网上财务管理内控模块化系统领导可以随时随地利用网络技术审批单位业务。一线科研人员及业务管理人员可以按照这一系统提前完成相关业务，并随时随地查询各自项目的进展情况。财务工作人员可以在安静的环境下，按照网上财务管理模块化系统审核、办理相关业务。

2. 提高了预算、支出业务的管理精细化，为项目的申报提供了决策支持

在传统的财务管理模式下，各类科研项目预算、各种经费的借款、报销业务都通过财务人员的人工操作完成。财务人员日常工作量大，各项目支出经费不能及时编制分录，形成项目进度账务记录。不仅耗费了大量的人力在机械、重复的工作中，而且财务数据不能得到及时的反馈。在实现网上财务管理内控模块化系统后，可以将预算、财务数据统计、财务数据分析三大功能结合，实现实时费用监管模式，提前编制预算时日，没有预算或预算不足的项目，自动进入无法借款、报销环节。减少矛盾，节省人力成本。

3. 提高了预算、决算及项目核销的公开化办公，符合目前我党要求预决算公开化的要求

目前，我国财务管理数据预算、决算公开已经达到一定的行政执行常规化水平，科研单位内部管理的模块化建设能程序化提取预算、决算数据到单位门户网站，生成动态程序化操作的动态年度报告。财务预算一般包括财务内部预算和财政系统的对外报送预算。财政系统熟。而财务内部预算系统是根据科研事业单位具体实际情况开发的系统，财务人员依据业务处室上报的业务计划，做出下一年度单位内部的实际预算经费。各授权领导可以随时审阅、查询审批单位内部实际预算的可行性并下发文件到各执行业务处室。

（二）网上内控模块化系统建设的模块内容

1. 业务处室计划申报模块和单位内部预算模块

科研业务的开展必须有详细的计划安排，每一年度的下半年，有规划的科研单位必要求各业务处室上报下一年度业务计划及业务计划的经费预算。财务部门根据业务处室上报的业务计划及经费安排，按照财政批复的来年总预算，预算出单位内部预算的明细并推送给主管领导审批。通过一系列的审批工作，系统模块自动生成业务处室计划经费预算报表及单位内部预算总报表按照可审阅权限，网上下发审阅报表。各业务处室运用自己的账号和密码登录查询。

2. 项目申报模块和项目执行卡片模块

项目申报模块主要完成科研事业单位一线科研人员网上申报项目任务。项目卡片填制

模块主要完成项目课题组人员填制借款、报销等经费支出情况，主要满足项目子项区别于科研事业单位经济科目核算的要求。项目申报模块科研事业单位目前有开发出来的成熟系统，但没有和账务报销系统、项目卡片填制模块相结合，仅仅是一个独立运作的单位业务处室运作模块，不能提高单位内控信息化的总体要求。而项目执行卡片模块子项经费报销填列是根据项目任务书经费预算子项设置的。它满足了账务系统按照经济科目设置明细而不能满足项目执行过程项目任务书子项支出的统计要求的所有功能。

3. 领导审核经费借款、报销模块和账务核算、报表生成模块

领导审核经费借款、报销模块和账务核算、报表生成模块是相辅相成的，传统的账务核算、报表的生成模块是单一、独立的，不能贯穿单位业务的总局。科研单位的业务发展都是有计划性、层级性、辩证统一性的。账务核算、报表生成模块让财务核算、管理信息系统化，而单位的财务管理高层领导、业务主管、经办人的审批流程网络信息化不健全，而领导审核经费借款、报销模块和账务核算、报表生成模块的衔接，以及程序化、层级化的网络审批就成为科研事业单位财务内控信息化管理的当务之急。

4. 资产设备报批模块和工资明细查询模块

目前，财政系统对国有资产设备、维修、车辆等报批严格按照程序进行，项目经费到达后，设备明细未得到财政批复之前不得购买。而项目存量资金大幅度积压，存量资金回收财政文件高频率下发，造成科研人员无法按照项目进度购买设备，财务人员不得不为保护单位存量资金绞尽脑汁。这一怪象除了客观存在的政府部门业务处室不相互配合、协调外，还存在资产设备报批信息化模块低层单位管理的缺失。建立科研事业单位固定资产业务处室网上信息化模块系统是很有必要的。

工资明细查询模块在很多财务软件模块中已经涉及，只是系统化、层级性、关联性不够，工资单制后，如何和核算、报表生成模块相关量，是一个网络程序化技术层面的工作。工资明细查询模块不仅能满足职工通过个人账户、密码查询工资明细功能；而且要满足财务工作人员工资制表、凭单生成、归类分析等功能。

（三）网上财务管理内控模块化系统的工作流程

1. 业务处室计划申报模块和单位内部预算模块

业务处室计划申报模块和单位内部预算模块是相辅相成、相互关联的。业务处室经办人在网上内控系统填报下年度处室业务计划及经费预算明细；财务处在网上内控系统审核填报下年度处室业务分配计划及单位内部经费预算计划；领导班子根据自己授权在网上内控系统审核单位预算并提出修改意见；模块智能汇总生成单位内部预算审批文件及经费预明细算。需要说明的是：网上财务管理内控化模块分用户分别设置用户权限账号、密码；领导班子审批权限及查看权限按照业务分类和分管处室设置；模块智能汇总生成单位内部预算按照部门业务及审阅权限下发；单位内部预算模块总经费额度与财政预算系统批复额

度相同。

2. 项目申报模块和项目执行卡片模块

项目申报模块和项目执行卡片模块是相互衔接、相互关联的。项目负责人在网上内控系统组织项目团队申报项目，PPT 项目答辩，专家提出项目答辩修改意见。主管科研业务团队根据答辩情况汇总审核通过项目，主管财务业务团队根据项目任务提出经费分配建议，网上推送主管领导及领导班子审核。主管科研业务团队根据主管领导及领导班子审核通过的项目，签订任务书。项目组经办人在内控系统填报借款、报销原始单据的日期、摘要，用途，金额，生成单据到项目执行卡片模块。财务主管财务业务团队在核算、报表生成模块根据项目执行卡片模块及投递箱原始发票制单，生成凭证，推送账务系统和报表系统。项目组在项目执行卡片模块，查阅项目经费执行进度和项目经费的任务书子项经费预算情况。项目验收，根据项目执行卡片系统填制项目验收经费决算报告。

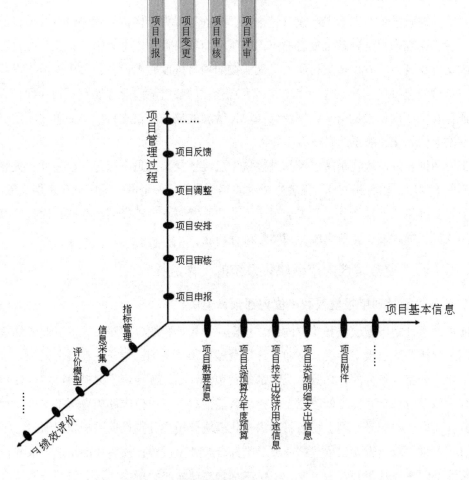

图 6-3　项目申报模块和项目执行卡片模块

3.领导审核经费借款、报销模块和账务核算、报表生成模块

领导审核经费借款、报销模块是账务核算、报表生成模块的后置模块。业务处室和主管财务领导进入领导审核经费借款、报销模块审核业务，并推送到账务核算、报表生成模块系统。报销原始凭单和发票在账务核算、报表生成模块投递，领导审核经费借款、报销模块看到上传的原始单据。等领导审核经费借款、报销模块审批成功，自动进入原始凭单删除状态。领导审核经费借款、报销模块和账务核算、报表生成模块最终推送内部报表分析系统，领导通过查阅账表分析系统，决策科研项目下一年度申报状况。

领导审核经费借款、报销模块和账务核算、报表生成模块需要项目管理部门按照项目经费来源渠道、经费的构成，将相应的信息录入项目执行卡片系统。借款、报销申请人录入借款、报销信息。系统会自动调用项目执行卡片系统的项目任务书的相应信息，系统自动检查、比对借款、报销是否超预算。当预算控制通过后，单据信息自动进入账务核算、报表生成模块。

4.资产设备报批模块和工资明细查询模块

资产设备报批模块和工资明细查询模块是两个相互独立的系统，主要是统一在网络财务管理内控系统下，方便单位人员网络化办公，提高工作效率。

资产设备报批模块在实际业务运行过程中与部门预算系统、非税收入系统、政府采购系统、财务核算系统和国有资产管理系统等业务系统进行业务衔接和数据交换，实现资产管理的业务一体化，提升管理资产水平。

资产设备报批模块充分满足单位及下属各部门各资产管理环节的协同工作需求，提高资产管理流程连贯性，真正实现资产管理全流程的协同办公。具体 流程如下：

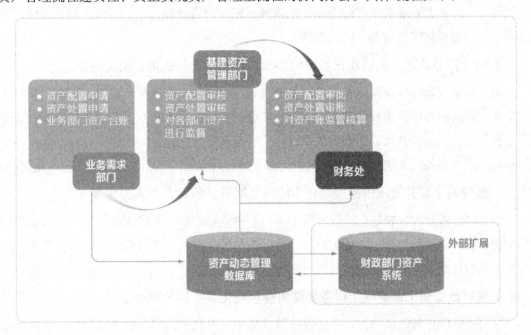

图 6-4 资产设备报批模块流程

工资明细查询模块的子模块是工资管理模块、金税三期模块、工资明细查询模块。工资管理模块面向单位内部薪资的发放管理，系统帮助单位快速、准确和高效地对工资的编制、发放进行管理，能由单位自定义工资项目、工资类别等，大大加快工资的发放流程，减少工资编制人员的工作量，提供更加准确无误的工资数据；金税三期模块主要是对工资管理模块的信息数据提取，智能计算职工个人所得税；工资明细查询模块主要是对单位职工分配个人账户和密码，职工个人可以登录账号查询自己的工资明细。

（四）科研事业单位网上财务管理内控模块化系统实现的几点建议

1. 提高科研事业单位网络硬件和软件设施、安全性能实施和网络计算机工作人员的配备是否齐全

科研事业单位网上财务管理内控模块化系统的实现需要充分考虑单位网络的硬件和软件设施、安全性能实施。单位服务器设备功能是否强大，设备备份内存、硬盘空间足够大；单位局域网系统是否有相应的防护设施；单位光纤流量是否足够大；在网上财务管理内控模块化系统出现故障时，是否有能力胜任的网络计算机工作人员。

2. 逐步完善单位各项管理制度，把各项管理制度渗透到网上财务管理内控模块化系统的后台编程中

任何一个单位的发展都离不开制度管理，在建立网上财务管理内控模块化系统之前，需要对单位的各项管理制度进行梳理、完善。以制度管理、流程管理为切入点，准确了解和把握各类业务授权事项的环节，准确判断不同业务内部控制的关键点。把梳理出的核心管理思想编写到网上财务管理内控模块化系统的后台程序中。各大业务模块在相互衔接中相互制约，但不影响业务工作的全局。把管理思想全面渗透到后台的内部控制管理模块系统里。让管理更加权责明晰、更加理性。

3. 网上财务管理内控模块化系统的各模块相互衔接是该系统的核心和关键

网上财务管理内控模块化系统是否能准确地完成各项操作业务。在很大程度上依赖于各个系统模块的衔接技术和管理思想。首先需要对各大模块在日常工作的先后程序及重要性进行分类、排序。其次需要找出单位程序化管理和非程序化管理的相关业务，以及各类业务如何渗透到各大系统模块中。不断规范和完善后台编程的程序化管理和非程序化管理。

4. 做好网上财务管理内控模块化系统的后期维护的财力和人力保障

网上财务管理内控模块化系统完成后，后台稳定运行后，要考虑单位业务及宏观环境的变化、管理制度的更新，需要后台程序的编写更替。这就需要考虑网上财务管理内控模块化系统的后期维护的资金支持和人力配备。

5. 做好单位职工接受网上财务管理内控模块化系统的思想准备

任何新事物、新政策的出台，必伴随着支持和反对之声。网上财务管理内控模块化系

统需要单位职工的集体配合和领导的大力支持。网上财务管理内控模块化系统的信息化实操很强。需要所有的职工学会计算机客户端，主要核心领导手机 APP 的熟练操作。在这些实操操作的环节，要考虑到很多可变的因素，及时做出应对措施，让网上财务管理内控模块化系统顺利实施。

总之，科研事业单位网上财务管理内控模块化系统是国家对事业单位内控制度出台、实施、改革的政治要求。对科研事业单位网络信息化建设和单位管理制度、管理思想的信息化深化建设。有利于科研事业单位提升业务管理水平和效率。有利于单位整体员工思想的统一、信息化操作水平的提高。为防范财务风险控制、实现财务管理创新提供了信息化支撑。

（六）科研事业单位内部控制手册与内部控制矩阵管理

1. 内部控制手册与内部控制矩阵管理基本要求

按照《行政事业单位内部控制规范（试行）》和《萨班斯法案》相关要求，进一步加强科研事业单位内部控制和风险管理，规范内部控制信息系统管理，优化和维护具体业务关键控制流程，需要科研事业单位内部控制牵头管理部门实行对内部控制信息系统的管理与维护，形成单位内部控制手册与内部控制矩阵。

科研事业单位由内部控制牵头管理部门负责开展内部控制手册与内部控制矩阵的维护管理工作，负责收集、整理内部控制关键控制点样本资料，牵头负责对内部控制信息系统具体业务流程的梳理与更新。

科研事业单位内部控制牵头管理部门是单位内部控制手册和矩阵维护的职能管理部门（内部控制管理职能部门），一般由本单位财务部门或审计部门担任，主要负责总体组织协调、制定维护流程及相关规定，组织优化讨论并对维护结果进行审批，以及发布内部控制手册和矩阵、归档管理相关文档等。

科研事业单位其他各业务部门是内部控制手册和矩阵维护的发起部门和责任部门（内部控制流程责任部门），协助内部控制管理职能部门开展内部控制手册和矩阵的维护工作，主要负责本部门的内部控制流程维护，以及在系统内协助审批本专业流程范围内的优化更新申请，包括监控内部控制流程的执行情况，关注影响内部控制流程变化的因素，组织撰写本部门的关键控制点优化更新内容，同时及时向内部控制管理职能部门反馈优化更新意见，收集整理相关地穿行测试资料，做好内部风险管控工作等。

科研事业单位应当在内部控制管理职能部门配置内部控制管理专职人员，在其他各专业责任部门配置内部控制管理的兼职人员。内部控制管理兼职人员负责本部门内部控制手册和矩阵维护的组织管理工作。科研事业单位内部控制流程中每个控制点的维护责任要落实到人。控制点责任人负责内部控制手册和矩阵中各自负责控制点的日常维护和执行，包括发起优化更新申请变更等。

当出现导致需要优化更新内部控制手册和矩阵的变化因素时，科研事业单位应及时启动相关的优化更新维护工作。一般情况下，科研事业单位内部控制管理职能部门应当至少每半年发起一次内部控制手册和矩阵的优化更新维护工作。导致需要优化更新内部控制手册和矩阵的变化因素包括但不限于以下五方面：

（1）国家或地方新政策和法规的颁布实施，对科研事业单位产生直接或间接影响；

（2）涉及科研事业单位的新技术、新业务的发展达到一定程度，现有内部控制管理流程不能涵盖全部内容；

（3）科研事业单位业务处理环节和要求出现新变化；

（4）科研事业单位信息系统的更新和功能发生变化；

（5）组织机构及岗位职责的变化，涉及部门负责人变更、科室机构调整等。

对于符合以下条件之一的优化更新内容，科研事业单位内部控制职能部门应及时报单位管理层审批，或报送领导办公会或党委常委会审批。

（1）因新业务开展或新系统上线等导致需新增或调整内部控制流程或控制点；

（2）原有业务淘汰导致需要删除内部控制流程或控制点；

（3）随着业务发展，原有关键控制点变更为一般管理要求，需要降低控制点的控制频率；

（4）其他可能实质影响控制要求的重大修改。

2. 内部控制手册与内部控制矩阵维护流程

科研事业单位内部控制职能部门应按照以下步骤和要求进行内部控制手册和矩阵的维护管理工作。

（1）发起申请或主动征询

当出现导致需要优化更新内部控制手册和矩阵的变化因素时，内部控制流程责任部门应于一定时间内（一般为10个工作日）在内部控制信息系统中提交变更维护申请，并提交相应的支撑资料，报内部控制管理职能部门审批。内部控制管理职能部门每季度定期组织征询各内部控制流程责任部门或单位对于内部控制手册和矩阵的优化更新需求。

（2）审批执行或上报审批

科研事业单位内部控制管理职能部门对提交的变更维护申请进行审批，或将符合上报要求的更新维护申请上报单位管理层审批。根据审批结果组织完成内部控制手册、矩阵的更新维护及发布执行。

（3）批复执行

科研事业单位内部控制管理职能部门收到批复后的优化更新列表申请后，应及时组织内部控制流程责任部门、审计部等相关部门进行确认，组织完成内部控制手册、矩阵的更新维护、发布执行。

科研事业单位内部控制管理职能部门应于每年的6月30日及12月31日前完成本年度半年及年度的内部控制手册矩阵更新维护工作，并形成年度内部控制手册和内部控制矩阵。

科研事业单位内部控制审计测试工作均应以上一年度的年度汇总版本为基础，将截至内部控制审计测试进场前最新版本的半年度优化更新列表作为内部控制审计测试的依据。

科研事业单位内部控制文档是开展内部控制管理和内部控制审计测试工作形成的一系列重要资料，包括内部控制手册和矩阵、审计测试资料、相关制度文件以及优化更新记录等。

科研事业单位内部控制手册、矩阵和优化更新记录由内部控制管理职能部门牵头收集并保存，审计测试资料由审计测试的主体收集并保存，相关制度文件由各业务部门收集并保存。

科研事业单位内部控制管理职能部门在新增或调整内部控制流程或控制点时，应更新相应穿行测试资料，并标注对应的控制点编号。

科研事业单位内部控制管理职能部门均应通过内部控制管理信息系统开展内部控制流程优化的上报和审批等工作，并及时将优化更新内容修订至内部控制手册和矩阵中。

第七章　评价与监督

　　科研事业单位是我国国家职能得以实现的重要职能部门，是经济社会发展不可或缺的重要力量。随着经济社会的发展和科研事业单位改革的不断推进，加强科研事业单位内部控制评价和监督、不断提高其公共服务能力和经营效益已经成为科研事业单位改革的主要目的和重要内容。为了充分发挥科研事业单位内部控制的作用，引入对科研事业单位内部控制的内部评价和监督机制，有利于更好地实现科研事业单位改革的目标。我国科研事业单位主要服务于广大民众，体现公共价值特性，旨在提高服务效率。科研事业单位应当建立健全内部控制制度，加强对权力运行约束和监督机制建设，充分发挥科研事业单位在科技强国建设进程中的重要作用。当前，我国科研事业单位内部控制的评价和监督机制，主要借鉴企业管理的主要做法，以科研事业单位战略发展目标为导向，建立符合单位实际的评价模式和内部监督制度。

一、内部评价与监督概述

（一）内部评价与监督的主体

　　科研事业单位内部控制评价，一般是指单位管理层或类似权力机构，如内审部门、纪检监察部门等，对内部控制的有效性进行全面评价，并形成评价结论，出具评价报告的过程。所谓内部控制的有效性，是指单位建立与实施内部控制对实现控制目标提供合理保证的程度。事业单位内部控制的评价与监督，通常也包括除了本单位之外的其他单位或者社会组织进行协同监督的过程，并通过一定的内外评价体系对事业单位形成多方监管，以发现科研事业单位内部控制所出现的问题以及提出整改措施。同时，这些部门监管时，必须通过日常监督、高效监管和内控自评这三种不同的监督方法进行监督，而且要将其自始至终地运用于内部控制的工作当中去，灵活应变。

（二）内部控制监督与评价的主要内容

　　在监督和评价的内容方面，内控有效性可分为内控制度设计的有效性和内控运行机制的有效性。从控制目标的角度来看，科研事业单位内控有效性可分为：战略科研目标内控有效性、科研目标内控有效性、财务目标内控有效性、绩效目标内控有效性、资产目标内控有效性。其中，战略目标内控有效性指相关的内部控制能够合理保证领导层及时了解战略定位的合理性、实现程度，并针对国家科技战略和重大科技工程适时进行战略调整；科研目标内控有效性指相关的内部控制能够合理保证科研项目顺利执行，保证科技成果产出和科技创新目标；财务目标内控有效性是指相关的内部控制能够防止、发现并纠正财务管理行为中存在的问题和错误，规避单位财务行为中存在的风险；绩效目标内控有效性是指相关的内部控制能够保证科研经费和实验室建设等经费取得预期绩效目标；资产目标内控有效性是指相关的内部控制能够合理保证资产的安全与完整，防止资产流失，针对科研任务有效管理科学实验设备等资产。

一般科研事业单位内部控制评价与监督的内容包括内部评价、内部监督和外部监督三个层次。

1. 内部评价

科研事业单位内部控制评价包含内部控制设计及运行的有效性评价和基础性评价。

科研事业单位内部控制设计及运行的有效性评价一般是指科研事业单位为实现其控制目标所必需的内部控制要素都实际存在且设计恰当，并按照规定程序得到正确执行。其主要考虑以下内容：

（1）相关内部控制的设计是否有助于科研事业单位提高运行效率和效果，是否有助于服务于单位发展规划，以实现其发展目标。

（2）相关控制的设计是否能够保证科研事业单位遵循适用的法律法规。科研事业单位内部控制的设计必须能够保证单位遵循法律法规或者规避相关法律风险，这是内部控制设计不可碰触的红线和底线。

（3）是否为防止、发现并纠正财务报告重大错报而设计了相应的控制措施。财务报告是科研事业单位财务部门的最终产品，财务报告必须真实、准确，符合《政府会计制度》具体要求。科研事业单位内部控制的设计必须以防止、发现并纠正财务报告重大错报为目的而进行控制。

（4）科研事业单位相关控制在其评价期内能够按照单位内部控制运行程序有效开展，实施控制的人员经过适当授权和培训，具备必要的权限和能力，确保单位内部控制有效运行。

（5）科研事业单位内部控制评价相关控制是连贯的，能够运用有效方法和手段持续有效地开展，以实现前后可比，达到内部控制评价的目的。

科研事业单位内部控制基础性评价是指由科研事业单位自行组织，从单位层面和业务层面对单位内部控制的全面性和有效性进行评价，形成评价结论，出具评价报告。评价报告应当提交单位负责人，单位负责人应当以适当形式对拟采取的整改措施做出决定，并督促落实。

2. 内部监督

根据监督与执行分离的基本原理，科研事业单位内部控制内部监督应当与内部控制的建立和实施保持相对独立。一般有独立审计部门或者专职内审岗位负责实施。

科研事业单位内部监督是对其存在的要素和功能进行持续性或定期性评价。科研事业单位应当建立健全内部控制的定期监督检查制度，对发现的内部控制重大缺陷和薄弱环节进行报告，并提出具体改进措施。

科研事业单位内部监督一项重要职能就是对单位风险进行评估，通过对科研事业单位内部控制管理的现状以及实际需求进行有效分析，并以此为基础进一步设定科研事业单位各项经济活动的目标，然后结合目标识别与评估可能要面临的风险，并分析发生的概率以及制风险应对策略，这样能够更好地防范以及解决风险，有针对性地制定防范措施。

3. 外部监督

科研事业单位内部控制的外部监督主要由财政部门和审计部门承担，同时应当充分发挥纪检、监察等部门的作用，构建严密的外部监督网络。

（1）财政部门的外部监督。各级财政部门应当对主管的科研事业单位内部控制的建立和实施情况进行监督检查，有针对性地提出检查意见和建议，并督促单位进行整改。

（2）审计部门的外部监督。各级审计部门对科研事业单位进行审计时，应当调查了解单位内部控制建立和实施的有效性，揭示相关内部控制的缺陷，有针对性地提出审计处理意见和建议，并督促单位进行整改。

（三）内部控制评价与监督基本流程

1. 材料收集

材料收集是科研事业单位内部控制评价与监督的开始，对内部控制评价与监督的材料收集要尽可能做到全面、充分、准确。在开展材料收集过程中，应采取适当的方法或手段，对科研事业单位内部控制制度文件进行查阅，对相关人员进行走访询问，以了解科研事业单位整体内部控制建设情况。个别谈话和流程跟踪是科研事业单位开展内部控制评价与监督的主要手段，能够更加深入、详细了解单位内部控制信息。

2. 材料整理

科研事业单位内部控制评价与监督实施人员应当及时对收集的各类内控材料进行分门别类整理，以了解材料收集的充分性和准确性，能否满足科研事业单位内部控制评价与监督的需要。材料整理一般可采用图表分析、经验判断、材料分类等具体方法，以满足不同材料整理的需要。

3. 材料分析

材料分析是科研事业单位内部控制评价与监督的核心环节，需要专业知识的积累和长期的经验判断，有时还需要运用专业的分析方法，以实施专业分析，达到准确判断、专业分析、措施得当的目的。材料分析一般采用比率分析法、对比分析法、结构分析法、趋势分析法等科学分析方法，综合、全面、科学判断科研事业单位内部控制制度实施的总体情况。

4. 总体评价

总体评价是在材料分析的基础上，对科研事业单位内部控制各环节或流程进行具体分析之后，对单位内部控制制度建设及执行情况有效性做出的综合评价，形成整体性评价结论。

科研事业单位内部控制评价与监督流程可以随着单位差异而随时调整，尚未形成固定的分析评价模式，各单位可以结合实际，以问题为导向，以服务单位发展战略为宗旨，灵活运用各类分析评价手段对科研事业单位内部控制评价与监督进行客观分析。科研事业单位要实现内部控制的可持续发展，就要在内部控制评价的基础上，不断对内部控制薄弱环节进行修订和完善，不断提高内部控制体系的完整性和有效性，为科研事业单位健康发展提供安全、可靠的内部控制环境。

（四）内部控制评价与监督存在的问题

1. 单位管理层对内部控制重视不足

当前一段时期，科研事业单位内部控制评价与监督在实施的过程中，单位管理层对其的重视程度不足是造成单位内部控制评价难以在单位的发展过程中发挥应有作用的重要原因。部分科研事业单位开展内部控制评价与监督工作更多只是为了应付上级检查，大多停留在"交作业"阶段，没有主动深入探索内部控制评价与监督工作。自上而下对单位内部控制评价与监督重视不足，没有形成规范的议事决策机构。

2. 风险管理意识淡薄

风险管理是单位内部控制的发展与延伸。随着社会经济的不断发展，科研事业单位在发展过程中所面临的环境更加复杂多变，这也便意味着科研事业单位在发展过程中所面临的风险更大。科研事业单位若没有对自身风险进行正确的评价将会对自身的发展造成较大的影响。而部分科研事业单位在对单位内部控制进行评价的过程中忽视对于风险管理的评价，造成科研事业单位内部控制评价存在一定的漏洞，难以保证单位内部控制评价能够更加全面的对单位地评价发展情况。

3. 信息与沟通质量较低

科研事业单位在对自身内部控制进行评价的过程中，对于信息与沟通质量的评价是内部控制评价的重要组成部分。单位高质量的共同沟通交流能够在较大程度上提升信息质量，也能在较大程度上提升单位各个部门之间的合作质量。现阶段，科研事业单位现在对自身信息与沟通质量进行评价的过程中评价的不足主要表现在对于信息化平台质量的评价不到位，将信息化技术引入单位内部控制评价中，是提升单位信息传递、整理、分析、共享等质量的重要措施，能在较大程度上提升行政事业单位数据信息的全面性、及时性、准确性与精确度，提升信息质量以及保证单位各个层级能够进行直接的信息沟通，提升信息沟通质量。而现阶段，行政事业单位信息化的程度不高，其评价体系也不完善，造成单位在对自身信息化平台进行评价的过程中，评价准确度较低。

与此同时，科研事业单位在信息化建设方面每年投入大量的人力、物力，各部门都建有独立的业务信息化系统，但由于缺乏中长期规划，未充分考虑未来科研事业单位及内控信息化的建设需求，各业务模块独立运行，设计标准架构不统一，彼此的数据互不连通。很多智慧系统建设只是利用单点登录，将各信息系统整合在一起，未真正实现数据的主动推送，不同系统间的数据交互仅能通过手工维护，一方数据的更新和维护不及时，容易造成其他系统数据失真，如果相关业务部门以失真的数据作为办理经济业务事项的基础数据，就会产生经济业务风险。同时，由于各信息系统间数据的传递不及时，很难实现不同部门间业务活动流程的自动化流转。科研事业单位一些重要经济业务的管理没有信息系统的支持，相关经济活动及内部控制流程尚未嵌入信息技术系统，导致日常的业务管理效率、效果不佳，管理活动耗费大量的人员也未能满足单位管理层和外部监管单位的管控要求，管理的现代化程度需要依赖信息化手段进一步提升。

4. 内控环境评价不到位

随着社会经济的不断发展，科研事业单位在发展过程中所面临的环境更加复杂多变，而单位为保证自身发展与社会发展的一致性，需要对自身不断地进行改进与完善，在这个过程中科研事业单位的内部控制环境也在不断地变化。而现阶段科研事业单位对于自身内控环境评价的不到位主要表现在两个方面。第一，内控环境评价全面性有待提升，随着单位的不断发展，单位发展规模变大，发展环境复杂，内控环境的变化也较大。而部分单位在发展的过程中没有根据单位的发展情况对自身内控环境评价进行改进与优化，造成评价存在不全面地情况。第二，内控环境动态评价不足，动态评价有助于单位从单位内控环境的变化中更加容易地发现单位内控环境中隐藏的风险，从而辅助单位对自身内控环境评价进行改进与完善。

（五）优化内控评价与监督路径研究

1. 高度重视内控评价与监督工作

首先要加强对内控评价与监督的重视。科研事业单位领导要高度重视内控评价与监督工作，加强对此项工作人、财、物的保障；高校的管理文化一定程度上影响着内控环境，科研事业单位要确定发展理念、重视发展规划建设等；其次要完善内控评价与监督机制。科研事业单位要明确评价监督机构，重视监督作用；建立健全内控评价与监督制度，明确评价范围、流程以及标准等；经常性地开展内控评价与监督检查，及时出具内控评价与监督报告，如实反映内控实施现状，及时发现内控存在的问题，防范高校治理风险。

2. 规范权力运行

一是完善行政议事决策机制。科研事业单位应建立健全单位章程，规范党委、行政的关系，完善党委会与领导办公会议的议事规则。二是规范学术权力。建立学术委员会，负责专业建设、项目评估、职称评审等，明确章程，确保各项学术事项公开公正。三是规范岗位权力运行。科研事业单位要严格落实三定方案，合理定编定岗，建立健全岗位责任制，明确部门职责清单、岗位权责，实行重点岗位定期轮岗。

3. 加强制度建设

科研事业单位要高度重视内部制度的执行，确保各项管理有序开展。一是建立健全内部控制制度。内部控制不仅包括六大业务层面，还涉及科研事业单位的方方面面，需要结合单位实际建立全面的内控制度。二是制定业务流程。根据制度设计业务流程图，明确业务关键环节控制点，通过业务流程改造实现对重点业务环节的控制。三是注重制度的完善和执行。制度要围绕新形势及时调整。科研事业单位要严格执行制度，重视制度的适用性以及执行效果，实现科研事业单位内部的有效管理。

4. 加强内控评价与监督的执行力

科研事业单位内部控制的设计以及执行是否有效要经过内控评价与监督的检验。一是加强内控评价与监督的全面性。通过内控评价与监督对科研事业单位以及业务层面进行全面的监督检查。科研事业单位的内控评价与监督工作需要人人参与，增强全员的内控意识、风险防范意识。二是加强结果运用。科研事业单位领导要高度重视内控评价与监督工作，将内控评价与监督的结果纳入分管领导或部门的考核中去。三是明确内控评价标准。以上级政策为依据，探索符合科研事业单位的客观、具体的内控评价指标，以内控评价指标对高校进行全面的评价。四是加强评价人员专业知识和业务能力。科研事业单位要组建内控评价工作组，配备丰富经验的财务、审计、管理等各类专业技能人才。

二、内部监督

（一）内部监督的定义及分类

科研事业单位内部监督是单位对内部控制建立与实施情况监督检查，评价内部控制的有效性，及时改进发现的内部控制缺陷，是实施内部控制的重要保证。科研事业单位内部监督一般由单位内部专职监督部门对其内部控制所开展监督检查和自我评价。

科研事业单位应当建立健全内部监督制度，明确各相关部门及岗位在内部监督中的职责权限，明确内部监督的程序和要求，对内部控制建立与实施情况进行内部监督检查。

科研事业单位内部监督应当与内部控制的建立和实施保持相对独立。

科研事业单位内部监督一般分为日常监督和专项监督：

1. 日常监督

日常监督，又称持续性监督，是指单位对建立与实施内部控制的情况进行常规、持续的监督检查。日常监督必须结合事业单位自身的实际，融入单位的正常工作，与单位日常经济活动结合进行。有效开展日常监督的基础是：各单位内部业务流程架构全面、科学；各单位已建成层次分明、逻辑严密的责任管理体系，且各责任已被量化并传达至单位每一位职工。在此基础上，各岗位依据内部控制手册中已明确的职责流程、规范要求，加强日常工作管理，特别要关注重要环节（岗位）、以往管理薄弱环节（岗位）执行力是否有显著提升。同时，单位内部监督职能部门可结合线上线下管理方法，实时监督与周期性监督相结合的形式，以岗位或业务为单位，对经济活动日常管理过程进行监督，并做好部门间的协调与沟通。

日常监督的常见方式包括：在日常经营活动中获得能够判断内部控制设计与运行情况的信息；在于外部有关方面沟通过程中获得有关内部控制设计与运行情况的验证信息；在于员工沟通过程中获得内部控制是否有效执行的证据；通过账面记录与实物资产的检查比较对资产的安全性进行持续监督等。

2. 专项监督

专项监督，又称个别评估，是指在单位发展战略、组织结构、经营活动、业务流程、关键岗位员工等发生较大调整或变化的情况下，对内部控制的某一或某些方面进行有针对性的监督检查。专项监督的范围和频率根据风险评估结果以及日常监督的有效性等予以确定。

专项监督应当与日常监督有机结合，日常监督是专项监督的基础，专项监督是对日常监督的补充，如果发现某专项监督需要经常进行，单位有必要将其纳入日常监督范围。各科研事业单位可结合领导干部离任审计、各专项审计及日常监督中发现的重大隐患等不定期进行专项监督。专项监督重点是针对特定范围的监督事项，综合运用各种评价方法进行深入而详细的了解、测试，确保内部控制不存在重大缺陷。

（二）内部监督报告

科研事业单位应当形成内部监督报告，内部监督检查的结果应当为单位的预算管理、绩效评价提供有效的参考依据，并以固化形式形成内部监督报告的流转渠道，确保报告及时送达单位负责人。内部监督报告中应当明确单位存在内部控制缺陷及薄弱环节，建立内部控制缺陷及薄弱环节的纠正、改进制度，充分发挥单位内部监督效力。

根据《行政事业单位内部控制规范（试行）》中对单位业务层面内部控制主要经济活动的范围界定，科研事业单位内部监督也应当涵盖预算业务内部控制、收支业务内部控制、政府采购业务内部控制、资产管理内部控制、建设项目内部控制、合同内部控制以及科研管理内部控制等主要经济活动。

科研事业单位应当建立健全内部监督制度，设置与内部控制工作体系的监理实施、与内部控制具体的岗位人员配置相对独立的一套内部监督体系，明确各相关部门或岗位在内部监督中的职责权限，规定内部监督的程序和要求，对内部控制建立与实施情况进行内部监督检查，并根据本单位实际情况确定内部监督检查的方法、范围和频率。

（三）科研事业单位内部监督制度

财政部《关于全面推进行政事业单位内部控制建设的指导意见》提出，要建立健全科学高效制约和监督体系，促进单位公共服务和内部治理水平不断提高，但从目前各地实际的执行情况来看，科研事业单位内部控制建设配套改革和落地实施的运行机制建设工作滞后，内部控制监督与评价工作大多停留在表面，不能落到实处，内部控制建设效果不佳。因此，在发挥科研事业单位内部监督作用的基础上，各级主管部门应当积极探索建立相关外部监督机制，建立由政府推动主导，政府部门、社会中介机构、公众监督等外部力量组成的立体监督体系，让内部控制内部监督和外部监督形成有效监督合力，推进科研事业单位内部控制目标的全面实现。

（四）内部监督的内容

1. 成立独立内审部门

科研事业单位有效的监督要求单位内部的审计是独立的，这也是保障内部控制的整体水平的要求。要实现对制度和措施的执行情况的有效监督，就需要完善审计制度，及时进行反馈，实现内部控制对单位内部的人员、事务进行约束和管理的目的，真正发挥独立审计部门的审计监督作用，提高单位的管理水平。关于如何提高内部审计的独立性，由于目前审计部门依附于财务处，可以将内审单独划分出，成立独立的纪检监察审计处，将其直接隶属于所党委员会，并配备具有专业素质高的审计人员，发挥审计效用。

2. 增加纪检监察人员配备

对纪检监察审计处进行合理的人员配置，可在必要时增加其人员的配置，严格落实其承担的验收职能，充分发挥纪检监察的作用。对科研型事业单位重要的经济活动，要做到在场参与监督，履行好纪检监察的职责，如监督检查大额的或者具有重要性的政府采购招标、验收等，监督检查固定资产处置等。

3. 完善内部控制评价机制

科研型单位可从风险评估、监督与评价、单位和业务层面进行内部评价的改进。成立内部控制评价小组，纪检监察审计处负有内部评价的主要责任，计划财务处和综合办公室等部辅助参与，综合评价内部控制的建设、实施，并制定相应的奖惩措施，对有利于提高内部控制水平，如对严格执行内控制度和在内部控制中取得良好成效的人员或部门进行奖励或表扬；相应的对与不利于内控水平提高的部门和人员进行批评或惩罚。并分析内部控制中存在的问题原因，研究改进方案。内部控制评价可按以下流程进行：

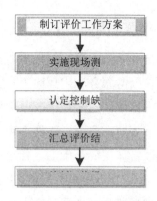

图7-1　内部控制评价流程图

（五）内部监督的程序

科研政事业单位内部控制规范的实施需要一个联动机制的支持。在实施过程中，既要加强内部审计部门的日常监督，又要强化财政部门对业务资金的监控，加大单位内外监督部的监管力度。既要借助外部大环境的力量，要有效吸引纳税人、社会公众、媒体等对科研事业单位支出的关注，又要创造良好的内部环境，充分吸收单位内部员工的建议，最大限度发挥每个人在内控建设中的作用。总而言之，只有各方齐心协力、共同努力，才能够确保行政事业单位内部控制规范的有效实施。科研事业单位内部控制规范的实施组织可分为外部实施组织和内部实施组织两个方面。

1. 外部实施组织

内部控制外部实施机制制度是科研事业单位内部控制实施机制的重要组成部分。内部控制外部实施组织是指对行政事业单位内部控制的构建、执行及效果进行直接或间接的管理、评价及结果处理的对行政事业单位具有监督管理权的外部部门及相关机构。内部控制外部实施机制包括对行政事业单位内部控制实施的外部监督制度、信息披露制度和内部控制监督结果处理制度。在行政事业单位内部控制实施外部控制的过程中，涉及的责任主体主要有财政部门、外部审计部门以及纪检监察部门等。这些部门对科研事业单位内部控制活动具有监督管理权力，在事前监督、事中监督和事后评价以及信息披露和结果处理过程中扮演着不同的角色。

其中，各级财政部门是科研事业单位预算的直接管理者，财政部是科研事业单位内部控制规范的主要制定者和发布者，在科研事业单位外部监督体系中，扮演着极为重要的角色。外部审计部门是内部审计的重要补充，是对行政事业单位财务报告的真实性、公允性、运用公共资源的经济性、效益性、效果性，以及提供公共服务的质量进行审计。可以有效提高政府部门内部控制的执行力，是加强政府部门监管、提高政府部门公信力的重要手段。我国应当建立以政府审计为主、社会审计为辅的外部审计机制。纪检监察部门对行政事业单位内部控制的外部监督主要体现在事中监督和事后监督两个环节，尤其在内部控制问题处理方面具有重要作用。纪委的监督内容主要是针对行政事业单位的党风和党纪，尤其是单位内部可能存在的滥用职权、贪污腐败等违法乱纪甚至是犯罪行为，这些问题也显然是科研事业单位内部控制中的严重失控问题。

纪委对科研事业单位党风和党纪的监督实质上也就是对内部控制执行情况的监督。监察部门主要对科研事业单位的行政行为、日常业务行为和工作人员行为进行监督。建立行之有效的信息披露和结果处理机制，科研事业单位以及外部监督部门的领导层是信息披露工作的领导部门，要负责信息披露的总体指导工作，并且授权具体部门负责信息披露的具体组织实施工作。

需要注意的是，科研事业单位内部控制规范的实施需要一个联动机制的支持。这就要求以上三个部门既要处理好其内部的关系，又要与外部相关部门协调好。财政部牵头固然非常重要，但也需要与纪检监察部门等其他相关部委的协调，需要与财政部的其他司局协调，否则会使科研事业单位内部控制规范在未来的实施中大打折扣。

2. 内部实施组织

内部实施组织是整个科研事业单位内部控制建设实施的主体，在内部控制规范实施过程中起到核心的作用。科研事业单位内部控制实施的内部责任主体主要有各单位领导、各级管理层、专门的内部控制实施部门、内部审计部门以及单位员工等。其中，处于人力资源金字塔尖的单位领导层是推动内部控制顺利实施的关键，通过其意识和行为将向下级逐级渗透，从而能够影响单位整体的行为模式。科研事业单位内部控制规范的实施是一把手工程，在内部控制规范的实施过程中，必须发挥领导的积极主动性。各级工作人员和专门内部控制实施部门是内控实施的真正操刀者，其积极性和主动性的高低直接决定着内部控制规范实施的有效性。内部审计部门是科研事业单位内部的监督者，其受单位领导委托，对单位的日常业务活动实施审计检查，及时发现单位内部控制实施过程中出现的问题和缺陷，以便及时整改。内部控制是一种全员控制，即强调全员参与、人人有责，只有将内部控制的理念植入每一个工作人员的心中，才能从根本上将内部控制的实施落到实处。

三、内部评价

内部控制是保障组织权力规范有序、科学高效运行的有效手段，也是组织目标实现的长效保障机制。2015年，财政部出台了《关于全面推进行政事业单位内部控制建设的指导意见》，要求要加强监督检查工作，加大考评问责力度。科研事业单位应当在此基础上，建立健全内部控制的监督检查和自我评价制度，通过日常监督和专项监督，检查内部控制实施过程中存在的突出问题、管理漏洞和薄弱环节，进一步改进和加强单位内部控制；通过自我评价，评估内部控制的全面性、重要性、制衡性、适应性和有效性，进一步改进和完善内部控制。科研事业单位要将内部监督、自我评价与干部考核、追责问责结合起来，并将内部监督、自我评价结果采取适当的方式予以内部公开，强化自我监督、自我约束的自觉性，促进自我监督、自我约束机制的不断完善。

为进一步做好行政事业单位内部控制评价工作，2016 年，财政部下发《关于开展行政事业单位内部控制基础性评价工作的通知》，要求行政事业单位开展内部控制基础性评价工作，并提出具体要求和评价指标体系。

（一）内部评价的基本概念

内部评价主要是关于内部控制的有效性。在基本概念中，有效性主要分为设计有效性、运行有效性。内部控制设计有效性指的是为实现控制目标所必需的内部控制要素是否全面、恰当；内部控制运行有效性是指单位是否正确有效执行了内部控制工作手册及其他内部管理文件的程序和相关规定。其中设计有效性是运行有效性的前提条件。

（二）评价目标

在科研事业单位中，内部控制与事业单位是一个有机的整体，内控体系的各组成部分必须相互配合才能发挥作用，除了开展日常监督和专项监督外，还需要对单位内部控制整个系统整体进行评价，以论证其有效性。由此，内部控制自我评价主要是对单位整个内部控制系统进行的自我评价。

科研事业单位内部控制评价是在行政事业单位内部控制基础性评价工作要求的基础上开展的，目前统一按照国家财政部相关文件要求执行。通过开展科研事业单位内部控制评价，可以使得科研事业单位进一步明确单位内部控制的基本要求、建设目标和重点内容，使之在内部控制建设过程中做到有的放矢，查缺补漏，进一步强化内部控制体系建设的薄弱环节，巩固重点内控建设点，通过"以评促改""以评促建"，推动科研事业单位内部控制评价顺利实施并以此促进单位健康发展。

（三）评价原则

1. 全面性原则。

内部控制评价应当贯穿于科研事业单位的各个层级，确保实现对科研事业单位层面和业务层面各类经济业务活动的全面覆盖，综合反映对实现科研事业单位各个控制目标进行全面、综合、系统的评价。在各个控制环节和控制区域，要全面设置评价指标，以获得全面、客观的评价结果，有效开展多角度分析和考量，保证内部控制评价更加全面整体地对单位内部控制进行评价。

2. 重要性原则。

科研事业单位内部控制评价应当区分主次，对单位重要业务活动、核心业务和高风险业务等方面进行重点关注，在全面评价的基础上，重点关注重要业务事项和高风险领域，特别是涉及内部权力相对集中的重点领域和关键岗位，着力防范可能产生的重大风险。科研事业单位在选取评价样本时，应根据本单位实际情况，优先选取涉及金额较大、发生频次较高的业务。根据风险发生的可能性及其对实现目标的影响程度，确定需要评价的重要业务单位、重大业务事项和高风险领域。

3. 客观性原则

科研事业单位内部控制评价应当结合本单位所处行业环境、业务特点等实际情况，以事实为依据，如实反映内控控制设计与运行的有效性，重点针对本单位内部管理薄弱环节和风险隐患，特别是已经发生的风险事件及其处理整改情况，明确单位内部控制建立与实施工作的方向和重点。

4. 适应性原则

科研事业单位内部控制评价应当立足于本单位的实际情况，并随着外部环境的变化、单位经济活动的调整和管理要求的提高，与科研事业单位的业务性质、业务范围、管理架构、经济活动、风险水平及其所处的内外部环境相适应，并采用以单位的基本事实作为主要依据的客观性指标进行评价，不断修订或完善内部评价体系。

5. 定性与定量相结合原则

科研事业单位内部控制评价要参考其他企业等单位内部控制评价方法，运用主观判断等对科研事业单位内部控制建设情况进行评价；同时运用大数据分析和现代数学方法对科研事业单位内部控制信息进行加工处理，建立反映有关变量之间规律性联系的数学模型，对内部控制建设情况进行量化研究，使得内部控制评价更全面、更客观。

（四）内部控制自我评价的指标

如何才能科学地评价内部控制有效性，选择科学的指标体系是整个内部控制评价工作的核心和评价目标实现的关键。内部控制评价指标一般由指标名称和指标数值两部分组成，具有定性和定量两方面特点。构建内部控制评价指标体系须严格遵循合理性与可操作性的原则，在对单位内部控制系统的研究和分析基础上，设计出用于评价的指标体系，其中包括各项指标的名称、内容、标准、分值等。实务操作上可参考财政部发布的《行政事业单位内部控制基础性评价指标评分表》，结合单位自身业务特点自行调整指标内容和分值。单位层面指标重点关注制度的全面性和恰当性，业务层面重点关注与各业务关键控制点一一对应。比如收支业务中印章和票据的使用、保管是否按规定执行；合同管理业务中合同登记制度是否执行到位等。

（五）内部控制自我评价的程序

在内部控制自我评价的程序中，为了提升事业单位内部控制的有效性，确保自我评价的效率以及顺利的开展工作。一般应包括制定评价工作方案、组成评价工作组、实施现场测试、认定控制缺陷、编制评价报告等环节。在整个评价过程中应注意四个问题：一是评价工作组成员需掌握单位内部控制评价的内容、目标、流程和方法，且具备匹配的业务技能和较强的责任心，并保持一定的独立性。二是实现现场测试时应注意综合运用各种评价方法，切不可单一使用某一种评价方法，使评价本身失去客观性、科学性和有效性。三是对内部控制缺陷的成因、表现形式及风险程度应进行定性和定量的分析，同时与业务单位或岗位进行充分沟通，按照对控制目标的影响程度，对缺陷进行判定，重要缺陷应及时通知单位负责人。四是自我评价报告的编制应体现客观、公正、公平和完整的原则。

（六）内部控制自我评价的方法

目前实务中可用于科研事业单位内部控制自我评价的方法有设计调查问卷、面对面访谈、具体事务样本测试法、实地查验、集中讨论、抽样和比较分析等。各评价组可根据内部控制设计和运行不同的阶段特点，结合单位实际情况综合运用以上评价方法。下面针对其中两个方法的基本操作进行阐述。

1. 面对面访谈。

面对面访谈适用于了解事业单位的基本概况。评价组可向行政事业单位的访谈对象进行面对面访谈，并对访谈结果做出评价，以了解该单位的内部控制的基本信息。比如，评价组可以向负责复核银行存款余额调节表的会计人员询问如何进行复核，包括复核的要点是什么，如果发生不符的要怎么处理等。然后再通过多方采访印证，查阅资料来核实访谈信息。

2. 具体事务样本测试法。

具体事务样本测试法是指在内部控制流程中任意选取一笔具体业务事项作为样本，然后进行跟踪调查，得出调查结果。比如，评价组选取一项政府采购业务，检查这项业务的采购申请是否符合政府采购预算和政府采购计划，政府采购活动是否由归口管理部门统一管理，是否按规定选择政府采购方式和发布政府采购信息，是否按规定进行了验收，是否按照合同办理价款结算，是否及时入账，记录的保管是否妥当等，通过对这项业务全过程控制措施的检查，来了解政府采购业务控制设计和运行的有效性。

（七）评价内容

科研事业单位内部控制评价应当以财政部下发的《关于开展行政事业单位内部控制基础性评价工作的通知》为基础，参照《行政事业单位内部控制规范（试行）》为主要评价内容，从单位层面和业务层面两个维度对科研事业单位内部控制进行评价。

1. 单位层面的内部控制评价

科研事业单位层面的内部控制评价主要包括内部控制建设启动情况、单位主要负责人承担内部控制建立与实施责任情况、对权力运行的制约情况、内部控制制度完备情况、不相容岗位与职责分离控制情况、内部控制管理信息系统功能覆盖情况等。

（1）科研事业单位内部控制建设启动情况

主要包含是否成立内部控制领导小组，制定、启动相关的工作机制；是否开展内部控制专题培训和风险评估；是否开展组织及业务流程再造。按照内部控制管理要求，科研事业单位应当及时启动内部控制建设工作，并成立内部控制领导小组，单位主要负责人担任领导小组组长，及时开展内部控制工作，明确单位内部控制牵头部门及相应岗位职责，建立内部控制联席工作机制并开展工作。内部控制专题培训是科研事业单位做好内部控制工作的基本保障，科研事业单位应当针对国家相关政策，单位内部控制制度，以及本单位内部控制拟实现的目标和采取的措施、各部门及其人员在内部控制实施过程中的责任等内容进行专题培训。科研事业单位还应当建立健全风险评估机制，定期开展内部控制风险评估，并形成风险评估报告。

（2）科研事业单位主要负责人承担内部控制建立与实施责任情况

主要包含单位主要负责人应当主持召开专题会议讨论内部控制建立与实施的议题并制定单位内部控制工作方案，建立健全内部控制工作机制；单位主要负责人应当对内部控制建立与实施过程中涉及的相关部门和人员进行统一领导和统一协调，主持开展工作分工及人员配备工作，发挥领导作用、承担领导责任。

（3）科研事业单位对权力运行的制约情况

主要是指单位是否建立权力运行和监督机制。科研事业单位应当完成对本单位权力结构的梳理，并构建决策科学、执行坚决、监督有力的权力运行机制，确保决策权、执行权、监督权既相互制约又相互协调。同时，科研事业单位还应当建立与审计、纪检监察等职能部门或岗位联动的权力运行监督及考评机制，以定期督查决策权、执行权等权力行使的情况，及时发现权力运行过程中的问题，予以校正和改进。

（4）科研事业单位内部控制制度完备情况

主要是指单位业务层面内部控制制度的完备性，是否涵盖预算管理制度、收入与支出管理制度、政府采购管理制度、资产管理制度、合同管理制度、建设项目管理制度、产品研发管理制度等。科研事业单位预算管理制度应当涵盖预算编制与内部审批、分解下达、预算执行、年度决算与绩效评价四个方面。科研事业单位收入与支出管理制度应涵盖价格确定、票据管理、收入收缴、收入核算和预算与计划，支出范围与标准确定，审批权限与审批流程、支出核算四个方面。科研事业单位政府采购管理制度应涵盖预算与计划、需求申请与审批、过程管理、验收入库四个方面。科研事业单位资产管理制度至少应涵盖资产购置、资产保管、资产使用、资产核算与处置四个方面。科研事业单位合同管理制度应涵盖合同订立、合同履行、合同归档、合同纠纷处理四个方面。科研事业单位建设项目管理制度应涵盖项目立项与审核、概算预算、招标投标、工程变更、资金控制、验收与决算等方面。科研事业单位产品研发管理制度应当涵盖研发项目立项与审核、项目开发与保护等。

（5）科研事业单位不相容岗位与职责分离控制情况

主要包括单位是否对不相容岗位与职责进行了有效设计、不相容岗位与职责是否得到有效的分离和实施。科研事业单位不相容岗位与职责包括但不限于申请与审核审批、审核审批与执行、执行与信息记录、审核审批与监督、执行与监督等，应当严格按照内部控制不相容岗位职责设定要求执行。对科研事业单位的各项经济活动，应落实所设计的各类不相容岗位与职责，形成相互制约、相互监督的工作机制。

（6）科研事业单位内部控制管理信息系统功能覆盖控制情况

主要包括单位建立健全内部控制管理信息系统并覆盖主要业务及流程、在系统内设置不相容岗位账户并体现其主要职权等。建立健全科研事业单位内部控制管理信息系统，应全面覆盖单位主要经济业务及其流，应当基本包含预算管理、收支管理、采购管理、资产管理、建设项目管理、合同管理、科研管理等业务事项；同时，对所覆盖的业务流程内部控制的不相容岗位与职责在系统中分别设立独立的账户名称和密码、明确的操作权限等级，以体现其职责差异。

2. 业务层面的内部控制评价

科研事业单位业务层面的内部控制评价应当涵盖单位主要经济业务活动，主要包括预算业务管理控制情况、收支业务管理控制情况、政府采购业务管理控制情况、资产管理控制情况、建设项目管理控制情况、合同管理控制情况，还应当包含科研管理控制情况。

（1）科研事业单位预算业务管理控制情况

主要包括对预算进行内部分解、审批下达，并按要求完整预算执行。科研事业单位应根据同级财政部门批复的预算和单位内部各业务部门提出的支出需求，将预算指标按照部门进行分解，并经预算管理委员会审批后下达至各业务部门。科研事业单位各业务部门应根据预算审批情况及时完成预算支付，预算执行差异率应控制在合理范围之内。

（2）科研事业单位收支业务管理控制情况

主要包括收入业务管理控制和支出业务管理控制。对收入实行归口管理和票据控制，做到应收尽收。支出事项实行归口管理和分类控制。举债事项实行集体决策，定期对账。

科研事业单位各项收入（包括非税收入）应由财务部门归口管理并进行会计核算；涉及收入的合同，财会部门应定期检查收入金额与合同约定是否相符；按照规定设置票据专管员，建立票据台账；对各类票据的申领、启用、核销、销毁进行序时登记。科研事业单位应明确各类支出业务事项的归口管理部门及职责，并对支出业务事项进行归口管理；支出事项应实行分类管理，应制定相应的制度，不同类别事项实行不同的审批程序和审批权限；明确各类支出业务事项需要提交的外部原始票据要求，明确内部审批表单要求及单据审核重点；通过对各类支出业务事项的分析控制，发现支出异常情况及其原因，并采取有效措施予以解决。此外，对按规定可以举借债务的科研事业单位，应建立债务管理制度；实行事前论证和集体决策机制；定期与债权人核对债务余额；债务规模应控制在规定范围以内。

（3）政府采购业务管理控制情况

主要包括政府采购的合规性及政府采购政策是否落实。科研事业单位采购货物、服务和工程应当严格按照年度政府集中采购目录及标准的规定执行。政府采购货物、服务和工程应当严格落实节能环保等政策。此外，科研事业单位在采用非公开招标方式采购公开招标数额标准以上的货物或服务，以及政府采购进口产品，应当按照规定报批。

（4）资产管理控制情况

主要包括对资产定期核查盘点、跟踪管理，并严格按照法定程序和权限配置、使用和处置资产。科研事业单位应定期对本单位的货币资金、存货、固定资产、无形资产、债权和对外投资等资产进行定期核查盘点，做到账实相符；对债权和对外投资项目实行跟踪管理。科研事业单位配置、使用和处置国有资产，应严格按照审批权限履行审批程序，未经批准不得自行配置资产、利用资产对外投资、出租出借，也不得自行处置资产。

（5）建设项目管理控制情况

主要包括履行建设项目内容变更审批程序，严格执行项目预算，及时编制竣工决算和交付使用资产。科研事业单位应按照批复的初步设计方案组织实施建设项目，确需进行工程洽商和设计变更的，建设项目归口管理部门、项目监理机构应当进行严格审核，并且按照有关规定及制度要求履行相应的审批程序。重大项目变更还应参照项目决策和概预算控制的有关程序和要求重新履行审批手续。科研事业单位应在建设项目竣工后及时编制项目竣工财务决算，并在项目竣工验收合格后及时办理资产交付使用手续。

（6）合同管理控制情况

主要包括加强合同订立及归口管理，并严格控制合同履行情况。科研事业单位应对合同文本进行严格审核，并由合同归口管理部门进行统一分类和连续编号。对影响重大或法律关系复杂的合同文本，应组织业务部门、法律部门、财会部门等相关部门进行联合审核。科研事业单位应当对合同履行情况进行有效监控，明确合同执行相关责任人，及时对合同履行情况进行检查、分析和验收，如发现无法按时履约的情况，应及时采取应对措施；对于需要补充、变更或解除合同的情况，应按照国家有关规定进行严格的监督审查。

（7）科研管理控制情况

主要包括加强对科研经费管理，严格科研活动过程管理，规范科研活动流程。科研事业单位应当制定科研经费管理办法，明确科研经费使用范围，确保专款专用。科研事业单位还应当严格科研活动过程管理，强化安全意识和规范操作管理，严格按照科研活动规定进行操作。

具体内部控制评价实施可参照行政事业单位内部控制基础性评价指标评分表及其填表说明，见附表，并形成科研事业单位内部控制评价报告。

（八）内部控制自我评价的报告

在制度规定的内容中，内部控制的相关度责任必须承担起本单位的内部控制优化责任，对体制健全负主要职责，及时做出内部控制自我评价报告。

在出具评价报告之前，应当做好两方面工作。一是事业单位的内部控制等级。一般分为四级：内部控制设计完善运行良好的确认为优；内部控制大部分符合要求，但不是很完善的，确认为良；内部控制不健全，需要政府审计部门或财政部门协助改进的，确认为中；内部控制极不健全，需要政府审计部门或财政部门强制改进的，确认为差。二是在内部控制评价结束之后，由单位领导带头组织人员进行讨论。必要时聘请专家针对单位内部控制突出难点问题进行集体讨论，提出改进措施。在此基础上完成单位内部控制自我评价报告的编制。

内部控制评价是一个动态连续过程，是指内部控制评价要遵照一定的流程来进行。内部控制评价工作不是简单一蹴而就的，是一个涵盖计划、实施、编报、核查等多个阶段、包含多个步骤的动态过程。内部控制评价应紧紧围绕内部环境、风险评估、控制活动、信息沟通、内部监督五要素进行。为同时满足科研事业单位科技创新目标和财务管理内控目标，参照多层次模糊综合评价体系和模型方法，根据上文探讨关于内控评价有效性的定义，即：战略目标内控有效性、科研目标内控有效性、财务目标内控有效性、绩效目标内控有效性、资产目标内控有效性。

四、外部监督

1. 加强科研事业单位内部控制外部监督的重要性

（1）内部控制监督内生动力天然不足

企业以实现利润最大化为目标，具有强烈的内部控制实施的内生动力，而科研事业单位是以提供公务服务、满足公共利益为目标，不能像企业那样建立法人治理机构，内生动力天然不足。内部控制实施动力只能依靠政府推动的外部监督力量，而非企业内部控制来源于公司内部治理的压力。

（2）内部监督独立性不足，无法有效解决"内部人控制"问题

科研事业单位与所支配的资金和资产在权属上只存在委托代理关系，缺乏内部控制设计和实施的主观能动性，对于建立内部控制以衡量其提供公共服务的效率和效果缺乏积极性。从单位内部来说，内部控制的决策、执行与监督职能无法进行有效分离，内部控制监督人员受单位领导管理，其监督权力来自单位领导授权，这本身不符合内部控制基本原理，其结果是内部控制具体行为最终受控于管理层，反映管理层的意图和目的，体现管理层的意志，致使内部控制监督存在"内部人控制"问题。

2. 构建科研事业单位内部控制外部监督体系的主要途径

由财政部门、审计部门、纪检监察和人力资源管理部门等共同成立内部控制实施联合领导小组，承担起科研事业单位内部控制建设和实施的主要督导和监管责任，负责统筹部署规范实施工作，对实施情况进行指导、评价及结果处理，积极发挥事前监督、事中监督和事后评价作用，定期检查，针对单位实际情况提出意见建议，并负责督促整改。同时，各个部门应各司其职，加强信息交流，形成有效的外部监督合力。

（1）财政部门监督

财政部门首先要将现有的内设财政监督机构内控化，作为政府内部控制实施联合领导小组的常设机构，负责内部控制的日常推动协调工作，积极履行内部控制主管部门职责，对本地区科研事业单位内部控制制度建设进行组织指导，推动单位建立和完善内部控制体系。财政部门负责牵头制定具有地方特色的内控报告制度和评价考核制度，通过定期或不定期的监督检查，着力发现并督促整改内控制度不健全、不完善的问题，着力改善内部控制环境，完善科研事业单位内部控制体系。财政预算是行政事业单位的主要资金来源，财政部门要紧紧抓住财政预算控制这个核心工具，通过建立内部控制年度考核机制，将单位内部控制建设和执行情况纳入部门预算管理绩效综合评价，对单位进行政府年度工作责任制目标考核。

（2）政府审计监督

政府审计监督是科研事业单位内部控制外部监督的重要环节。要建立健全内部控制的风险评估机制，建立风险监控、评价指标数据库和预警系统，对单位内部控制环境、运行风险及经济活动存在的风险进行全面、系统和客观评估。创新内审指导监督的工作机制。内部审计最了解所在单位管理和控制的薄弱环节，在促进加强管理、化解风险、提高效益、增加价值等方面具有独特的优势，是审计监督的第一道防线。审计机关应创新工作机制和服务措施，促使内部审计加大对重要管理决策事项、重要内部控制节点、重要下属单位等的监督力度，实现内审指导监督的长效化管理，切实发挥内审监督作用。加强内部控制审计模式创新，健全内部控制评价体系。审计机关应摒弃传统"只审财务、不审业务；只问过程、不问结果；只重查错纠弊、少有追踪问责"的传统审计模式，注重从体制机制设置执行的层面来设计指标，注重从关键控制节点来把握重点环节，实现内部控制流程审计全覆盖。

实现审计整改工作的规范化管理，健全审计整改落实机制。要加大审计整改问责力度，把审计和审计整改情况纳入年度工作考核内容。建立审计整改联席会议制度、审计整改报告和销号制度，通过制度设计来鼓励被审计单位主动整改来达到审计监督目的，切实增强被审计单位的整改主动性、时效性，从而有效推进完善内部控制。

（3）纪检监察监督

纪检监督部门要将廉政建设与单位内部控制建设深度融合，将内部控制的制衡原理和流程控制机制充分融入纪检监察中，将内部控制作为反腐倡廉的重要手段着力构建事先防治和事后惩治相辅相成的反腐倡廉机制。与内部控制相关政府监督部门建立沟通及信息共享机制，在党风廉政建设机关作风效能建设考核内容中，增加单位内部控制建设执行评价结果，以此为依据确定重点监察单位，从而强化内控制度执行力，实现提高公共服务效率和效果的高层次目标。

（4）主管部门监督

大多科研事业单位均有上级主管部门，这些主管部门与所属单位行政上有隶属关系，专业业务相类似，主管部门开展系统内科研事业单位内部控制监督具有独特优势。主管部门要根据本行业工作性质及特点，制订符合行业特性的内部控制监督制度和考核评价办法，充分发挥主管部门内设的财务、内审和监察机构等监督职能，加强对本系统各单位内控规范实施情况的督导。

五、案例分析

（一）内部评价案例

☞ 案例分析 – 事业单位A

事业单位应加强风险管理，建立有效的风险评估体系，其中包括确定风险点和选择风险应对策略。分析业务流程节点及每一节点的控制要点，找出每一节点的风险点，并对风险来源及风险程度进行判断，特别关注关键节点的风险点。查看每一风险点是否有相应的控制办法，并对控制效果进行分析，对于控制漏洞进行说明提出改进建议。对节点风险进行量化，分析其对达成单位目标的影响程度，按照影响程度进行排序。对于触及单位原则性问题的风险要坚决规避，非原则性风险，根据风险大小及管理层的接受能力，分别采用转移、减轻、接受等应对策略。对于需要减轻的风险，可以通过制定或完善相应的控制制度，加强事前控制等办法来达成；对于准备接受的风险，也应积极开发应急计划，而不应消极地去接受。

风险评估作为A单位内控制度的重要组成部分，其核心过程是：首先识别出A单位经济业务中的关键风险点，对识别出的风险点及所涉及的元素进行计算、分析、鉴别和排序。风险评估体系是否有效的关键在于结构是否完整清晰，是否可以作为单位内控制度发展的重要组成部分。内控风险评估体系是一套可识别、可计算、可估计和可判断的完善的管理操作流程。

A单位基本情况

A单位系某局下属全额拨款事业单位，属公益一类事业单位。人员编制15人，实有在编人数14人。人员状况除1人为聘用制人员外，其他全部为财政直接供养人员。经费来源较为特殊，为中央财政直接拨款。

一、机构设置

A单位下设办公室、财务科、业务科三个科室。办公室主要负责日常办公事务、加强党的制度建设等，财务科经费支出报销纳入某局会计核算中心统一管理，实行报账制度。业务科主要职责是做好服务对象的服务管理工作。

二、内部控制领导小组及工作办公室

A单位内部控制领导小组负责《内控规范》贯彻实施的组织领导。领导小组下设办公室，办公室设在财务科，具体负责贯彻实施内部控制工作方案，组织实施有关事项，制定完善的内部控制制度，指导单位开展内控规范工作。

三、会计人员设置

事业单位的基本会计岗位主要有：会计机构负责人（会计主管）；出纳；稽核；资本、基金核算；收入、支出、债权债务核算；职工薪金核算、成本费用核算、财务成果核算；财产物资的收发、增减核算；总账；财务报告编制；会计档案管理等。A单位财务工作较为单纯，共设置会计主管和出纳2个会计岗位，简要介绍如下：

会计主管负责A单位财务各项工作。协调主管部门和财政部门，抓好经费保障工作。贯彻落实国家、上级主管部门关于资金管理、会计核算等方面的法律、法规及其规定、制度和办法；A单位年度部门预算、决算的编制工作；负责审核各科室的各项支出。

出纳负责职工薪酬、保险、住房公积金的核算；零余额账户结算、对账工作；经费采购资金的支付账务工作；票据管理。

A单位财务制度

一、预算制度

1. 遵循先预算、后支出原则，及时编制单位收支预算和政府采购预算。将所有收入和支出纳入部门预算管理，细化预算编制。预算编制完成后，报主管部门会计核算中心初审，由单位负责人向局长办公会汇报后提交财政部门。

2. 项目支出预算编制，按照保基础、保重点的原则，依据工作需要，分"轻、重、缓、急"，逐项排序，逐项审核。对于支出额度较大的项目，严格按照规划和预算执行。

3. 严格按照年度政府采购目录及采购限额标准编制政府采购预算，做到"应编尽编，应采尽采，不编不采"，切实杜绝无政府采购预算、无经费来源采购支出。

4. 应收款项应及时足额收回，预付款项应及时清理、结算，长期不清的债权债务应查明原因并依法处置。

二、经费支出制度

全面实行支出"事前报告"制度，严格控制经费支出范围和支出标准，不得超范围、超标准发放津补贴、奖金和其他福利，从严落实中央"八项规定"。严禁借公务接待、会议、培训、国内外出差之名变相发放各种补贴或公款旅游。有经常性外出任务的，坚持节约原则，在政策规定的住宿费、差旅补助"上限标准"内合理确定标准。承担基本建设项目任务时，按照国家《基本建设财务管理规定》和有关法律法规，根据工程实际另行建立基本建设财务管理制度。

三、国有资产管理制度

1. 严格按照国家法律法规政策规定，配置处置资产时严格执行申报、审批程序，未经主管部门批准，不得随意配置和处置国有资产。

2. 建立健全固定资产核算登记制度。

密切协调配合财政部门固定资产清查盘点工作，对于清查中发现的盈亏、毁损情况，做到及时查明原因，并按相关规定予以申报并及时进行账务处理，确保固定资产账目和实

物一致

3. 加强对出租、出借资产的管理。

未经批准不得对外出租、出借。收益性出租、出借资产应当遵循公开、公正、公平的原则，实行公开招标。严禁坐支、截留、挪用国有资产出租收入和利用出租收入私设"小金库"。

A单位内控风险评估原则

A单位内控风险评估的原则首先应当遵循内部控制的原则。

一、全面性原则

内部控制是一个完整的系统，应该贯穿全额拨款事业单位的所有经济活动和业务活动的始终，包括单位各层次人员、各种业务和事项。因此，工作流程应包括决策、执行、监督等相关内容，避免单位内部控制出现制度上的空白和漏洞。

二、重要性原则

风险评估应的设计应具备深度和广度，重点关注重大业务事项和风险高发的领域，并采取有力的措施加以控制，确保不存在重大疏漏。

三、制衡性原则

风险评估当在组织机构设置、职责分工和业务流程等方面形成监督制约机制，同时兼顾实施成效。制衡性原则要求在具体的业务流程中必须经过两个或两个以上的部门共同完成；同时，内部控制监督部门人员应具备良好的独立性和责任心。

四、适应性原则

风险评估应与本单位业务风险点等相适应，并随着具体情况的变化加以调整。五、效益原则。

风险评估应确保资金安全、高效运行，防止各类违法违纪违规现象。

A单位内控风险评估设计

风险评估的方法要根据单位的具体业务情况来确定。本案例所采用的研究方法是问卷调查法。问卷调查法是风险识别最直观和可靠的方法。因此，本文在设计问卷选项和答案中借鉴了《企业内部控制基本规范》的框架，重点分析风险因素对A单位的影响程度以及根据计算出的风险重要性提出应对策略。

2016年7—9月间，我们以A单位组织的业务培训班的学员为对象进行问卷调查。学员包括中层干部和基层干部，学员整体年龄在25-50岁之间。通过实地查看A单位的业务流程、财务报表、文件制度等方式来了解A单位的基本情况。首先，我们邀请15名学员代表进行座谈，根据A单位的主要业务活动、学员的反应设计了问卷选项；其次，选择部分学员进行问卷调查，对信息不明确的选项进行修改；最后，对培训班所有学员发放调查问卷100份，收回100份，有效问卷100份，回收率100%。调查问卷详见附录A。

A单位风险因素影响程度分析

调查问卷的选项主要包括A单位业务层面和单位层面的风险因素共14种，让受访人人按照风险因素对A单位影响程度的重要性选择选项，然后根据每个选项赋予的得分计算出每个风险因素的得分值对风险因素进行排序，最后根据影响程度的排序提出合理化的对策建议。

14种风险因素依次是：

1.制度标准不合理，催生"不得不"违规；2.项目支出缺乏合理评价标准；3.对规章制度的执行不严格；4.内部权责不清、职能重叠；5.人手紧、岗位兼职无法避免；6.年度审计中出现的问题未整改；7.财政拨款专项资金；8.日常"三公经费"、会议费用；9.大额资金管理；10.工程项目管理；11.资金管理；12.合同管理；13.预算管理；14."小金库"问题。

对排位次序规定分数：

选项A非常重要，选择A得3分，即B1=3分；选项B比较重要，选择B得2分，即B2=2分；选项C中等重要，选择C得1分，即B3=1分；选项D不重要，选择D不得分，即B4=0分。

计算第一个风险因素（制度标准不合理，催生"不得不"违规，j=1）得分：

认为第一个风险因素非常重要的有35人，比较重要的49人，中等重要的12人，不重要的4人。即N11=35，N12=49，N13=12，N14=4。

代入 $S_j = B_k N_{jk} = 35 \times 3 + 49 \times 2 + 12 \times 1 + 4 \times 0 = 215$

依据上述公式代入计算得分，见表7-1。

表7-1　风险因素排序

风险因素序号	N的取值（选择A.B.C.D的人数）	S值	影响程度排序
1	N11=35，N12=49，N13=12，N14=4	215	9
2	N21=39，N22=45，N23=8，N24=8	215	8
3	N31=58，N32=34，N33=7，N44=1	249	2
4	N41=44，N42=32，N43=9，N44=15	205	11
5	N51=21，N52=44，N53=8，N54=27	159	14
6	N61=65，N62=21，N63=14，N64=0	251	1
7	N71=37，N72=49，N73=10，N74=4	219	7
8	N81=39，N82=35，N83=18，N84=8	205	12
9	N91=56，N92=35，N93=7，N94=2	245	3
10	N10 1=54，N102=32，N103=9，N104=5	235	5
11	N111=41，N112=36，N113=16，N114=7	211	10
12	N121=39，N122=31，N123=1 3，N124=17	192	13
13	N131=49，N132=33，N13 =10，N14 =8	22	6
14	N141=53，N142=33，N143=14，N144=0	239	4

从表 7-1 可以看出，风险因素排序的前三名分别为："年度审计中出现的问题未整改""对规章制度的执行不严格""大额资金管理"。针对本次调查问卷得出的结果，提出以下对策：

一、建立重大事项决策机制，提高单位管理层的决策能力

单位管理者制约着本单位内部控制活动的开展，因此其决策的准确性在一定程度上决定着风险的大小，其对内部控制活动建设的重视程度会对内部控制活动的成效和职工的行为意识产生深远的影响，因此对于管理者来说，应不断提高自身决策能力，强化风险管理意识，密切关注内部控制系统运行效果。决策风险在每一个环节都会普遍存在，对于管理者来说，提升管理水平和对风险的敏感度的关键来自不断地学习和实践，同时，在内部控制活动运行的过程中，管理层应当统筹兼顾，对风险发生的可能性加以鉴别，并分析风险是来自是内部控制的哪一方面的缺陷，是设计的缺陷还是执行力的缺陷，并通过采取制定相关制度的措施来堵塞内控漏洞。比如，补充和修改原有的内部控制管理制度，加强内控的执行力度和规范内控执行人员的行为。

二、健全工作任务分解监督机制，提升绩效管理水平

在内控风险管理过程中，结合本单位实际情况，构建一个能够覆盖各科室、各业务环节的"自上而下"和"自下而上"的内部控制监督评价网络，对单位各项业务的运作实施立体的跟踪和监控，从而能够及时发现和纠正单位内控活动运行出现的问题。首先，是科室内部的自我监督，加强对正在发生事件实时的监控和已经结束事件的效果跟踪。其次，是科室间的相互督导；最后，是稽核部门的再监督。稽核部门对内控体系状况进行、全面、深入分析，并提出建设性的改进建议，积极跟踪监督改进内控管理，并将改进措施落到实处。建立完善的绩效考核机制，逐步建立适合本单位业务特点的绩效考核机制，在薪酬激励和精神激励的基础上，引导职工以饱满的工作热情投入卓有成效的工作中。

工作任务分解及督查制度是一种自上而下的信息沟通渠道，是指单位按照落实岗位责任制的要求，根据总体职能划分和年度工作任务，将单位总体工作分派到各个部门和岗位，对各部门及各岗位的职责、任务目标等内容进行细化。工作任务分解及监督制度是加强全额拨款事业单位效能建设的基本制度，是依法履行职责，转变工作作风，提高服务水平的根本措施，是对工作人员进行年度绩效考核的主要依据。

三、增强风险管理意识，丰富单位内控风险管理文化

引导职工增强风险意识，将风险管理融入薪酬奖励制度，能有效地提高管理层对风险的重视程度，有效遏制盲目追求业绩、"形象工程"等行为。单位应把风险管理目标放在首位，加强科室之间工作计划目标的沟通与协助，将风险管理融入管理文化，建立一个全面系统的内控风险管理框架，让职工参与建设实施并把自己看成是内控管理框架中不可或缺的一部分，通过增强内控风险防范意识，从而建立良好的内控风险管理文化，提升管理者的风险管理水平和管理素质，使职工自觉遵守和执行风险管理制度，促使单位形成规范、高效的风险管理机制良性循环。

四、建立内审机构完善内审制度

内审机构是单位内部设置的对财务收支的效益和效度审计监督,履行检查职能的部门。这些职能的有效发挥,前提是内审机构必须具有独立性,而内部控制完善的重要标志在于是否建立独立的内部审计。

提高全额拨款事业单位内部审计工作水平的重要保证是依法审计,单位应当依法建立健全内部审计规章制度,开展审计工作时按照有关规章制度所规定的范围、程序和方法,实现内部审计工作的法制化、制度化及规范化同步推进。同时,积极借助外部审计机构的力量开展内部审计工作,提高内部审计工作的独立性,有效地检验内部审计工作的质量。

(一)案例1:审计与监督的缺陷

1.单位概况

以中国地震局工程力学研究所(简称DZ)内部监督为研究对象。研究所现设有强震动观测等8个研究室和实验室,设有所务办公室、科技发展部、人才资源部、计划财务部、党群工作办公室、纪检监察审计室、离退休工作办公室、北京园区办公室等八个管理部门,以及后勤管理中心、科技杂志社、图书资料与网络中心、试验厂等科研辅助部门,具体组织结构如图7-2所示:

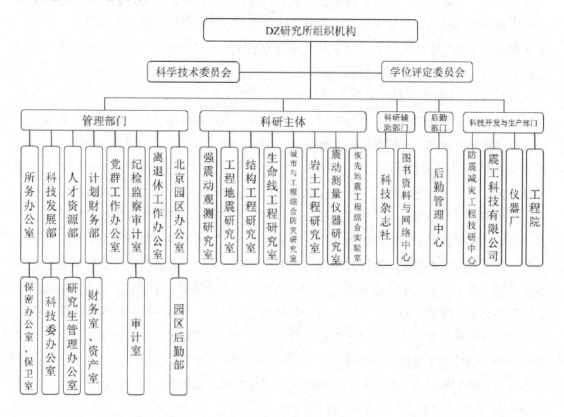

图7-2 DZ研究所组织机构图

2. 审计与监督的缺陷

（1）内部审计职能缺失

内部访谈结果显示，DZ 研究所的审计部门存在着我国行政事业单位的通病：在审计同级部门时，对方与自己级别相仿甚至更高，因而存在一些操作上的困难；而审计下级部门时，又忌惮会触犯一些领导的嫡系人脉。因此，就算内部审计过程中发现了问题，也会有所顾忌，只是踩在政策的红线边上进行披露。目前，研究所审计部门的主要工作内容是审查项目的经济责任、八项规定的落实等问题，而其他的审计方向需要所内领导下达指示方可执行，没有充分履行内部审计的职能。

（2）外部审计质量及独立性存疑

如（1）所述，内审部门往往处于两相尴尬的为难处境，因此不得不去聘请第三方进行。然而，通晓行政事业单位运行机制的会计师事务所又非常罕见。另外，对于第三方审计机构而言，其外部审计风险取决于 DZ 研究所的经营风险，而 DZ 研究所又属于经营风险极低的事业单位。因此，第三方审计机构出于成本效益原则，未必会投入太多的审计资源，从而导致 DZ 研究所的外部审计质量可能受损。

目前，DZ 研究所已连续数年与同一家会计师事务所展开固定合作，每年均向该事务所委托大部分的内部审计业务，并指定内审要求的方向。从审计资质上看，该事务所是由科技部遴选的、在黑龙江省内具有国家科技计划资金审计资格的 5 家事务所之一。然而，根据财政部相关规定，同一会计师事务所连续的审计年限不得超过 5 年。虽然每次的审计人员不一致，但其审计独立性仍然可能受损，有形成纽带关系、滋生欺诈和舞弊行为的风险。

（3）内部控制监督不到位

从内部审计工作的角度上看，DZ 研究所的审计部门存在着我国行政事业单位的通病。审计部门在单位内部进行内部控制监督的过程中，由于其事业单位的性质，决定了单位内部事实上存在着一定的人情关系、人情世故的现象。所以，审计部门对哪个部门都不敢、不好意思"得罪"的尴尬境地，因而首鼠两端，很难放开手脚去开展内部控制监督工作。

从外部审计的角度上看，通晓行政事业单位运行机制的会计师事务所非常罕见，因此其审计水平很可能受到其职业技能水平的影响。另外，对于第三方审计机构而言，其外部审计风险取决于 DZ 研究所的经营风险，而 DZ 研究所又属于经营风险极低的事业单位。因此，第三方审计机构出于成本效益考虑，未必会投入太多的审计资源，从而导致 DZ 研究所的外部审计质量可能受损。另外，DZ 研究所已连续数年与同一家会计师事务所合作，每年均向该事务所委托大部分的内部审计业务，并指定内审要求的方向。根据财政部相关规定，同一会计师事务所连续的审计年限不得超过 5 年。虽然每次的审计人员不一致，但其审计独立性仍然可能受损，有形成纽带关系、滋生欺诈和舞弊行为的风险。综上所述，DZ 研究所存在着内部控制监督不到位的问题。

3. 贯彻内部审计与监督工作

（1）内部审计工作

单位的内部审计工作是 DZ 研究所内控体系的重要组成部分，也是内控体系得以健康高效运行的重要保障措施之一。DZ 研究所应充分领会《单位内控规范》的文件精神，参考本文所给出的内部控制体系建设指导意见，充分意识到内部审计在单位经营管理中的重要性。保证纪检监察审计室，尤其是其中审计部门及其职能的独立性，并给予纪检监察审计室的工作权限和工作便利。在部门设置上，保存现有审计部门的完整性，在纪检、监察、审计合署办公的基础上，做到严格的内部交接流程，确保内部审计在形式和实质上拥有独立性。审计部门的工作人员应当具有过硬的政治素质、专业素质和廉政意识，不计较个人得失。在具体的工作内容上，应确立总体要求方向、列出主体任务，详细规划工作时间表，认真抓好单位的内部审计工作，充分发挥内部审计的职能，保证内部审计工作执行有力、监督到位。从工作内容上看，内部审计机构应当根据研究所内部的工作业务流程展开全过程审计，对单位层面和业务层面各部分、各阶段的执行情况、管理情况、工作成果、潜在风险进行监督和评价工作，并定期或不定期提供审计报告。各部门和相关人员应当充分考量内部审计报告提出的意见和建议，在具体的工作业务流程中加以改进和完善。

同时，DZ 研究所应强化相关宣传教育工作，提升单位全体人员对于内审认知水平，使其对内部审计的重要性和意义得到充分的体现，尤其是应使领导层充分理解并参与到内部审计工作中去，增强其风险防范意识，而不是让内部审计部门的工作丧失主动权，成为领导的一言堂。

（2）内部监督工作

内部监督是内部控制效果的保证、是对内部控制的控制。根据《单位内控规范》的相关要求，内部监督应当与内部控制保持在相对独立的状态。DZ 研究所应当建立健全内部监督制度，设置与内部控制工作体系的监理实施、与内部控制具体的岗位人员配置相对独立的一套内部监督体系，明确各相关部门或岗位在内部监督中的职责权限，规定内部监督的程序和要求，对内部控制建立与实施情况进行内部监督检查，并根据本单位实际情况确定内部监督检查的方法、范围和频率。最后，研究所内部监督检查的结果应当为单位的预算管理、绩效评价提供有效的参考依据。

（二）案例 2：事业单位合同控制案例

甲事业单位采购作业制度来看：请购单、订购单、合同评审、验收单、卖方发票、付款凭单、付款凭证及卖方对账单等内部控制流程比较完善，但在合同内控协议方面存在不足。

甲事业单位签约前没有对供应商的签约主体资格进行审查。单位应当对签约对象的民事主体资格、注册资本、资金运营、技术和质量指标保证能力、市场信誉、产品质量等方面进行资格审查、已确定其是否具有对合同协议的履约能力和独立承担民事责任的能力，并查证对方签约人的合法身份和法律资格。

本案例中供应商是没有法人资质的二级代理商，应当调查其是否按照法律规定登记并领取营业执照，对未经核准登记，也未领取营业执照，却以非法人经济组织的名义签订合同协议的当事人，不能签约。

甲事业单位在采购过程中合同询价和合同的签订均由采购员负责，容易形成舞弊。

甲事业单位应当建立相应的制度，规范合同协议正式订立前的资格审查、内容谈判、文本拟定等流程，确保合同协议的签订符合国家及行业有关规定和单位自身利益。

重大合同协议或法律关系复杂的合同协议，应当指定法律、技术、财会、审计等专业人员参加谈判，必要时可以聘请外部专家参与。对谈判过程中的重要事项应当予以记录。

甲事业单位应当指定专人负责拟订合同协议文本。

（三）案例3：建设项目的控制案例

该工程建设项目的实施过程中，许多程序都不符合规定。

在建设项目的准备阶段：应选定设备、工程招标及承包商签订相关的合同，本阶段是战略决策的具体化。

该工程改扩建项目未经过任何招投标程序，不符规定；

在建设项目实施阶段，通过施工，在规定的范围、工期、费用、质量内、按照设计要求高效率的实现建设项目目标；

结算阶段，未审核工程价款；

单位应当建立和完善建设项目各项管理制度，全面梳理各环节可能存在的风险点，规范工程立项、招标、造价、建设、验收等环节的工作流程；

明确相关部门和岗位的职责权限，做到可行性研究与决策；概算的编制预审核；项目的实施与价款支付；竣工决算与审计等不相容职务相互分离，强化工程建设的全过程监控，确保项目的质量、进度和资金安全。

（四）案例4：资金预算的控制案例

1. 项目资金预算管理问题分析

（1）预算编制不够精细且准确性不高

一是预算编制不够精细。截止到现在，国家还没有对地质勘查行业提出"费、价、量"的预算要求，立项期间，项目的预算编制运用了"价、量"的方式，其中"量"指的是工程量，而"价"指的是预算的统一标准。由于核工业局所属大部分单位对项目实施过程中形成的基础数据的统计管理工作重视不够，对具体费用缺乏科学的生产定额、设备定额等资料，所以在项目执行阶段，大部分项目承担单位并未按要求以工作手段预算表为基础，按明细费用科目逐项编制执行预算，而是直接以设计预算代替执行预算，预算编制不够精细，不利于项目预算管理。为了清楚说明这一点，本文以核工业局某铜矿项目经费预算表为例对经费预算内容和科目做具体说明：

该项目是甲类项目，总预算 800 万元。项目总预算和明细预算表如表 7-2 和表 7-3。

表 7-2　核工业局某铜矿项目资金预算汇总表

工作手段	本年预算（万元）	累计预算（万元）
1. 地形测绘	13.28	13.28
2. 地质测量	22.83	22.83
3. 物探	106.72	106.72
4. 化探	22.38	22.38
5. 槽探	17.08	17.08
6. 井探	13.72	13.72
7. 钻探	239.78	239.78
8. 岩矿试验	82.58	82.58
9. 其他地质工作	61.03	61.03
10. 不可预见费	57.94	57.94
11. 管理费	115.88	115.88
12. 工地建筑	46.35	46.35
合计	800	800

表 7-3　核工业局某铜矿项目资金预算明细表

工作手段	技术条件	计量单位	工作量	预算标准（元）	调整系数	总预算（万元）
一、地形测绘						13.28
1.GPS 测量	地形Ⅲ级	点	20	2371	2.8	13.28
二、地质测量						22.83
1.1：25000 地质测量	困难类别Ⅲ	km²	55	1084	2.8	16.69
2.1：5000 剖面测量	困难类别Ⅲ	km²	10	2190	2.8	6.13
三、物探						106.72
四、化探						22.38
五、槽探	土石方	m³	1000	61	2.8	17.08
六、井探	土石井	m	100	490	2.8	13.72
七、钻探						239.78
八、岩矿试验						82.58

工作手段	技术条件	计量单位	工作量	预算标准（元）	调整系数	总预算（万元）
1. 岩矿分析						24.53
2. 化探分析						56.11
3. 岩矿鉴定						1.94
九、其他工作						61.03
1. 地质测量						6.17
2. 地质编录						3.68
3. 采样						1.86
4. 矿芯保管		m	1224	5	2.8	1.71
5. 论证编写	矿产评价	份	1	40000	2.8	11.2
6. 研究报告		份	1	90000	2.8	25.2
7. 报告印刷		份	1	40000	2.8	11.2
十、不可预见费						57.94
十一、管理费						115.88
十二、工地建筑						46.35
合　计						800

分析预算表能够发现，核工业局仅于预算信息当中披露了完成工作任务的预计成本总额，并没有将明细费用反映出来，费用科目对应的预算花费并没有在项目预算当中得到体现。核工业局大部分地质勘查项目的组织实施单位均用设计预算取代执行预算的内容。因为执行预算不存在且没有以经济分类为依据编制预算，导致预算在实施的时候费用科目对应具体费用不具备方便比较、直观地估计值，并且在执行项目预算时经常出现不按定额标准合理安排人财物资源的情况，也让项目管理工作时常受到人为因素的干扰，对地质勘查项目的资金预算管理非常不利，导致单位的财政资源不能得到充分利用。

二是预算编制准确性不高。当前项目资金预算编制主要是由地质技术人员完成。由于工作手段预算编制过程工作量比较大，专业性和复杂性较强，有时在实际工作中，地质技术人员主要依靠其工作经验按照各工作手段进行预算编制，并没有严格根据项目情况如钻孔、泥岩、确定区域等级等，计算出实物工作收费、技术工作费等预算，再根据调整系数得出最后的预算。比如表 7-4 所示为核工业局某坪地质勘查项目预算表，该项目为甲类地质勘查项目，预算资金总额为 477 万元。

表 7-4　核工业局某坪地质勘查项目预算表

工作手段名称	预算（万元）
地形测绘	13.99
地质测量	9.25
物探	16.6
槽探	35.05
钻探	332.31
岩矿测试 其他地质工作	3.97 25.74
综合研究	6.09
工地建筑	34
合计	477

该预算表主要是地质技术人员编制而成。上述预算表中，各工作手段的预算费用是罗列出来了，但是在实际工作中由于工作手段预算编制过程工作量比较大，专业性和复杂性较强，由于时间紧任务重，地质技术人员更多是依靠其工作经验按照各工作手段进行预算编制，并没有严格根据项目情况如钻孔、泥岩、确定区域等级等，计算出实物工作收费、技术工作费等预算，再根据调整系数得出最后的预算，这样就在一定程度上影响了预算编制的准确性。

当然，出现这些问题的原因还有我单位预算编制人员的水平参差不齐。我国法律规定，所有地质勘查项目的预算编制工作都要由通过中国地质调查局的培训且取得证书的人员完成。然而在实际操作时，核工业局负责预算编制工作的专业人员非常少，既懂技术又懂财务的复合型人才更是非常稀缺，地质勘查项目资金预算编制的人员需求完全得不到满足。为有效处理这个问题，局内大量项目预算均由拥有野外工作经历的项目负责者或自己培育的专业人员负责编制，如此一来，便一定会导致编制预算的人员具备参差不齐的专业水平。自学成才或自我培训的人员通常具备理论基础不强的特征，导致预算编制内容不够准确、错误较多，给项目经费预算的准确性与科学性造成影响，让后期预算执行工作存在一定隐患。比如项目来源不同，存在多种编制标准，如国土资源大调查地质调查和矿产保障专项工程的资金预算编制以国调项目设计预算标准为依据，国家基金的专项报告以国家基金项目的预算标准为依据，不论是预算标准还是整体水平都有明显的区别。接下来把核工业局某矿普查项目为例（该项目也是甲类项目）依次根据国土资源地质调查的预算标准、《国家地质勘查基金项目预算标准》与《湖南省地质勘查项目预算标准（暂行）》进行预算对比。

表7-5 核工业局矿普查项目不同预算标准对比表

工作手段	技术条件	计量单位	工作量	国土资源部颁布定额标准（元）	地质勘查基金定额标准（元）	湖南省颁布定额标准（元）	国土资源部定额合计（万元）	地质勘查基金合计（万元）	湖南省省定额合计（万元）
工程点测量	GPS	点	15	815	2350	1766	1.22	3.53	2.65
1：1万专项地质测量	复杂区	km²	74	3379	8983	9160	25.01	66.47	67.78
0-200m机械岩心钻探	直孔VIII	米	1500	588	1217	824	88.2	182.55	123.6
0-200m机械岩心钻探	直孔VIII	米	2000	801	1723	1138	160.2	344.6	227.6
合计							274.63	597.15	421.63

比较上述数据可知，在这个实例中，区域调整系数等于1，以三套不同的定额标准为依据得到的预算总额具备明显差异。核工业局部分预算编制者的学习时间不足，预算编制过程中通常产生混用问题，更有甚者，经费科目会出现套用、混乱现象，导致预算编制不够准确，且资金支出管理混乱。

另外，后期财务审核工作未落实。我国法律规定，编制完地质勘查项目的资金预算以后，均应交给单位财务主管审核并盖章，然而实际操作时，通常仅完成了形式内容，只简单完成了审核工作。因为每年预算编制时间都不充裕，通常都是相关人员于上报项目设计截止时间的前几天才编制费用预算并交给财务主管审核签章，随后还必须完成整理以及装订等任务，导致财务主管不具备充足的审核时间，难以及时找出错行或漏项等问题，审核过程与原本就不存在毫无差别，让预算编制水平和质量受到影响。

（2）预算执行过程管理不够严格和规范

虽然预算执行结果达标，但预算执行过程还是存在一些不足。在实践中也了解到，核工业局地质勘查项目的资金列支出现了过程秩序不足的不良现象，部分资金列支和项目进度、项目时序不相符。例如项目执行初期，列支的费用高于正常值，导致中后期面临财务紧张的问题，唯有节省费用；又比如在项目执行初期，资金列支不够及时，产生了资金积压问题，直至项目即将结束的时候，意识到项目的预算资金还很多，进而大幅增加开支。再比如在实际预算执行过程中，为了做到各工作手段在账面上的预算执行偏差在合理范围内，且总预算执行率达到100%，存在费用归集"张冠李戴"的情况，如在实际工作中，项目会计人员会分项目设置预算执行情况表，便于适时查看各工作手段的预算执行情况，下面仍以核工业局某坪地质勘查项目为例来进行说明，该项目为甲类项目，预算资金总额477万元。该项目完工时各工作手段预算执行情况（见表7-6）。

表 7-6　核工业某坪地质勘查项目工作手段预算执行情况表

工作手段	预算金额（万元）	实际金额（万元）				预算执行率	备注
		2016 年	2017 年	2018 年	合计		
1. 地形测绘	13.99	14.1407			14.1408	101.08%	
2. 地质测量	9.25	6.0493	4.2671		10.3165	111.53%	
3. 物探	16.6	11.9101	4.7488		16.6589	100.35%	
4. 化探	0						
5. 遥感	0						
6. 槽探	35.05	9.68	25.1946		34.8746	99.50%	
7. 浅井	0						
8. 坑探	0						
9. 钻探	332.31	96.9196	233.5307		330.4503	99.44%	
10. 岩矿测试	3.97		2.599	1.8776	4.4766	112.76%	
11. 其他工作	25.74	14.5001	11.1761		25.6762	99.75%	
12. 综合研究	6.09	1.5073	2.9841	1.27	5.7614	94.6%	
13. 工地建筑	34	9.4342	25.2106		34.6448	101.9%	
合计	477	164.1415	309.7109	3.1476	477	100.00%	

从以上内容可知，项目完工时，该项目各工作手段发生的费用预算执行偏差都控制在合理范围内，总预算执行率为 100%。而在实际的调研走访过程中笔者了解到，项目财务人员基本上每个月对发生费用的发票等票据进行收集，尤其是在项目接近完工时，在具体费用报销核算前，通过上述表格分析各工作手段费用实际发生金额与预算金额的对比情况，人为调整费用归集，这对发生的费用在不同的工作手段之间进行一些人为调整，因此各工作手段的实际发生金额很大程度上并不能真实反映所消耗的生产资料情况，预算执行的真实性也大打折扣。

项目预算执行过程中存在的主要问题是预算执行过程管理不严，不遵循项目投入规律，不遵守财务政策制度。目前，项目负责者及财务人员在财政资源分配方面表现出来的不合规行为方式主要有以下几种。

第一，具备"偷梁换柱"问题。申请项目的时候，国家明确规定所有预算经费都要用在这个项目上，然而实际操作时，人员和设备等都会在不同项目间混用，导致资金交叉运用拥有了现实条件。例如于项目执行环节，将本单位资产购置归于项目的费用支出，或将另外项目的设备和人员等成本归于本项目的费用支出。从本质上来讲，此类行为让本项目的经费具备其他用途，致使项目经费的预算和实际投入存在偏差，让项目整体质量遭受直接影响，更有甚者会与财务制度不相符，面临的纪律风险比较大。现在一些项目准许经费于具备一样内容的不同项目间调度，这是因为项目具备一样的人员费或其他支出，财务处理方面，理应视作成本于不同项目间进行摊销，并不能整体调度。

第二，"突击花预算"现象突出。例如项目审批通过且资金到账的时候，在一段时间列支诸多资产性支出，其中部分资产设备并不具备购买的必要性，后期使用该项资产的可能性比较小。还有一些企业对项目开支不太重视，直到项目即将结束时才发现账上还有大量预算未花，为防止结余资金被上交至有关部门而集中消费，致使项目研究工作没有得到充足的资金投入，且资金被用在其他地方。

第三，出现了"李戴张冠"的不良现象。因为地质勘查项目具备野外考察环节，且目的地通常在偏僻山区，不具备优良的支付环境，再加上票据给付情况糟糕，非常依赖现金，因此开始野外作业前会申请大量现金，这些现金被花出去以后又难以获取票据，如此一来便让"李戴张冠"的行为方式具备一定空间与条件，例如某项开支难以获取票据，实践时或许用在其他地方，这样也给认为调整费用归集提供了空间和条件。再比如为了使各工作手段发生的费用预算执行偏差都控制在合理范围内，且总预算执行率为100%，项目财务人员基本上每个月对发生费用的发票等票据进行收集，尤其是在项目接近完工时，在具体费用报销核算前，会根据各工作手段费用实际发生金额与预算金额的对比情况，人为调整费用归集，这对发生的费用在不同的工作手段之间进行一些人为调整，因此各工作手段的实际发生金额很大程度上并不能真实反映所消耗的生产资料情况，预算执行的真实性也大打折扣。

（3）预算调整跟不上设计变更

与其他项目相比，地质勘查项目的资金预算明显不同，这种项目的投资面临较大风险，因为勘查对象难以确定，调整技术设计的现象经常出现，必须随之调整资金预算。调整资金预算的规定程序如下：根据当前部门预算机制下预算批复要求，省级财政部门必须把各个事业单位的资金预算汇总在一起并上报给人民代表大会，人大审核通过以后开始执行项目，单个项目调整其预算时非常复杂，执行的难度比较大，由于我单位预算调整工作未引起足够重视，项目组织实施单位属于技术主导型，调整设计时通常不会调整资金预算，所以导致既定项目预算与执行情况存在偏差。

一是认识上不到位。目前大多数地质勘查单位依然扮演者半企业半事业的角色，维持事业单位特征的同时又逐步缩短与市场经济的距离。所以，对当代地质勘查单位而言，预算管理意识还比较缺乏，更何况程序较为复杂的预算调整环节。由于对预算调整认识不到位，设计变更往往没有进行预算变更。

二是组织上不完善。预算属于一个繁杂、长期的流程，仅仅依靠一个人的力量或某个部门的能力并不能完成，目前大部分单位还没有建立完整的预算管理体系，且预算调整相关的服务机构还不完善，这也是导致设计变更往往没有进行预算变更的原因之一。

三是交流上存在阻碍。对项目而言其工作手段代表实现项目目标而运用的多种技术手段，这要求拥有的专业知识与能力，所以具备地质勘查专业知识与技术的人员编制的相关预算表具备更强专业性。而项目的经费预算指的是把工作手段的预算当作基础，以项目花费的真实财力、物力以及人力为依据，充分运用财务知识，依据从前年度项目经费的运用状况，仔细分析得到的经费方案。在该问题上财务人员具备独特优势。因为勘查对象不太确定，调整技术设计的情况非常常见，而且需要随之调整经费预算，这就需要技术人员与财务人员及时沟通。而现实情况是这种沟通往往不充分不及时，这也是导致设计变更往往没有进行预算变更的原因之一。

（4）预算支出绩效评价不够完善

当前，在地质项目预算方面，核工业局存在预算支出绩效评价不完善的问题，主要反映在以下三方面：

a. 预算支出绩效评价不具备广阔范围。首先是绩效评价的主要目标被设为项目的支出情况，对发展效益与项目效率等内容则没有过多关注。仅关注预算拨款的使用过程与当前规章制度、国家法律法规以及财务政策是否相符，并不能视作真正的预算支出绩效评价。其次是把支出项目自身作为预算支出绩效评价关键内容，忽视了宏观因素带来的影响，如果想要让地质勘查项目预算支出绩效评价工作实现给政府决策提供服务的目标，就一定要准确评估投资自然条件、政策因素以及社会环境等会对投资过程产生怎样的影响，还要了解投资过程会对社会以及行业的经济状况产生怎样的影响，唯有这样才能让财政资金运用效率有所提升。

b. 还未建立规范性比较强的预算支出绩效评价指标体系。目前，核工业局虽然强调了预算支出绩效评价的重要性，但在预算支出绩效评价的指标设计方面依然存在大量问题。首先，因为项目所处领域与特征存在差异，缺乏统一、全面、科学的指标系统，设置出的预算支出绩效评价具备单一化与平面化的性质，还难以全面满足特征不同、项目级次不同的项目支出绩效评价需求；其次，在指标选择方面，对资金和技术运用的合规性非常重视，但对整体效益、阶段性成果的报告、质量水平以及任务执行状况等缺乏关注；最后，由于项目的总数很多，一些定量指标不具备较强操作性，缺少严密数据的积累和分析，且评价内容过于片面。

c. 缺乏有效的预算支出绩效评价结果应用机制。预算支出绩效评价的结果应反馈到下一步的预算管理中才能使预算支出绩效评价工作获得相应的生命力，也才能起到应有的积极作用。目前大部分单位包括核工业局对项目中预算支出绩效评价成果的运用，通常仅停留在表面，部分企业仅将其当作项目执行档案，抑或是实施新项目时拿来参考。绩效评价原有束缚功效并未得到利用，也就是没有对详细项目的实施过程起到约束作用，但在项目预算支出绩效评价实践中，存在将预算支出绩效评价的结果与目的相混同的情况，这是因为很多时候预算支出绩效评价仅仅是为了应付上级领导，对绩效评价工作的态度存在问题。

2. 项目资金预算管理存在的原因分析

（1）单位的特殊性导致预算管理意识淡薄

行业有其自己的独特性质。2015 年之前，我国还没有开展全面预算工作，那个时候单位与大部分事业单位相同，以业务量和项目为依据实现资金的拨付，控制和监督力度都不足，财政资金的存放与投入非常随意，几乎不会出现预算环节。开展全面预算工作之后，所有地质勘查单位都属于要求实施全面预算的企业。然而因为这个领域比较独特，"轻财务、重业务"理念在该行业中普遍存在，致使预算管理的落实难度很大。如今单位依然属于事业单位，经营管理过程中仍然会体现出计划经济内容，对企业内管理、经营手段比较陌生，尚未掌握预算管理有关知识，大部分单位还处在理论研究阶段，实际运用的情况并不多，在预算管理方面仅完成领导部门提出的要求，自主研究的激情十分匮乏。就目前来说，大部分单位还不具备较强的预算管理理念，项目实施单位并未将有无开展全面预算工作当作考察管理水平的标准，而且不太了解应该怎样安排、执行预算。目前我局各地质队对全面预算思想都没有深入地了解，没有考虑全面预算对项目顺利实施的必要性。

（2）单位的历史性导致预算管理人才缺乏

20 世纪 90 年代，因国家产业发展政策调整，科技和矿产勘查投入持续减少，行业的不景气导致专业人才得不到应有的重视，有近十年没有引进专业人才。同时，受大环境影响，这一特殊时期系统还制定了一些不利于保留人才、培养人才的政策和环境，"待岗""两不找""内部退养"成为这一时期的特殊产物，对办理"停薪留职""缴费留职"各单位也是无奈之举，其结果造成了今天的单位普遍存在队伍老化，专业人才青黄不接，复合型人才极度缺乏的尴尬。同时，由于地质勘查工作和城市相隔甚远，生活环境比较糟糕，补偿标准不够高，这些因素导致人才引进过程受到影响，它们属于人才匮乏的主要缘由。除此之外，当前地质勘查行业不具备较高职业声望，相关先进事迹以及战略意义没有得到有效宣传，其他人员不太了解工作。长期以来，造成了人才极度缺乏的局面。

现在，核工业局内一些人员对预算管理专业知识比较了解，然而依然没有掌握预算管理过程必需的方法和工具，由于单位职工没有经过系统化的培训，财务部门以外的人员并不了解预算管理工作。现在，仅有上报计划过程与项目承包责任制中运用了预算。项目成立初期，单位经营部根据有关标准确定项目的大概预算并以表格形式体现出来，在这个表格的基础上对项目的拨款总额与成本进行估算，再通过财务部门与领导的审核便能够得到项目支出总额，有关部门内员工并不具备专业知识，编制预算的过程中缺少理论知识，得到的结果比较粗略，大部分审核工作同样不够细致，时常面临负责人"拍板就可以"的问题，并没有将预算过程的监控功效与严谨性体现出来。

（3）单位运行机制导致预算管理比较粗放

作为一支为发展核能力而生的地质队伍，我局成立初期的目标任务就是为国家找铀，实行的是军事化管理，财政完全包干。20 世纪 80 年代，我局开始保军转民，这一时期的发展定位是铀矿地质与多种经营（制造业、工程业、服务业）兼顾，为了生存发展，队伍不得不进行市场化探索。2000年属地化时，我局年人均财政拨款基数仅为0.96万元、经费缺口很大、待岗人员很多，我局队伍在完成公益性任务的同时，承接了一些商业地质项目，开展了一些市场经营活动。在保军转民和属地化后相当长的一段时间里，队伍开始把市场机制引入地质经济结构，走上了"一业为主、多种经营"的发展道路。

由于长期以来"戴事业帽子，走企业路子"的事企混合机制，混体运行，导致单位出现事企不分、内部管理不规范等问题。比如，由于行业比较独特，人员工作条件比较糟糕，大量项目的工作环境都是偏僻的农村，因此实践时大量成本的计量无法满足税法要求，但中国地质调查总局和国土资源部指出，能够在合理票据不存在的情况下根据收据确认成本，这条规定导致大量期间费用面临控制难度大的问题，并且成本难以被准确评估。很长时间以来，地质勘查单位都由计划经济管控，他们受到了计划经济体制的巨大影响，其市场经济不够成熟，单位的预算管理常常表现出计划经济的印记。单位具备独特的身份且思维比较固定，导致大多数地质勘查单位的资金预算管理工作均具备粗放的特征，且弹性较大，不存在硬性约束，致使预算管理过程非常重视形式化内容，进而让地质勘查单位面临预算失控问题，让其健康长远发展遭受冲击。

（五）案例5：项目资金预算管理问题改进建议

1. 提高预算编制的精细化程度及准确性

（1）编制工作手段具体费用执行预算

按费用项目编制的执行预算以及在工作方式的基础上完成的设计预算工作，都是以项目设计任务书为前提，按照设计任务书中所包括的工作基础信息、工作时间、劳动力成本、原材料成本、硬件设施成本以及其余相关项目的价格完成预算工作。在进行预算编制工作时需要立足于"量、价、费"，然而我国政府并未针对地质勘查行业出台专门"量、价、费"的要求和信息，所以在编制预算时需要按照编制部门长期的财务信息和信息分析的前提下，不断构建科学合理的"量、价、费"要求。详细来说，开展预算编制工作要按照下述三个环节进行：

a. 将项目设计预算作为工作开展的前提，然后财务部门的预算工作人员和技术工作人员明确写出所有工作环节的作业属性、作业内容以及作业的详细时间。

b. 关于任务完成过程中要投入的劳动力成本、原材料成本、方案咨询成本、硬件购买成本等，按照"量、价、费"的要求开展计算，需要实现会计核算以及预算编制所使用的科目完全相同。

c. 整理出所有工作环节需要的详细成本。考虑到成本项目单一计算并整合得出的数据有可能和预算编制的数据不同，这就要让预算编制负责人提出出现不同之处的主要因素，找出数据不同的主要因素是"量、价、费"的要求不明确还是标准没有贯彻落实，然后进行修改，确保数据统一。执行预算编制流程图如图7-3：

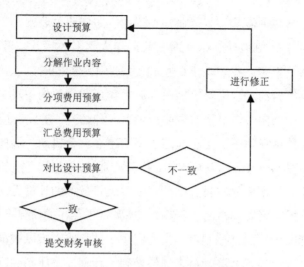

图 7-3 执行预算编制流程图

将核工业局某铜矿项目作为研究案例,选取这一项目对应的"地形测绘"和"地质测量"这两种工作手段来进行执行预算编制说明:(1)地形测绘,也就是使用 GPS 对地形进行测量;(2)地质测量,使用不同的比例尺对地质和地质刨面进行测量。假设每个工作手段包括的具体费用为人员费(用 A 表示)、设备使用费(用 B 表示)、材料费(用 C 表示)、外协费(用 D 表示)、差旅费(用 E 表示)。赞比亚铜矿项目经费执行预算编制简表如表 7-7 所示。

表 7-7 核工业局某铜矿项目经费执行预算编制简表

工作手段		设计预算	工作内容	地点	执行预算				
					A	B	C	D	E
地形测绘	GPS 测量	13.28 万元	踏勘、选点、量距	野外	A1	B1	C1	D1	E1
地质测量	1:25000	16.69 万元	标定路线、观测记录样品	野外	A2	B2	C2	D2	E2
	1:5000	6.13 万元	野外资料整理、野外检查验收	野外	A3	B3	C3	D3	E3
合计		36.10 万元			$\sum A$	$\sum B$	$\sum C$	$\sum D$	$\sum E$

从表 7-7 可以看出,核工业局某铜矿项目具体费用执行预算金额需满足如下条件:

$\sum (A1+B1+C1+D1+E1)$=13.28 万元;

$\sum (A2+B2+C2+D2+E2)$=16.69 万元;

$\sum (A3+B3+C3+D3+E3)$=6.13 万元;

$\sum A+\sum B+\sum C+\sum D+\sum E$=36.10 万元,其中:

$\sum A= A1+A2+A3$;$\sum B= B1+B2+B3$;以此类推。

在该项目的具体预算执行过程中,需要控制地形测绘以及地质测量等各工作手段对应的人员费（A）、设备使用费（B）、材料费（C）、外协费（D）、差旅费（E）等具体费用都严格按照执行预算推进，从而确保整个项目的预算执行落实到位。

一般情况下，项目费用预算科目涵盖着人员成本、会议成本、人员差旅成本、硬件设备使用成本、原材料成本等一共九个方面的成本。所以在编制具体费用执行预算时，有以下要点：

a. 人员费预算编制

按照工程中工作人员的数量和所对应的工作周期和岗位重要性来进行人员费的编制，并且人员费由基本工资、绩效工资和福利所构成。

人员费在计算过程中使用增量预算的手段，在编制过程中要考虑上一年度的真实开支状况，并依照当前政府有关规定进行。没有在项目中实际工作，只是负责方案咨询的工作人员不属于人员费的范围。一个员工在多个工程中的工作时长必须少于1年。总工资的14%是工作人员的职工福利费。

b. 设备使用费预算编制

只有和项目相关的固定设备折旧成本才能写入设备使用费的科目之中，其余设备不属于该科目的范畴。

仪器设备所对应的维护成本要在固定预算法的基础上进行计算，依照上一年设施的真实开支情况完成设计工作。设备折旧率以对应会计文件的规定费率进行计算。

c. 材料费预算编制

原材料成本、燃料成本、技术成本、管道成本等多个预算科目共同构成了材料费科目。

原材料成本指的是在项目进行过程中所有直接使用的材料成本的总和。在勘测现场以及研发场地一次性使用的设施也能够作为原材料的范围，例如钻机过程中应用的汽油机和柴油机也属于原材料的范围。在编制原材料费科目的过程中以零基预算法为基础。

技术资料费属于在购买项目技术信息时产生的成本。技术资料费采用零基预算法编制。

燃料动力费指的是在工作开展过程中交通工作所带来的成本，包括汽油、燃油以及电力成本。通常情况下，汽车一百千米的油耗成本会低于18升，而24小时内的公里数都在200km以下。燃料动力费采用零基预算法编制。

专用管材是指地质勘查项目钻探施工中钻探管材的费用。专用管材费用采用零基预算法编制。

低值易耗品是指不做设备管理的工具类用品的消耗，按照固定预算法，按上年度工具类用品实际开支水平编制。

劳动保护费是指项目工作人员劳动保护用品等开支的费用。按照固定预算法，按有关规定的标准编制（能够在地质调整系数中应用）。

d. 外协费预算编制

在对项目开展财务核算的过程中，因为外协工作的需要项目责任方和外协方之间按照有关合约进行一次性支付开展财务核算工作所付出的成本，这就是外协费。例如外协工程成本、外协加工成本、外协研究成本和其余外协成本。而外协的计算在零基预算法的基础上完成。

和外协费相关的技术标准以及工作都需要明确写入技术方案里，还要阐述项目团队无法独立完成的根本原因，写出预计外协的组织，在预算编制过程中要证实外协费的可行性。通常情况下，外协预算都不能太多，如果要通过招标明确外协组织时，必须明确招标的手段。

e. 用地补偿费预算编制

用地补偿费编制的范围是工程施工的临时性用地使用费、临时设施拆建费等。按照零基预算法编制。

f. 差旅费预算编制

技术方案里需要写明出差的详细情况；在预算表的基础上计算差旅费，而且使用的计算标准必须和我国相关规定吻合；尚未明确出差时间的要写清缘由；而尚未明确详细出差地点的，要按照实际情况进行。差旅费的标准不能比省内政府部门的出差费标准要高。而且计算差旅费的过程中需要依照零基预算法进行。

g. 会议费预算编制

技术方案里需要写明召开会议的价值、会议的议事范畴以及与会人数等。会议费所包括的各项成本，例如会议室租赁成本、伙食补助成本等相关成本都需要和省会议成本的要求相一致。

通常来说，单课题项目没有对应的会议费，而且不同部门共同参加的大型会议的次数需要在三次以下。在项目总经费中会议费的预算必须小于20%，如果有大型会议或者其余特别原因导致预算超出标准，需要明确会议召开的价值。会议费的计算使用零基预算法进行。

h. 其他相关费用预算编制

项目开展过程中需要的印刷成本、用水成本、户外员工的保险成本、设计评审成本等，这些成本构成了其他相关费用，依照项目真实情况来完成编制工作。在项目总经费中其他相关费用的比例需要小于2%。只有在项目末期才能记录报告出版成本以及报告评审成本。在项目进行过程中，其涉及的车辆使用成本必须在一天600元到800元这个区间中，涵盖司机基本工资、汽车维护成本、汽车保险等所有的成本，而且在材料成本中涵盖了汽油成本的需要将车辆使用成本维持在一天450元到650元这个区间中，如果在计算差旅费的过程中加入了车辆使用成本，那么不要对其进行重复计算。其他相关费用在计算过程中需要使用零基预算法进行。

i. 管理费预算编制要求

在项目经费总额中项目管理费所占的比重不能超过5%，在编制过程中其属于主表范围。在计算管理费时需要依据固定预算法进行。

2. 强化预算编制要点的运用执行

编制地质勘查项目的资金预算时既要拥有基本的管理、预算编制能力，又要深入了解有关知识与预算管理核心内容，要强化预算编制要点的运用执行。第一步，理应对当前预算管理队伍做出全方位的考察，在目前预算管理人才缺乏的情况下，应尽早加强当前人员的培训工作，让预算团队的综合素质得到保障。第二步，要组织单位员工学习预算管理的核心内容，防止预算管理过程中形式主义过于明显，保障预算编制可以同时满足市场和单位的要求，第三步，要促进本单位和其他单位进行沟通交流，给团队给予充足的深造与学习机会，保证员工的技术方法和管理理念与市场需求相符。负责编制预算的人员同样要提升自主学习能力，进行预算编制时持续加强对《地质调查局项目管理方法》和《专项资金管理办法》等相关文件政策的学习和了解，重点围绕《项目费用预算编制重点》，高度重视《地质调查部分预算标准》中的各项备注和说明，提升对相关规定与办法的吸收、消化能力，仔细编制地质勘查项目的资金预算。地质勘查类项目的预算编制要注意以下方面：

（1）地形测量和测绘技术

普查与预查阶段通常不存在地形测绘环节。值得注意的是，完成地形图的购买工作以后要针对地形图和地质图的数字化落实预算编制任务。

（2）地质制图

第一，选取恰当复杂程度的地质，对草测、实测、区域测量以及专项测量等加以区分，密切关注路线长度、面积以及比例尺等因素，通常比例尺较大时工作结果比较精确。第二，重视沿海地区实测面积与图幅面积的差异，计算实测面积以前要把图幅内海域等减掉。

（3）化探和物探

第一步，明确化探与物探间差异。其中物探包含测井、地震、电法、重力、磁法以及放射性等办法；而化探包含岩石以及土壤等办法。第二步，重视物化探当中的剖面点距、比例尺以及地形等级，这些条件在确定其工作方法预算的过程中占据关键位置。第三步，不要忽视剖面线与计测网的布设预算工作。在相同测线、相同测区，且同时开展一样点距、一样比例尺的工作时，布设预算仅需计量一次，应该避免重复预算现象出现。

（4）钻探

第一，要注意倾斜度、口径、岩石级别以及钻孔深度等因素，这些条件会对钻探预算产生巨大影响。第二，密切关注其工作特性，工程、地热、水文以及矿产等钻探具备不一样的技术标准与要求。第三，地热和水文钻探对应的预算标准都不包含材料费用，必须另外收取。第四，岩矿芯的保管费与钻探的地质编录必须遵循目录顺序，计算地点位于其他工作部分。

（5）坑探

其岩石级别必须以典型岩石为依据进行划分，而且总共只有11级，对应标准内掘进方式把机掘当作基础。

（6）坑道工程

第一，区分小圆井、砂井与土石井，在砂矿占很大比例的矿产勘探当中砂井得到了广泛运用；而第四系深覆盖层下矿产勘探工作通常使用小圆井。第二，在槽探方面要区分土石方与土方，同时还要密切关注挖掘的深度。

（7）岩矿测试

第一，要对测试性质和测试方法有较深入的了解。第二，要知晓化探分析的总价等于所有测试元素价格的总和。第三，仅有常规岩矿分析会对其样品收取加工费用。第四，在同一时间于相同矿区勘探超过两个的独立矿种的时候，常规岩矿分析所需的样本必须依据矿种收取加工费。第五，不计算基本分析与检样的标样的测试工程量，但重复样与外检样应该计算。

（8）其他

第一，印刷出版、报告撰写以及项目设计等工作要以项目的大小和专业性质为依据，保障所选预算标准的正确性。第二，区调联测的时候要密切关注说明书的印刷费用和分幅报告。

3. 确保财务审核取得实效

在预算编制工作尚未开始之前，项目负责部门组建的工作团队就需要完成整体布局，设计出任务分配方案，把任务划分到不同的部门和个人，明确任务的主要负责人、各个部门的负责人乃至各个工作的负责人，确定任务的完成周期，还要给工作环节之间的交接设计足够的预留时间。财务部门的管理者是否能够确保项目预算的一系列表格之间拥有科学合理的逻辑联系，是否使用了标准合理的预算计算标准，是否确定预算表格的各个项目都完整以及其他许多细节性问题，将预算编制工作的问题尽可能地降低，提高编制的品质和效率，以此充分发挥财务审核的价值。财务预算审核的要点主要有：

（1）项目经费预算应遵循基本原则和编制基本要求。项目应遵循基本的原则包括项目预算编制应符合项目设计的基本内容；项目预算编制应与项目设计的目标任务相适应。地质勘查项目预算标准及费率选取的依据要充分。项目预算编制符合相关政策、文件规定要求，并符合本地区本单位实际情况。

（2）不同类型项目按不同类别的表式和预算科目编制项目预算。原则上调查评价类项目（甲类项目）是指野外工作量实施为主体的矿产调查评价项目，应按照甲类项目预算编制的有关要求进行编制，形成甲类项目预算编制的表式，并按甲类预算科目编制项目预算。

（3）项目预算按照不同阶段的预算编制的方法和要求进行编制。比如立项申报阶段，甲类项目要按地形测绘、地质测量、物探、化探、遥感、钻探、坑探、浅井、槽探、岩矿测试、其他地质工作、项目实施过程综合研究、工地建筑等投入的工作手段逐项计算，并汇总编制《××省探矿权采矿权价款项目按工作手段预算表》，如有委托业务要单独列示并编制相应明细支出附表。而在项目设计阶段，甲类项目预算以申报阶段编制的《××省探矿权采矿权价款项目按工作手段预算表》为基础，编制全部附表，汇总编制《湖南省探矿权采矿权价款项目费用归集汇总预算表》。

（4）项目预算科目，一般甲类项目预算科目按工作手段大类设置预算，明确工作手段预算明细科目目录。项目预算章节编制的内容和要求。项目预算由编制说明和预算表组成，在项目申报书和设计书中以独立章节编写。

（5）提出项目预算编制说明应编写的内容。预算编制说明是对项目支出预算的合规性、合理性、有效性及实施项目存在主要风险与不确定性的分析论证，内容应完整齐全，文字叙述与预算表要有机对应。主要内容应包括：项目概况，续作项目以往年度预算执行情况、预算编制依据，采用的费用标准和测算依据，项目预算的合理性及可靠性分析，需要说明的问题等。项目预算中有其他经费来源和委托业务费支出的，应予以重点说明。

项目概况包括三方面内容：

简要介绍项目来源、项目编号、任务书编号、项目性质与类别、工作年限、目标任务、预期成果及经费概算控制数；说明工作区范围、气候条件及施工期、地理条件、交通状况、地质条件、植被发育以及居民分布情况等；详细分析技术方案中工程手段、工作量和技术条件等情况对预算的影响。

续作项目以往年度预算执行情况应说明以往年度预算执行情况，内容包括各年度完成的主要实物工作量、经费支出和结余情况，并就结余资金形成的原因做出说明。对有结余资金的续作项目，应对项目以往年度结余资金在本年度的安排情况做出说明，说明与之相对应的工作任务和实物工作量。

预算编制依据主要指项目预算编制的政策依据和技术依据，主要包括项目任务书、项目设计（或立项申请书）技术方案、《××省地质勘查项目预算标准（试行）》《××省国土资源厅地质勘查项目预算编制办法》、国家、国土资源部以及省国土资源厅颁发的有关文件规定和制度。

采用的费用标准和计算方法应说明选用项目工作区地区调整系数的理由、地区调整系数片区名称和地区调整系数值，对于跨两个或以上地区区调整系数片区的，要分别列出。说明各工程手段预算标准选取时采用的技术条件和对应的预算标准。对于同一项目或同一工程手段存在两种以上技术条件的（如钻探），应分别说明不同技术条件下的相应工作量和预算标准；对于工作项目中的新内容、新方法，需采用《××省地质勘查项目预算标准》以外的预算标准，其依据说明尤应详细。没有可参考的行业预算标准时，可按照地质调查成本费用构成，结合实际情况和以往支出资料自行测算确定，使用时应说明并附测算依据。

为了简化实验测试经费预算编制，对于预算标准中以"项"为单位实验测试手段经费预算预算编制可以以"样"为单位编制，但应说明测试样所分析的项数和各项分析预算标准及其之和，即实验测试手段以"样"为单位的预算标准。

（5）需要说明的其他问题主要说明项目预算编制中除上述说明以外的其他问题和对

项目预算编制的改进意见等。

5.2 强化预算执行过程的监督和管理

5.2.1 从过程上加强执行的时序性

当项目得到批准以后，项目负责组织需要按照《会计法》以及《预算法》的相关标准对项目经费进行合理管控。需要明确经费责任人为项目负责人，而项目负责人除了要知晓项目当前的技术水平，还能够全方位掌握资金应用方面以及预算应用的具体状况。项目负责人要设计精准的技术发展过程，并考虑项目资金的实际状况，设计项目资金使用方案。项目负责部门的财务人员需要构建台账，保证项目使用资金时的管理能力，确保监督制度的正常运行，让资源使用情况与项目进展相吻合。项目开展环节，需要提高过程管理能力，重视项目的发展进度，还要对资金使用设置相应阈值，当资金使用到达阈值之后，需要在短时间内告知项目领导对项目进度进行微调，确保项目的平稳运行。

5.2.2 从制度上保障列支的实质性

要加强制度建设，根据省级地质勘查项目专项资金财务核算有关要求，制定本单位项目专项资金财务核算具体规定，进一步明确财务报账、核算及审核等有关人员的职责，确保预算执行规范，规避"张冠李戴"等问题。

一是根据项目专项资金管理办法明确项目经费实行单独核算，确保经费专款专用的基本原则、适用范围，明确会计核算的基本要求和核算纪律。项目有着野外工作项目，也就是有着现金支付活动，再加上野外没有良好的票据开设情况，需要在财经法律允许的情况下放宽票据开设条件，然而务必要确保基础票据的信息真实。如果的确没有票据，那么工作人员需要在特定要求下进行书面阐述，还要留下对应的证据。例如核算与劳务支出相关的费用时，需要明确工作人员的身份号码、账单凭证以及联系方式等凭证；财务人员有责任审核列支手续的完备性和真实性，核算人员要按照费用发生的真实用途合理归集核算，实现所有资金状况能够得到真实运用。让所有野外考察工作的预算管控都相互衔接，保证成本管控环节的顺利进行，从而给项目预算管控成果打下基础。

二是明确项目会计核算各级科目的原则。原则上一般应按按生产、工作手段和费用设置三级会计核算科目，一级科目为"生产-XX 项目"，在一级科目下设"二级科目 - 工作手段"，在二级科目下设"三级科目 - 费用"。

三是列出会计核算明细科目。如工作手段科目包括：（1）地形测绘；（2）地质测量；（3）物探；（4）化探；（5）遥感；（6）槽探；（7）浅井；（8）坑探；（9）钻探；（10）岩矿测试；（11）其他地质工作；（12）实施过程综合研究；（13）工地建筑。

四是明确各工作手段相关的费用科目，可包括人员费、办公费、印刷费、水电暖费、邮电费、交通费、差旅费、会议费、专用材料和燃料费、咨询劳务费、委托业务费、设备折旧和购置费、维修费、其他相关费用等。

五是明确费用科目包括的具体内容。费用科目的具体内容可参照《地质矿产调查评价专项资金管理办法》，费用科目具体如下：

人员费用：指从事项目工作人员的工资及福利费，包括基本工资、津贴补贴、绩效工资及规定限额内开支的职工福利费等。

印刷费用：指项目发生的报告印刷、出版、制图费用及其他印刷支出。

办公费用：指日常办公用品和专业书报刊支出。

水电暖费：指项目实施过程中发生的水费、电费及供暖费等。

邮电费用：指项目发生的信函、包裹、货物等物品的邮寄费及电话费、电报费、传真费、网络通信费等。

交通费用：指项目实施过程中支出的交通工具租用费、燃料费、维修费、过路过桥费、保险费、安全奖励费等。

差旅费用：指项目工作人员为开展野外工作、业务调研、学术交流等所发生的住宿费、乘用车（船、飞机）票费、伙食补助费、杂费等费用。

会议费用：会议支出包含房租费（含会议室租金）、伙食补助和其他相关费用。会议期间发生咨询劳务费支出的，在"咨询劳务费"中列支。

专用材料和燃料费：指在项目实施过程中耗用的原材料、专用管材、专用工具、低值易耗品、技术资料、专用燃料费等。项目单位自有野外车辆使用的燃料费用，在交通费中列支。

咨询劳务费：项目支付给单位或个人的专家评审费、专家咨询费、临时聘用人员劳务费、野外雇工费、翻译费等。在读硕士研究生、博士研究生和离退休人员参加项目的，按照有关规定发放的劳务费，在该科目下核算。

委托业务费：指项目实施过程中委托外单位进行研究、测试、施工、加工、软件研制等工作发生的费用。零星支付给其他单位、不需要签订合同或协议的支出，不作为委托业务费，直接在相关费用科目中列支。项目承担单位将项目部分工作给下属二级法人承担的业务，不作为委托业务费核算。

维修费用：指项目实施必须开支的固定资产（不包括交通工具）的修理和维护费用，网络信息系统运行与维护费用。

设备折旧和购买费：指项目实施过程中，对所使用设备按折旧率计算的折旧费、租赁外单位仪器设备以及按项目预算购买专用仪器设备发生的费用。

其他费用：项目实施过程中发生的除上述费用之外的其他支出，指项目实施过程中占用土地需支付的临时性土地占用费、青苗树木赔偿费、临时性设施拆建费、机台平整费、简易道路修建费、招待费、劳动保护费、人身意外伤害保险费等。

六是明确管理费的开支比例。项目单位为管理项目发生的管理费用按发生费用的内容和实际支出金额直接在相关科目中核算，管理费用总额原则控制在项目总经费的5%以内。

七是明确禁止开支的费用范围。禁止开支费用范围包括如下：

（1）已列基本支出预算资金、基本建设资金、其他专项资金开支的费用。

（2）归还贷款本息。

（3）投资性支出、捐赠及赞助。

（4）各种罚款、违约金、滞纳金等支出。

（5）其他与项目无关的费用。

5.2.3 从结果上加强开支的合规性

工作人员需要在项目结束之后按照项目实际要求撰写结题报告。而且，项目的经费审计工作也要同时开展，确保审计工作的效率，增强预算工作的科学性与可靠性，保证财经制度的贯彻落实。在审计项目经费的基础上，明确经费应用的效果，票据和政策条文是否相匹配。在项目结题过程中务必要把审计结果当成关键标准。如果出现不足之处，需要按照实际情况体现出来。

5.3 确保预算调整与设计变更同步

5.3.1 建立健全预算调整制度

首先是要正确、准确认识预算调整工作的重要性，才能为开展好预算调整工作奠定良好基础。特别是单位负责人，更应提高其自身对预算管理的认识。单位负责人除了负责单位事宜外，其对工作的认知水平、重视程度如何直接影响着该工作是否得到下属的重视。因此单位负责人需要率先改变自身观念，增强对项目预算管理重要性的认知，尤其是对程序较为复杂的预算调整环节来说，更加重要。要建立健全预算调整有关制度，从制度设计的层面去规定预算调整的程序，各相关部门的职责以及未按规定落实应该承担的责任。只有认识提高了，制度设计好了，抓好制度的落实，才能在必要时克服重重困难，及时进行预算调整，提高预算执行的力度。

5.3.2 规范完善预算调整程序

首先应该弄明白预算调整的原因及调整方式。预算编制后一般不会轻易进行调整，应严格按照编制的预算执行。但遇到特殊情况可以对预算进行调整。但预算调整并不是随意开展的，在进行预算调整管理时应明确预算调整原因，真正达到预算调整要求时可以申请预算调整。预算调整的原因很多，经济下行带来的压力、环境压力、技术、体制、组织等都是预算调整的原因。像今年遭遇了新冠肺炎疫情，疫情给全球经济带来的影响是显而易见的。面对疫情带来的影响，可以在相关情况综合分析的基础上设定标准，对预算进行适当调整。在进行预算调整时，应明确调整方式，选择合理的调整方式进行预算调整。科目流用、追加追减、预算划转、预算调剂、用预备费是预算调整中常用的方式。在进行预算调整时，根据预算调整原因、实际情况选择合适的预算调整方式实现预算调整目的，达到预算收支平衡。

预算调整时，需要遵循一定的程序。在具体操作时，建议单位成立预算调整专门小组，并且将小组职能作为分类重点，成立信息反馈组、技术指导组以及财务咨询组。团队要齐心协力，密切配合。

（1）信息反馈组。信息组由在野外有着长久工作经验的员工构成，重点负责对项目目标区域的基础信息、宏观环境、自然资源等诸多相关数据进行搜集，详细来说，有自然经济条件变化情况、重点矿产资源的分布情况、矿产的分布、交通状况等信息，以此来给预算的调整方案给予相应的基础信息数据。

（2）技术指导组。该小组全部是领域的技术人员，主要负责在考虑当前技术和基础资料的前提下，来探讨项目技术方案修改的必要性和可能性。

（3）财务咨询组。由财务专家组成，主要职能：根据技术指导组对项目技术方案提出的指导意见，结合预算管理实际，对项目预算是否需要调整提出指导意见。

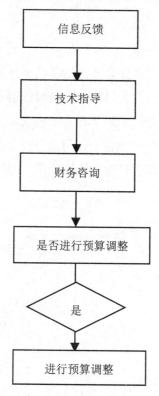

图 7-4　预算调整小组工作流程图

同时，各部门要加强沟通配合。需要改变过去传统的预算管理思想，确定项目预算管理不单单属于企业财务部门的责任，而是需要所有部门的共同协作，尤其是技术人员需要和预算管理人员之间拥有良好的交流；信息组要及时收集项目所在地经济、基础设施、自然条件、资源情况等信息，具体包括自然经济条件变化情况、重点矿产资源的分布情况、矿产的分布、交通状况等信息，并将有关情况及时与技术指导组沟通，技术指导组要根据信息组提供的信息及时对项目技术方案是否需要调整进行论证、提出指导意见，并将意见及时与财务咨询组沟通；财务咨询组要根据技术指导组对项目技术方案提出的指导意见，结合预算管理实际，及时对项目预算是否需要调整提出指导意见。预算管理作为财务管理中的一项重要管理内容，其知识储备十分重要，因此核工业局内各部门应加强彼此之间的沟通配合，适应跨学科的需求，加强沟通与配合，才能及时将技术调整与预算调整保持在同一步调，做好项目预算管理工作。

5.3.3 加大预算调整监督力度

预算调整过程中，还应加大对其监督力度，通过有效的监督保证预算调整在允许范围内，维护好预算的权威性。加大预算监督力度时首先应加强预算用款的计划管理工作，对预算执行情况进行实时监督、跟踪，了解预算调整的执行现状，及时发现存在的问题。其次对预算调整的事项落实情况进行有力监督。在监督时主要以专项检查等方式对一些涉额较大的预算调整项目进行监督，保证每笔预算都得到执行，且保证预算调整事项和计划应保持一致，真正将预算调整落到实处。

5.4 完善预算支出绩效评价工作

在项目管控资金预算时，需要在预算支出的基础上开展绩效评价工作，从而构建合理的评鉴标准，按照项目属性建立综合评价方法，同时使用定性评价和定量评价，以此来将资金管控工作和项目目标完美融合，通过预算支出绩效评价，明确各个部门之间的责任，在绩效和工资之间建立直接联系，调动各个部门参与资金预算管理的动力，进而从本质上增强项目预算资金管控的能力。预算管理、经费核算、绩效评价工作关系如图 7-5 所示。

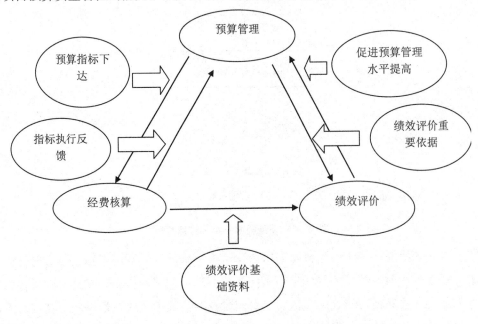

图 7-5　预算管理、经费核算、绩效评价工作关系图

5.4.1 完善预算支出绩效评价制度

预算评价作为预算管理的最后一个工作环节，是对前期预算管理情况的客观评价。客观、真实的预算评价可以如实反映出预算管理效果，基于预算评价的重要性，核工业局应完善预算支出绩效评价制度，将预算纳入考评中，提高预算管理的水平。完善预算考评制度时，应注意考评制度的可操作性，具体完善时应从目标、激励、时效、分级考评等几个方面入手，将支出绩效考评的客观性、真实性作用发挥出来。

同时，要求项目实施单位撰写项目绩效报告，并按要求填报绩效评价基础数据表：如项目经费支出明细表（按费用科目）（见表 7-8）、项目经费支出明细表（按工程手段）（见表 7-9）、项目主要实物工作量完成情况表（见表 7-10）、项目预期成果完成情况统计表（见表 7-11）等。

表 7–8　项目经费支出明细表（按费用科目）

费用科目	XX 年度	XX 年度	合计
人员费			
材料费			
差旅费			
交通费			
维修费			
水电费			
会议费			
……			
合计			

表 7–9　项目经费支出明细表（按工程手段）

工程手段名称	XX 年度	XX 年度	合计
地形测绘			
地质测量			
物探			
化探			
遥感			
槽探			
浅井			
坑探			
钻探			
岩矿测试			
工地建筑			
……			
合计			

表 7-10　项目主要实物工作量完成情况表

具体工作内容名称	单位	设计工作量	完成工作量	完成比例
1.GPS 控制测量 E 级网	点			
2.1：1000 地质剖面测量	km			
3.1：10000 地质修测	km^2			
4.1：10000 土壤剖面测量（点距 20）	km			
5. 激电中梯（短导线）剖面测量（点距 20）	km			
6. 激电测深测量	点			
7. 槽探（含浅井、剥土）	m^3			
8. 钻探	m			
9. 化学分析（Pb、Zn）	件			
10. 岩矿样	件			
11. 土壤微量元素分析	件			
……				

表 7-11　项目预期成果完成情况统计表

预期成果种类	任务书下达量	实际完成数量	完成工作量	经济价值估值
一、科研成果				
二、地质矿产成果				
三、资源量成果				
……				

5.4.2 明确各方在绩效评价中的职责

项目资金预算管理中，对预算进行评价的单位有省级财政与国土部门等。各单位、各部门应在此过程中充分发挥出其职责，对预算进行合理、客观的评价。就核工业局而言，明确出绩效评价项目，确定出绩效评价目标、指标，对项目进行事前、事后的评价，并协助上级单位对项目资金的预算评价。上级部门给出评价建议后，核工业局应积极进行改进，同时还应将评价结果公布出来，接受监督，从而逐渐提高预算管理水平。就省级财政与国土部门而言，应知道核工业局开展预算绩效评价工作，并对项目评价工作进行审核。项目完成后，应组织专家或中介机构对预算管理绩效进行客观评价，提出存在的问题，并将问题下达到核工业局处，督促其积极进行改进或给出加强预算管理的意见。

5.4.3 科学确定评价范围

怎样确定项目预算支出绩效评价范围，直接决定能否全面、科学完善预算支出绩效评价。项目存在有关政策迅速改变、投资手段多样、目标区域广阔广等许多属性，倘若依据传统的理念开展项目预算支出绩效评价，会十分烦琐，并且评价难度将会很大，最终的评价结果可能会与预算支出绩效评价的本意形成差距。于是就对地质勘查项目预算支出绩效评价过程提出了更高的要求，不仅要按照一般原则开展工作，还需要结合项目的自身特点，从而设计更加科学的评价指标，让针对项目预算管理得出的绩效评价结果拥有更高的合理性。

针对项目预算管理实施的绩效测评工作其特殊性表现在三个方面：首先，合理使用项目资金是地质勘查项目实施和管理的核心环节，也是实施和管理地质勘查项目的非常重要的部分。但是，国家补助专项资金和国家发展战略相吻合，该资金发放到项目的关键作用在于调动项目探寻稀缺自然资源的积极性，地质勘查项目属于风险投资的范围，因此，在评价预算支出绩效结果的过程中无法把投资成本最少和利润最大当成核心评价指标。所以，不仅要在预算范围内确保项目资金合理化运用，还需要增加项目资金管控能力。其次，项目所取得的成果不具备短期性，再加上其难以量化等属性，导致对预算支出进行绩效测评的过程中无法将成果作为主要依据，需要对预算资金使用环节进行重点测评。与此同时，项目的结果无法准确量化，所以需要专家来明确项目的实际品质以及真实价值，在测评项目资金的使用成果时就需要项目主要部门负责。

因此，项目预算支出绩效评价范围，应包括下述三个方面：预算资金应用的效率；项目管理的科学性；关于项目的收益项目主管部门的满意程度。

我国财务部门在 2004 年时正式公示了《中央经济建设部门项目绩效考评管理办法（试行）》，然后国土资源部门按照该文件的指示出台了国土资源地质考核的绩效测评手段，以项目决策指标、项目绩效指标以及项目管理指标作为三个大项，并细分 20 个小项，以此建立完善的绩效考核指标制度。具体情况由表 7-12 可以看出：

表 7-12　国土资源地质调查项目绩效评价指标体系

一级指标	分值	二级指标	分值	三级指标	分值	指标解释
项目决策	20	项目目标	4	项目内容	4	目标是否明确、细化、量化
		决策过程	8	决策依据	3	项目是否符合经济社会发展规划和部门年度工作计划；是否根据需要制定中长期实施规划
				决策程序	5	项目是否符合申报条件；申报批复程序是否符合相关管理办法；项目调整是否履行相应手续
		资金分配	8	分配办法	2	是否根据需要制定相关资金管理办法，并在管理办法中明确资金分配办法；资金分配因素是否全面合理
				分配结果	6	资金分配是否符合相关管理办法；分配结果是否合理
项目管理	25	资金到位	5	到位率	3	实际到位／计划到位 ×100%
				到位时效	2	资金是否及时到位；若未，是否影响项目进度
		资金管理	10	资金使用	7	是否存在支出依据不合规、虚列项目支出的情况；是否存在截留、挤占、挪用项目资金情况；是否存在超标准开支情况
				财务管理	3	资金管理、费用支出等制度是否健全，是否严格执行；会计核算是否规范
		组织实施	10	组织机构	1	机构是否健全、分工是否明确
				管理制度	9	是否建立健全项目管理制度；是否严格执行相关项目管理制度
项目绩效	55	项目产出	15	产出数量	5	项目产出数量是否达到绩效目标
				产出质量	4	项目产出质量是否达到绩效目标
				产出时效	3	项目产出时效是否达到绩效目标
				产出成本	3	项目产出成本是否按绩效目标控制
		项目效果	40	经济效益	8	项目实施是否产生直接或间接经济效益
				社会效益	8	项目实施是否产生社会综合效益
				环境效益	8	项目实施是否对环境产生积极或消极影响
				持续影响	8	项目实施对人、自然、资源是否带来可持续影响
				满意度	8	项目预期服务对象对项目实施的满意程度

《地质勘查专项资金管理办法》中提出资金使用状况由国土资源部以及财政部进行监督和管理，并负责资金应用状况的绩效考核。然而该文件中尚未明确提出详细的绩效考核手段。而国土资源部所发布的绩效考评表格给项目的绩效考评给予了对应的实施基础。

5.4.4 合理选择评价指标

本文在国土资源地质调查项目绩效评价指标体系的基础上，运用平衡记分卡的原理对项目预算支出绩效进行评价。平衡记分卡改变了过去的将财务指标作为关键指标的手段。按照平衡记分卡的观点，过去的财务会计方法仅能对之前的事件进行评价，然而不能对未来的投资成果进行测评。在工业经济中，以财务指标为核心的管理手段有着较好的成效。然而在如今信息时代，过去的业务管理手段并不属于全方位的，企业需要在顾客、科技创新、工作人员等许多方面进行投资，以此来实现可持续发展战略。因此，平衡记分卡的观点是，组织需要企业需要将财务指标、顾客指标、业务流程指标和学习与成长指标作为评价自身业绩的重点。

按照项目的实际特征，在设计项目预算支出对应的评价指标的过程中，需要将预算资金应用的成果（财务维度）、项目管理的规范性（业务流程维度）、项目主管部门对投入与产出效益的满意度（顾客维度）作为评价不同层次的绩效的关键指标。

1. 财务维度记分卡

就政府而言，地质勘查专项资金的目标并不是经济利益，然而在平衡记分卡中财务指标会在一定程度上影响其余的指标。在财务指标中项目预算资金需要利用高效的预算管理能力来减少项目花费，使预算资金得到最大限度的利用。财务维度记分卡所囊括的指标体系由表 7-13 可见：

表 7-13 财务维度记分卡

具体目标划分（指标分值）	可量化指标（指标分值）
项目预算资金（10分）	预算完成情况 %（5分）
	配套资金到位率 %（5分）
降低行政成本（5分）	管理费用所占比例 %（5分）
预算资金使用效率（15分）	资金实际效益与预期比值 %（7分）
	投入产出率 %（8分）

2. 业务流程维度记分卡

将项目资金预算管理的环节作为切入点，需要尽可能减少资金的使用风险，提高会计核算的科学性和基础信息加工的能力，开展高效预算管理工作，就务必要构建完整的内部控制体系，明确员工的职责划分等。业务流程积分卡的详细指标由表 7-14 可见：

表 7-14　业务流程维度记分卡

具体目标划分（指标分值）	可量化指标（指标分值）
风险控制（12分）	风险控制率 %（6分）
	风险防范措施到位率 %（6分）
制度建设与执行（12分）	内控制度健全率 %（6分）
	内控制度执行率 %（6分）
预算绩效管理（7分）	预算绩效管理执行率 %（7分）

3. 顾客维度记分卡

项目主管部门是项目预算资金管控的顾客，例如国土资源部门和国家财政部门，实际上属于开展项目检收和测评的组织。所以，在设计顾客指标的过程中需要立足于专家建议，把专家建议和项目成果所带来的一系列收益作为重要指标，详细指标由表 7-15 可见。

因为项目有着不同的种类，再加上项目的开展难度、完成周期和需要的资金数量各不相同，所以要按照项目的真实情况对绩效评价指标进行微调，还要结合专家建议为各个指标进行赋值。

表 7-15　顾客维度记分卡

具体目标划分（指标分值）	可量化指标（指标分值）
提高项目整体管理水平（5分）	项目验收总评分（5分）
促进对成果的重视（34分）	成果数量（5分） 成果质量（5分）
	成果经济效益（8分）
	成果社会效益（8分）
	成果环境效益（8分）

5.4.5 妥善运用评价结果

为增强项目资金预算绩效评价结果的约束力及权威性，推行追踪奖惩机制，根据项目资金预算绩效评价结果，构建反馈调整观念和处罚机制。充分发挥评价结果的作用属于项目资金预算绩效评价工作的一个重要部分，也就是对评价结果给予及时的反馈和调整。核工业局需要构建内部评价小组，在短时间内把评价结果告知项目实施部门，反馈的主要内容有项目预算的应用状况、出现的不足之处以及改进的建议等。被反馈的部门需要按照反馈报告中涉及的相关不足之处和意见全方位地开展整改工作，还需要将调整结果短时间内提交给评价小组。

参考文献

[1] 陆晓琴，黄元君. 数字普惠金融提升企业全要素生产率：理论与实证 [J/OL]. 嘉兴学院学报：1-12[2021-05-27].http：//kns.cnki.net/kcms/detail/33.1273.z.20210507.1712.002.html.

[2] 吴益兵，廖义刚. 国家能力视角下的政府内部控制体系构建 [J]. 厦门大学学报（哲学社会科学版），2021（01）：46-56.

[3] 孙永尧. 公共治理与政府内部控制重构 [J]. 财会月刊，2021（03）：99-108.

[4] 凌华，李佳林，潘俊. 政府会计与行政事业单位内部控制的协同机理研究——以行政事业单位资产管理为例 [J]. 财会通讯，2021（01）：163-167.

[5] 唐建纲. 嵌入五大新发展理念的政府内部控制构建研究 [J]. 会计之友，2020（24）：144-150.

[6] 池敏青，刘宇峰，丁中文. 基于职责目标的省属公益类科研院所绩效评估体系思考——以福建省为例 [J]. 科学管理研究，2020，38（05）：71-76.

[7] 姜玮，孙铁民，李雪菲，等. 国家重大科技项目管理的风险防控——以"放管服"下高校廉政建设为例 [J]. 中国高校科技，2020（10）：13-16.

[8] 白华，刘泳文. 谈事业单位财务规则的内容边界 [J]. 财会月刊，2020（19）：73-78.

[9] 胡明. 科研合同的功能性规制 [J]. 中国社会科学，2020（09）：68-92+205-206.

[10] 陈峥嵘. 农业科研单位财务管理路径创新——评《农业科研单位财务管理实践与创新》[J]. 中国食用菌，2020，39（08）：267.

[11] 杨满. A 研究所财务核算信息化建设优化研究 [D]. 北京建筑大学，2020.

[12] 和川. 中央级科研事业单位政府采购问题与对策研究 [D]. 北京林业大学，2020.

[13] 潘哲康. 基于 ANP-VIKOR 方法的浙江省地勘系统事业单位内部控制评价 [D]. 华东交通大学，2020.

[14] 杨哲. 军工科研事业单位人才流失问题与对策研究 [D]. 中国矿业大学，2020.

[15] 寇媛. 科研型事业单位内部控制优化研究 [D]. 云南财经大学，2020.

[16] 祁宇星. 备案制科研事业单位内部控制优化研究 [D]. 重庆理工大学，2020.

[17] 唐大鹏，常语萱，王伯伦，等. 新时代行政事业单位内部控制审计理论建构 [J]. 会计研究，2020（01）：160-168.

[18] 陈赛 . 事业单位内部控制构建与绩效研究 [D]. 浙江财经大学，2020.

[19] 凌华，张云清 . "双体系" 下行政事业单位财务管理体系重构研究 [J]. 会计之友，2019（23）：62-65.

[20] 闫天池，于洪鉴，陈邑早 . 论行政事业单位管理会计：边界、概念框架及人本化实践 [J]. 会计研究，2019（11）：85-91.

[21] 孙凯，黄旭 . 政府会计制度实施对科研事业单位财务工作的影响分析 [J]. 中国农机化学报，2019，40（10）：232-236.

[22] 赵早早 . 中国地方政府财政部门购买第三方机构预算绩效评价服务研究：模式演进与未来发展 [J]. 财政研究，2019（10）：23-31.

[23] 刘羽，高博 . 省级教育考试机构财务共享中心的构建分析 [J]. 中国考试，2019（10）：59-63.

[24] 陈飞 . 研究所财务绩效评价研究 [D]. 中国财政科学研究院，2019.

[25] 李雨薇 . 科研事业单位内部控制体系构建及信息化案例分析 [J]. 财会月刊，2019（17）：58-64.

[26] 郭怡玮 . 事业单位会计信息系统优化研究 [D]. 首都经济贸易大学，2019.

[27] 曾惠芳 . 政府会计制度改革下高校科研经费管理的优化研究 [D]. 厦门大学，2019.

[28] 霍国庆，张浩，聂云阳 . 基于资源基础理论的科研团队创新模式研究 [J]. 科学学与科学技术管理，2019，40（06）：83-93.

[29] 李连华 . 腐败防控视角的行政事业单位内部控制研究 [J]. 会计之友，2019（11）：2-8.

[30] 刘玉廷，武威 . 行政事业单位内部控制的基本假设重构——对公共受托责任视角的突破和整合 [J]. 财政研究，2019（03）：104-114.

[31] 于洪鉴，闫天池 . 公安机关内部控制研究 [J]. 中国人民公安大学学报（社会科学版），2018，34（06）：43-48.

[32] 金子祺，王晓红，刘绮莉，等 . 智能制造跨学科研究团队知识关联整合的影响因素——扎根理论的应用案例 [J]. 科技管理研究，2018，38（23）：137-144.

[33] 白华 . 论行政事业单位内部控制建设中的十大关系 [J]. 会计与经济研究，2018，32（06）：3-18.

[34] 唐大鹏，吴佳美 . 政府内部控制研究：主题分类与引用分析——基于 CSSCI 期刊的统计 [J]. 会计与经济研究，2018，32（04）：12-26.

[35] 唐大鹏，常语萱 . 新时代行政事业单位内部控制理论创新——基于国家治理视角 [J]. 会计研究，2018（07）：13-19.

[36] 蔡晓慧 . 基层行政事业单位内部控制体系建设研究——以 T 市 H 区房管局为例 [J]. 会计之友，2018（13）：108-112.

[37] 杨立艳，王永成 . 基于全面预算管理强化行政事业单位内部控制 [J]. 地方财政研究，2018（06）：87-92.

[38] 王海妮 . 高校财务人员转型的能力框架构建与实施——基于管理会计在高校应用的新常态 [J]. 财会通讯，2018（16）：46-49.

[39] 吴东姣，包艳华，马永红 . 改革开放以来我国博士研究生招生制度变迁的逻辑分析 *——基于历史制度主义视角 [J]. 中国高教研究，2018（06）：37-43.

[40] 欧佩玉，孙俊勤 .EVA 考核对中央企业非效率投资的影响 [J]. 经济管理，2018，40（05）：5-20.

[41] 倪小平，汤凤琴 . 行政事业单位内部控制发展趋势的探讨——基于《2017 年度行政事业单位内部控制报告》的变化分析 [J]. 中国注册会计师，2018（04）：95-97.

[42] 钱艳芳 . 科研事业单位工薪个税筹划分析及系统构建 [J]. 会计之友，2018（07）：85-88.

[43] 梁青青 . 科研人员绩效工资改革案例研究 [J]. 中国高校科技，2018（04）：69-73.

[44] 程平，廖婧宇 . 基于 COSO 的重庆海事局内部控制评价指标设计 [J]. 会计之友，2018（06）：154-157.

[45] 丁妥，张艳辉，姚增辉 . 行政事业单位内部控制评价指标体系构建研究——以 × 大学为例 [J]. 会计之友，2018（04）：102-106.

[46] 雷俊生 . 预算管理视角下科研项目智力投入参与分配研究 [J]. 地方财政研究，2017（12）：69-75.

[47] 陈佳 . 基于财务共享的远程报账系统设计研究——以华中光电技术研究所为例 [J]. 财会通讯，2017（34）：94-97+4.

[48] 唐大鹏，王璐璐 . 政府内部控制多维分析：国家治理、财政治理和财务治理 [J]. 会计与经济研究，2017，31（06）：36-48.

[49] 毛蕴诗，黄泽楷，郑泳芝 . 技术市场的不完全性与科研人员动态股权激励——达安基因与华中数控的比较案例研究 [J]. 武汉大学学报（哲学社会科学版），2017，70（06）：16-32.

[50] 李娟，唐韶龙 . 行政事业单位内部控制发展现状及对策分析 [J]. 经济研究参考，2017（61）：81-89.

[51] 章熙春，江海，章文，等 . 国内外新型研发机构的比较与研究 [J]. 科技管理研究，2017，37（19）：103-109.

[52] 刘琛 . 研究所内部控制案例研究 [D]. 中国财政科学研究院，2017.

[53] 唐大鹏，王璐璐，武威 . 预算分权下政府内部控制概念框架及实现路径 [J]. 财政研究，2017（06）：59-71+58.

[54] 李小文 . 科研事业单位内部控制案例研究 [D]. 中国财政科学研究院，2017.

[55] 聂常虹，武香婷 . 股权激励促进科技成果转化——基于中国科学院研究所案例分析 [J]. 管理评论，2017，29（04）：264-272.

[56] 柳学信，董晓丽，孔晓旭 . 政府购买公共服务体系构建与深化事业单位改革 [J].

经济与管理研究，2017，38（04）：35-46.

[57] 唐大鹏，武威，王璐璐. 党的巡视与内部控制关注度：理论框架与实证分析 [J].会计研究，2017（03）：3-11+94.

[58] 蒋崴. 行政事业单位建立内部控制制度的误区反思 [J]. 财会月刊，2017（07）：48-52.

[59] 董必荣，树成琳. 不负时代重托放眼世界研发中国内部控制理论——中国会计学会内部控制专业委员会 2016 年学术年会综述 [J]. 会计研究，2017（01）：89-91.

[60] 张莉，张俊民，朱琦. 国家审计组织方式的改进与重构——基于天津市审计局的经验考察 [J]. 南京审计大学学报，2017，14（01）：85-94.

[61] 曹渊. H 研究院全面预算管理问题及对策研究 [D]. 江西财经大学，2016.

[62] 易丽丽. 公益类事业单位与政府关系类型研究——基于四种类型典型案例改革的比较分析 [J]. 中国行政管理，2016（12）：8-12.

[63] 肖冰. 新形势下中科院 S 研究所内部控制制度实施案例研究 [D]. 华东理工大学，2017.

[64] 董必荣，凌华，潘魏灵. 我国公办大学内部控制问题研究 [J]. 会计研究，2016（08）：73-80+97.

[65] 李宁，尹奎，彭剑锋. 国有企业高管绩效管理体系优化探索与实践——以 BZ 集团为例 [J]. 中国人力资源开发，2016（14）：44-53.

[66] 王磊，丁荣贵，钱琛，等. 两类工业研究院协同创新项目治理比较——社会网络分析方法的研究 [J]. 科技进步与对策，2016，33（12）：1-7.

[67] 宋瑞京. 科研事业单位内部控制研究 [D]. 石家庄铁道大学，2016.

[68] 谷玉霞. 科研事业单位会计核算模式问题研究 [D]. 山东大学，2015.

[69] 陈艳，于洪鉴，衣晓青. 行政事业单位内部控制有效性评价框架研究——基于 AHP 与 FCE 的视角 [J]. 财经问题研究，2015（09）：72-79.

[70] 尹律，徐光华. 关于行政事业单位内部控制信息披露的探讨——基于国家治理的视角 [J]. 审计研究，2015（04）：74-79.

[71] 李英利. 高校对外投资的内部控制研究——基于 Y 高校的案例分析 [J]. 广西社会科学，2015（07）：209-212.

[72] 郭英远，张胜. 科技人员参与科技成果转化收益分配的激励机制研究 [J]. 科学学与科学技术管理，2015，36（07）：146-154.

[73] 刘永泽，况玉书. 关于政府内部控制的几个问题 [J]. 财经问题研究，2015（07）：73-77.

[74] 唐大鹏，李怡，周智朗，等. 政府审计与行政事业单位内部控制共建国家治理体系 [J]. 管理现代化，2015，35（03）：123-126.

[75] 赵红卫. 高等学校内部控制的基本范畴与框架建构 [J]. 审计研究，2015（03）：

108-112.

[76] 汪月 . 我国军工科研事业单位科研成本控制研究 [D]. 财政部财政科学研究所，2015.

[77] 吴勋，徐新歌 . 行政事业单位内部控制发展现状、实施背景与改革展望 [J]. 财会通讯，2015（14）：119-120.

[78] 时军 . 行政事业单位内部控制规范实施问题研究 [J]. 财会通讯，2015（13）：35-38.

[79] 唐大鹏，李鑫瑶，刘永泽，等 . 国家审计推动完善行政事业单位内部控制的路径 [J]. 审计研究，2015（02）：56-61.

[80] 刘小平，甘婷，李忆，等 . 电子商务企业竞争行为组合的选择与转换 [J]. 情报杂志，2015，34（02）：194-200.

[81] 关振宇 . 行政事业单位实施内部控制问题探讨 [J]. 商业经济研究，2015（03）：99-101.

[82] 赵芳，吴晨生，刘彦君 . 自建大数据工具在情报领域的应用实践及对大数据理论的新认识 [J]. 情报理论与实践，2015，38（01）：76-80.

[83] 唐大鹏，吉津海，支博 . 行政事业单位内部控制评价：模式选择与指标构建 [J]. 会计研究，2015（01）：68-75+97.

[84] 徐玉 . 事业单位内部控制研究现状与发展展望 [J]. 中国内部审计，2014（11）：30-33.

[85] 余黎峰 . 行政事业单位内部控制建设难点和解决对策 [J]. 会计之友，2014（28）：46-48.

[86] 曲雁 . 高校腐败的变化趋势及其预防机制研究 [J]. 广州大学学报（社会科学版），2014，13（08）：12-16.

[87] 乔春华 . 行政事业单位内部控制若干理论问题探讨——兼评《行政事业单位内部控制规范（试行）》[J]. 会计之友，2014（22）：22-27.

[88] 冯颖新 . 科研事业单位知识型员工的绩效考核研究 [D]. 天津大学，2014.

[89] 刘永泽，况玉书 . 论行政事业单位管理会计体系构建 [J]. 会计与经济研究，2014，28（02）：28-34.

[90] 姜宏青，王玉莲，万鑫淼 . 我国民间非营利组织绩效内部控制研究 [J]. 山东大学学报（哲学社会科学版），2014（02）：53-62.

[91] 阿儒涵，李晓轩 . 我国科研项目成本管理的问题及成因分析 [J]. 科学学与科学技术管理，2014，35（02）：21-27.

[92] 关振宇 . 行政事业单位实施内部控制规范的现实意义与应用解析 [J]. 社会科学家，2014（01）：46-49.

[93] 湖北省财政厅课题组，王文童，何大春，曹兴国，马德富，蔡红英 . 湖北省省属

高校预算管理创新研究 [J]. 经济研究参考，2014（04）：40-55+63.

[94] 张岚 . 关于完善高校科研经费预算管理体系的思考 [J]. 中国科学基金，2014，28（01）：40-45.

[95] 田祥宇，王鹏，唐大鹏 . 我国行政事业单位内部控制制度特征研究 [J]. 会计研究，2013（09）：29-35+96.

[96] 田祥宇 . 行政事业单位内部控制理论综述与启示 [J]. 财务与会计，2013（09）：14-16.

[97] 白雪迪，张庆龙 . 行政事业单位内部控制规范：问题与建议 [J]. 中国内部审计，2013（08）：20-24.

[98] 刘永泽，唐大鹏 . 关于行政事业单位内部控制的几个问题 [J]. 会计研究，2013（01）：57-62+96.

[99] 宗文龙，魏紫，于长春 . 我国事业单位内部控制现状与改革建议——基于问卷调查的分析 [J]. 审计研究，2012（05）：106-112.

[100] 刘艳红 . 事业单位内部控制制度探析 [J]. 管理现代化，2012（04）：71-73.

[101] 马一宁 . 科研事业单位内部控制制度研究 [D]. 吉林大学，2012.

[102] 范春辉，蒙有为 . 科研事业单位多项目环境下科研项目管理方法探讨 [J]. 科技管理研究，2011，31（23）：180-183.

[103] 张韵君 . 国内专利战略研究文献综述：2000—2009 年 [J]. 科技管理研究，2011，31（02）：174-182.

[104] 张建英 . 中国地方政府经济职能转型的实证分析：以苏州市为例 [J]. 江苏社会科学，2011（01）：118-124.

[105] 王志雄，刘运国 . 基于双视角的高校预算管理问题研究——以广东某文科高校为例 [J]. 财会通讯，2010（10）：15-19.

[106] 广东科技管理人才培养研究课题组，李子和 . 广东科技管理人才培养研究 [J]. 科技管理研究，2010，30（S1）：133-149.

[107] 田志龙，邓新明，TaebHafsi. 企业市场行为、非市场行为与竞争互动——基于中国家电行业的案例研究 [J]. 管理世界，2007（08）：116-128.

[108] 李健民，张肇平，秦亮，等 . 地方科研事业单位评估框架构想 [J]. 科研管理，2005（S1）：73-77.

[109] 黄鲁成，江剑 . 市场化研发机构绩效评价体系设计与实施 [J]. 科技管理研究，2005（04）：13-15+9.

[110] 董晓燕，周寄中 . 科研事业单位创建学习型组织的案例研究 [J]. 科技进步与对策，2003，20（06）：73-75.

[111]《管理会计应用与发展典型案例研究》课题组 . 我国集团公司预算管理运行体系的新模式——中原石油勘探局案例研究 [J]. 会计研究，2001（08）：32-42+65.